Obras Completas de María Rostworowski
Volumen III

María Rostworowski

obras completas III

Costa peruana prehispánica

Prólogo a
Conflicts over coca fields in XVIth Century Peru

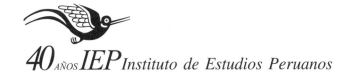
40 AÑOS IEP Instituto de Estudios Peruanos

Serie: Historia Andina, 26

© IEP Ediciones / María Rostworowski
Horacio Urteaga 694, Lima 11
☎ 424-4856 / 332-6194
Fax [511] 332-6173
E-mail: publicaciones@iep.org.pe

ISBN 9972-51-098-0
ISSN 1019-4541

Impreso en el Perú
Tercera edición corregida y aumentada de
Etníay sociedad. Costa peruana prehispánica (1977)
Primera edición como tercer volumen de
Obras Completas de María Rostworowski,
mayo del 2004
1,500 ejemplares

Hecho el depósito legal en la Biblioteca Nacional del Perú
1501052004-3027

Diagramación de interiores: Aída Nagata

Prohibida la reproducción total o parcial de las características gráficas de este libro por cualquier medio sin permiso del Instituto de Estudios Peruanos.

ROSTWOROWSKI, María
 Costa peruana prehispánica;Conflicts over coca fields in XVIth century Peru.-- Lima, IEP. 2004.-- Obras Completas III; Historia Andina, 26)

ETNOHISTORIA/HISTORIA/GRUPOS ÉTNICOS/ESTRUCTURA SOCIAL/ÉPOCA PREHISPÁNICA/SIGLO XVI/CULTURA ANDINA/COCA/CULTIVOS/PERÚ

W/01.04.03/H/26

Balsa de totora y caña, que sirvió a Gene Savoy en su travesía desde el puerto peruano de Salaverry hasta Panamá. Abril-junio de 1969. (Foto: Archivo del Diario El Comercio).

Contenido

Presentación	13
Prefacio a la segunda edición	15
Introducción	17

PRIMERA PARTE
ETNÍAS Y SEÑORÍOS

1. *Las etnías del valle del Chillón*	27
El señorío de Collique	27
Los collis preincaicos	30
Los collis bajo el dominio inca	35
Los collis en el virreinato	38
Población y ubicación de los etnías indígenas	42
Los guancayos	53
El grupo del medio Chillón	53
Los guancayos de Carabayllo	64
Los yauyos	66
Conclusiones	75
Apéndice documental	78
2. *Guarco y Lunahuaná: dos señoríos prehispánicos de la costa sur central*	83
El señorío de Guarco	84
La fortaleza de Guarco	89
La fortaleza de Canchari	94

La fortaleza de Ungará	94
La tenencia de tierras de las minorías étnicas y de tierras de dioses	96
Los coayllos	97
Los chinchas	98
Los mochicas	98
Tierras de dioses	99
Acequias tambos y caminos	101
Acequias	101
Tambos y caminos	102
La fundación de Cañete	104
El señorío de Lunahuaná	106
El problema de Incahuasi	112
Las tasas virreinales	119
Conclusiones	120
Apéndice documental	122
Apéndice documental	127

3. *El señorío de Changuco*   141

El juicio	144
El documento	145
Otros datos contenidos en el expediente	148
Conclusiones	152
Apéndice documental	153

SEGUNDA PARTE
MITOS Y HOMBRES

4. *Testamento de don Luis de Colán, curaca en 1622*

El señorío de Colán	181
El personaje y sus bienes (ADP-Protocolos notariales Escalante Osorio, Antonio leg. 29)	185
La herencia	189
Obras pías	190
Comparación con otros documentos similares	190
Testamento de don Diego Collín	191
Testamento de don Alonso Caruatongo	192
Testamento de don Hernando Anicama	193
Conclusiones	194
Apéndice documental. Testamento de don Luis de Colán	197
Apéndice documental. Testamento de don Alonso Caruatongo	212

TERCERA PARTE
TRABAJOS Y ACTIVIDADES

5. *Mercaderes del valle de Chincha en la época prehispánica:*
   un documento y unos comentarios 221
   Conclusiones 243
   Addendum 244
   Apéndice documental 248

6. *Plantaciones prehispánicas de coca en la vertiente del Pacífico* 255
   Los documentos 268
      Primer expediente: Juicio por tierras de coca en Quivi
      entre los Canta y los Chaclla, dos etnías instaladas en
      el valle del Chillón. 268
      Segundo expediente: Cocales del repartimiento de Piscas
      del año de 1558 276
      Tercer expediente: Cocales en las inmediaciones del pueblo
      de Simbal del partido de Trujillo, en la hacienda y
      obraje de Sinsicap y Collambal en el año de 1582 278
      Cuarto expediente: Tierras en el valle de Ica, visitadas
      por Maldonado de Torres en 1594 278
   Datos dispersos en documentos y crónicas 279
   Conclusiones 281

7. *Prólogo a* Conflicts over Coca Fields XVIth Century Peru 283
   Ubicación de Quivi 285
   La historia del valle 285
   Los yauyos 286
   Los cantas 291
   Los yungas de Collec 296
   Los yungas de Quivi 298
   Los episodios anteriores al inicio del juicio 300
   El juicio 301
   Las plantaciones de Quivi 304
   La *capacocha* 306
   Secuencia cronológica de los sucesos en Justicia 413 308

8. *Pescadores, artesanos y mercaderes costeños en el Perú*
   prehispánico 311
   Los pescadores 313
   Los artesanos 323
      Alfareros 325
      Plateros 326

Pintores	329
Oficiales hacedores de chicha	330
Salineros	333
Los mercaderes	338
Los tratantes chinchanos	338
Los tratantes norteños	342
Conclusiones	343
Apéndice documental	346
Manuscritos citados	349
Bibliografía	355

Presentación

Nos complacemos en presentar el tercer tomo de las Obras Completas de María Rostworowski, con el que proseguimos el proyecto iniciado hace tres años, consistente en ofrecer a la comunidad académica y a la gente interesada en el mejor conocimiento de nuestro pasado, la obra ordenada de una de las más importantes estudiosas de la faceta indígena de la historia del Perú.

Este tomo tercero contiene en lo fundamental, la versión definitiva del libro *Costa peruana prehispánica*, que el Instituto de Estudios Peruanos publicara en su primera edición en 1977, como cuarto número de la serie "Historia Andina", bajo el título de *Etnía y sociedad. Costa peruana prehispánica*, y reeditara en versión corregida y aumentada con nuevos ensayos sobre el tema del libro, en 1989 bajo el título ya solamente de *Costa peruana prehispánica*. En esta edición se ha retirado, por decisión de la autora, los artículos sobre "El señorío de Ychma" y "Las ruinas de Con-Con", y en cambio se ha añadido el estudio introductorio que María Rostworowski realizó para la edición de un conjunto de documentos sobre el cultivo de la coca en el siglo XVI, publicado por la Universidad de Michigan (Ann Arbor, Estados Unidos, 1988), bajo el título de *Conflicts over Coca Fields in XVIth-Century Peru*. También se agrega en esta ocasión algunas imágenes sobre los instrumentos de navegación con los que contaron los habitantes de la costa del Perú prehispánico para surcar el litoral, con los que se demostraría su capacidad para avanzar incluso contra las corrientes marinas, que había sido puesta en duda por algunos autores en publicaciones recientes, y fotografías aéreas que no fueron incluidas en las ediciones previas de *Costa peruana*. Algunos de los mapas se han vuelto a dibujar y se ofrecen en una mejor presentación en esta edición.

La notable acogida que han tenido los primeros volúmenes de las Obras Completas de María Rostworowski, nos comprometen aún más para apurar la empresa de los próximos volúmenes, en cuya corrección viene trabajando intensamente la autora.

LOS EDITORES
Mayo del 2004

Prefacio[*]

Costa peruana prehispánica es el título que reemplaza al de *Etnía y sociedad*, nombre que llevó la primera edición de este libro; le restituimos así el título original bajo el cual fue concebido.

En esta versión, corregida y aumentada, ofrecemos tres nuevos ensayos relacionados con igual número de valles de la costa. Asimismo, el lector encontrará diferencias en el tratamiento de cada uno de ellos, esto se debe a la suerte de documentos encontrados en archivos peruanos y españoles.

El primero, *Guarco y Lunahuaná*, comprende noticias sobre esos dos señoríos. En este caso la información se refiere fundamentalmente a las fortalezas que defendían el antiguo Guarco (Cañete), sus canales hidráulicos, y la tenencia de las tierras que estaba en poder de minorías étnicas, o de *mitmaq* impuestos por los incas después de la derrota de los guarcos frente a los incas.

En el curacazgo de Lunahuaná, habitado por costeños, hacemos una reconstrucción de lo que hubiera sido Incahuasi, edificado, según el decir de Cieza de León, por Tupac Yupanqui posiblemente cuando aún gobernaba Pachacutec y que reproducía el Cusco, un Cusco primitivo pues su edificación fue anterior a las reformas y nuevas construcciones.

El segundo ensayo trata de un pequeño curacazgo del valle de Santa Catalina de Trujillo, de 1550 a 1562. Su interés radica en que muestra la situación sociopolítica existente en el señorío del Chimor en los primeros años del siglo XVI. En el documento se percibe cómo el sis-

---

[*] Este prefacio apareció en *Costa peruana prehispánica*. Segunda edición de *Etnía y sociedad*. Lima: Instituto de Estudios Peruanos, 1989.

tema organizativo de ese entonces se apoyaba en diminutas unidades políticas supeditadas al *Chimu Capac*, nombre dado por los incas al señor principal de Chan Chán.

El último ensayo corresponde al testamento del curaca de Colán de 1622. Este documento es posterior a los otros trabajos ya mencionados. Sin embargo, resulta de sumo interés observar la aculturación de un jefe étnico y comparar su situación con caciques de otras regiones y épocas que también dejaron testamentos. Sin lugar a dudas, la adaptación de don Luis de Colán hacia lo español se debió, en parte, a la antigua tradición (anterior a la conquista inca) de trueque e intercambio existente en la costa.

Con estos tres nuevos ensayos deseamos ofrecer un panorama más amplio y completo de la situación de la costa que, junto con *Curacas y sucesiones, costa norte* (1961); *Señoríos indígenas de Lima y Canta* (1978); *Recursos naturales renovables y pesca siglos XVI y XVII* (1981a); y, por último, *Conflicts over coca fields in XVIth century Peru* (1988b), editado por Joyce Marcus de la Universidad de Michigan, abarcan la totalidad de nuestra investigación sobre las culturas yungas prehispánicas.

Introducción

En los últimos años el tema de nuestras investigaciones ha sido el antiguo habitante de la costa peruana, silenciado en los relatos de los cronistas y en sus relaciones. Ha sido forzoso recurrir a la documentación administrativa y judicial, contenida en archivos peruanos y españoles, y es sólo así como poco a poco se ha ido perfilando algo de su historia.

Un factor importante en el desarrollo de las culturas yungas ha sido la ecología tan singular de la costa, que influye poderosamente en la organización económica, y en las peculiaridades de su estructura social, diferente a la serrana. Estas diferencias son debidas básicamente a motivos geográficos, y es natural que en un país como el nuestro, de tan variada ecología, de tremendos contrastes y de recursos naturales distintos, todo ello repercuta en sus problemas socioeconómicos.

Las tres regiones naturales, que cual franjas se extienden de norte a sur, forman y constituyen la fisonomía especial del país. La costa es un largo y árido desierto; la sierra comprende una diversidad de pisos ecológicos, desde las quebradas tibias a las altas y frías punas; y por último la selva o "montaña", en la vertiente oriental de los Andes, es una región húmeda y montuosa. Tres regiones distintas, tajantes, con destinos dispares. Geografía alargada, difícil, que no es propicia para la realización de la unidad.

Los llanos desérticos y grises serían inhabitables si no fuera por los ríos transversales al mar que bajan de la Cordillera Occidental y cortan la costa de trecho en trecho. Ellos traen el agua a las sedientas tierras y transforman las yermas soledades en fecundos valles. Por su situación cada valle está dominado por la sierra contigua y de ahí que se establezca una estrecha relación entre sierra y costa. A consecuencia de esta configuración geográfica, la costa estará siempre supeditada a la sierra y a las invasiones que bajarán, en el transcurso de los siglos, siguiendo la ruta de los ríos.

Por esta situación existirá en el Perú un doble ordenamiento o sea una distribución longitudinal de costa, sierra y selva que dará nacimiento a culturas y tipos humanos diferentes; y otra formación vertical de sierra-costa-selva que cortará el territorio a lo ancho, siguiendo el camino de los valles costeños y que creará, según la agrupación de los ríos, otras tres zonas de norte, centro y sur que abarcarán, transversalmente, costa, sierra y selva.

Dentro de este marco, de esta dualidad de ejes y de corrientes que se entrecruzan, se desarrollará la cultura andina, y todo el pasado estuvo marcado por esas influencias horizontales y verticales. Cada valle costeño tiene su propia y peculiar historia de cómo se cumplió en cada uno de ellos esta dualidad longitudinal y vertical, por lo cual conviene investigar en los valles el desarrollo de estas dos modalidades.

El acercamiento y acceso entre sierra y costa, la forma de sus mutuas proyecciones e influencias y el modo en que fluctuó el predominio de una zona sobre la otra en el curso del tiempo creó el desenvolvimiento cultural de cada valle. En toda época existió una estrecha relación entre yungas y serranos y, a no dudarlo, hubo un nexo que involucraba el mundo andino como un todo, a pesar de sus aparentes discrepancias; sin embargo, en la actualidad, y teniendo en cuenta el estado de la investigación, conviene primero estudiar lo disímil, para más adelante contemplar la visión de conjunto.

En la investigación sobre las etnías costeñas, el mar es un tema de mayor importancia. Con frecuencia se ha considerado que en épocas prehispánicas el mar era una barrera infranqueable. Posiblemente fue así para los de origen serrano y los que provenían del interior del país y que se habían instalado en sus orillas ya sea por conquista u otros motivos; pero para los genuinos yungas, o los que pudieron llegar a sus costas en migraciones marítimas venidas en balsas, el mar no podía ser hostil, sino una fuente de bienestar, y se ha tenido del mar una perspectiva completamente serrana, como la tuvieron los incas o los *wari*.

Los viajes de Thor Heyerdahl y de Gene Savoy han servido para probar lo navegables que eran las balsas, tanto las de troncos como las de juncos. Recordemos las leyendas yungas que contaban de migraciones y de viajes marinos, de cómo en una flotilla de balsas llegó Naymlap a Lambayeque, y Taycanamo a Trujillo, dando origen este último al reino de Chimor. Tenemos además la trayectoria mítica del dios Con, dios volador que aparecía en los cielos en una época del año sobre las tierras de Paracas y de Nasca, y está representado como tal en los textiles y en la cerámica de dichos lugares (ver Rostworowski 1998a: 26-33).

En la costa surge siempre esa dualidad longitudinal a lo largo del mar, y la transversal que une sus playas con el interior del país, con los habitantes de la cordillera. No se puede olvidar esta doble atracción de los dos polos de influencias.

En el litoral hay pues que tener presente esa dualidad de procedencia de las rutas naturales. Por un lado, la navegación bordeando las playas; y, por otro, la bajada desde la cordillera siguiendo el curso de un río. El destino de los habitantes de la costa central fue ser centro de reunión de varias corrientes, crisol en cuyo seno se encontraron y fundieron etnias y culturas distintas. De ahí el interés por conocer, en la medida de las posibilidades, los grupos que la habitaron.

El punto de unión entre las dos modalidades, la serrana y la costeña, puede ser la reciprocidad que parece fue un sistema pan-andino que regía las relaciones entre los miembros de un ayllu; de los señores y los *hatun runa*, y también entre las categorías sociales de los jefes encumbrados con los de menor rango.

ORGANIZACIÓN ECONÓMICA SERRANA

No vamos a explayarnos sobre la organización de la economía serrana en tiempos prehispánicos, pues ésta ha sido ya investigada por varios estudiosos, en especial por John V. Murra (1964, 1967, 1974, 1975, 1978). Una de las características más importantes del sistema serrano era el sentido redistributivo de su economía. Los mercados y el intercambio comercial estaban restringidos en comparación con las épocas de Intermedios, y los pueblos suplían sus necesidades por medio de "enclaves verticales" o sea que un núcleo étnico permanente controlaba pisos ecológicos distantes por medio de colonias multiétnicas.

Una preocupación de Murra al formular y comprobar la existencia y el funcionamiento de los enclaves ha sido encontrar sus límites. Al investigar la costa hallamos que los llanos tenían una organización económica diferente a la serrana, materia del artículo referente a "Pescadores, artesanos y mercaderes costeños en el Perú prehispánico" en este libro.

ORGANIZACIÓN ECONÓMICA COSTEÑA

Si la organización de la economía serrana guardaba necesaria relación con la ecología peculiar de las quebradas andinas y del altiplano, es comprensible que en la costa, siendo totalmente diferente su geografía, fuese igualmente distinta su economía.

La costa no precisaba de la sierra en el aspecto alimenticio. En ese sentido, los yungas eran autosuficientes. Ante todo, es importante notar que los llanos, a pesar de sus dilatados desiertos, eran ricos en recursos naturales, y no cabe duda de que el mar jugó un papel trascendental en el desarrollo de las culturas costeñas. Un mar que es extraordinario por la riqueza de su fauna, una de las más abundantes del mundo.

Ya Lanning (1966: 190) afirmaba que la pesca era capaz de sostener poblaciones permanentes, sin agricultura, pero es Rosa Fung Pineda la que ha insistido más en este hecho (1972: 13). Según ella la creencia de que la agricultura y el cultivo de maíz fuesen resultado del desarrollo de los pueblos americanos es errónea. Equivale a subestimar el valor de otras plantas y sobre todo de la pesca; es no estimar, ni reconocer el aporte del mar en la vida del hombre costeño. Dice Rosa Fung:

> Resulta más factible que las comunidades atravesaran el umbral del potencial demográfico de la civilización acudiendo en vez del cultivo intensivo de los cereales, a la pesca, actividad perenne, que además requiere poca labor pesada (1972: 27).

Moseley (1975a) apoya en todo el punto de vista esbozado por Lanning y sostenido por Fung, al decir que la civilización andina tuvo sus bases en un desenvolvimiento de los recursos marítimos, debido al medio ambiente. Cuando, andando el tiempo, los sistemas hidráulicos y la agricultura volvieron fértiles los valles, y se intensificó el cultivo de las plantas, debido quizás a nuevos aportes culturales, no todos los pescadores se volvieron campesinos, muchos debieron conservar su misma actividad secular. De no ser así, no se habría mantenido hasta finales del siglo XVI el estatus de los pescadores yungas, reacios a ser agricultores, sin tierras, ni aguas, viviendo de los recursos que sacaban del mar y del trueque del pescado salado.

Al igual que los pescadores se mantenían como un grupo de la población dedicada a una sola labor, los campesinos también formaban una clasificación ocupacional, separada de la anterior. La existencia en los llanos de estas dos grandes divisiones del trabajo de subsistencia, la pesca y la agricultura, hizo que toda la estructura económica siguiera el camino de la diferenciación laboral. Una consecuencia del desenvolvimiento de esta riqueza en los yungas fue que dejaba a sus habitantes tiempo libre para dedicarse a diversas tareas que no fuesen sólo la preocupación alimenticia, y que se traducía por el florecimiento de una actividad suntuaria destinada a aumentar el boato y magnificencia de los señores, sacerdotes y dioses. A ello se debe el nacimiento de la actividad artesanal cuya tarea fue la de fabricar objetos diversos, utilitarios y de lujo. Siglos más tarde, cuando los Incas intentaron la hegemonía andina, no vacilaron en llevar como *mitmaq* a los artesanos costeños a los centros administrativos serranos y naturalmente también al Cusco. A través de diversos documentos se rastrea la existencia de grupos de artífices yungas establecidos en la época virreinal en el Cusco y otros lugares, trabajando en sus artesanías.

El enfoque de la división laboral es la nota sobresaliente de la organización económica yunga, y todas las actividades de producción siguieron el mismo camino, así hallamos salineros, chicheros, cocineros, tintoreros, tejedores, etc. Si bien en la sierra se conoció también especialistas y artesanos, nunca tuvieron la marcada diferenciación, ni la dedicación completa de los costeños.

Una de las consecuencias del sistema yunga se traduce por la necesidad de trocar la producción por todo lo que los individuos o las parcialidades necesitaban, de ahí un constante intercambio de alimentos y de objetos manufacturados o de materias primas. Otro resultado de la división laboral fue la presencia de personas dedicadas al trueque y que facilitaran el intercambio.

Uno de los trabajos incluidos en este libro trata de mercaderes chinchanos ocupados en un trueque de larga distancia, mientras en la costa norte los había de varias clases, unos trocaban en el mismo valle, en localidades cercanas, y otros se dirigían a la sierra. Los había simples tratantes y también señores que intercambiaban objetos suntuarios como *chaquira* por ropa de lana.

La existencia de estos dos modos de organización tan distintos, el costeño y el serrano, pueden sugerir el hecho de que en el área andina precolombina hubo dos sistemas socioeconómicos debido en parte a las diferencias ecológicas. En la costa la división laboral por oficios y por parcialidad dio lugar a un principio de intercambio comercial, mientras en la sierra una economía agrícola de tipo redistributivo estuvo basada en una explotación de enclaves verticales multiétnicos. A pesar de estas dos modalidades bien marcadas, vislumbramos un tercer modo de organización económica, quizá menos frecuente por no estar aún investigado. Se trata del trabajo temporero que no es la verticalidad ni tampoco el trueque. Lo observamos en ciertas plantaciones de cocales en la vertiente oriental de la cordillera (Rostworowski 1974), en algunos lugares de la sierra central, pero es un tema que necesita estudio y que escapa al presente trabajo.

PRIMERA PARTE

◆ ◆ ◆

ETNÍAS Y SEÑORÍOS

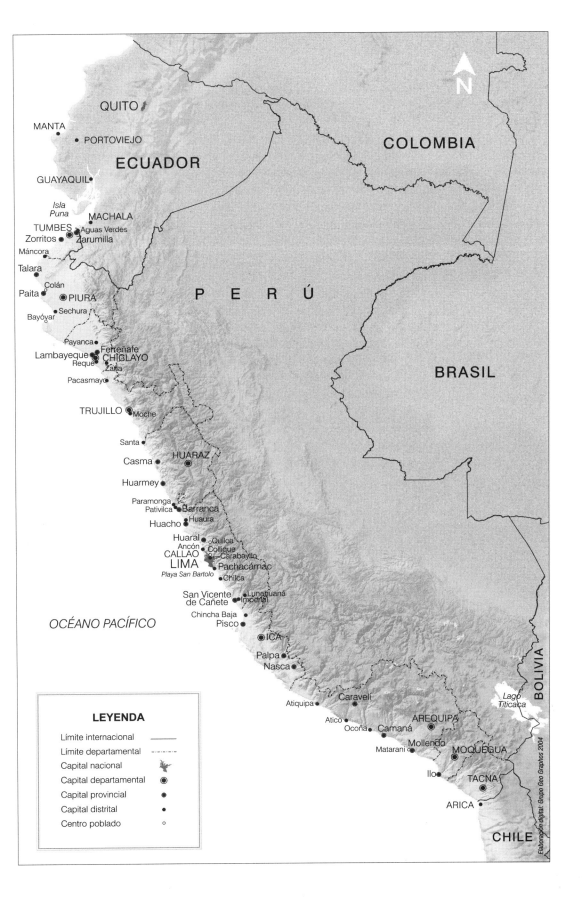

Capítulo 1

Las etnías del valle del Chillón[*]

EL SEÑORÍO DE COLLIQUE

Las evidencias sobre el señorío de Collique en la costa central en tiempos prehispánicos han permanecido desconocidas hasta la fecha, pues los cronistas silenciaron su existencia.

Los españoles en sus escritos se ocuparon sobre todo de los incas y del Cusco, pasando por alto la realidad provinciana. La costa central sufrió de este olvido, debido seguramente a su rápida aculturación y a la baja demográfica de sus naturales pues desaparecieron prácticamente en tiempos inmediatos a la invasión europea.

Es sólo a través de los documentos de archivos que poco a poco se puede reconstruir la etnohistoria de los valles costeños. En dos trabajos anteriores hemos tratado de levantar las incógnitas que envolvían a aquel señorío yunga que otrora fue importante. En el presente trabajo refundimos esos artículos y añadiremos nuevos datos encontrados en el Archivo General de Indias, y ellos ampliarán la visión anterior.

Desde que iniciamos la investigación sobre el señorío de Collique, hemos ido aprendiendo paulatinamente su historia; primero a tientas, rastreando las noticias que contenían los documentos, luego buscando en el campo sus hitos, centro ceremonial, pueblos que lo constituían, sus tierras, acequias y tomas de agua de lugares mencionados en los testimo-

---

[*] Originalmente publicado en la *Revista del Museo Nacional*, tomo XXXVIII, 1972.

nios. Tan importante es hacer trabajo de campo, como es la investigación en archivos; ambos se complementan y son indispensables al estudio de la etnohistoria. Todo aquello requirió paciencia y bastante dedicación, sobre todo al principio, cuando no sabíamos el método a emplear.

Antes de la conquista incaica de la costa central, la situación política de los tres valles, o sea del Chillón, Lima y Pachacamac o Lurín, era la siguiente. En el Chillón el señorío de Colli se extendía desde el mar a lo largo del valle, hacia la sierra, incluyendo el curacazgo de Quivi, y estaba compuesto por varios pequeños señoríos, todos ellos yungas y supeditados al jefe colli.

Los valles de Lima y el de Lurín formaban un solo curacazgo llamado Ychsma, cuya sede fue el centro religioso de Pachacamac, y que a su vez comprendía una diversidad de señoríos subalternos, cada uno con su propio jefe, involucrados todos ellos en una macroetnía.

La formación política parece fue similar en el reino de Chimor en el norte, y responde quizás a un patrón yunga de organización social (Rostworowski 1976a).

La primera noticia sobre la existencia del curacazgo de Collique la tuvimos a través de un voluminoso legajo del Archivo de Indias de Sevilla, que trata de un largo y prolongado juicio seguido por dos grupos étnicos distintos, los cantas y los chacllas, pues ambos reclamaban el derecho a unas tierras aptas para el cultivo de cocales en lo que es hoy día el pueblo de Santa Rosa de Quives, situado en el valle del río Chillón, en el km 64 de la carretera de Lima a Canta. Las tierras en juicio formaron parte, en tiempos anteriores a la conquista inca, del antiguo señorío de Collique, que comprendía todo el valle del río Chillón, desde el mar hasta Quives.[1]

El interés por las tierras que se encuentran a una altitud que va desde los 300 a 1,000 metros de altura era que en ellas se cultivaba coca, planta muy importante para el indígena, no sólo para su masticación, sino como ofrenda a las huacas. En toda la época prehispánica estas tierras fueron muy estimadas y su tenencia codiciada por todos los señores comarcanos. Más tarde los soberanos cusqueños se adjudicaron muchas de ellas, poniendo en estas tierras a *mitmaq* especiales para cultivarlas. Justamente los chacllas pertenecían a esta clase social que laboraba en las chacras del inca. Los indígenas llamaron a esta zona *chaupi yunga*,

---

1. En tiempos prehispánicos los ríos no tenían un mismo nombre desde su nacimiento hasta su desembocadura, sino que iban tomando diversos nombres. El Chillón se llamaba río de Carabayllo de Collique y también de Quivi. Acerca del río Chillón, Stiglich (1918) dice: "nombre que cerca de su desembocadura toma el río de Caraballlo [...]".

por pertenecer a la ecología entre las tierras bajas y las quebradas de más altura. Haremos hincapié que la terminología empleada para la ecología de la costa es mencionada en los documentos con la voz yunga y de igual manera se refiere a sus habitantes. También Cieza de León decía:

> [...] y los que moran en todos estos llanos y costa del Perú se llaman yungas, por vivir en tierras cálidas (*La crónica de Perú*, 1932, Cap. LX: 197).

La zona *chaupi yunga* mencionada en los testimonios y en el habla de los naturales designa los lugares situados más o menos entre los 300 y 1,200 msnm (metros sobre el nivel del mar). Por ese motivo conservamos la nomenclatura indígena en lugar de las sugerencias modernas para los diversos pisos ecológicos que resultan arbitrarias cuando se trabajan documentos de archivos.

La voz para designar la sierra figura en el diccionario quechua de González Holguín (1952: 669) como *sallca* y sus moradores eran *sallca runa;* y la serranía muy fría, *puna;* en cuanto al idioma *muchic* decían a los serranos *cunti* (Fernando de la Carrera 1644).

Este juicio, iniciado en la Real Audiencia de los Reyes en 1558, pasó en grado de apelación al Consejo de Indias en España y duró varios años. Contiene numerosas probanzas, tanto de los cantas como de los chacllas, y una importante Información de Oficio realizada en 1559.

Al principio, los encomenderos de cada una de las etnías trataron de que se llegara a un acuerdo sobre las tierras, y convencieron al curaca de Chaclla para que vendiera las chacras de coca al cacique de Canta por el precio de doscientas "ovejas de la tierra". La venta llegó a firmarse, pero a la hora que los chacllas se vieron sin sus sementeras, comprendieron lo que significaba vender sus bienes y protestaron, alegando que fueron inducidos al arreglo por sus amos. Estos hechos dieron lugar a un prolongado litigio, donde cada una de las partes probó sus derechos remontándose a tiempos antiguos, anteriores a la dominación inca de la zona. Por ese motivo, por lo temprano del inicio del juicio, se desprenden del documento importantes noticias y ha sido publicado por la Universidad de Michigan en 1988. Es valiosa esta información sobre las instituciones incaicas, etnías, el cultivo de los cocales y su explotación, los ritos de la Capacocha, la reacción de los naturales del lugar ante las sublevaciones de Manco II, y de los acontecimientos que tuvieron lugar antes de las reducciones de Toledo y de la organización del virreinato que, naturalmente, distorsionó la visión de las costumbres indígenas.

Con la primera noticia de la existencia de un gran señorío de Collique, anterior a la conquista cusqueña de los llanos, buscamos mayor información en la Biblioteca Nacional, Archivo Arzobispal y en el Archivo General de la Nación. Posteriormente tuvimos la oportunidad de pasar un tiempo en el Archivo General de Indias y a través de una minuciosa investigación se puede, a la fecha, llegar a reconstruir algo de la historia de Collique y la de los señoríos subalternos que habitaron el valle.

Para mayor facilidad, hemos divido la historia de los pobladores de Collique en tres épocas bien distintas: la primera, la de su apogeo en tiempos anteriores a la dominación cusqueña a la costa; la segunda comprende la sujeción al poderío serrano del Tahuantinsuyu y la última el virreinato, donde poco a poco fue desapareciendo el curacazgo debido a la fuerte baja demográfica y la pérdida total de sus tierras.

Los collis preincaicos

Al final de la última fase del Intermedio Tardío existía en el valle del Chillón o de Carabayllo un extenso señorío que pertenecía a un pueblo que a sí mismo se llamaba Culli, Colli o Collec, más tarde castellanizado como Collique.[2]

El dilatado curacazgo de Collique se extendía desde el mar hasta más arriba del actual pueblo de Santa Rosa de Quives, hasta un lugar llamado Chuquicoto (AGI, Justicia 413, Probanza Canta, fols. 190-190v). Ahí se alzaba un cerro, al que decían Judcunga que marcaba el lindero entre este señorío y las tierras de los cantas, lo que no impedía vivieran en permanentes luchas, robándose y matándose mutuamente.

Los costeños contaban en sus probanzas de una incursión efectuada por la quebrada en dirección al mar y al enterarse el curaca de Colli de la cercanía de los guerreros serranos, este jefe juntó a su gente armada y marchó hacia las alturas donde aguardaban los de Canta refugiados en unos cerros. Todos estos hechos confirman las repetidas incursiones que efectuaban los serranos a la costa, en son de conquista o de rapiña. Mientras se trató de enemigos comarcanos, los collis lograron rechazar esos ataques; estaban protegidos por una fortaleza y por elevadas murallas. En su recinto contaban con amplios campos de cultivos, y

---

2. Fray Domingo Santo Tomás (1951a):
 Colliruna – diligente
 Diego González Holguín (1952):
 Kulli runa – el de mucho brío y esfuerzo en el trabajo, diligente incansanble
 Kullicuna y Kulliycachani – trabajar casi con brillo y diligencia
 Diego Torres Rubio y añadido del P. Juan de Figueredo (1754):
 "Culli runa – hombre ágil, vivo efficaz".
 Honorio Mossi (1860):
 "Colliruna – hombre muy oscuro".
 Como noticia curiosa se puede señalar que en el antiguo Perú se decía "kculli" a una variedad hoy extinguida de maíz morado. Ver: Alexander Grobman, Wilfredo Salhuana y Ricardo Sevilla (1961: 154, 158).

el agua de dos manantiales, lo que les permitía resistir un cerco prolongado y no temían la desviación del río, método empleado por los habitantes de la altura.

Cuando se cansaban de las guerras los curacas se enviaban mensajeros y decidían llegar a un acuerdo para tratar sobre sus diferencias. El curaca de Canta sostenía sus derechos al río que regaba las chacras de los colliques y decía que gracias a sus aguas tenían los costeños sus sementeras (AGI, Justicia 413, Probanza Canta, fols. 259-259v). Cuando había alguna sequía se juntaban los serranos y los costeños y "abrían unas lagunas que se hacen allá arriba en la syerra de la nyebe que cae y las hazian venir el agua dellas por el dicho rio de Quibi [...]" (AGI, Justicia 413, Probanza Canta, fol. 206). Esta noticia es interesante para la investigación de los conocimientos hidráulicos de los naturales y de los recursos que empleaban.

En tiempos de paz dejaban los canteños y los collis sus resentimientos y diferencias y realizaban sus rescates y trueques. A los yungas les era permitido subir a la sierra sin temor a recibir algún daño, y lo mismo los canteños bajaban a contratar con los costeños.[3] Cabe preguntarse cómo realizaban el trueque y quiénes lo hacían; es posible que al igual que en la costa norte existieran mercaderes de distintos estatus; algunos a nivel de señores intercambiarían objetos suntuarios mientras otros se dedicarían a productos agrícolas.

Es importante subrayar dos aspectos, primero, el entendimiento entre los señores que necesitaban del trueque establecido entre ellos; y segundo, el alcance de las pretensiones serranas al agua. La falta de lluvias es el tema que marca la historia de los yungas, ellos estaban siempre supeditados a sus peligrosos vecinos.

Según los datos que proporciona otro expediente del Archivo de Indias, parece que las posesiones del señor de Collique no se limitaban al actual valle de Chillón sino que, en un momento de su historia, ocuparon por la fuerza parte del valle de Lima. Esta noticia es mencionada en una Probanza realizada por el cacique de Lima, don Gonzalo, ante el licenciado Altamirano en 1555 (Rostworowski 1978, 1981-1982). En este testimonio se aseguraba que el curaca de Collique hizo suyas ciertas tierras del valle de Lima e incluía en ellas parte del lugar donde está asentada hoy día la ciudad de Los Reyes. Todo esto sucedió, según el expediente, en

---

3. AGI, Justicia 413, Probanza Canta, año 1559, fol. 254v.
    Testigo Luis Zacalla Chumbi, principal del pueblo de Guaravi, fol.189: "con los yndios de Canta tiene grand amistad e son compañeros por que trata con ellos éste testigo en bendelles coca y los canta obeja y papas [...]".

tiempos tan antiguos que por eso "de los dichos indios de Colli ya no ay memoria".

Sólo la arqueología podrá decir en qué medida es verídica la afirmación del testimonio y si en algún momento los collis conquistaron parte del valle del Rímac.

Dada la estructura política de los yungas, el señorío de Collique comprendía un número de curacazgos menores, sujetos al jefe principal. No conocemos el mecanismo que unía tales señores, pero hay noticias de que el cacique yunga de Quivi tributaba al de Colli "algodón coca y maíz y otras *cosas*" (AGI, Justicia 413, Probanza Canta, año 1559, fol. 198).

Es un hecho fundamental la existencia de señores de menor jerarquía dominados por otros más poderosos, quizás una alianza guerrera los unía, en el caso de Collique cuando aparecieron los ejércitos incaicos, los de Quivi fueron en su ayuda.

Hasta aquí hemos analizado los testimonios que figuran en los documentos administrativos y judiciales referentes a la existencia del señorío de Colli durante el Intermedio Tardío. Sin embargo, gracias a los informantes de Ávila (1966) nuestra visión del pasado se amplía y nos podemos remontar a tiempos aún más remotos, cuando los yungas dominaban las vertientes occidentales de la cordillera marítima.

Durante el Intermedio Temprano aprovecharon los yungas para dominar la sierra cercana a la costa y asegurarse el control de las cabeceras de los valles. Los intentos de parte de los yungas, para dominar sus serranías contiguas, parece fueron de duración relativamente corta, siempre nuevos grupos serranos sentían necesidad de una expansión territorial y echaban a los costeños.

Los datos transmitidos hasta nosotros por Ávila parecen a primera vista puramente legendarios, pero no dejan de tener una base verídica y se apoyan sobre hechos que sucedieron en el tiempo, y como indica Trimborn (1953: 135-146): "Nos explican la estructura étnica de la región".

Según Ávila, los collis junto con otros grupos yungas habitaban la sierra antes del movimiento migratorio iniciado por los yauyos. Todo el texto es la narración de la lucha entre los adoradores del dios Pariacaca contra los fieles de Guallallo, los diversos episodios de la guerra y la final derrota de los costeños ante la fiereza serrana.

Según Damián de la Bandera (1881, tomo 1: 96-104), el famoso cerro de Pariacaca se llamó antiguamente Yaro, nombre que tenía antes de la dominación de los yauyos.

Los informantes de Ávila (Cap. 25: 149) contaban que los collis huyeron arrasados por el viento, perdieron la razón y murieron, mientras algunos lograron caer en el actual pueblo de Carabayllo. Este dato permite relacionar a los collis de la leyenda con los que formaban el curacazgo situado en el río Chillón. La derrota collis significó para ellos abandonar sus posesiones en la sierra y replegarse a su hábitat de la costa. El texto de Ávila insiste que: "la vida de todos los Yungas era una sola" (Cap. 9: 64).

¿Los collis poseían ya el señorío, o se formó éste a raíz de la derrota frente a los yauyos? En todo caso, el hecho que los collis se mencionen cerca de los carabayllos permite identificar al grupo étnico del mito con el señorío del que hablan los documentos del siglo XVI. También los yungas de Lima ocuparon la sierra de Huarochirí y tenían varios pueblos, entre ellos uno llamado Limac (Dávila Briceño 1881, tomo 1: 72). Quizás un día se podrán identificar estos lugares arqueológicamente; los sitios habitados por los collis, en plena sierra, fueron los pueblos de Yarutini, Huayquihusa y el de Colli, conquistado posteriormente por los checas (Ávila, Caps. 6, 9, 11, 24).

Entre los episodios a subrayar en la lucha de los collis frente a los yauyos, está el hecho de que, según la misma relación de Ávila, no todos los yungas lograron escapar a la costa. Quizá les cortaron el acceso hacia el mar, y se vieron obligados a optar por otra solución. En todo caso unos collis huyeron al Anti (Cap. 16: 97), mientras un tercer grupo se refugió en la región Huanca, y desde entonces data la costumbre huanca de comer perros (Cap. 16: 99; Cap. 9: 63). Dos hermanos del dios Pariacaca quedaron guardando las abras para impedir el retorno de los fugitivos yungas, el uno Sullcayllapa vigilaba la ruta hacia el Anti, mientras Pariacarto defendía el camino huanca.

No todos los yungas huyeron, algunos como los huanris y los chautis se quedaron en sus pueblos a condición de adorar a Pariacaca (Cap. 24). Contaban también los informantes que el grupo de los sutcas fue sorprendido por una lluvia roja que caía desde una nube posada sobre el cerro llamado Colli; aterrados abandonaron sus casas como los otros yungas, pero más adelante regresaron algunos y vivieron en tiempos virreinales en San Damián (Cap. 26). Ahora bien, un ayllu sutca es mencionado en un documento de 1586 como establecido junto con los chuquitantas, en la margen derecha del río Chillón (AGN, Títulos de Propiedad, Cuad. 745, fol. 7r).

La relación de Ávila viene a ser la narración épica de la conquista realizada por un pueblo que hizo suyas tierras que no lo eran; y la leyenda se mezcló con la realidad. La información tiene a no dudarlo una base verídica que se puede cotejar con lo contenido en la documentación colonial, quizás un día se pueda conseguir información arqueológica, excavando en los antiguos pueblos yungas que se encuentran en las serranías.

Una confirmación más a lo señalado hasta aquí se halla en un documento del Archivo Arzobispal de Lima, que describe una situación análoga a la sufrida por los collis, pero referente a la etnía de los calangos y de los chilcas, que habitaban el valle de Mala en las quebradas río arriba. Los hechos cobran otro aspecto y arrojan nueva luz sobre las luchas de los yungas y sobre todo explican la manera serrana de constituir sus enclaves verticales que, como requisito previo, necesitaban primero de una conquista y sólo después se formaban los archipiélagos.

El cacique principal de San Francisco de Callaguaya, reducido en los pueblos de Chorrillos y Huarochirí, pidió en 1582 al arzobispo de Lima, Toribio de Mogrovejo, se hiciese una averiguación sobre sus antiguos pueblos, la cual se realizó años más tarde. Dos testigos pertenecientes al grupo étnico de los yauyos de los ayllus Guarochirí y Chiripa, contaron la forma cómo dichos serranos se apoderaron antiguamente del lugar de Callaguaya, habitado en tiempos remotos por costeños, y dijeron que:

> este asiento de Callaguaya es y está en tierra yunga y como tal antiguamente era tierra, mojón y chacra de los yndios de Calango y Chilca y que saben que sus antepasados de este dicho pueblo bencieron a los dichos yungas y los echaron de dicho asiento y que desde entonces ysieron repartimientos todos los principales [...] (AAL, Papeles Importantes, Leg. 2, año 1594).

Expulsados los costeños, decidieron los yauyos poblar el lugar y:

> embiaron de cada ayllu gente que senbrase las chacras del dicho asiento de mays y otras cosas para el sustento de todos y que estos yndios nombrados para este efecto que eran nombrados para ello tres yndios de cada ayllu de este dicho pueblo que fueron nombrados ayllus Lupo-Guarochiri, Ninaguanca y Anpilla ñaucayle y Saga ñaupa [...].

De estas parcialidades descendían los que habitaban el lugar de Callaguaya en el siglo XVI. Más adelante afirmaron también los testigos que en Callaguaya vivieron igualmente los llacuas y que fueron también echados de ahí por los yauyos.

Una derrota de los calango frente a los yauyos está también narrada por los informantes de Ávila, pero en tiempos incaicos (Ávila, Cap. 23). Según parece la rebelión de los calangos tuvo lugar durante el gobierno del inca Tupac Yupanqui, y junto con ellos se sublevaron los alancunas y chaquis; pasaron doce años y los ejércitos cusqueños no llegaban a dominarlos. Entonces decidió el soberano reunir las huacas más poderosas en la plaza de Aucaypata, para pedir ayuda. El dios Pariacaca no fue a la capital, sino envió a su hijo Macahuisa. El inca habló a los ídolos reunidos y sus palabras fueron recibidas en silencio; después de un rato Pachacama se excusó diciendo que si él se movía destruiría no sólo al enemigo sino a todos los demás, pues tenía poder para acabar con el mundo entero. Las huacas seguían silenciosas hasta que Macahuisa habló y cuentan que de su boca salía un extraño humo y sus palabras retumbaban en la plaza. Él ofreció al monarca vencer sin ayuda de nadie a los rebeldes, y partió en las andas del mismo inca. El dios luchó contra los calangos por medio de rayos, truenos, lluvias y torrentes de agua que aniquilaron a sus adversarios. Desde entonces el inca reverenció aún más a Pariacaca y a su hijo y se hizo amigo de los yauyos. Este mito complementa los datos expuestos más arriba e indica que los yauyos, aliados del inca, consiguieron dominar aún más a los yungas y en premio recibieron tierras de los rebeldes.

Los collis bajo el dominio inca

La situación entre costeños y serranos estaba más o menos equilibrada al final del Intermedio Tardío, pero cambió completamente al aparecer los ejércitos del inca Tupac Yupanqui pues venía el soberano cusqueño con tropas experimentadas en la lucha y respaldadas por la fama de sus conquistas.

El señor de Colli, constantemente amenazado por los canteños y por los chacllas, rama de los yauyos, decidió ofrecer resistencia a esta nueva agresión que deseaba someterlo a la órbita serrana. A su ayuda acudieron los curacas supeditados al *Colli Capac,* pero pocos son los detalles que tenemos de la forma como se efectuaba este socorro. Conocemos sólo el caso del cacique de Quivi que vino con su gente, por ser subalterno (AGI, Justicia 413, Probanza Canta 1559, fols. 198-198v).

En el encuentro perdieron los yungas; el señor de Colli fue muerto, mientras sus ejércitos contaban numerosas bajas. Poco tiempo después, aún durante el reinado de Tupac Yupanqui, el curaca yunga de Quivi fue acusado de conspirar contra la salud del inca por intermedio de una huaca del pueblo de Acupayllata (AGI, Justicia 413, Probanza Canta, año 1559, fol. 266v).

Según Cristóbal de Albornoz (1967: 36-37) nada temían tanto los naturales como a los hechiceros de las huacas, porque sabían envenenar con yerbas y ponzoña y creían que tenían poder para matar a quien quisiesen, aunque fuese a distancia.

Sobre esta conspiración existen varias versiones, los cantas se la achacaban a los yauyos, los yauyos a los quivis, esta última versión parece la más verídica. Enterado el inca de los sucesos envió al lugar a un orejón llamado Apo Yupanqui a realizar una pesquisa y enviarle una información de lo que ocurría en Quivi. Como resultado, el curaca Chaume caxa fue conducido preso al Cusco con varias personas más, donde lo condenaron a ser ejecutado por traición. La represión en Quivi fue sangrienta, y contaban los declarantes y testigos que todos los hombres fueron asesinados y sólo quedaron las mujeres y niños. En 1559 había sólo unos cuantos yungas en Quivi; estos hechos concuerdan con las noticias que contienen los cuadernos de la Visita General, ordenada en 1549 por el licenciado Pedro La Gasca. En ellos, Quivi es mencionado como pueblo canteño, había dejado de ser un lugar habitado por costeños.

Impuesto el dominio cusqueño en el valle, procedieron los vencedores a reorganizar el señorío. La primera medida fue establecer en sus tierras a *mitmaq* de otras naciones. En las mejores chacras de Quivi, las que eran especialmente apropiadas para el cultivo de la coca, instalaron a una rama de los yauyos, los chacllas muy adicta a los incas y que desde hacía tiempo codiciaba esos lugares y deseaba instalarse en ellos. También los cantas recibieron en Quivi amplias tierras.

No sabemos qué otras transformaciones territoriales sufriera el señorío de Colli, pero sí cabe subrayar que, a la muerte de su jefe, no continuó en su gobierno ningún otro miembro de sus tradicionales curacas, sino que el inca puso por señor a un *yanacon yanayacu* que formó una nueva dinastía. Es interesante el hecho de ser un *yana* promovido a ocupar un cargo semejante, y no parece tampoco un caso inusitado. Ya Waldemar Espinoza (1967: 242) lo señaló para el señorío de los chachapoyas y también los curacas de Lima fueron *yana*, el uno de Mama Vilo, mujer de Huayna Capac, y el de la otra *moitié* lo era del mismo inca.

Estas noticias son importantes para la investigación sobre la clase servil de los *yana,* a la que algunos estudiosos llaman indebidamente esclavos, hecho que muestra el peligro de aplicar para la región andina los términos e ideas de otras latitudes. Ahora bien, la palabra *yanayacu* añadida a la voz *yana* debía referirse a alguna indicación especial, en cuanto al estatus de que gozaba el *yana,* ampliando la ya extensa gama de lo que era un individuo o un grupo de aquella categoría social.

Naturalmente se podría dar la etimología de:

yana – negro
yacu – agua (en idioma chinchaysuyu)

Sin embargo, esta traducción no satisface, quizá la etimología de la voz *yana* no perteneció originalmente al runa simi. Rowe (1948) señaló el significado de *Yaná-yanahó* en idioma muchik como el criado familiar, que formaba una de las clases sociales del reino de Chimor. Esta palabra pasó quizá al quechua como préstamo con la misma idea, a la que se le añadió el concepto de ayudar. A esta raíz se vinieron a sumar diferentes sufijos que explicarían diversas funciones vinculadas a la misma voz. Para traducir la palabra *yanayacu,* pedimos la colaboración del doctor José Pérez Villar cuyo análisis es el siguiente:

yana – el que sirve, ayuda
ya – sufijo continuativo
ku – sufijo dativo, para mí.

Así se desprende que se trató de una categoría de servidores personales y continuos; de un estatus especial que indicaba una condición peculiar dentro del estado *yana*. Posiblemente, los *yanacuna yanayacu* no podían servir a otra persona que no fuese el mismo soberano, y a los que él indicaba.

Una prueba de nuestra suposición sobre este vocablo la tenemos en el caso de los *yanacuna yanayacu yungas* de Xultin de Collique cerca de Chiclayo, que fueron enviados en época incaica a la región de Cajamarca para fabricar loza de barro para el Estado (Espinoza 1970; AGI, Escribanía de Cámara 501-A). En la información hecha por el curaca don Sebastián Ninalingon, señor principal de la *guaranga* de Guzmango, encontramos la afirmación de que el:

> Ynga subió de los Llanos muchos yndios yungas para efectos contenidos en la pregunta y los llamauan mitimaes y yanayacos, criados del Ynga quien servian con sus officios y que entendió quel Inga se seruia dellos (AGI, Escribanía de Cámara 501-A, fols. 99-99v).

En el documento mencionado le dan a esta voz el significado de artesanos con el estatus de *yana* dedicados a un oficio determinado para el inca y supervigilados por un *tocricamayoc*, eso se desprende de otro testimonio de don Sebastián Ninalingon quien declaró que:

> cierto numero de yndios que eran oficiales de muchos y diversos oficios como eran cumbiqueros, olleros, chacreros, ovejeros, alpargateros y finalmente de otros oficios los quales eran sacados de los repartimientos de las Guarangas y Pachacas de cada provincia como mitimaes a estos llamauan yanayacos que era como dezir yanaconas (AGI, Escribanía de Cámara 501-A, fol. 62).

y en otro lugar:

> estos yndios oficiales olleros que estauan poblados en el asiento de Xultin que sólo se ocupauan en hacer ollas y otra loza para el Ynga y sus capitanes y gente [...] (AGI, Escribanía de Cámara 501-A, fol. 99).

A la caída del Tahuantinsuyu estos *yana* volvieron a sus tierras de origen, pero algunos quedaron y: "los caciques principales y de Guaranga se apoderaron de los yndios mitimaes, criados del Inga [...]" y fueron sometidos a los señores regionales. Los testigos en la Información aseguraron que:

> todas las Guarangas de este repartimiento de Caxamarca tienen yndios yanaconas (AGI, Escribanía de Cámara 501-A, fol. 100r).

para el servicio de los señores del lugar. Así del servicio exclusivo al inca pasaron al de los curacas provincianos que ambicionaban tenerlos en su poder. El privilegio que otorgaba el soberano a un *yana* al nombrarlo señor de una región está dentro del poder ilimitado de que gozaba el inca. Un ejemplo de las distinciones acordadas por un monarca es mencionado por Cabello de Valboa (1951: 371) al referirse a Huayna Capac y a sus preferencias por los *yanayacu,* después de que los orejones cusqueños lo dejaron caer de sus andas, y lo abandonaron durante la guerra contra los caranguis en el norte.

En menor escala, un jefe étnico podía colmar también a sus *yana* de ciertas prerrogativas especiales, tal el caso de don Juan Chuchuyauri, señor de los yachas, que poseía dos *yana* que gozaban ambos de:

> hogares poliginios en una sociedad donde la norma era la monogamia (Murra 1967: 390).

Lo dicho más arriba es una prueba de las enormes diferencias que existían en el estatus social de los *yana.* Durante el virreinato esta distinción especial de *yanayacu* cayó en desuso al dejar de haber soberanos nativos.

Los collis en el virreinato

Los collis que, en tiempos remotos sufrieron una derrota aplastante ante los yauyos, y fueron duramente castigados por la conquista incaica, iban a quedar eliminados con la venida de los españoles. Su fuerte baja demográfica será similar a la de muchos otros yungas, con el agravante de que la mengua de la población se inició con el dominio de los cusqueños.

Un pequeño grupo étnico persistirá durante los primeros años del virreinato para luego desaparecer prácticamente a fines del siglo XVI. No quedará del antaño poderoso señorío más que toponimias y datos dispersos en documentos de archivos.

El primer encomendero de Collique fue Domingo de la Presa, y a su muerte Francisco Pizarro lo otorgó a su hermano Francisco Manuel de Alcántara el 8 de octubre de 1540. En el Archivo General de Indias se hallan los títulos de las tres encomiendas que poseía Alcántara y ellas fueron, además de Collique, la de Mancha, en Lurín, dada en 1535 y la de Jauja en 1541 (AGI, Justicia 448); los tres depósitos llevan la firma autógrafa del marqués y son documentos originales.

El documento más temprano sobre un señor de Collique data de 1559 cuando su curaca don Francisco Yauyi fue testigo en el largo y dilatado juicio entre los chacllas y los cantas. En otro trabajo hemos publicado sus declaraciones en la Información de Oficio de dicho pleito (Rostworowski 1967-1968).

Un importante documento es el testamento del mismo curaca de fecha del 25 de agosto de 1564, otorgado poco tiempo antes de su fallecimiento. Lo interesante en el testimonio es constatar la gran extensión de tierras propias que declaró poseer don Francisco, a pesar de haber sufrido ya la pérdida de muchas de sus haciendas (BN, A-185). Sus chacras se derramaban en ambos lados del río Chillón y comprendían, en la margen izquierda desde Comas, Collique, Con-Con, hasta Punchauca y Guacoy y, en la banda derecha, buena parte de lo que hoy día es el valle de Carabayllo, hacia los cerros de Lomas, la Ysleta y Omas.

Cabe hacer la pregunta de cómo se trabajaban tantas tierras del curaca y tan extensas chacras propias, este hecho nos hace suponer como hipótesis de trabajo que, al igual que en Piura, todas las tierras del valle pertenecían al señor del lugar y

> en algunos valles de *yungas* tenían por propias las tierras y heredades que había los caciques, y las daban a indios por manera de arrendamiento, para que les acudiesen con cierta parte de los que en las dichas tierras cogiesen; y no había indio particular que tuviese propiedad de la tierra; esto en los valles de los Llanos y yungas, como está dicho [...] (*Relaciones geográficas de Indias* 1881, tomo II: 240).

Sólo así se explicaría la declaración testamentaria de don Francisco Yauyi, suposición que está en parte confirmada por una declaración del cacique de Collique, don Hernando Nacar, hijo del anterior, en una averiguación que se hizo en 1568, según la cual:

> este testigo da a los dichos yndios de sus mismas tierras en que siembran lo que ellos quieren [...] (AGI, Justicia 482, fol. 6708r).

La Relación de Castro y Ortega Morejón (1936: 146) menciona que, al conquistar los cusqueños el valle de Chincha, los señores provincianos daban de sus propias tierras las que habían de ser del inca y se entiende de la información que todas las tierras pertenecían a los señores locales. Una confirmación a esta suposición se halla en un documento referente a un juicio seguido por el cacique de Huarmey y los naturales de Laupaca contra un hacendado español, por 197 fanegadas de tierras. En la Visita que realizó fray Domingo de Valderrama, declaró pertenecer a la corona todas las tierras vacas, y a los naturales les adjudicó las que necesitaban como propias de su comunidad, hecho que contentó a los indígenas pues según parece a:

> los yndios comunes antiguamente no tenian propiedad de tierras sino el uso de las que sus caziques necesariamente les señalaban para cultibar y bibir (BN, B-1289, año 1605).

Si en el principio la totalidad del suelo era del curaca, y él la "arrendaba" a los miembros del común percibiendo el señor una parte de las cosechas como forma de pago, es natural que exista una voz que los indique. En el *Lexicón* de fray Domingo de Santo Tomás se encuentran las palabras *cacay-alcauala* o *tributo juntar* y también significa contribución y:

cacani, gui o cacacuni, gui - contribuir con tributo
cacac - el que contribuye

En cambio el diccionario de González Holguín no contiene ninguna voz relativa al tributo, alcabala o tasa, hecho que apoya la hipótesis de que en la costa el mecanismo de la tenencia de la tierra y del trabajo era distinto al modo serrano. O sea que el señor principal percibía de sus súbditos una especie de tributo en especies, por el otorgamiento de las chacras. Esto no significa que los *hatun runa* o miembros del común no tuviesen señalados para sí ciertos campos, los documentos del siglo XVI indican los lugares donde se encontraban, sino que ellos trabajaban también en tierras cacicales fuera de las suyas y entregaban una parte de las cosechas en forma de "pago".

Este sistema de posesión y del cultivo de la tierra no es una costumbre extraña en el mundo andino, con variantes se encuentra en diversos lugares y merece una mayor investigación (Rostworowski 1974).

El resto del señorío, que no pertenecía directamente al curaca principal, estaba en manos de una serie de pequeños cacicazgos vecinos, supeditados al jefe de mayor jerarquía y ellos tenían a su vez una similar tenencia de las tierras y forma de trabajo.

La gran baja en la población indígena de la costa, en el siglo XVI, así como los trastornos que sufrió su organización social ante la invasión europea, cambió seguramente cualquier tipo de sistema local de trabajo de la tierra. Durante la primera parte del virreinato, al desaparecer los indígenas, quedaron eriazos los campos, se quebraron las acequias y grandes extensiones se volvieron cañaverales y chilcales.[4] Hay frecuente mención en los documentos, de este abandono y retroceso de la agricultura (AGI, Justicia 482 y AGN, Títulos de Propiedad, Cuad. 745).

También mencionan los testimonios que en la banda derecha del valle, en Carabayllo, existían gramadales y lagunas que, al igual que en los demás valles costeños, se debían a la mayor abundancia de agua en la capa freática. A medida que creció el sistema europeo de estancias y haciendas, las tierras pantanosas se cultivaron y se anexaron a los campos de cultivos.

---

4. *Chilca* nombre vernacular de una *Baccharis* de la familia *Compositae*.

 Según Margaret A. Towle (1961: 95), las *Baccharis* son un *genus* americano que comprende más de 300 especies.

 Weberbauer (1945: 252), en un recorrido por los montes ribereños de los valles de Lurín y del Chillón reconoció las *Baccharis lanceolata* y *salicifolia*. En cuanto a los cañaverales Yacovleff (1934), señala la caña brava como *Gynerium sagittatum* y la caña hueca o carrizo *Phragmites communis Trin*.

En 1586, gran parte de las tierras que pertenecían a los indígenas en la Rinconada de Omas no tenían dueño por el fallecimiento de todos ellos. Las chacras comprendían numerosas fanegadas y hay varias referencias a ser buenas para:

> sembradura de maiz a lampa como lo siembran los yndios [...] (AGI, Justicia 482, fol. 6719r).

y más adelante:

> treinta fanegadas de sembradura de maiz a mano [...] (AGI, Justicia 482, fol. 6719r).

El modo de cultivar el maíz a mano y con lampa, significa que no trataban de arar toda la extensión de tierra que deseaban sembrar, y que sólo se limitaban a escarbar un hoyo en el que echaban los granos.

El documento referido no es el único en el cual hay referencia a este modo de cultivar antaño el maíz en los yungas. En el *Lexicón* de fray Domingo de Santo Tomás, diccionario confeccionado en la costa y que refleja el habla de los valles centrales, figuran dos voces para indicar instrumentos de labranza, el uno es "açadon – cuzpana" y "açadon de pala – lampa". La *taclla*, arado indígena, es mencionada por Santo Tomás con un sinónimo de *yapana*.

Siguiendo con el tema de la organización social del valle del Chillón, información que se debe rastrear a través de los documentos, está el hecho de que los viejos del lugar, aquellos que ya no tributaban, quedaban a cargo del curaca.

Hay una indicación de ello en una declaración de un indio natural de Collique, quien dijo que:

> al uiejo, su cacique le sustenta y esto es lo que an menester [...] (AGI, Justicia 482, fol. 6710r).

Una ratificación de lo anterior se desprende de la Averiguación hecha en Guarauni, valle arriba en 1571, ahí los indígenas declararon:

> que les dan los dichos caciques de comer y de beber e vestir (Espinoza 1963: 66).

Esta visión provinciana de la protección a la que tenían derecho los ancianos es distinta a la estatal mencionada por los cronistas. Se trata aquí de una institución rural anterior al dominio inca y que funcionaba a nivel del señor local, y se mantenía aún después de la invasión europea. La reciprocidad funcionaba en el sentido que los viejos cumplían tareas ligeras, y en el caso que citamos el de la recolección de las hojas de coca en las tierras del curaca. Durante el gobierno del virrey Toledo se procedió a reducir a los indígenas a pueblos a la usanza española, y se fundó el de

San Pedro de Carabayllo, y consta en diversos expedientes que se construyó en tierras que pertenecían al curaca de Collique.[5]

Varios son los grupos que quedaron establecidos en él, ellos fueron los chuquitantas, seuillays, sutcas, guancayos, macas, carabayllos y colliques.

Sobre los guancayos y macas hablaremos más adelante, en cuanto a los chuquitantas y seuillays es poco la que se puede decir. En los primeros años después de la conquista fueron encomendados en doña Francisca Pizarro y más adelante pasaron a Vasco de Guevara y en segunda vida a su hijo Jerónimo (AGI, Patronato 1, Ramo 43).

POBLACIÓN Y UBICACIÓN DE LAS ETNÍAS INDÍGENAS

Escasas son las cifras sobre la población indígena del valle del Chillón. A la llegada de los españoles existía una *guaranga* de los collis, o sea mil tributarios, número que parece bajo teniendo en cuenta la afirmación de Cobo de haber un *hunu* en Carabayllo, lo que significa que en la región habitaban diez mil tributarios. Es posible que la *guaranga* correspondiera a los tiempos incaicos después de la derrrota de los collis frente a los ejércitos cusqueños.

En el Archivo General de Indias hemos encontrado la Visita de Juan Martínez Rengifo, uno de los encargados de realizarla en la provincia de Lima por orden de Toledo, y ella se llevó a cabo en el valle del Chillón en el año de 1571. El 13 de marzo se hizo la de Collique y unos días más tarde, el 18 del mismo mes, se efectuaba la de los pequeños señoríos de Guancayo, Maca, y Guarauni, río arriba (Espinoza 1963). Es sorprendente la menguada población que tenía Collique compuesta por sólo 15 tributarios, 7 muchachos y 2 niños, sin contar con las mujeres casadas y una que otra vieja. La mayoría de los hogares indígenas declararon no tener hijos; se debía seguramente a la alta mortandad infantil, y a los estragos causados por la invasión europea entre los costeños. Situación que se traduce unos años más tarde en la aniquilación total de los naturales de Collique.

En 1586, quince años después, en una averiguación hecha por orden del virrey Fernando de Torres Portugal, conde del Villar, y a pedi-

---

5. AGN, Títulos de Propiedad, Cuad. 745. AGI, Justicia 482. Ídem, fol. 5v.
   Declaración del curaca de Carabayllo, don Juan Quivi: "este testigo save el pueblo de Carauyllo donde al presente están reducidos los yndios de Cararuaillo y Collique e Guancayo e Chuquitanta eran tierras de don Fernando Nacara curaca de Collique".

mento de Baltazar de la Cruz Aspetía, quien solicitaba la donación de tierras en la Rinconada de Omas en Carabayllo por estar eriazas, tenemos nuevas noticias sobre la población del lugar. Estas chacras pertenecían al cacicazgo de Collique y estaban sin cultivar por el fallecimiento de sus naturales. De las declaraciones de los testigos se desprende que del antiguo señorío no quedaban más que el curaca don Hernando Nacar, dos mozos llamados Francisco Nacar y Rodrigo Asmat, el mismo que figura en el patrón de la Visita de 1571, como de edad de siete años y un viejo dispensado de todo trabajo por su avanzada edad. Todos dijeron que de los indios de Collique no quedaban más que los declarantes.

Es interesante la afirmación de Alonso Cuy Cuy, único anciano sobreviviente, quien recordaba haber en su juventud visto 600 indios en Collique, y que antiguamente había:

> tantos que no se contauan por ser muchos (AGI, Justicia 482, fol. 6710v y 6711r).

Los nombres de las antiguas *pachaca* de Colli son mencionadas en la Visita de Martínez Rengifo y ellas son las siguientes:

Chuquiruro
Caxa Chumbi
Vilca Tanta
Vilca Chumbi
Chumbi Guarco
Chumbi Tanta
Carua Guanco
Carua Chumbi
Chinqui Yanga
Chuquitanta

Todas ellas llevan nombre netamente quechuas, la voz *tanta* es característica de ser apellido de señores costeños, y significa según Arriaga:

> unos alzacuellos de plumas que llaman huacras y en otras parte tamta (1968: 213).

Lo mismo sucedía con la palabra *chumbi* que está relacionada con prendas usadas por señores o sacerdotes (Rostworowski 1961). Estas *pachaca* pueden hermanarse de dos en dos, lo que daría quizás un sistema dual de *moitiés*. Un dato importante que se desprende de los nombres de las "parcialidades" es su origen indiscutiblemente quechua, e indica el idioma usado por los collis. Hasta la fecha no existía ningún documento que lo probara y más bien ciertas toponimias de la región parecían norteñas. Posiblemente ellas indicaban un asentamiento de *mitmaq* mochicas puestos por los incas, como los hemos encontrado en Maranga, Guarco, Ica y otros lugares. Cobo menciona que desde Carabayllo al sur se hablaba una lengua, y de ahí al norte otra, aseveración que nos parece dudosa (1956, tomo II).

La seguridad de que el señorío de Collique fuese una región de quechuahablantes prueba, una vez más, la veracidad de la hipótesis de Alfredo Torero (1970) de ser la zona central la cuna de ese idioma.

Detalles tardíos sobre los habitantes del valle del Chillón están consignados en una hoja suelta que, indebidamente, se encuentra en el Legajo de Testamentos de Indios, en el Archivo General de la Nación. No lleva fecha y en el encabezamiento dice lo siguiente: "Repartimiento - Provincias de la Intendencia de Lima", lo cual permite fechar la hoja por el año de 1784. El censo tiene información sobre la composición por edades de las etnías. Se observa el repunte demográfico de los guancayos y de los chuquitantas, la baja población de Collique y el hecho significativo de que ni siquiera tenía ya un curaca propio.[6] La baja demográfica fue general en la costa y sus motivos fueron múltiples, complejos y escapan a los fines del presente trabajo.

---

6. Para la información sobre los descendientes de don Fernando Nacara, señor de Collique, existen varios documentos en el Archivo General de la Nación.

    En su testamento (Derecho Indígena, Cuad. 57) don Fernando dejó por herederos suyos a su hijo y a su mujer Juana de Rivera, en el mismo testimonio declaró tener una hija natural llamada Magdalena Guatca, pero no le dejó bienes. A la muerte del curaca se inició un juicio entre Magdalena y la mujer de don Fernando por la herencia, pues mientras tanto el hijo legítimo había fallecido.

    En un auto del 24 de noviembre de 1606 hay mención de la gran disminución de la herencia ya que, gran parte de las tierras "las tenían algunos españoles con mal título".

    Unos años después, en 1611, las dos mujeres llegaron a un acuerdo para dividirse la herencia y evitar largos y costosos juicios. En el auto de transacción hay mención de las:

    > haziendas, chacaras e tierras, casas, estancias, bienes e muebles del dicho don Fernando Nacar. Así en esta ciudad como en el dicho pueblo de Carabayllo, valle de Macas, Comas e Collique y en las demás partes donde los dichos bienes y haziendas estubieron [...].

    Es interesante notar que don Fernando tenía tierras a lo largo de todo el valle. Entre los bienes del cacique también figuran varios censos impuestos a sus bienes. Uno de los motivos del concierto entre los dos herederos del curaca es que Magdalena Guatca tenía pendiente pleitos con hacendados españoles que se habían instalado en sus tierras. Ellos fueron Juan Guerrero que llegó a poseer un gran fundo en Carabayllo llamado Guerrero o Chacra Grande, y en esta hacienda creó un vínculo. Los otros dos hacendados fueron Juan de Uribe y Francisco Severino de Torres.

La investigación de los títulos de propiedad de las haciendas del valle es interesante por cuanto permite obtener la ubicación de las etnías, de los pueblos antiguos, de huacas y, en general, de un gran número de toponimias que ayudan a reconstruir el pasado.

Nombre	Que pagan tributario	Personas y seg. caciques	Reservados	Muchachos	Total hombres	Total mujeres	Total personas
Chuquitanta	69	1	13	53	136	144	280
Comas y Carabayllo	36	1	2	18	57	80	137
Guancayo	68	1	13	86	168	213	381
Collique	8	-	04	2	14	12	26
TOTAL	181	3	32	159	375	449	824

La dificultad con que se tropieza es la vaguedad de los límites en los documentos mencionados. Los deslindes de las chacras son referidos colindantes con las de tal o cual vecino, indicación que no aclara en nada la localización, por lo menos para nosotros; también suele referirse a un árbol viejo, un paredón, una cruz o una acequia, o sea a mojones sólo inteligibles para los que vivían entonces y conocían perfectamente el lugar. Por eso es importante valerse de ciertos hitos que sirvan para orientarse ahora como antaño. Uno de ellos es la Fortaleza de Collique y, al otro lado del río, el cerro de Choqué y el cerro Blanco. La Fortaleza está situada al bor-

---

En el siglo XIX, los herederos de don Fernando vivían en el pueblo de Santiago de Surco donde eran gente principal, se habían dividido en varias líneas y descendían todos de los dos hijos de Magdalena Guatca, a saber Constanza y Francisco Huaicho (AGN, Derecho Indígena, Cuad. 679, años 1809-1814).

Es de notar que entre los censos en disputa figuraba uno en Sapán y según la declaración del Fiscal, Protector de Naturales: "se aplicaron a los indios Guancayo unas tierras de Nacar, y a los herederos de éste unos censos que aquellos tenían en la caxa, cuyos intereses han estado perciviendo y no el principal por no haverlo remitido el centuatario en su principio o por no haverlo pedido los interesados, siendo difícil después de doscientos años saber quienes sean los legítimos herederos". Además se había extraviado el instrumento de la fundación del censo.

En 1829 seguía otro juicio entre Manuel Martínez Nacar, principal del pueblo de Santiago de Surco, como heredero de don Fernando Nacar, contra María Espíritu Santo Montes por unas tierras en el valle. Esta es la última noticia sobre descendientes del señor de Collique (AGN, Derecho Indígena, Cuad. 682, año 1829).

de de la moderna avenida Túpac Amaru, entre los km 16 y 17; ha sido descrita por Squier, en 1877, y de ella ha dejado un plano somero. Más tarde Villar Córdova la cita como alzándose sobre las llanuras de Con-Con y de Comas, y señala muros que han desaparecido ante el avance de las urbanizaciones populares. El citado autor supone erróneamente que se trata de una fortaleza incaica (Squier 1877, Villar Córdova 1935: 171).

Horkheimer (1965: 51) en un resumen de identificación y bibliografía de sitios prehispánicos dice del mismo lugar:

> Fortaleza sobre un peñón. Un muro tapial con base de piedras no labradas sube serpenteando en 3 vueltas. A su lado varios depósitos de pequeñas piedras para las hondas. En la cumbre paredones. En la quebrada al sur del peñón se observan plazoletas similares a las que forman parte en el complejo de las marcas de Nazca. Otras hubo en quebradas vecinas, pero fueron destruidas por urbanizaciones y otras ocupaciones modernas. Frente a Collique, al otro lado de la carretera, montículos naturales con restos de construcciones prehispánicas.

El mencionado autor señala la existencia de plazoletas y marcas parecidas a las de Nasca, que observó tiempo atrás, y que ahora están destruidas como muchas otras estructuras del valle. Sin embargo, en una quebrada árida de la hacienda Torre Blanca, a unos kilómetros de la Fortaleza valle arriba, hay unas rayas que tienen una similitud con otras del valle de Lima y con las de Nasca.

Hugo Ludeña presentó al XXXIX Congreso Internacional de Americanistas una ponencia sobre la Fortaleza o Palacio de Collique, que domina los alrededores así como el complejo ceremonial que se extiende en pleno valle. Según testimonios en el Archivo General de la Nación, el "pueblo viejo de Collique" estaba situado en el lugar del mismo nombre y sus linderos eran, por un lado, hacia el valle, las tierras de Martín Pizarro y por el otro lado lo eran los cerros, lo que indica que se alzaba en la parte eriaza de la quebrada (AGN, Títulos de Propiedad, Cuad. 745, fol. 72, año 1586, fols. 84 y 62).

Otro documento precisa el lugar, al referirse al deslinde de las haciendas de este mismo Martín Pizarro de las chacras de Francisco de Talavera, realizado en 1546. Del expediente se desprende que las tierras de Pizarro estaban situadas en "los límites de Comas y Collique" y:

> questando el rostro hazia la fortaleza de Collique una acequia que corre de hazia la dicha fortaleza hazia el puerto de la mar, lo questá hazia el camino real de Collique queda para el dicho Martín Pizarro, e desde la dicha acequia ques una acequia bieja de la grande syn agua, hazia el río e camino de Truxillo, queda para el dicho Francisco Talavera (AGN, Títulos de Propiedad, Cuad. 346, año 1546).

La estancia de Pizarro daba a lo largo del camino real que iba a Canta, mientras las tierras de Talavera quedaban paralelas al río. El pueblo viejo estaría emplazado en una de las quebradas eriazas, cerca de la Fortaleza, entre el camino actual y los cerros.

Un pueblo más es mencionado en los títulos de propiedad y es el de Guarnec, situado sobre el mismo camino real, más adelante de la chacra de Martín Pizarro, junto a un corral antiguo. Hasta ahora existen sus ruinas en el km 19 de la avenida Túpac Amaru, que Horkheimer denomina paredones y describe como:

> resto de una gruesa y larga muralla tapial de circunvalación y de otros muros, correspondientes a una población preincaica de considerable extensión. Portada imponente aliado del fragmento de un camino prehispánico, de que se han conservado varios trechos a lo largo del valle inferior. (AGN, Títulos de Propiedad, Cuad. 745, fol. 7r; Horkheimer 1965: 51).

El avance y la expansión de la gran Lima ha destruido mucho este conjunto, que se encuentra al borde del pueblo joven llamado Progreso.

Quizás lo más importante de las noticias de los diversos expedientes sean los límites de la hacienda Collique. Estos deslindes se realizaron en 1642 por mandado del señor Fernando de Saavedra, oidor de la Real Audiencia y Juez de la medida, venta y composición de tierras del distrito de Los Reyes. La medida corrió a cargo de Pedro de Noguera, medidor oficial, y se hizo partiendo del cerro de Alpacoto, regresando a él después de dar la vuelta a los linderos. El total del fundo comprendía 78 fanegadas antiguas que equivalen a 234 de las modernas, y es como sigue:

> desde la punta del Zerro de Alpacoto, el rostro azía a Lima llebando a la mano derecha tierras de Don Rodrigo Campusano, y a la isquierda las de Collique, hasta dar en las de Francisco Lorenzo y Albaro Alonso Moreno que quedaron a la mano derecha, haviendo venido linde de una azequia por la qual se fue hasta el remate de las tierras del dicho Albaro Alonso, linde de las cuales se bolbió azia al camino Real de Chancay, y hasta dar a otra acequia por la cual se bolbió azia la mano isquierda y se fue por ella hasta llegar hasta la punta de un zerrillo redondo, linde del cual pasa la dicha azequia, y de la punta de dicho zerrillo se bolbió sobre mano isquierda linde la falda de los dichos zerros, por el camino Real de Guánuco por el qual se fue hasta dar con tierras del secretario Lucas de Capdevilla, que se dejan a la mano derecha y se fue el Rostro al *Serro de Choqué* por unos Paredones del Ynga, hasta dar á las *Huacas de Collique que dejaron por dentro* y se fue por la parte de fuera linde de ellas y del dicho Secretario Lucas de Capdevilla, hasta dar en tierras de Juan Sambrano de Becerra que quedan a la mano derecha, y se fue hasta dar en el zerro de Alpacoto, quedando como va dicho, a la mano derecha tierras del dicho Zambrano [...] (AGN, Juzgado de Aguas, 3.3.8.29, fols. 24r y 24v).

A primera vista esta descripción es bastante compleja y por eso, antes de seguir los linderos de la hacienda, es necesario aclarar y ubicar ciertos hitos que hacen comprensibles las demarcaciones. Se impone una corta explicación sobre las tierras de Lucas de Capdevilla, cuya hacienda lindaba con la de Collique y que tomó el nombre modernizado de Caudivilla, con el cual se le conoce hoy en día. Según el mismo expediente que comentamos, este fundo medía en aquel entonces ciento trece y media fanegadas o sea trescientas cuarenta y media de las actuales. Lindaba por una parte con el camino real a la sierra; por el lado opuesto, con el río; al norte, con la estancia de Con-Con y hacia Lima con la de Collique y la de Zambrano, conocida también con el nombre de Buenaventura (AGN, Tierras y Haciendas, Leg. 6, Cuad. 49, año 1807; AGN, Juzgado de Aguas, 3.3.8.29).[7]

Otro hito es el cerro de Choqué que está situado al otro lado del río en la banda derecha del Chillón (Bonavia 1966: 32).

Mayor dificultad ofreció encontrar el cerro de Alpacoto, que ningún informante recordaba ni estaba indicado en mapa alguno. Por diversos manuscritos sabíamos que en la hacienda de Collique existían dos fuentes importantes, pues regaban con sus aguas una vasta extensión de tierras (AGN, Juzgado de Aguas, 3.3.6.10). A una fuente le decían Alpacoto y a la otra Talavera, por el nombre de su primer dueño español, pero su nombre indígena era Guacan Llanco (AGN, Títulos de Propiedad, Cuad. 745, fol. 105). De este último puquio salía una acequia que dividía las tierras de la comunidad de las del cacique y corría derecho a dar en el cerro de Alpacoto. Teniendo este dato, lo primordial era hallar las fuentes. De gran ayuda fue la antigua dueña de Collique, señorita Inés Álvarez Calderón, quien muy amablemente proporcionó un plano del fundo donde estaban indicados las fuentes y los potreros por sus nombres. En una salida al campo recorrimos las chacras y vimos los manantiales y efectivamente del de Talavera arrancaba una acequia que se dirigía de frente hacia dos cerritos en el actual fundo de Chacra Cerro. Si traducimos del *runa simi* la voz Alpacoto tenemos *allpa* – tierra y *coto* – montón de alguna cosa (Santo Tomás 1951a), justamente el nombre de la hacienda. Con estos hitos era posible no sólo entender los límites de Collique de 1642, sino que era factible recorrerlos en el lugar, hecho que realizó el Seminario de Arqueología de la Universidad Católica, dirigido por la Dra. Ramos de Cox. Lo importante en dicha salida era encontrar las huacas de Collique, cosa que fue ya relativamente fácil.

---

7. La antigua fanegada usada en los valles cercanos a Lima medía 288 varas de largo por 144 de ancho y correspondía a tres de las actuales.

Según Squier, de la base de la Fortaleza, a la mano derecha, arrancaba un pesado muro de adobones que cruzaba el valle hacia un cerro al frente (Squier 1877: 88). Esta descripción concuerda con la de los linderos de la hacienda Collique, cuando dicen que las tierras de Lucas de Capdevilla se dejan a la mano derecha y se va el rostro hacia el cerro Choqué por unos "paredones del Ynga". Restos de este muro existen hasta la fecha y, aunque muy destruido, se ve claramente que iba desde la Fortaleza hacia el valle describiendo una gran curva. También se advierten dobles escaleras en forma de V, que daban acceso a la parte de arriba permitiendo caminar sobre él. Desde la cumbre del paredón, que en sus partes mejor conservadas mide unos tres metros cincuenta de alto, se contempla a la izquierda de la Fortaleza y a la derecha varios montículos que debían ser las huacas, pues el deslinde indicaba que ellas quedaban por dentro mientras la mesura seguía hasta las tierras de Zambrano, y al llegar a esta hacienda el medidor se volvía dando una vuelta y se encontraba de nuevo en el cerro de Alpacoto.

Al dirigirnos a los montículos, vistos desde el muro, nos dimos cuenta que eran varias estructuras de adobones y adobe, muy mermadas por los agricultores deseosos de nivelar sus tierras. Un campesino que trabajaba en el campo dijo llamarse Teófilo Yupanqui y haber venido a Collique aún niño, en 1921. Le preguntamos por el nombre del lugar y contó que el potrero se llamaba Zancudo y que pertenecía a la hacienda Collique y efectivamente en el plano del fundo, en su extremo se hallaba una estructura que no podía ser otra que una de las huacas que buscábamos. Varios restos arqueológicos se encuentran cerca y el señor Yupanqui se refirió a que una antigua ladrillera había bajado el nivel de los potreros y para nivelar el terreno habían arrasado dos huacas.

Parece que en Chacra Cerro la cooperativa campesina ha eliminado hasta cinco estructuras y en vista de la situación se impone un trabajo arqueológico de salvataje, pues de lo contrario dentro de poco tiempo no quedará nada del complejo de Collique.

Antes de seguir adelante cabe hacer un paréntesis para analizar el nombre de las dos fuentes de Collique. Lo interesante es que revelan un culto al agua y a la tierra. Según el *Lexicón* de fray Domingo de Santo Tomás, el significado del nombre del puquio de Guacan Llanc sería el siguiente:

Guaca – Templo de Ydolo, o el mismo Ydolo
N – sufijo que indica el lugar donde se hace algo
Llanc, Cuni – Afeytarse el varon con cierto afeyte.

De estas etimologías se desprende que el manantial de Guacan Llanc era sagrado y sus aguas servían para cumplir ciertos ritos mágicos reservados a los varones.

El otro puquio, el de Alpacoto, debía representar lo relacionado con la tierra, pues en el mundo andino la imagen de la tierra era un concepto femenino unido a la agricultura. Se decía Mama Pacha o madre tierra y también el maíz era femenino pues se le decía Mama Zara.

El agua de la fuente masculina corría de frente al cerro de Alpacoto, relacionada quizá con ceremonias de fertilidad. El segundo cerro y sus tierras vecinas era llamado Comicay, cuya etimología sería:

Come o Comi - hembra estéril, que no pare
Cay - éste, ésta, aquello o aquélla

y nos trae en mente la imagen de un mundo femenino que no ha sido fecundado. La situación de las fuentes y cerros, dentro del ámbito de las huacas, indica un culto a la fertilidad, a la agricultura.

Existía un cercado llamado de Collique o de Alpacoto situado cerca de los dichos cerros, hacia el río y quizás tenía relación con estas ceremonias o culto (AGN, Títulos de Propiedad, Cuad. 745, fol. 10v).

Otro hecho a subrayar es que en varios lugares de la costa central, y también en la norteña, se repite la toponimia de Alpacoto, quizá relacionada con este culto y común a otros lugares. Por ejemplo, según Kosok, hay un Alpacoto en la provincia de Chancay, en el distrito de Supe, pueblo a más o menos seis kilómetros de la hacienda Llama Huaca y frente a la quebrada de Chupa Cigarro. Consiste en un grupo grande de ruinas de adobe (Kosok 1965: 225).

La comparación de las fotografías aéreas de 1958 con las de 1970, de la zona de Collique, muestran claramente la tremenda destrucción que se ha cumplido en esos años, y si no se procede a un salvataje nada quedará de lo que fue el centro ceremonial de Collique.

En la margen derecha del río Chillón los principales hitos son el cerro de Choqué, que mencionamos más arriba, y el cerro Blanco del cual nos ocuparemos cuando se trate de las etnías guancayos instaladas en el valle.

En esta banda del río estaban diseminadas, en diversos lugares, las tierras de los grupos étnicos reducidos en el pueblo de Carabayllo en tiempo del virrey Toledo. El curaca de esta etnía en 1617 era Juan Anaquibe y poseía 40 fanegadas (120 de las modernas) en Cassio y Concotón, chacras que fueron codiciadas por Francisca de Aguilar, dueña de la hacienda de Copacabana (BN, B-1029). Este cacique aún conservaba en el siglo XVII buena cantidad de tierras y ellas lindaban con un cerro llamado Pullan Vilca, cerca del lugar que se decía Omas, y vecinas de las chacras del común de los indios de Collique. Omas estaba al parecer cerca de los cerros áridos que se extienden detrás de las haciendas La Molina y Pueblo Viejo, siguiendo la acequia principal que salía del río y llevaba agua a la hacienda Copacabana (AGN, Títulos de Propiedad, Cuad. 745, fol. 12).

El padre Villar Córdova (1935: 170) supone pertenecer esta voz al idioma aymara, pero el origen del nombre es totalmente diferente y merece una aclaración para evitar graves errores de interpretación. El marqués de Cañete hizo merced a Nufrio Soles, su repostero, de unas 60 fanegadas de tierras junto al tambillo de Carabayllo. Este personaje vendió sus tierras al doctor Alonso Huerta, presbítero y capellán de Nuestra Señora de Copacabana, quien puso el nombre de Copacabana a su hacienda.[8] En 1608, el presbítero vendió el fundo a Alonso de Villamedina[9] y en aquel entonces la estancia tenía tan sólo sesenta fanegadas de tierras, pero ya en 1728 la hacienda había aumentado a doscientas fanegadas, de las de Lima, a expensas de las tierras de indios. En esa época los naturales del valle casi no tenían chacras debido a los hacendados, que poco a poco se las quitaron empleando diversos métodos, como por ejemplo, suprimir el suministro de agua, al extremo de faltarles hasta para beber (AGN, Juzgado de Aguas, 3.3.4.15).[10]

Hasta aquí hemos narrado todo lo que sabemos sobre los collique, pero queda en pie la pregunta principal. ¿Quiénes fueron y de dónde vinieron?

No hay a la fecha un estudio integral de Collique, pero sí un naciente Proyecto Integral que trata de obtener lo típico que caracterizara a esta etnía, distinguiendo sus testimonios figurativos de los de otras etnías con los que, según los recorridos de superficie efectuados, estaría relacionada en esta etapa tardía.

El llamado estilo Huancho, de Villar Córdova (1935), mencionado también por Ludeña e Iriarte (1960) y Stumer (1954a: 171, 178; 1954b: 130, 148; 1958) está presente desde el Horizonte Medio hasta la penetración inca, tanto en los sitios colindantes como en avances hacia el sur y hasta el norte.

---

8. El tercer catedrático en la recién fundada Cátedra de Lengua Quechua en la Catedral de Lima fue el célebre quechuista Alonso de Huerta, criollo, natural de Huánuco, maestro en artes y doctor en Teología, capellán de la iglesia de Copacabana de Lima y más tarde cura del Cercado. Huerta se hizo cargo de la cátedra hacia 1592 y en 1616 publicó, con aprobación del maestro don Francisco de Ávila, un "Arte de Lengua Quechua General de los Indios de este Reyno del Perú" *(El Comercio,* 28 de julio de 1949).

9. A la muerte de Alonso Pérez de Villamedina, heredó la hacienda su mujer Francisca de Aguilar, que casó en segundas nupcias con el contador Tomás de Paredes (AGN, Títulos de Propiedad, Cuad. 644).

10. En este documento se encuentra el nombre de todas las bocatomas de la acequia principal, que hasta la fecha se emplean en el campo.

Horkheimer y Trimborn, en sus trabajos sobre la zona, hacen descripciones de edificaciones y de asociaciones de superficie, pero el contenido expuesto de documentación reclama un análisis más exhaustivo de sectores urbanos, no sólo para determinar lo típicamente cultural, sino para ver cómo se integran dentro de las mismas urbes sectores serranos y costeños y se intercomunican las poblaciones. Esto sí se puede obtener con excavaciones que muestren la secuencia cultural del sitio y las asociaciones muebles e inmuebles que permitan dicho análisis.

La magnitud de un programa integral sobre la etnía de Collique se percibe apreciando los recorridos de superficie efectuados durante un año, como programa preliminar. La presencia de un centro ceremonial, ubicado a base de documentos y recorridos, en el cual la llamada Fortaleza de Collique es parte integrante de un variado conjunto de edificios, acequias y muros curvos, hace sentir la exigencia de explicar la ubicación de la población, en coordinación con este centro ceremonial. Los pueblos subsidiarios empiezan a tener una explicación consecuente en su patrón urbano, en proyección a este espacio planificado que viene a ser un núcleo con el que estas poblaciones tienen una relación de gobierno.

Este centro ceremonial plantea ya otras variantes originales si la comparamos con la planificación contemporánea de Chincha, o Pando que le es muy próxima; es por ello que merece especial atención su estudio, ya que destaca la originalidad de cada uno de estos centros de servicios comunales, cuyo estudio no puede ser fragmentario; ya que cada edificio tiene razón de ser en relación al conjunto de edificios y a la población que lo gestó.

Mediante los recorridos de superficie se ha apreciado una gran remodelación urbana, adecuada a las exigencias de su tiempo. Para despejar lo correspondiente a Collique, sincronizable con los documentos comentados, se requiere el estudio de los restos materiales; ya que los pueblos no abandonan en corto tiempo valles que siguen siendo fértiles, sino que de acuerdo a los cambios de planificación un edificio puede variar radicalmente de función o puede ser remodelado para adecuarlo a nuevas finalidades.

Con sólo los recorridos se aprecia un contexto típico para Collique, que por encontrarse en la costa central, lugar de encontradas influencias, viene a ser un gozne que ayudará a explicar mucho de las relaciones longitudinales y transversales.

Posteriormente se darán a conocer los avances en este conocimiento de los restos materiales mientras se progresa en su estudio, trabajo que no se puede postergar debido al rápido desarrollo del repoblamiento urbano. Los caminos a que se refieren los documentos también son importantes, pues no sólo indican las rutas seguidas y usadas por los habitantes, sino que sus nombres señalan la meta que perseguían. En 1546, se decía "camino a Guancayo" del que unía Comas y Collique con la etnía guancayo del alto Chillón; iba por la banda izquierda del río, pegado a los cerros.

Más adelante, los españoles lo llamaron "camino real a Guánuco". Durante la época del repartimiento de tierras, hecho en 1595 por el licenciado Francisco Coello, se decía "camino de Quivi" al que unía ese pueblo con el de Carabayllo por la margen izquierda del río, ruta hoy desaparecida. El camino al valle de Chancay arrancaba de la actual hacienda Trapiche, por el costado de Tembladera, a través del Cuello de Huachoc y zonas áridas, llegaba a Quilca, en el valle de Chancay, donde según Hans Horkheimer existía una convergencia de rutas tanto de la costa como de la sierra. Es de notar que las ruinas de Trapiche tienen un muro protector del lado que mira esa ruta, mientras que el camino a Cerro de Pasco, nombre moderno de una ruta, quizás antigua, partía del lado derecho de la "Fortaleza" de Collique y se dirigía por las quebradas secas hacia la sierra. Squier (1877: 80) señala este camino como traficado en el año de 1877.

LOS GUANCAYOS

El grupo del medio Chillón

Los guancayos formaban un grupo que habitaba en el medio Chillón, en ambas márgenes del río, y comprendían varios pequeños curacazgos que eran los macas, missais, guaraunis, sapán y los mismos guancayos. En la margen derecha, principiando más o menos desde el km 39 de la carretera de Lima en dirección a Canta, se extienden cinco poblados alineados cerca del valle, dentro de los linderos de la actual hacienda Macas. Este complejo de estructuras pertenece al grupo étnico de los missais y de los macas, estudiado por el doctor Trimborn (1970) y llevaba el mismo nombre que el fundo. La prueba de ello la tenemos en un documento del Archivo General de la Nación, se trata de un resumen de las tierras y chacras que poseían las cofradías y los indios del común en el pueblo de San Pedro de Carabayllo, jurisdicción de la ciudad de Los Reyes, y fechado en 1631. Este expediente, confeccionado a base de testamentos, composiciones y de otros testimonios de la época, dice como sigue:

> item quarenta fanegadas de tierras poco más o menos pertenecientes a los caciques e yndios del antiguo pueblo de Macas y parcialidad de Misay,

donde estubieron reducidos antes de trasladarse a este pueblo de Carabayllo (AGN, Derecho Indígena, Cuad. 637).[11]

Siguiendo río arriba habitaban los guaraunis, en las haciendas que hoy en día llaman Huarabí alto y bajo.

Sobre la mano izquierda, a la altura del km 44, se iniciaba el dominio de los sapán que también constituían varios poblados escalonados a la vera de los campos de cultivo y, a su vez, estos últimos colindaban con los guancayos. El documento de Justicia 413 (AGI) trae varias noticias que permiten ubicar y delimitar las tierras pertenecientes a los guancayos. En la información de Oficio, hecha en 1559 por fray Gaspar de Carvajal, Provincial General de los Dominicos / f. 113 / uno de los testigos fue:

> Christobal Cacallauca, yndio del pueblo de Guarauni del repartimiento de Guancayo.

de la encomienda del contador Juan de Cáceres, y su información permitió deslindar las tierras del curacazgo de Quivi de las

> tierras de los Guancayo y con tierras de los yndios de Martín Pizarro que se llaman Socos, y que los dichos Yauyos están de las dichas tierras en una comarca tras un cerro, y los dichos yndios de Canta ansy mysmo alindan con las dichas tierras de Quivi, en otras tierras que eran de los dichos yndios Yungas de Collicapa... las quales dichas tierras dejó Inga a los dichos yndios de Canta, quando dió Quivi a los yndios de Chacalla /f.123v/.

Este texto se refiere a una serie de linderos que permiten mostrar a los guancayos del medio Chillón vecinos de Quivi, que a su vez lindaban con los cantas y los socos, al otro lado de la quebrada. Según la Probanza Chaclla, preguntas añadidas, el testigo Christobal Caxallaupe, señaló el pueblo de Quiso como el lindero entre los quivis y los cantas (AGI, Justicia 413, fol. 286).

En tiempos coloniales el cacique principal y gobernador de Quivi lo era también de los pueblos de "San Phelipe de Mattu, Santiago de Ara-

---

11. En otro documento hay otra mención sobre los *maca* que aclara aún más su ubicación en el valle del Chillón. Se trata de una petición de 1592 de los curacas reducidos en Carabayllo, para que se les otorgara dinero de la caja de censos y del arrendamiento de sus tierras a fin de celebrar la fiesta de Corpus Christi. En la lista figura el monto de los pesos entregados a los cuatro repartimientos y es como sigue:

Collique	10 pesos
Carabayllo y Comas	40 pesos
Chuquitanta y Seuillay	20 pesos
Macas y Guarauni	30 pesos

AGN, Derecho Indígena, Cuad. 791.

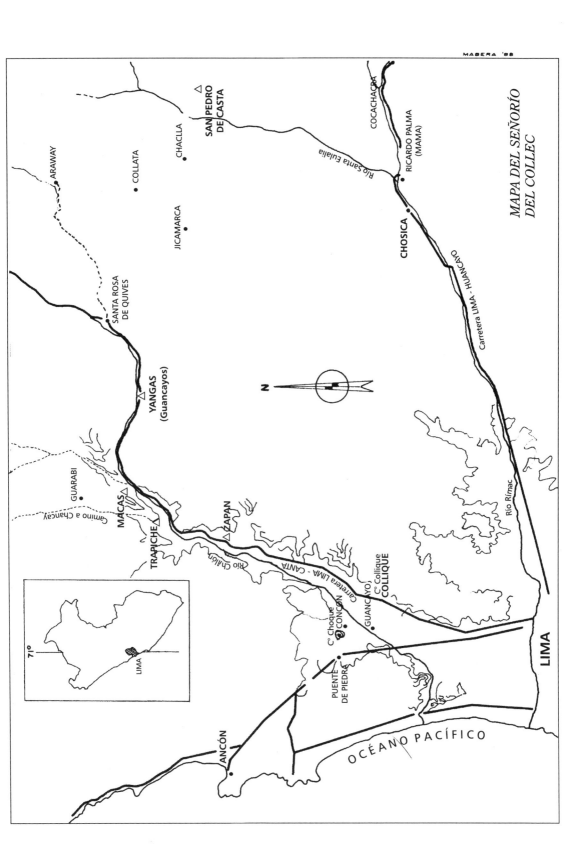

guay, San Juan de Viscos, San Lorenzo de Codsabamba, San Pedro de Yaso y San Francisco de Quisu corregimiento de Canta" (AAL, Curatos, Leg. 7, año 1664).

Otros testigos de la misma Información de Oficio confirmaron la declaración anterior: don Felipe Taulichumbi, señor yunga de Quivi, mencionó que las tierras de Quivi lindaban con los cantas, los guancayos, los socos de la otra banda del río y los chacllas tras de una sierra pelada /f. 126/. El mismo sentido tiene el testimonio de don Pedro, cacique de Guancayo, presentado por los chacllas como testigo suyo en una probanza de 1559. Este personaje dijo conocer las tierras de Quivi:

> porque las a visto y estado en ellas muchas bezes y su río alinda con las tierras desde que es una legua de Quivi (AGI, Justicia 413, fols. 183-187).

Por lo tanto, los guancayos a los cuales se refieren, vivían en el Chillón y no tenían nada que ver con la moderna ciudad del mismo nombre situada cerca de Jauja.

Quedaba ubicar a los guancayos. Sólo sabíamos que lindaban por el sur con las tierras de Sapán y por el norte con las de Quivi, así que decidimos con los miembros del Seminario de Arqueología de la Universidad Católica salir al campo y tratar de averiguar su situación. Llegamos al pueblo de Yangas, que se extiende desde el km 55 al 57 de la carretera de Lima a Canta, distrito de Santa Rosa de Quives, provincia de Canta. Un caminante al azar fue el primer informante; a la pregunta sobre si existía algún lugar llamado Guancayo, señaló la carretera y dijo que al final del pueblo había un potrero sembrado de paltas al cual llamaban así. Con este dato encontramos el campo indicado que está a un extremo del pueblo y que se inicia cerca del puente que cruza el río hacia la hacienda Magdalena, en el km 58. De ese mismo lugar sale la toma de la acequia que riega parte de los campos de Yangas.

La señora Cenobia Arredondo, otra informante, confirmó lo dicho anteriormente y nos aconsejó hablar con el señor Daniel Huamán, conocedor de la región. Regresamos otro día y la charla con esa persona resultó muy interesante e instructiva pues, entre otras cosas, contó que desde la carretera para arriba, del km 56 al 57, se decía Guancayo Alto a todas las tierras, y que las ruinas de Yangas quedaban en dicha zona.

Estas ruinas son bastantes extensas y comprenden construcciones de adobones sobre base de piedra, y otras de sólo piedras unidas con barro, con la particularidad que hacia las tierras de cultivo están las estructuras de barro y a medida que suben por el cerro las viviendas son de piedra. Una pared alta se levanta contra el cerro y cierra la aldea, mientras un pucara de piedra se yergue en un lugar alto que domina la quebrada. Unos kilómetros más allá de Yangas, sobre el km 59, existe otro pucara o fortaleza de piedra cuya función parece ser defender a los guancayos de ataques de la parte norte del valle, y suponemos que pertenece a este mismo grupo étnico por la declaración de que sus tierras llegaban hasta una legua de las de Quivi.

Con la ubicación física de los guancayos en el medio Chillón, divididos en Alto y Bajo, se resolvían varios problemas pendientes. Unos de ellos, el más grave, era encontrar el lugar geográfico de la encomienda del contador Juan de Cáceres a quien estaban encomendados los guancayos. Una serie de documentos se referían a él como el poseedor de este grupo étnico, pero la duplicidad de los nombres había llevado a historiadores modernos a situarlos en la región Wanka.[12]

Waldemar Espinoza encontró y publicó la Visita de Guancayo, Maca, Guarauni que formó parte de la Visita de la provincia de Los Reyes que realizó Juan Martínez de Rengifo junto con Álvaro Ponce de León y el capitán Juan Maldonado de Buendía en 1571, por orden del virrey Toledo. Según este mismo autor, el trozo de la Visita de Martínez de Rengifo, que él publica, se guarda en el Archivo Silva de Cajamarca, y es una copia de 1584; sin embargo, en la bibliografía al final de su trabajo indica que se encuentra en el Archivo Ceballos, en Junín. Quizá convendría aclarar esta discrepancia.

Sin mayores evidencias, asegura Espinoza que los guancayos en cuestión se encontraban en la región Wanka y saca naturalmente las conclusiones del caso (Espinoza 1963).

A la fecha, gracias a una exhaustiva investigación, tanto en el campo como en archivos, y un análisis más detallado de la Visita de Martinez de Rengifo, puedo afirmar categóricamente que este expediente no se refiere a la región Wanka sino al medio Chillón, veamos las pruebas.

Un punto básico para dilucidar de qué guancayos se trata, es recurrir a la persona a quien estaban encomendados, porque naturalmente en la cédula de encomienda se tenía que aclarar el lugar geográfico. También es importante la información de los naturales, que en diversos testimonios tenían que declarar a quien estaban encomendados. El primer documento de importancia es el del Archivo General de Indias (Justicia 413). En la Información de Oficio atestiguaron los más conspicuos personajes indígenas. Todos ellos eran principales o caciques; uno de ellos, don Antonio Chumbiquiby, del pueblo de Sapán, dijo estar encomendado al contador Juan de Cáceres, el mismo sentido tuvo el testimonio del princi-

---

12. James Lockhart (1968: 74). Se refiere al notario Pedro Salinas y dice: "From time to time he took extended trips to Huancayo in the highlands, where he kept a herd of goats. (Huancayo was the encomienda of his friend Juan de Cáceres, Perú's account general, who was from his home town of Madrid).

pal Cacallauca del pueblo de Guarauni, del repartimiento de Guancayo, o sea ambos tenían al mismo encomendero.

La Visita de Martínez de Rengifo comprende una Averiguación hecha a los caciques y entre otras preguntas se les pidió decir quiénes habían sido sus encomenderos. Ellos dijeron que fray Vicente de Valverde fue su encomendero durante un año aproximadamente y luego pasaron a poder del contador Juan de Cáceres, a quien le fue quitado más tarde el repartimiento para otorgárselo al arzobispo Jerónimo de Loayza, que lo poseyó durante cinco meses. En 1543, Pedro de Avendaño, en nombre de Juan de Cáceres, protestó por el despojo y más tarde le fue devuelta la encomienda al contador, quien la gozó el resto de sus días y la heredó su hijo Gonzalo en segunda vida.[13]

En la Visita que realizó en 1591 Luis Morales de Figueroa, cuyo documento original se encuentra en la Biblioteca de la Universidad de Sevilla, no sólo figuran los naturales por provincias y distritos sino que se menciona a los encomenderos, dato que ayuda enormemente a la investigación. En este expediente figuran los guancayos de Gonzalo de Cáceres, y también son nombrados los *mitmaq* del mismo encomendero que habitaban el bajo Chillón.

En la Colección Harkness, de la Biblioteca del Congreso de Washington, existe una cédula de fecha 16 de junio de 1542, por la cual el licenciado Cristóbal Vaca de Castro daba en encomienda los indios *guancayo* al contador Juan de Cáceres, vecino y regidor de Los Reyes; y entre los méritos del contador se especifica que:

> le aveis servido / a su majestad / e podeys servir y en alguna encomienda y remuneración dello e por que no teneis yndios yungas en este valle de Lima para el servicio de vuestra casa e por que mejor tengais con que sustentaros para poder mejor serbir a su magestad por la presente, en nombre de su magestad hasta tanto que mi voluntad sea de proveher otra cossa, vos deposito y encomiendo al cacique Chuquyn parco con todo sus prencepales e sujetos en cualquier manera que sean en el valle de Guancallo según e por la forma e manera que los tenya e poseía don Fray Bicente de Valverde obispo del Cuzco ya difunto, húltimo posehedor que fue delles, los cuales son en términos desta çibdad [...] (Colección Harkness. Library of Congress, Washington, N° 458, p. 115).

Otro dato que trae la Visita de Rengifo, en apoyo del hecho de que se trataba de indios yungas y no de un grupo serrano, es la mención de los

---

13. Agradecemos al señor Philip Blair, quien por intermedio del doctor John V. Murra tuvo la gentileza de enviarnos una fotocopia del citado documento de otorgamiento de la encomienda, cuyo original se encuentra en la Colección Harkness. Library of Congress, Washington, N° 458.

productos de sus tierras que eran de lugares cálidos como coca, algodón, ají y mates (Espinoza 1963: 63, 65). También cabe subrayar la indicación del río de Collique y el hecho de que la construcción del puente del inca estaba a cargo de los quivis y de los yangas. Además en 1572, fecha del Informe, habían acudido los naturales de Guamatanga y de Canta a ayudar a su reparación, pues aprovechaban de él. Todas estas etnías y lugares señalados más arriba pertenecen al valle del Chillón. En el mismo documento, al averiguar qué extranjeros trabajaban en el lugar, los caciques mencionaron la chacra de Francisco Talavera, que sabemos se encontraba en Collique (AGN, Títulos de Propiedad, Cuad. 346). En cuanto a Antonio de Ribera, que también es nombrado como poseedor de una hacienda, fue casado con Inés Muñoz, que heredó de su primer marido Francisco Martín de Alcántara, hermano materno de Francisco Pizarro, las encomiendas de Hananguanca, Santa y Carabayllo y por lo tanto es nombrado junto con Juan Pizarro y Talavera como hacendados del valle del Chillón (BN, A-185, año 1569).[14] Por último, la distancia que dijeron existía desde Los Reyes era tan sólo de seis leguas, otro indicio que no podía tratarse de la región Wanka.

Más arriba hemos indicado la ubicación geográfica de la etnía guancayos en Yangas, dato confirmado por la cédula de encomienda otorgada a Juan de Cáceres al asegurar que eran indios yungas en términos de la ciudad de Lima, todo lo cual nos permite afirmar que la confusión que se formó alrededor del nombre de *guancayo* queda aclarada y que se trata de un grupo yunga cuyo nombre es similar a otra toponimia en la región de Jauja.

Con esta explicación sobre los guancayos, podemos analizar la Visita de Martínez de Rengifo sabiendo que se trata de la etnía instalada en el Chillón, y este documento aumenta nuestros conocimientos sobre la región.

La Visita hecha a los guancayos nos permite apreciar la entrega de productos de su trabajo en tierras estatales de cada *pachaca* al Estado en tiempos prehispánicos. Los informantes dijeron que tributaban al Sol, al inca y a las mamaconas. En cuanto al objeto del tributo se puede dividir en: productos agrícolas como eran la coca, algodón, maíz, ají, frijoles, mates, zapallo y yuca; y los productos manufacturados que comprendían 26 piezas de algodón, la mitad de hombre y la mitad de mujer, 2 piezas de cumbi galanas, 10 ollas grandes y chicas, 10 rodelas de madera usadas para las orejas y 20 pares de sandalias u ojotas. Aparte de estos objetos, cuidaban de 300 cabezas de ganado en las tierras del inca, cuya carne lle-

---

14. Pleito entre don Fernando, cacique de Collique contra Juan Pizarro sobre unas tierras.

vaban al Cusco para comida de las mamaconas. En cuanto al tributo de personas para el servicio administrativo, contribuían con "tres indios valientes hijos de caciques" para el servicio del inca, otros tres para el cuidado y guarda de las mamaconas, sin contar el número de diez muchachas hermosas elegidas para ser mamaconas. Según las investigaciones realizadas por John V. Murra la lista de tributos que los guancayos entregaban al inca, no correspondía a la realidad del Tahuantinsuyu, sino que representaba una versión elaborada por el criterio europeo de la época.

Murra encuentra que los ingresos de las autoridades andinas era el tener acceso al recurso humano, y el llamado tributo consistía únicamente en suministrar gente, ya fuese para el ejército, labores de campo o cualquier otro trabajo. "No existió el tributo sino la mita, energía vertida cíclicamente en terrenos del estado" (Murra 1967: 403).

Así el hombre andino no tenía que dar ningún producto de sus parcelas de tierras, ya fuesen éstas del núcleo familiar o comunal.

En el tributo que señala la Visita a los guancayos, se puede ver que no indica tan sólo un tributo en especie, ni sólo una entrega de energía humana. La lista menciona a campesinos encargados de cuidar del ganado del inca, a hijos de los señores étnicos sirviendo al soberano y doncellas que se convertían en mamaconas.

Parte del tributo es nombrado en especies bien definidas como tantas y tantas piezas de ropa o de sandalias, lo que indica que se llevó una contabilidad de lo suministrado al Estado. Quizás fue una forma de hacer inteligible a los españoles los ingresos cosechados en las tierras del inca o del culto, así como de los objetos manufacturados por el recurso humano. Por eso, los montos pueden no corresponder a cifras exactas, sino explicadas en términos de rendimiento de la energía humana en lugar de señalar el número de personas que estuvieron atareadas en elaborarlos.

De todo esto se desprende que el Estado inca necesitó de dos cosas: primero, contar con una energía suficiente de trabajo por turnos para realizar las faenas administrativas; y segundo, disponer de una cantidad de tierras estatales lo bastante extendidas como para que con el producto de ellas se pudiese cubrir la demanda del gobierno. La materia prima y los objetos manufacturados conseguidos de ese modo se almacenaban en los depósitos reales y eran un capital en manos del gobierno, que podía redistribuirlo según su necesidad.

Mientras se trató de un señorío, quizás fue suficiente este trabajo de mita, pero después, al existir un dilatado Estado, creció también la demanda de mayor fuente de energía, y hubo que buscarla aumentando en proporciones enormes la población de los *mitmaq* y *yana*, pero esos problemas no entran en este tema (Murra 1972).

El cupo de energía humana exigido por el incario a los pueblos subyugados varió seguramente de un lugar a otro, según se tratara de un señorío sometido pacíficamente, aliado o al que se conquistó por las armas. También podemos suponer que fluctuó entre la sierra y la costa, quizás en los yungas pesó más duramente la paz cusqueña que en la sierra, de hecho se nota que a la llegada de los españoles los costeños se plegaron al lado de los recién llegados, lo que muestra un descontento o disconformidad con el régimen establecido.

Otro problema que se plantea con el hallazgo de Murra, es el de la extensión y el modo de conseguir tierras para el Estado en los lugares recién conquistados; debieron ser varios los modos de conseguirlas.

Una de las medidas fue ampliar la cantidad de tierras de cultivo por medio de empresas hidráulicas, algunas de bastante envergadura, como en la costa norte, o en el Cusco desviando un río.[15] También se puede suponer que se hicieron en la sierra obras de andenerías, pero cuando el sistema no correspondió a la necesidad del momento es de suponer que se empleara la fuerza y se procediera a quitar la tierra que tenían unos para dársela a otros que la trabajaban para el Estado (Murra 1972: 401). Otro modo de proceder es el caso de las tierras de coca de Quivi; ahí el Estado lanzó una acusación contra los yungas que poseían las chacras deseadas, al decir que conspiraban contra la salud del inca por intermedio de los hechizos de una huaca. La represalia fue sangrienta, se eliminó a los varones y quedaron sólo las mujeres y los niños. En las tierras vacantes se instaló a unos *mitmaq* chacllas; así las tierras para el inca quedaron aseguradas.

Tampoco podemos decir si la energía humana fue la única fuente de ingresos del Estado, si este modo se aplicó siempre en todo lugar y si no varió en el tiempo, faltan más fuentes de información.

Una cuestión interesante referente a estos guancayos es que habitaban la región donde se cultivaba la coca, planta primordial en la economía indígena, no sólo para su masticación sino para los ritos y ofrendas a los dioses y huacas. Por eso mismo la tenencia de la tierra era importante y muy codiciada. Se trata de una franja ecológica, longitudinal a la costa, que se encuentra entre los 300 y 1,000 msnm y bien merece que se investigue en cada valle costeño a los grupos étnicos que tenían acceso a ella (Pulgar Vidal 1967). La información en el caso de Quivi es bastante buena y se puede apreciar el valor que le daban los indígenas. También es importante ver la prioridad de los sembríos de coca sobre las demás plantas. Según declaraciones de los testigos, las tierras de Quivi servían sobre todo para el cultivo de la coca.

---

15. Ver en la Bibliografía: Schaedel, Rodríguez Suy Suy, Farrington, Rostworowski 1962.

e que no siembran ni cojen maíz por que es tierra hechada propia de coca (AGI, Justicia 413, Información de Oficio, fol. 119).

Las partes altas formaban andenes y eran regadas por acequias y otras por jagüeyes o sea pozos y zanjas artificiales.[16] En los recorridos por el campo en el valle del Chillón, que realizamos con la colaboración de los miembros del Seminario de Arqueología de la Universidad Católica, encontramos varios conjuntos de andenes, uno de los mejores conservados en Huarhuar, cerca del pueblo de Santa Rosa de Quives, sobre el río Arahuay. En el mismo lugar de Santa Rosa hay testimonios de que también existieron andenes y estructuras antiguas, pero todos han quedado destruidos cuando se edificó el nuevo hotel y se procedió a nivelar un lugar de estacionamiento para autos. En la otra banda del río, sobre el camino que conduce desde la hacienda Huarabí a la de Macas, se pueden apreciar también una serie de andenes bastante erosionados.

El hecho de que estas tierras especiales para el cultivo de la coca estuviesen limitadas a un factor altura y clima las hacía de un inapreciable valor para los indígenas. De ahí que los poderosos de todo tiempo se adjudicasen siempre tierras en aquella franja ecológica, en cualquier época prehispánica. En la categoría de poderosos hay que incluir a los dioses, ídolos y huacas, pues sus sacerdotes ejercían presión para poseer tierras en tan apreciado lugar.

Arriaga menciona en el valle de Barranca, cocales pertenecientes a unas huacas (1928: 210) en Colambay, cerca de Trujillo, existieron tierras de coca del Sol (comunicación personal de Patricia Destua); en el Chillón, la etnía guancayo cultivaba y remitía al Cusco coca para las mamaconas y también cuidaban una huertecilla de coca para el Sol, cuya hoja verde llevaban hasta el Cusco donde la quemaban en ofrenda al dios (Espinoza 1963).

En el valle de Lima es significativo que la mujer de Pachacamac fuese una huaca que habitara Mama, región comprendida en esta zona privilegiada. En cuanto a la categoría de poderosos del momento, durante el Intermedio Tardío, el señor de Collique dominaba más allá de

---

16. AGI, Justicia 413. Probanza de Canta. Testigo Francisco Yauyi, cacique de Colli. Las tierras de Quivi:

    se riegan parte de ellas por acequias y otras por xagüeyes (fol. 36v).

    Probanza Chacalla. Testigo Rodrigo Ampuero (negro), fol. 54v. las tierras de Quivi:

    hazia la parte de abaxo son buenas e lo de arriba es andenes.

    lo mismo aseguró otro testigo Diego Chumbicaxa y don Pedro Xuyo.

Quivi y, por lo tanto, tenía acceso a los cocales; y más tarde el inca desplazó al cacique costeño y se adjudicó para sí las tierras y no contento con ello instaló en ellas a una etnía extraña a la región, encargada de cultivar especialmente la tierra para él y llevar al Cusco la cosecha.

Fuera de estos cocales de los poderosos, también los había de los jefes étnicos locales. En el pueblo de Guarauni, el curaca obtenía 20 cestillos de coca por mita y en estas chacras trabajaban los viejos del repartimiento y en retribución recibían comida, bebida y vestido. Hechos que indican una reciprocidad, una obligación entre el jefe étnico y los que habían pasado la edad de trabajar y estaban a cargo del señor (Espinoza 1963).

Por último, en la categoría más baja de tenencia estaba el campesino del lugar, que también tenía derecho a la coca. En la misma Visita se menciona que los *runa* del común de Guarauni tenían, cada uno de ellos, una chacarilla de coca (Espinoza 1963):

> algunos las tenían y los demás non.

Bien señala Murra (1967: 385) que el cultivo de la coca no fue un monopolio del Estado y que los campesinos tuvieron acceso a ese producto. Lo que sí se puede subrayar es que el Estado poseyó tierras de coca en toda la franja ecológica y que existieron diversas categorías entre los poseedores de las chacras.

A través de la Visita de Martínez de Rengifo sabemos que en tiempo del inca el número de habitantes del grupo de los guancayos era de novecientos *hatun runa,* repartidos en cinco *pachaca.* Si analizamos el texto encontramos que las nueve *pachaca* estaban repartidas entre cinco jefes, sólo uno de ellos gobernaba una *pachaca* mientras los demás ejercían el mando sobre dos. El cuadro entonces era como sigue:

Mongoy	gobernaba	2	*pachaca*
Cancay	"	1	"
Chunquitunga	"	2	"
Chumbillan	"	2	"
Antachumbi	"	2	"

El hecho de que sólo un señor de los nombrados gobernara una *pachaca* y que los demás tuvieran mando sobre dos de ellas muestra que la teoría ideal que se elabora sobre la organización social del Tahuantinsuyu no corresponde a la realidad vivida, y que los cuadros administrativos estaban muy lejos de ser rígidas cifras como lo preconizan algunos textos.

También de la Visita se desprende que existía un jefe étnico que ejercía la supremacía sobre los demás señores. En cuanto a la sucesión del poder, se observa que la herencia pasaba de un hermano a otro en lugar de ir directamente de una generación a otra, o sea de padre a hijo. Se trata de una modalidad característica de la costa, y que numerosos yungas practicaban (Espinoza 1963).

En tiempos virreinales la baja demográfica de la costa afectó igualmente a los guancayos. Si bien antes de la conquista hispana ellos contaban con 900 *hatun runa,* unas décadas más tarde, en 1591, quedaban tan sólo 46 hombres entre los guancayos del medio Chillón y 86 *mitmaq* instalados en Carabayllo) (Morales Figueroa 1591).

Los guancayos de Carabayllo

Durante el gobierno del virrey Toledo se fundó el pueblo nuevo de San Pedro de Carabayllo, situado en la margen derecha del río Chillón. En ese entonces el camino real de Trujillo a Lima, llamado también camino real de los Llanos pasaba por él y este hecho daba movimiento a la población. En él quedaron reducidos numerosos grupos étnicos, entre ellos los guancayos, y según un expediente de Tributos del Corregimiento del Cercado de 1629, en Carabayllo no sólo habitaban guancayos sino los macas, missais y guaraunis (BN, A-433). Correspondían a los curacazgos del mismo nombre que vivían en el medio Chillón y su número era de 86 *mitmaq* tributarios a fines del siglo XVI, cifra que fue en disminución, pues Vásquez de Espinoza en 1629 afirmaba que eran sólo 46 (párrafo 1832). En la misma aldea estaban también reducidas otras etnías ya mencionadas, como los collis, carabayllos, chuquitantas, seuillays y sutcas.

En 1692, el pueblo contaba con ciento veinticinco ranchos y un considerable número de habitantes, pero en aquella época los indígenas carecían de tierras; poco a poco las habían perdido debido a la codicia de los hacendados, y sus chacras fueron a engrosar los fundos del valle, en perjuicio de los naturales (BN, C-3422, fol. 62 r.)

Existe un largo juicio iniciado en 1600 por el curaca de Collique, don Fernando Nacar contra ciertos indios que le habían invadido sus tierras en el valle de Carabayllo (AGN, Títulos de Propiedad, Cuad. 745). Durante la visita y composición de tierras que realizó el licenciado Francisco Coello en el distrito de Los Reyes, en 1586, sufrió el cacique don Fernando el despojo de ciertas tierras por tener sólo cinco indios de comunidad, y decidir el visitador que le sobraba hacienda.

En 1605, don Fernando seguía el juicio y su opositor era entonces don Diego Sacllachumbi, cacique de los indios guancayo que habitaban Carabayllo (ídem). Las tierras en pleito estaba delimitadas entre la barranca del río al este, al norte Omas, al oeste otras chacras guancayos y al sur con la hacienda de Juan Guerrero o Chacra Grande (fol. 16). La indicación del río y de la estancia de Guerrero orientan más o menos para poder encontrar a los guancayos, pero hacía falta más precisión. En la probanza que se realizó para sustentar los derechos de cada litigante, los testigos indicaron los linderos y según ellos:

> por la dicha acequia alta desde la barranca del río hasta dar a un cerrillo blanco ques de tierra blanca con que blanquean las cassas e desde el dicho cerrillo blanco va a la linde dellas por unas acequias torcidas [...] (AGN, Títulos de Propiedad, Cuad. 745, fol. 4r).

En la confusión sobre los linderos del siglo XVI, resulta de gran ayuda un dato tan exacto como puede ser un "cerro de tierra blanca". Para encontrar las tierras de los guancayos era entonces necesario salir al campo y buscar el cerrillo. Así lo hicimos y después de unos días de búsqueda, un informante de la hacienda La Molina, José Ypanaqué, nos llevó al cerro aislado en el valle que efectivamente tiene esas características. El curaca Diego Sacllachumbi poseía diez y seis fanegadas que lindaban con el "cerro blanco" y también entre otros bienes una casa en el pueblo de Carabayllo:

> calle en medio que hace frente con la casa donde vive el cura (BN, C-3422, año 1796, fol. 10v).

y como era grande tenía un segundo frente en otra calle principal.

Más detalle sobre las tierras de este grupo étnico los conseguimos gracias a un testamento, el de doña Pascuala Choqué, natural del pueblo de Carabayllo de la "parcialidad de Huarabí", hecho en 1692. En este testimonio están especificadas sus chacras que están situadas en diversos lugares. Como se trata de parcelas relativamente pequeñas, es posible que formen parte de tierras comunales, vecinas unas de otras y de propiedad de diversos miembros del ayllu. En esa forma podemos darnos cuenta en qué lugar se encontraban las tierras de los guancayos en esta zona del valle. Así tenía doña Pascuala cinco fanegadas en la hacienda de San Lorenzo, otra chacra lindaba con la hacienda Copacabana sin contar con dos fanegadas cerca de Choqué, cerro que se encuentra al sur de la hacienda Puente de Piedra, cerca de la carretera Panamericana; otra tierra estaba cerca de:

> la acequia principal que va a Copacabana, y por la parte de arriba con las tierras de Señor San Diego y las Huacas [...]

también poseía un rancho en un lugar llamado La Laguna (BN, C-3422, fol. 57v). Las noticias sobre los guancayos del bajo Chillón son bastante escuetas y queda la interrogante del motivo de la existencia de este grupo étnico en aquel lugar. ¿Cuándo se formó esta colonia? y ¿cuáles fueron los motivos? Caben dos posibilidades. La primera que fuese anterior a la invasión inca a la costa y haber obedecido quizás a la necesidad de tener el jefe étnico de Colli a unos rehenes para asegurar la fidelidad de los curacas del grupo guancayo de la parte media del valle.

La segunda hipótesis es que su instalación en Carabayllo datara de tiempos incaicos y su fin era debilitar el poderío del curaca de Collique y castigarlo por su oposición armada a las fuerzas cusqueñas, implantando una colonia en sus mismas tierras. Quizás la sanción hecha a la población masculina de los collis hiciese necesaria una nueva mano de obra para cultivar las tierras del inca en el valle. Lo más probable es que haya sido una reducción colonial de los indígenas comarcanos.

LOS YAUYOS

Los yauyos fueron un grupo que primero habitó tan sólo la serranía del valle costeño de Cañete, el antiguo Huarco, y por sentirse estrechos en su territorio se lanzaron a lo largo de la cordillera marítima del actual departamento de Lima, región accidentada y abrupta que domina la costa desde considerable altura. Fueron fieros y aguerridos y sostuvieron luchas con todos sus vecinos venciéndolos y apoderándose de sus haciendas. Parece que esa fue la situación de la sierra central en un momento dado del Intermedio Tardío.

En el litigio por las tierras de coca de Quivi, entre los chacllas y los cantas, en una de las Probanzas realizada en 1559, un testigo aseguró que antes de que:

> Vinyesen los yngas thenyan por costumbre de que quando heran en una tyerra muchos yndios de juntarse e yr de guerra a conquistar otros yndios que la tubiesen sobrada [...] (AGI, Justicia 413).

En algo tenían razón los cronistas cuando mencionaban las behetrías existentes antes de la dominación incaica, los períodos Intermedio fueron épocas de luchas y de rivalidades sangrientas entre etnías vecinas.

Sobre los yauyos poseemos dos excelentes fuentes de información, sin contar con los documentos de archivos, ellas son la Relación de Dávila Briceño y la que recogió Francisco Ávila sobre Huarochirí (Taylor 1987). Según el informe del corregidor Dávila Briceño, los yauyos mantenían constantes ataques contra los yungas de la costa; con los chocorbos, sus vecinos del sur; los guancas, xauxas y tarmas al este; y los atavillos y cantas al norte.

Estaban los yauyos divididos en *anan* y *urin* o sea alto y bajo y comprendían varias *guaranga* y señoríos pequeños, con la supremacía del señor de Huarochirí sobre los demás. Según las *Relaciones geográficas de Indias,* Huarochirí fue:

> cabeza de toda esta provincia y en él vevia el casique mayor della [...] (tomo 1: 75).

A pesar de ser los chacllas un grupo bastante importante dentro de los yauyos y dominar su jefe una regular extensión de tierras, quedaba él supeditado al cacique de Huarochirí al cual visitaba y llevaba "comida, maíz, coca y ají" a pesar de tener también el señor de Huarochirí sus propias tierras de coca en Quivi.[17] En repetidas ocasiones hemos visto a un jefe de menor categoría llevar a su señor estas dádivas como presentes, quizá se trataba de un acto simbólico de sumisión. Cuando en 1549, por deseos de sus encomenderos, vendieron los chacllas sus tierras a los cantas al precio de 200 "ovejas de la tierra", el curaca de Huarochirí llamó al de Chaclla para reñirle por el arreglo hecho.

Con la conquista española y el reparto de encomiendas se hicieron en Yauyos cinco repartimientos siguiendo las divisiones étnicas, contando cada uno con varios pueblos. El primero, de sur a norte, fue el de Mancos y Laraos en las serranías del valle de Lunahuaná; el segundo quedó formado por once pueblos que se hallaban en la cabecera del río Omas que baja al valle de Asia; el tercero comprendía el mismo Huarochirí y pueblos aledaños; el cuarto repartimiento fue el de Mama y se extendía a lo largo del río Mama, actual río Rímac; mientras el quinto repartimiento de los yauyos y último al norte fue el de Chaclla.[18]

Ya hemos visto, cuando se trató de los collis, de cómo los yauyos despojaron a los yungas de sus tierras en la sierra. Toda la información de Ávila es el relato de las conquistas de Pariacaca, dios de los yauyos, sobre Guallallo y sus seguidores, por eso no volveremos a insistir sobre ello, y más bien veremos qué noticias trae el documento de Quivi sobre los tiempos antiguos, anteriores a la aparición de los incas por tierras costeñas.

Al conquistar los yauyos gran parte de la serranía de la costa central, se toparon en su marcha hacia el norte con los cantas que eran tan

---

17. AGI, Justicia 413. Probanza de don Christoval Vilcapoma cacique de Chacalla 1558, fol. 16v. Probanza Chacalla de 1559, fol. 148. Testigo Christoval Malca Chagua, indio de Huarochirí dijo que en tiempo de "Guaspar Ynga hera cacique del dicho pueblo de Chacalla Vilcapoma, el qual yba algunas vezes a Guarochirí en donde éste testigo es natural, a visitar al cacique del dicho pueblo que se llamaba Nynavilca y al qual llevaba mazorcas de mays, e ají e otras cosas".

18. AGI, Justicia 413, Probanza Chacalla 1559. Testigo, Anton Cacharure, natural de Chacalla, cacique de Huarochirí, fol. 142v.
    Probanza Chacalla de 1559, fol. 143v. En otro párrafo del mismo documento, sobre la supremacía de Huarochirí como sede del curaca principal de todos los yauyos. Parece que el inca sacó a unos indios de Huarochirí y los puso de *mitmaq* en Jauja y desde aquel lugar siempre tributaron a su jefe étnico aunque estuviesen en un sitio distante.

aguerridos como ellos, y que los detuvieron en su avance a lo largo de la cordillera marítima, entonces intentaron repetidas veces incursionar hacia la costa.

> y llegaron hasta junto a Collique y después tomaron a dar vuelta [...] (AGI, Justicia 413, Probanza Chaclla, pregunta añadida, fol. 169).

todo aquello tuvo lugar, según parece, dos vidas antes de la llegada de Tupac Yupanqui a los llanos. Lo importante es notar que los collis fueron lo suficientemente fuertes como para rechazar los avances de los yauyos en su valle, dato importante porque lo compararemos más adelante con la misma situación en el de Lima.

Más tarde durante la gran expansión incaica, se aliaron los yauyos a los cusqueños que

> los querían mucho por que eran sus criados [...] (AGI, Justicia 413, Probanza Canta, fol. 185).

y es sólo entonces que los chacllas después del aniquilamiento del señor de Colli pudieron instalarse en Quivi como mitmaq, para cultivar coca para el inca.

La ocupación de las chacras de coca del valle del Chillón por un grupo de los yauyos, de la *guaranga* de Chaclla, enemistó definitivamente a estos últimos con los cantas que codiciaban las mismas tierras y que también, en varias oportunidades, habían amenazado con sus ejércitos a los Collique.[19] Mientras duró el dominio impuesto por los incas, el temor a las represalias cusqueñas mantuvo quietos a los cantas[20] pero, al entrar los españoles, el equilibrio indígena se quebró, volvieron las querellas y los deseos de apropiarse de las tierras de coca. Un testigo de origen guancayo, vecino de Quivi, declaró en la Información de Oficio de cómo los cantas:

> Quisieron venyr e binyeron con mano armada a hechar los yauyos de las dichas tierras diziendo que estas tierras heran sus tierras y su río y entrada de sus pueblos y camynos y sus yungas, y que los dichos yndios de chacalla thenyan su río y entrada por el río de mama y sus yungas, y se querían matar cada día sobre ello [...] (AGI, Justicia 313, Información de Oficio, fol. 124).

---

19. AGI, Justicia. Probanza Canta de 1559. Testigo don Francisco Arcos, natural de Canta, fols. 211 y 211v.

20. Probanza Chacalla 1559, fol. 296. Testigo Curaubilca, indio infiel, después de la venida de los españoles: "los dichos yndios de Canta por fuerza hecharon de las dichas tierras de Quivi todos los dichos yndios de Chaclla Yauyos".

Es una declaración interesante porque muestra el sentido de propiedad que los serranos tenían sobre los valles yungas, por el simple hecho de que la costa se regaba con las aguas que bajaban de sus territorios. Era un derecho adquirido que estaban listos a sostener con las armas. Al alegar que los chacllas extendían sus dominios en otro valle, se referían a la quebrada de Santa Eulalia donde esa etnía era dueña de toda la zona, desde las alturas hasta Mama y Chichima, los actuales pueblos de Ricardo Palma y Santa Inés, respectivamente.

Al tratar de las conquistas de los chacllas y de los yauyos en general, se impone comparar su entrada y asentamiento en cada valle costeño y cotejarlo uno con otro. Por ejemplo, se nota que su establecimiento en el valle de Lima fue distinto al del Chillón, donde los yauyos no pudieron ocupar tierras antes de la llegada de los ejércitos incaicos y de su alianza con los cusqueños. Sólo al quedar vencido el señor de Collique les fue posible instalarse en una zona limitada y poco extendida. Situación diferente a la imperante en el valle del Rímac, donde encontramos a los yauyos disponiendo de bastante tierra y bien avanzados en dirección al mar. Esto se debía seguramente a la pérdida de la supremacía de Pachacamac.

Nuestra investigación sobre las etnías del valle de Lima está lejos de quedar concluida y sólo ahora se puede afirmar ciertos hechos. Sabemos que los chacllas poseían todo el valle de Santa Eulalia, que comprendía la confluencia de los ríos chacllas con el de Mama (hoy ríos Santa Eulalia y Rímac).

Los informantes de Ávila recordaban que una famosa huaca llamada Mamañamca o Manañamca habitaba en aquel lugar en tiempos anteriores a la invasión de los yauyos. Se decía que esta huaca había creado a los hombres y era mujer de Guallallo Carhuincho. Cuando la avanzada de los yauyos, Pariacaca luchó y venció a la diosa, que fue arrojada en dirección del mar, mientras en su lugar Pariacaca puso a otra huaca en forma de piedra llamada Chaupiñamca, y los habitantes de ambas quebradas le traían la primera coca que se daba (Ávila 1966: 73). Según la Relación de Dávila Briceño, en Mama vivía la mujer de Pachacama y tenía un templo famoso. El mismo corregidor asoló el santuario y construyó en él la casa del corregidor, el hospital y la cárcel por:

> tener buenas paredes, vaciando los terraplenes *(Relaciones geográficas de Indias*, tomo 1: 75).

En este relato se ve que se volvió a repetir la derrota de los yungas ante grupos étnicos serranos, y la instalación de estos últimos en las tierras conquistadas a los costeños. Pero los yauyos bajaron más aún en el valle; los chacllas poseían el lugar llamado Chichima y unas tierras en Huampaní y Carapongo, mientras la *guaranga* de Carampoma y la de Casta tenían haciendas en Pariachi. Se trata de auténticos archipiélagos verticales y seguramente existían muchos más, que iremos encontrando a medida que avancen los estudios. Para un mayor conocimiento y apreciación del conjunto de los Yauyos se tendrá que realizar una investigación detallada de los valles, hacia el sur, hasta Lunahuaná, y apreciar el modo como se desarrolló en ellos la relación costa-sierra y cómo se influenciaron mutuamente.

En tiempos coloniales, los chacllas fueron encomendados primero a Francisco de Saucedo, hermano del veedor y luego pasó la encomienda a Francisco de Ampuero, casado con Inés Yupanqui Huaylas. En 1604 era encomendero en segunda vida el capitán Martín de Ampuero, hijo de don Francisco y de la ñusta doña Inés. Según un documento de esa fecha, el capitán sostuvo un pleito con el cura de su repartimiento que quería formar una nueva doctrina. En esa ocasión exhibió la Visita a los naturales hecha en tiempo del virrey Toledo y que es como sigue:

> f. 7 Tassa del Repartimiento de Chacalla
>
> Los yndios del rrepartimiento de Chacalla que es término y juridicción desta ciudad de los rreyes, tienen en depósito Francisco de Ampuero, vezino de la dicha ciudad, a quien el marqués don Francisco Picarro, gouernador que fue deste reyno depositó hasta tanto que se hisiese el rrepartimiento general, el cacique Vilcapoma con todos sus prencipales e yndios, según que se seruia del los Francisco de Sauzedo que antes los tenía que en la provincia de los yauyos que parece por la visita que de los dichos yndios hizo Antonio (f. 7v) de Luzio que son mil treszientos y ochenta y seis yndios cassados, biudos y solteros de edad de diez y ocho años hasta cincuenta años, útiles para pagar tassa.
>
> Yten ciento y noventa e quatro viejos e ynpedidos demas de cincuenta años que no an de pagar tassa.
>
> Yten mill e quinientos moços y muchachos de edad de dies y ssiete años para abajo.
>
> Yten tres mil y setecientos quarenta mugeres de todas las hedades y estados.
>
> Que son por todos seis mil y ochossientas y veinte personas, todos los quales dichos yndios estavan antes poblados y dibididos en quarenta e un pueblo distancia de más de doze leguas, doctrinábalos un sacerdote y al pressente quedan poblados y rreducidos en seis pueblos que se llaman:
>
> Ssan (sic) Francisco de Chacalla, Santiago de Carampoma, Ssan Pedro de Casta, Santa Eulalia de Acopaya, Ssanta Ynes de Chichuma y Ssan Jerónimo [...] (AAL, Sección Papeles Importantes, Leg. 4, año 1600).

Esta Tasa ordenada por Toledo es ya tardía para observar la baja demográfica ocurrida después del contacto con los europeos; la disminución en la costa en la primera década después de la conquista fue sumamente violenta, pero en la sierra no acusó la misma magnitud.

Uno de los factores mayores para la disminución de la población fueron las epidemias. En los alrededores de los años de 1589 una peste de sarampión y de viruela se extendió por la costa central, desde Lunahuaná hasta Supe, y se propagó también por la sierra. Las cifras de los tributarios que ofrece la Visita de Luis de Morales Figueroa en 1591 es como sigue:

Mitmac Chaclla de Ampuero	80 tributarios
Yaclla de Martín de Ampuero	102 tributarios

Se pueden comparar estos cómputos con los de Toledo citados más arriba y con los que ofrece Vásquez de Espinoza (1942: 1842), que da una tabla para la provincia y corregimiento de Huarochirí, dividida en tres repartimientos, que son los siguientes:

	Trib.	Viejos	Mozos	Mujeres
Chaclla	854	203	1,105	2,399
Mama	551	192	387	1,047
Guadachiri	1.481	474	2,206	4,936
TOTAL	2,886	869	3,698	8,382

En esta lista los chacllas están mencionados con un total de 854 y los mamas con 551, en comparación con los 703 tributarios que tenían en 1591.

Debido a diversas circunstancias y cambios efectuados a través del tiempo, como nuevos límites de un repartimiento o de una encomienda, disminución o aumento de doctrinas, se modificaron las áreas de ciertas zonas y por lo tanto se enmendaron los números de pueblos comprendidos en una tasa o visita. De ahí la dificultad cuando se trata de cifras parciales de compararlas unas con otras. Por ejemplo, los chacllas, carampomas y castas fueron en una época tres *guaranga* distintas, pero al disminuir la población se procedió a reagruparlas en un solo repartimiento.

La máxima disminución demográfica tuvo lugar cuando la epidemia de 1720 que afectó todo el reino e hizo necesario nuevos padrones de población y proceder a revisitar las regiones afectadas.

Gracias a estas circunstancias poseemos una serie de informaciones sobre el número de habitantes para la región de Chaclla. En el padrón de 1752 que figura a continuación se puede apreciar los pueblos comprendidos en el repartimiento y el total de 2,571 personas, de los cuales 397 tenían edad para tributar. Los chacallas o chacllas habitaban el pueblo de

San Francisco y comprendían grupos afines que fueron los cullatas o collatas, los jicamas y quinoas, según el documento del Archivo de Indias,

> los yndios del pueblo de Cullata y Xicama yndios Yauyos del repartimiento de Francisco de AMpuero que eran pobres y no thenyan donde sembrar [...] (AGI, Justicia 413, Probanza Chacalla de 1559, fol. 147v).

Ellos recibieron unas tierras de mano de su encomendero y todos ellos formaron parte de la antigua y pujante *guaranga* que poco a poco vino a menos.

Durante los siglos XVI y XVII los jicamas, cullatas, punán y chacllas poseían pastos en común, esto se desprende de un pleito entre los indios del común y el cacique de Chaclla en 1772. La estrecha relación que unía los cuatro pueblos está confirmada por el hecho de celebrar juntos la fiesta de su santo patrón, San Francisco, rotando cada año la ceremonia en uno de sus cuatro pueblos.[21]

En los testimonios sobre las nuevas tasas de población, que se hicieron en el siglo XVIII para Chaclla y la región circunvecina, encontramos una enumeración de los habitantes por ayllus. No se trata de un solo documento sino que estas noticias son incompletas o parciales, pues no se refieren a toda una región, sino a áreas limitadas. A pesar de todo, hemos confeccionado una lista de ayllus reuniendo datos dispersos y, a continuación, publicamos este primer intento porque puede servir de hipótesis de trabajo y merece una investigación detallada que escapa al presente trabajo. Sólo nos limitaremos a hacer algunas observaciones que pueden ser tratadas con mayor detalle en un estudio aparte (Derecho Indígena, Cuad. 307, año 1725; Cuad. 26a, año 1752; Cuad. 232, año 1726).

Uno de los hechos que nos hace suponer que la lista de ayllus es incompleta es que ciertos pueblos como el de Carampoma y Collata ofrecen un número alto de parcialidades, mientras otros como Jicamarca y el mismo Chaclla denotan cifras reducidas. La primera observación que se

---

21. AGN. Documentos dados en custodia por la Comunidad Campesina de Chaclla. Título del dicho pueblo.

Como observación sobre los chacallas cabe señalar que este grupo étnico cumplía, entre otros trabajos, el de la *mita de la nieve* para abastecer la ciudad de Los Reyes. Las canteras de hielo se encontraban en Quicamachay y Punapampa, y los arrieros bajaban por la quebrada de Jicamarca, pasaban por Cajamarquilla y la hacienda Nievería.

En total esta mita comprendía treinta hombres que se dividían por turnos de tres hombres para el corte de la nieve, y seis que estaban en el toldo de la Plaza de Lima, sin contar con los encargados de su transporte. La mita estaba a cargo de tres repartimientos (AGN, Derecho Indígena, Cuad. 188, año 1705; Cuad.189, año 1706).

puede hacer es que algunos nombres de ayllus se vuelven a mencionar en varios pueblos y quizás se deba a que un mismo ayllu habitaba en diferentes lugares, o podría indicar también la territorialidad discontinua.

El segundo punto es que se repiten las parcialidades de Allauca e Ichoca, división existente en la región de los chupaychos de Huánuco, cuyas voces significan derecha e izquierda. Habría que añadir un tercer término, el de *chaupi*, el medio, en relación con los dos anteriores y puede que responda a una división tripartita.

Varios ayllus se llaman Callan. Ahora bien, según Arriaga (1968: 249) esta voz indica los lugares donde se realizaban las hechicerías y confesiones; también el ayllu Yañac, que se menciona en varios pueblos muestra un tipo determinado de sacerdotes, esto supone un estudio de la etimología de las voces (Ávila 1966: 258).

Igualmente hay que señalar que en Jicamarca había un ayllu que se llamaba Culli, y vale hacer hincapié sobre el hecho que en el padrón de naturales ningún miembro de dicho ayllu figura con apellidos autóctonos, sino que tienen nombres castellanos (AGN, Derecho Indígena, Cuad. 286, año 1752).

Como en el caso de Canta,[22] donde uno de los anexos del pueblo de Pati se llamaba también Colli, se podría concluir que se trataba simplemente de archipiélagos verticales de la costa a la sierra. Más de un antropólogo afirmaría el hecho y quizá estaría en lo cierto, pues la verticalidad podía ser una práctica impuesta en la costa por la influencia serrana, después de sufrir los yungas una tremenda presión venida desde la cordillera durante los dos horizontes; primero el de Wari y luego el inca. La presencia de los cullis en Jicamarca podría indicar, también, el resto de una población primitiva que se quedó en su antiguo hábitat; no todos migraron, ni quedaron aniquilados cuando la conquista de los yauyos a la región.

Esta última suposición estaría confirmada por el hecho de existir en Carampoma un ayllu Guari y en Huanza una parcialidad llamada Liviac. Tanto los cullis como los guaris y los liviacs indican restos étnicos anteriores a los yauyos, de tiempos muy antiguos, que aún habitaban la región y sobrevivían entre una población establecida posteriormente en la misma zona. En efecto los guaris, según Pierre Duviols (1973a), representaban un remoto pueblo de agricultores, adoradores de un dios también guari. Numerosas son en la zona andina toponimias y ayllus guaris que indican pueblos de tiempos pasados.

---

22. La provincia de Canta tenía nueve curatos; el tercero del pueblo de Pari, tenía 12 anexos uno de ellos llamado *Culli* (Bueno 1951: 35).

AYLLUS

CASTA	COLLATA	HUANZA	LARAO
Yacapar	Ayna michuy	Sulca Churi	Pauza
Yanac	Huanca yanac	Tres Casas	Allauca
Binquiguamo	Paucartambo	Pariac	Chaupin
Allauca	Mango Vilca	Liviac	
Guallacocha	Huchu Vilca	Capcha	OTAO
	Colca	Callan	Otao
CARAPOMA	Mango rraqui	Ichoca	Chauca
Capam	Collata	Chaupin	Bimqui
Guari			Yacarpar
Collana	CHACALLA	IRIS	Yanac
Allauca Julca	Chulla	Curaca	
Sulca	Callan	Julcamarca	PUNAN
Callan		Chaupin	Xipu
Tres Casas	STA.	Araui	
Pariac	EULALIA		
Iapani	DE APOCAYA	JICAMARCA	
Mitmaq de la	Xipu	Cullí	
guaranga de	Vicas	Chullas	
Chacalla, ayllu	Namoc	Yechaca	

En cuanto a los liviacs, según diversos testimonios referentes a la extirpación de las idolatrías, no serían más que los llacuas, pastores nómadas que adoraban al rayo cuya voz en el idioma de la sierra central es *llibiac*. Restos de estas gentes se encuentran en muchos lugares de la cordillera (Duviols 1973a).

Estas parcialidades de Culli, Guari y Llacuas de tiempos pretéritos y de desaparecidos señoríos encuentran una comparación más cercana a nosotros y de más asequible investigación en los numerosos ayllus de indios cuscos, diseminados por el Tahuantinsuyu, a los cuales hay que añadir los cañaris, chachapoyas y las parcialidades de artesanos llevados de una región a otra para satisfacer fines estatales.

Los ayllus cusqueños los trasladaban por varios motivos, entre otros para seguridad del incario en zonas fronterizas; para enseñar el idioma en regiones donde no se hablaba el *runa simi* y también se procedía a un traslado de gentes cuando sus tierras cercanas al Cusco eran deseadas por los "poderosos". Tanto el soberano, como las reinas y las *panaca* o ayllus reales disfrutaban de tierras propias en los lugares vecinos al Cusco, pero como las momias de los incas fallecidos seguían conservando sus haciendas, cada día escaseaban más las estancias que los nuevos señores podían hacer suyas. De ahí que se expropiaran tierras de ayllus cusqueños y se les enviara con diversos pretextos a lugares lejanos. Estas chacras de los "poderosos" eran trabajadas por una mano de obra a tiempo completo, liberada de los turnos y de las obligaciones de la mita. Eso explica el gran número de *yana* en los valles más amenos y de mejor tierra del Cusco, podemos citar los ejemplos de gente de Yucay, y Amay enviada al Cusco (Rostworowski 1962, 1963, 1969-1970, 1970a).

Los artesanos también fueron objeto de traslado según la necesidad de poseer objetos manufacturados en determinados sitios, como fueron los *yana* yungas del Collique norteño, llevados a Cajamarca para confeccionar loza de barro para el Estado, o los plateros yungas de la costa central enviados al Cusco (Espinoza 1970 y AGI, Escribanía de Cámara 501-A).

Actualmente la comunidad campesina de Chaclla, del distrito de Santa Eulalia, provincia de Huarochirí, departamento de Lima, está legalmente reconocida e inscrita oficialmente desde 1933 (Ministerio de Trabajo, Expediente N° 1558). En ese entonces contaba con 295 habitantes, de los cuales ciento veinte varones adultos.

Lo interesante es lo sucedido con los jicamas, que ahora llaman Jicamarca e igualmente inscritos en el Ministerio de Trabajo.[23] Ellos reclaman en nombre propio todos los antiguos dominios de los chacllas a base de títulos supletorios formados posteriormente. Según ellos sus derechos se extienden sobre una extensión de aproximadamente cien mil hectáreas, que incluyen tierras de los distritos de Ate, Carabayllo, Chosica, el cerro San Cristóbal, la zona del Polígono de Tiro y cuarteles del Ejército, Huarhuar, la quebrada de Río Seco, y en los valles de Rímac y Chillón. En el juicio que tienen pendiente los campesinos de Jicamarca con el Gobierno, ellos reclaman las tierras que fueron de su antigua *guaranga*.

CONCLUSIONES

Murra en su ensayo del tomo segundo de la Visita a la provincia de León de Huánuco (1972), analiza y presenta varios casos de verticalidad, entre ellos el de las tierras de Quivi donde el núcleo, según él, estaría en la costa o sea en Collique. Muy acertadamente se pregunta si fue éste un caso más de "archipiélago vertical", pregunta que se merece toda atención y un minucioso examen de la situación política del valle.

---

23. Comunidad campesina de Jicamarca, provincia de Huarochirí, departamento de Lima. Reconocida en 1929. Ministerio de Trabajo, Expediente N° 97-70. Para linderos ver AGN, Escritura 1175, año 1884, fols. 81v y 93 ss.

Como ya hemos visto, antes de la invasión cusqueña el dominio territorial del *collicapa* se extendía desde el mar hasta más allá de Quivi y también en un momento dado fue suyo parte del valle de Lima. Por lo tanto, la franja que comprendía la altura adecuada para el cultivo de cocales quedaba controlada por los collis. Por otro lado, sabemos la constante presión ejercida por los serranos para apoderarse de esta zona coquera, o sea que si los yungas dominaban la región lo conseguían gracias a un ejército activo que podía defender los cultivos de ataques foráneos.

¿Cómo podían proteger colonias aisladas del núcleo central? Hemos visto las pasiones y la violencia que se desataban cuando se trataba de esta región. Ahora bien, parece que el señor de Collique tenía a señores subalternos a él, que le proporcionaban acceso al recurso humano. Un caso similar lo encontramos en el valle vecino del Rímac, donde el jefe étnico del curacazgo de Lima estaba sujeto al señor de Pachacama, pero guardaba su autonomía. Probablemente se trate sólo de una relación de reciprocidad entre el señor de menor categoría al de mayor poderío, o sea que el caso de Collique no fue un fenómeno aislado sino lo usual en la costa.

No conocemos la relación que unía los collis con los guancayos. Quizá fue algún tipo de confederación de etnías que respondían a la presión serrana y podía existir una alianza interesada entre ellos, con el predominio colli sobre los guancayos.

Por la importancia de la zona coquera sugerimos que el grupo étnico que gozaba del poder era el que de hecho poseía los cultivos, controlaba y dominaba su producción. El poderoso no tenía que ser forzosamente un jefe étnico; podía ser un dios o una huaca, suficientemente respetada o temida para que nadie osara disputarle la tenencia de los cocales (ej. el dios Pachacama de Mama). Con el advenimiento de los cusqueños, el poder o control pasó a manos de los incas y ellos establecieron colonias o *mitmaq* que venían a trastocar el orden anterior.

La implantación de enclaves por los incas en el valle del Chillón muestra lo que sucedía cuando la costa quedaba bajo la hegemonía serrana. Otro caso típico de esa modalidad y de su aplicación en unas tierras yungas es el de los calangos. Los yauyos echaron a los calangos de sus tierras que codiciaban, e instalaron en ellas a una colonia multiétnica de sus mismos ayllus para trabajar las chacras; haremos hincapié sobre el hecho fundamental de que la formación de la colonia yauyo ocurrió después de una guerra de conquista y del consiguiente despojo de tierras al vencido. En esa ocasión, la invasión de la tierra fue la base para la aplicación de la verticalidad.

Si la verticalidad fue un modelo andino, ¿qué sucedió durante el Horizonte Medio? ¿cuántas etnías serranas de aquel entonces se habrían instalado en la costa y convertido con el pasar del tiempo en costeñas?

A través de los documentos hemos logrado señalar ciertas etnías en el valle del Chillón impuestas por los incas, pero, ¿qué podemos decir de la presión serrana ejercitada anteriormente? Sin ir muy lejos, ¿qué sabemos sobre los carabayllos? ¿serían yungas o quizás fueron advenedizos establecidos en el lugar en tiempo wari? y qué decir de los chuquitantas, seuillays o de los sutcas, ¿quiénes fueron?

Cada invasión serrana en el tiempo instaló quizás sus gentes en la costa para tener acceso a los recursos yungas.

¿Existió violencia, como lo hemos visto en Quivi?

Es innegable que a la llegada de los hispánicos los señores yungas norteños los visitaron y se plegaron a ellos. Vieron, sin duda, en los invasores a quienes los podían librar de los incas y de su dominación. A la llegada de Hernando Pizarro a Pachacama, sólo menciona a los importantes curacas costeños y nada dice de la presencia en aquel santuario, de altos dignatarios incaicos. ¿Acaso fueron eliminados o hechos prisioneros por los yungas? No podían dejar de existir en un lugar de la importancia de Pachacama (Fernández de Oviedo 1945).

Si la guerra y la fuerza fueron el principio de la adaptación de "archipiélagos verticales" en la costa, cabe preguntarse si existía la verticalidad en una cultura libre de la presión serrana. Desde muy temprano aparecen en la costa productos serranos y selváticos y un trueque de materias primas más que de objetos manufacturados entre las diversas ecologías. ¿Este intercambio era dirigido por los jefes étnicos o practicado por grupo de personas especializadas? Muchas son las incógnitas que se presentan en la investigación etnohistórica de la región de los yungas, y sólo un estudio detenido de los otros valles costeños podrá resolver los numerosos problemas y contestar a las preguntas.

APÉNDICE DOCUMENTAL

Visita de Juan Martínez de Rengifo en 1571 a *Collique y Omas;*
las 10 Pachacas.
AGI. Justicia 482

(ff. 6733r) cona sy tenia el dicho señor Arçediano aperciuio al dicho don Hernando cacique principal si thenia toda su gente sin faltar alguno para que [...] uisitados como por su magestad se le manda el qual dicho don Hernando dixo e declaro por ynterpretacion del dicho Antonio de Grado tenerla toda junta e que syn encubrir a ninguno los dira y declarara siendo testigos Alonso de Paredes Alguazil Mayor y el dicho Antonio de Grados.

E luego el dicho señor uisitador començo la uisita de los dichos yndios desde dicho asyento y pueblo en la manera syguiente:

Pueblo de Collique e Oma Cassados
Primeramente don Hernando Nacara cacique deste dicho pueblo de hedad de ueinte y tres años casado con Joana natural de Xauxa de hedad de treinta años no tienen hijos [...]
—Alonso Cutcuy de hedad de quarenta años casado con Beatriz Chami de treynta y seis años no tienen hijos [...]
—Alonso Chaquicha de hedad de treinta años casado con Juana Yuyan de ueinte y cinco años tienen un hijo llamado Francisco Cayucha de cinco años.
—Santiago Nacache de hedad de sesenta años casado con Leonor Yundo de la misma hedad no tienen hijos [...]
—Miguel Lipita de hedad de cinquenta // (ff 6733v) años casado con Ana Malla de hedad de zinquenta y cinco años tienen un hijo llamado Miguel y esta casado [...]
—Miguel hijo del suso dicho de hedad de diez y ocho años casado con Francisca Naini de hedad de ueinte años no tienen hijos.
—Diego Yacra de hedad de ueinte años casado Beatriz Yauca de diez y ocho años no tienen hijos [...]

—Pedro Nacan de hedad de quarenta años casado con Leonor Guasca de la misma hedad no tienen hijos [...]
—Pedro Yauri natural de Canta y dixo que a mas de quinze años que esta en este pueblo y no a pagado tributo a su cacique de hedad de treinta y cinco años casado con Maria Uynay de treinta años no tienen hijos.
—Miguel Pucho de hedad de quarenta y dos años casado con Joana Teuya de zinquenta años no tienen hijos [...]
—Miguel Anaguacho de hedad de cinquenta años casado con Ana Upi de hedad de quarenta años tienen una hija por bautizar que se a de llamar Ana y la dicha Ana Upi tiene un hijo natural que uuo primero que se casase que se llama Miguel Utpi de seis años [...]
(ff 6734r) —Pedro Atao biudo de hedad de quarenta y quatro años no tiene hijos [...]
—Rodrigo Caxa de hedad (sic) casado con Lucia Husso de hedad de quarenta y siete años tiene el dicho Rodrigo dos hijos de otra muger con quien fue casado llamados Alonso Guanan de hedad de syete años y Joana Guachi de cinco años e la dicha Lucia tiene una hija de otro marido con quien fue cassada de hedad de catorce años
—Catalina Gualca biuda de hedad de quarenta años madre de don Heranando cacique tiene otro hijo ligitimo llamado Francisco Yuera de hedad de diez años [...]
—Pedro Yacra Biudo de hedad de cinquenta años no tiene hijos [...]
—Pedro Guaman de hedad de doze años hijo de Sollac ynfiel y de Guanguan su madre difuntos [...]
—Rodrigo Azmate de syete años hijo de Diego natural desde pueblo no thenia nombre de yndio y de Eluira Pazna su madre que de presente esta casada con Joan Azmate natural de Quispi [...]

E acauada la dicha uisita de los dichos yndios en la manera que dicho es los dichos señor uisitador y arcediano preguntaron al dicho don Hernando cacique diga y declare si thenia mas yndios e yndias por dezir e manifestar o que esten fuera deste dicho asyento e pueblo// (ff. 6734v) lo diga y declare con aperciuimyento que el dicho señor Visitador le hizo que paresciendo por los autos y diligencias que a de hazer otra cosa le castigara y executara en el las penas e grauamenes que por su merced en nombre de su magestad le sean impuestas en la esortacion y auto que se le hizo en otra parte conthenida en esta uisita el qual dicho don Hemando dixo no thener mas yndios ni yndias de los de suso manifestados e ansy lo declaro por ynterpretacion del dicho Antonio de Grado testigos Alonso de Paredes Joan Martinez Rengifo el Lycenciado Martinez Ante my Pedro de Entrena escriuano de su majestad [...]

Averiguaçion. En el pueblo de Omas en treze dias del mes de Março de mil e quinientos y setenta y un años el muy magnifico señor Joan Martinez Rengifo Visitador de los repartimientos de la zibdad de los Reyes y de los demas a el cometidos por su magestad y en presencia de mi Pedro de Entrena escriuano de su magestad y de la dicha uisita con asystencia del señor Licenciado Martinez Arcediano de la Santa Yglesia de la dicha zibdad de los Reyes Visitador por el Ilustrisimo y Reverendisimo señor Arçobispo de la dicha zibdad de los Reyes mando paresçer ante sy a don Hernando Nacara cacique principal del pueblo de Collique y

Alonso Coycoy y Alonso Nacacho y a Santiago Nacachunbi a los quales y a cada uno dellos se les hizieron las preguntas siguientes [...]

—Preguntados que bienes tienen de comunidad dixeron que (manchado:) son tierras en que syenbran y an senbrado algunos españoles no tienen otros bienes y que las tierras que tienen fueron de las pachacas que en tienpo que auia muchos yndios en este repartimiento // (ff. 6735r) y tierras y chacaras de cada una dellas son los siguientes [...]

    1- La Pachaca llamada *Chuquiruro* que tenia sesenta o setenta hanegadas de tierra de senbradura la qual hera del cacique principal llamado Chuquiruro y que estas tierras de presente las tiene y posehe Francisco de Çarate que no sauen con que titulo mas de que se las dio don Francisco Piçarro al contador Joan de Caceres las quales estauan en Locha [...]

    2- Otra chacara llamada *Llanpa* de la Pachaca de *Caxa Chunbi* que tenia quarenta hanegadas de senbradura de maiz que la posehe al presente Francisco de Çarate y no saue con que titulo la posehe.

La Pachaca de *Vilca tanta* thenia otro pedaço de tierra que tendra treinta y cinco hanegadas de tierra de senbradura de maiz la qual posehe asy mesmo el dicho Francisco de Çarate [...]

3- Otra Pachaca de *Vilca Tanta* tiene otro pedaço de tierra que thenia cien hanegadas de senbradura la qual dicha tierra posehe al presente los herederos de Niculas de Ribera el Viejo difunto y que la mitad de las dichas tierras uendio don Francisco Yaybi cacique de dicho pueblo y la otra mitad no sauen con que titulo las posehen [...]

4- Otra Pachaca de *Chunbiguarco* tiene otro pedaço de tierras que thenia ochenta hanegadas de senbradura las quales posehen los dichos herederos del dicho Ribera no saue con que titulo [...]

5- Otra Pachaca de *Chunbi Tanta* tiene otras tierras de (ff. 6735v) quarenta hanegadas las quales posehen // los dichos yndios y las tienen arrendadas a Lorenço Rodriguez [...]

    6- Otra Pachaca de *Vilca Chunbi* tiene otro pedaço de tierras que tenia como quarenta hanegadas de senbradura que los dichos yndios las tienen alquiladas al dicho Lorenço Rodriguez al presente [...]

    7- Otra Pachaca de *Carua Guanco* tiene otras tierras que se llaman Ymiyin que seran cien hanegadas de senbradura las quales posehe Horozco no sauen con que titulo [...]

    8- Otra Pachaca de *Carua Chunbi* tiene otras tierras que seran quarenta hanegadas que posehe Joan Piçarro uezino de los Reyes las quales le uendio un principal llamado Cama Chunbi a Martin Piçarro su padre del dicho Joan Piçarro [...]

9- Asy mesmo otro pedaço de tierra que tiene el dicho Joan Piçarro de la dicha Pachaca de *Carua Chunbi* que sera de cien hanegadas no sauen con que titulo las posehe.

10- La dicha pachaca tiene otro pedaço de tierra junto a la suso dicha de otras çien hanegadas las quales posehe Francisco de Talauera uezino de la zibdad de los Reyes no sauen con que titulo [...]

11- Otra Pachaca *Chinchi Yanga* que thenia las tierras llamadas Pumay que thenia quarenta hanegadas de senbradura las quales dichas tierras posehen los yndios del dicho pueblo [...]

12 - Otra Pachaca llamada *Chuquitanta* thenia las tierras llamadas Omacguani ternan ciento y cinquenta hanegadas de senbraduras las quales posehen los dichos yndios // (ff. 6736r). Y esto dixeron ser uerdad y lo que sauen de todo lo que se les a preguntado e no otra cossa e lo firmo el dicho señor uisitador Joan Martinez Rengufo El Licenciado Martinez Antonio de Grado ante mi Pedro de Entrana escriuano de su Magestad.

Segun que todo lo suso dicho consta y paresçe por el dicho Proceso de uisita que se boluio a los dichos yndios y de pedimyento del dicho Aluaro Ruiz de Nauamuel y mandamiento del Corregidor que aqui firmo su nombre dize Pedro Valaguer Salzedo (rubricado) presente que es fecho en esta zibdad de los Reyes en tres dias del mes de Agosto de mil e quinientos y nouenta años siendo testigos Pedro de Carmona y Miguel de Hechabarria y Joan Loçano estantes en esta dicha zibdad y lo firme de mi nombre en testimonio de Verdad.

Jauier Despinosa
escriuano
(rubricado)

Capítulo 2

Guarco y Lunahuaná:
dos señoríos prehispánicos de la costa sur central del Perú*

El valle de Cañete, se extiende a mediodía de Lima, entre los paralelos 11°58' y 13°09' de latitud sur y, al igual que los demás valles de la costa, sus tierras son regadas con el agua acarreada por su río principal, que baja desde las serranías. El río Cañete nace en la laguna de Ticllacocha, al pie de las cordilleras de Ticlla y Pichahuarco, en la división de cuencas con el río Mala, a una altura aproximada de 4,600 msnm (ONERN 1970: 24).

En la primera parte de su recorrido el río deambula por entre picachos nevados, altas cumbres y heladas lagunas formando un semicírculo; luego cambia su trayecto para seguir una ruta más directa hacia el mar. Contaba Dávila Briceño (1881), el corregidor que en 1586 tuvo a su cargo las reducciones indígenas de los yauyos, que el río de Lunaguana era el mayor de toda la provincia, que nacía junto a las *Escaleras* llamadas de Pariacaca, en el antiguo camino de la costa central hacia Jauja y Cusco. El lugar era famoso por sus numerosos peldaños, lo agreste de la ruta y el mal de altura que acechaba al viajero (Vaca de Castro 1908).

La clasificación ecológica de los pisos de la cuenca del río los dividen en: desierto *subtropical,* que abarca el valle bajo, luego se va estre-

* Ensayo publicado en la *Revista del Museo Nacional,* tomo XLIV. Lima, 1978-1980.

chando la quebrada hasta Catahuasi; *maleza desértica montano bajo,* que comprende las laderas de los cerros; la *estepa montano* sigue valle arriba y por fin el *páramo muy húmedo subalpino,* que se extiende en la sierra alta (ONERN 1970: 60).

Los indígenas tenían también sus divisiones ecológicas aunque empíricas y distinguían los pisos por los cultivos y el clima. A la costa decían *yunca* o *yunga* por ser una región cálida y nombre con el que también designaban a sus habitantes. Cuando el suelo principiaba a tomar cierta altura sobre el nivel del mar, llamaban a la zona *chaupi yunga* o costa media y sus moradores se consideraban también costeños. Ésta era la región específica para las plantaciones de la variedad de coca costeña, cultivo muy importante para la economía del lugar (Rostworowski 1973a y 1977a). A las serranías y quebradas tibias las llamaban *quechua,* y a las zonas altas y frías *sallca* o puna (González Holguín 1952).

En el caso del valle de Cañete las divisiones políticas estaban de acuerdo al ecosistema. En la costa se extendía el señorío de Guarco, nombre indígena del lugar. A la altura cercana a la toma de Palo (AGI Lima 1630, año 1562) hasta Zúñiga aproximadamente, se situaba el señorío de Lunahuaná, cuyas tierras correspondían al *chaupi yunga*. Más arriba, en el valle habitaba una rama del grupo étnico de los yauyos llamada mancos y laraos (Dávila Briceño 1881). Trataremos primero del curacazgo de Guarco, por estar en la costa, para luego ver la información sobre Lunahuaná.

EL SEÑORÍO DE GUARCO

La investigación etnohistórica sobre un determinado valle costeño tiene que ceñirse a la información suministrada por los manuscritos. Por ejemplo, si el origen de un estudio arranca del testamento de un curaca, es natural que el trabajo verse sobre los señores indígenas y sus herencias. En cambio, si las noticias, como en el caso del valle de Guarco, tratan de fortificaciones, tenencia de tierras de minorías étnicas o tierras de dioses, la orientación de la investigación es otra. Dicho en otras palabras, no puede decidirse de antemano cómo se encauzará una investigación sin conocer el tipo de documentación disponible. Es inútil hablar de los curacas de Guarco pues los manuscritos apenas los mencionan.[1]

---

1. En 1549 cuando Alonso Martín de Don Benito recibió la encomienda de Guarco, ésta comprendía la parte sur del valle y era su curaca principal don Alonso Guarquella y dos caciques subalternos Mixa y Machoco (AGI, Justicia 398).

El señorío de Guarco comprendía la zona baja del valle. Sus fronteras de norte a sur eran los desiertos vecinos que delimitaban los campos de cultivo, constituyendo los restos arqueológicos de Cerro Azul el límite septentrional. Por el oeste las tierras fértiles se extendían a la vera del canal principal de irrigación, llamado en tiempos modernos María Angola. Su recorrido está señalado por una serie de estructuras arqueológicas que marcan los antiguos contornos de las chacras. No se tomarán en cuenta las tierras ganadas gracias a las actuales obras hidráulicas en la pampa de Imperial.

Los cronistas están de acuerdo sobre la resistencia ofrecida por los habitantes del valle ante los ejércitos incaicos. Según Cieza de León (1943: 274-281) los de Guarco se juntaron y rechazaron los ataques cusqueños pero, al llegar el verano, los calores afectaron a los serranos que se retiraron a las altas quebradas. Aprovecharon entonces los costeños para rehacer sus cultivos y prepararse para el retorno de sus enemigos. Al ver la obstinación de los yungas, el inca ordenó:

> Fundar una ciudad a la cual puso por nombre Cuzco, como a su principal asiento, y las calles y collados y plazas tuvieron el nombre de las verdaderas.

Sobre la verificación de la información de Cieza volveremos más adelante al tratar del señorío de Lunahuaná, para seguir con la lucha de los guarcos contra los incas.

Tres o cuatro años tardaron los cusqueños en vencer a los yungas. Durante los meses de estío suspendían sus guerras por no resistir los ejércitos serranos el calor del verano. Con el tiempo se debilitó la resistencia de los costeños y, creyendo en los ofrecimientos de paz, salieron de sus fortalezas y se rindieron. Entonces el inca:

> Sin más pensar, mandó a sus gentes que los matasen a todos y ellos con gran crueldad la pusieron en obra, y mataron a todos los principales y hombres más honrados dellos que allí estaban, y en los que no lo eran, también se ejecutó la sentencia, y mataron tantos como hoy día lo cuentan los descendientes dellos y los grandes montones de huesos que hay son testigos (Cieza 1943: 277).

En los documentos de Angulo (1921: 43) señalan a don Alonso, don Diego, don Tomás y a Pedro Pichuy como caciques principales. La poca información indica, sin embargo, la existencia de un señor de más categoría en la persona de don Alonso Guarquella. El curaca de Guarco, presente en Pachacamac a la llegada de Hernando Pizarro, se decía Guaralla (Fernández de Oviedo 1945, tomo XII: 56). No tenemos noticias sobre las divisiones sociopolíticas del valle, es decir de las *guaranga, pachaca* o ayllu.

Los incas eran muy crueles en sus represalias. Usaban del terror como medio de intimidar a los habitantes costeños quienes se rendían ante el temor. Igual suerte corrieron los miembros de otro señorío yunga, como fue el caso de Collique, cerca a Lima, y el de Quivi, donde los cusqueños perdonaron únicamente a mujeres y niños (Rostworowski 1977a: 34). Siguiendo con la información de los cronistas, Castro y Ortega Morejón afirmaban que los guarcos fueron los únicos que se opusieron a los incas en la región de la costa sur central (1974: 93).

Garcilaso de la Vega (1943, tomo II, Lib. 6, Cap. XXIX), en su narración sobre Guarco y Lunahuaná menciona a Cieza como informante y añade que estos dos lugares, junto con los valles de Mala y Chilca, estaban regidos por un solo señor llamado Chuquimancu. Es el único cronista que lo afirma y no hemos encontrado una confirmación de esta noticia en los testimonios manuscritos de los siglos XVI y XVII. Siempre, según Garcilaso, Chuquimancu no ofreció resistencia en Lunahuaná, lugar donde los incas establecieron sus ejércitos después de pasar el río en balsas, noticia bastante insólita si se toma en cuenta el poco caudal del río en los meses de invierno, y las rutas que pudieron seguir, tanto si bajaban de la sierra o si marchaban desde el valle de Chincha por el camino natural que es el de la quebrada de Topará, en la margen izquierda del río. Sea como fuere, Garcilaso cuenta que la resistencia de los yungas obligó al inca a remudar tres o cuatro veces sus ejércitos. El hambre venció a los costeños que se sometieron a los cusco, y el inca con su mansedumbre los recibió gustoso. De aquella fecha dataría la fortaleza de Guarco.

Según Cabello de Valboa (1951: 338-339), el nombre de Guarco se impuso al valle después de las represalias cusqueñas. Parece que el inca ordenó colgar en las murallas de la fortaleza a numerosos rebeldes.[2]

---

2. Según el *Lexicón* de Fray Domingo de Santo Tomás (1951a):
Guarco – peso o balança de peso
Guarcococ – pesador de alguna cosa
Guarcona – ahorcadura
Guarcuni,gui – ahorcar
Guarcusca - ahorcado

Notaremos que el picacho nevado del cual nace el río de Lunahuaná o de Guarco se llama Picha huarco de:
Pichana – escoba para barrer
Pechaypa – limpiadero, por do se limpia
Pichac – barredor

Las interpretaciones de las toponimias son bastante arriesgadas sin conocer los posibles dialectos, sinónimos o modismos usados en cada lugar. Quizás el nombre esté relacionado con algún fenómeno atmosférico, como vientos que despejaban el cielo y hacían visible a los pescadores el cerro nevado desde el mar.

Acosta (1940, Lib. 3, Cap. 15) señala que los pobladores del señorío de Guarco resistieron al inca y que él, fingiendo deseos de paz, aceptó la celebración de una solemne pesca, quizá ritual, y con ese fin los costeños se adentraron en la mar en sus balsas. Mientras tanto las tropas incaicas aprovecharon para ocupar calladamente el valle y los sorprendidos yungas sufrieron un terrible castigo quedando desde aquel entonces despoblada la tierra.

Indudablemente Cobo sigue la información de Acosta, aunque no nombra una guerra sino que el orejón Apu Achache, hermano del inca Tupac Yupanqui, estuvo encargado de realizar una visita al valle de Guarco. En aquel entonces era señora del valle una curaca que no quiso consentir que extraños se adueñaran de sus dominios. Se rió el inca al conocer la actitud de la curaca y dijo que las mujeres le perseguían. Al oír la coya o reina la noticia solicitó que la dejase someter a la rebelde, a lo que accedió el soberano.

La coya envió una embajada a la curaca y le hizo saber el deseo del inca de dejarla en su señorío y de la conveniencia de celebrar una gran solemne ceremonia en honor del mar para confirmar la paz. Ésta creyendo en las palabras del inca ordenó los preparativos para la fiesta, y el día señalado todo el pueblo se embarcó en balsas con música y tambores. Cuando los de Guarco se hallaban en pleno océano, lejos de la costa, entraron sigilosamente los ejércitos cusqueños y se adueñaron del valle (Cobo 1956, tomo II, Cap. XV). Otra noticia de una rebelión de los habitantes de la región contra los incas es la nombrada por los informantes de Ávila (1966: 131-135), quienes no mencionan a los guarcos sino a los alancunas, calancus y chaquis. Nada autoriza a suponer que fue la misma lucha, pues ellos también batallaron largo tiempo y sólo fueron vencidos por una huaca "hijo" de Pariacaca, llamada Macahuisa. En todo caso el hecho demuestra una alianza y entendimiento de los yauyos con los ejércitos incaicos contra los costeños.

De todos estos relatos lo único que se puede asegurar es la resistencia de los Guarco ante la pujanza inca y las crueles represalias posteriores. En las versiones de Acosta y Cobo es interesante notar la mención de grandes fiestas o de pescas ceremoniales en honor del mar, en las que todos los habitantes tomaban parte embarcándose en balsas. Esta debió ser una costumbre costeña. La beligerancia de los guarcos no se hizo notar tan sólo con la aparición de las tropas incas, sino que de tiempo atrás sus numerosos pobladores competían y sostenían guerras con los habitantes de la sierra y con otros señoríos de los llanos (Cieza 1941: 226).

Los datos arqueológicos sobre Guarco son limitados. Larrabure y Unanue (1941, tomo II: 276) conoció el valle en el siglo pasado y dice que el número de estructuras prehispánicas era inmenso. El valle, añade, estaba cubierto de ellas, pero las necesidades agrícolas dieron cuenta de las mismas. Stumer (1971) constató la existencia de 18 complejos y como lugares individuales calculó en más de 110 las huacas.

Kroeber (1926: 228) hizo excavaciones en Cerro del Oro y encontró miles de enterramientos relacionados con el estilo que llamó Cañete Medio correspondiente al Horizonte Medio; y una cultura posterior que denominó Cañete Tardío, equivalente al Intermedio Tardío de otras clasificaciones. Siempre, según el mismo autor, Cañete Medio se distingue por: las deformaciones craneanas fronto-occipitales, las estructuras edificadas con adobes hechos a mano, la escasez de metales. Además, en los textiles y cerámica una influencia Nasca de tipo tardío e Ica. Encuentra sorprendente que la cultura de Cerro del Oro esté libre de influencias serranas y añade que la influencia serrana se estableció en diversos grados en otros valles costeños. También le llamó la atención que Cerro del Oro no mostrara influencias Tiahuanaco y sugiere la posibilidad de hallarse un Cañete Temprano en futuros trabajos arqueológicos en las mismas estructuras.

En líneas generales, Dorothy Menzel (1971) encuentra en Cerro del Oro un estilo definitivamente renovador, pese a contar con influencias estilísticas tanto de la costa central como de Ica y Nasca. Es posible que entonces predominaran influencias bien del norte o del sur. En todo caso parece que el Guarco, pese a sus fluctuantes zonas de influencias, mantuvo un carácter propio.

Durante el Horizonte Tardío el estilo Cañete aparece totalmente modificado, al punto de ser irreconocible. Esto se debería tanto al peso de la influencia inca como al aniquilamiento de la población local reemplazada entonces por colonos venidos de otros lugares. En cuanto a una hegemonía de ciertos valles añade Menzel:

> Los recientes hallazgos en los valles de Pisco, Chincha y Cañete muestran que estos valles no estuvieron siempre unidos, ni formaron tampoco parte de un área de cultura fija (Menzel 1971: 148).

Stumer (1971: 35) señala la ausencia del uso de la lana en Cañete hasta la llegada de los incas y encuentra que:

> El valle de Cañete con su abundancia de agua, su consiguiente riqueza agrícola no necesitaba mucho contacto económico con sus vecinos... y como consecuencia de esto, no ha sido el depósito para muchas influencias foráneas y que ha dado más de lo que ha recibido. Esta presunción también puede explicar la resistencia evidente a invasiones del exterior.

Entre los objetos descubiertos y descritos por Kroeber (1942: 249) en Cerro del Oro figura un fragmento de tela o velo que encuentra interesante por ser pintado. En otro trabajo mencionamos la existencia de artesanos costeños en el norte, cuyo oficio consistía en pintar mantos y que iban de pueblo en pueblo cumpliendo su propósito. Posteriormente hallamos en varios testamentos de indígenas los legados que hacían de diversas prendas, igualmente pintadas. Esto indica que el velo nombrado por Kroeber pudo ser obtenido por trueque con otro lugar o bien que en la costa sur central había también artífices pintores que recorrían los valles ejerciendo su oficio. La tercera posibilidad es que en Guarco existieran artesanos dedicados a adornar mantos y camisas.[3]

Para poder mantener los guarcos la independiencia que indica la arqueología y defender sus tierras frente a cualquier ejército intruso o protegerse de un ataque sorpresivo, poseían fuertes situados en lugares estratégicos del valle. Los más importantes eran la fortaleza de Guarco situada al norte, la de Cancharí a la mitad del valle y la de Ungará al sur. Además, según Larrabure y Unanue (1941, tomo II: 404-407), una muralla defendía el valle cerrando su ingreso. Según él, iba el muro por las laderas de los cerros. Empezando en Cerro Azul tomaba un rumbo NO-SE, pasaba por Cerro del Oro hacia Huaca Chivato y terminaba en Ungará. Analizaremos una a una las noticias existentes sobre estas estructuras con el objeto de confirmar su ubicación y el motivo de su edificación.

La fortaleza de Guarco

Cieza de León (1941, Cap. LXXIII) ofrece una detallada descripción del fuerte y supone que fue construido por los incas. Esta versión es repetida por otros cronistas, pero no parece exacta si se considera que los guarcos sostuvieron luchas y guerras con todos sus vecinos y más tarde contra los incas. Por esta razón cabe suponer que databa de tiempos anteriores y es factible que los cusqueños, después de su triunfo, procedieran a una remodelación del fuerte para mantener en él una guarnición. Además, los cronistas por lo general ignoraban la existencia de las culturas anteriores al auge cusqueño e ingenuamente creían que fueron los incas los responsables de todo el desarrollo del mundo andino. Pocos son los que, como Castro y Ortega Morejón (1974: 93-104), sostuvieron que los incas fueron modernos en el contexto precolombino. En otro lugar el mismo Cieza afirmaba (1943: 71) que el dominio incaico era tan reciente que el recuerdo de Tupac Yupanqui aún estaba vivo entre los indígenas. Este mismo

---

3. AGN. Legajo: Testamento de indios.
   Juan Asmat de Huarmey en 1637 declaró poseer una camiseta pintada de algodón. En otro documento, María Cayn de Huaura en 1638 legaba una camisa de algodón blanco pintada. Es posible que siguiera hasta el siglo XVII la tradición indígena de pintar mantas y camisas. De igual manera que continuaron los artesanos tallando y decorando los keros. Para los artesanos pintores véase en este libro el capítulo sobre artesanos.

cronista vio la fortaleza y manifestó su asombro comparándola con la del Cusco y recomendaba a los españoles y a los indígenas cuidasen del edificio por ser digno de conservación. Cuenta que estaba edificada en lo alto de un collado y era:

> la mas agraciada y vistosa fortaleza que había en todo el reino del Perú, fundada sobre grandes losas cuadradas, y las portadas muy bien hechas y los recebimientos y patios grandes. De lo más alto desta casa real abajaba una escalera de piedra que llegaba hasta el mar [...]

Diego Molina en su relación menciona que en la ruta de Pachacamac a Chincha y en el camino: "está la fortaleza de Guarcoque dentro del agua de la mar, a par de una villeta de pocos vezinos en su jurisdicción" (Fernández de Oviedo 1945, tomo XII: 123).

Cuando la fundación de la villa de Cañete, en 1556, entre las instrucciones del virrey Hurtado de Mendoza al capitán Jerónimo de Zurbano figura:

> Ytem ninguna persona ha de ser osada sacar piedra alguna de la fortaleza ni su comarca, sino fuere para hacer la iglesia de la dicha villa. (Angulo 1921: 39).

Lamentablemente estas órdenes no se acataron y sus piedras sirvieron para la edificación de diversos monumentos de la ciudad de Los Reyes. En 1557 volvía el virrey a dar una provisión a Zurbano y decía:

> soy informado cómo en el puerto de la dicha villa está fundada en una parte de él una fortaleza de tiempo antiguo muy fuerte y que está algo maltratada por no la aver querido conservar en el estado en que los naturales la tenían e por que al servicio de su magestad conviene, la quiero renovar y reedificar y ponerla en orden de manera que allí este vuestra fuerza en que se tenga a recaudo la municiones de su magestad y oro e plata y otras cosas que se ofrescaran [...]

De acuerdo con las órdenes de Hurtado de Mendoza, Zurbano fue nombrado alcaide de la fortaleza y del puerto de la villa (AGI, Audiencia de Lima, Leg. 1632, año 1557). Esta cita es necesaria para demostrar que el fuerte de Guarco defendía el puerto y se situaba al pie del mar.[4]

Es evidente que el objeto de tal fortín era defender la costa de cualquier ataque marítimo y demuestra que los yungas solían efectuar incursiones de este tipo. Basta recordar la invasión de Naymlap a Lambayeque y la de Taycanamo al valle de Chimo. Un posible peligro para los habitantes de Guarco podían ser sus vecinos de Chincha, por poseer estos últi-

---

4. A fines del mismo siglo Francisco de Soto era alcaide de la fortaleza de Guarco (AGI, Escribanía de Cámara 501-A, fol. 11r).

mos un gran número de balsas y ser expertos marinos como la mayoría de los yungas.

Lizárraga (1946: 89-90) apoya esta suposición al decir que el valle de Guarco: "tiene una fortaleza que guarda el puerto fácilmente". Ahora bien, Cerro Azul es el único lugar que puede calificarse como tal en todo el litoral de Cañete. Alcedo (1967 [1797]) señala que Guarco era puerto de mar, a dos leguas de la villa de Cañete, y añade:

> tiene el mismo nombre una llanura deliciosa y fértil de la provincia del puerto anterior, su clima es excelente y apacible; antiguamente estaba muy poblada de indios, pero hoy está escasa de gente; en ella se hallan todavía vestigios de una fortaleza de los incas sobre la costa del mar [...]

Años antes, cuando la rebelión de Manco II, los naturales de los valles costeños al sur de Lima apoyaron el movimiento indígena contra los europeos (Rostworowski 1977b: 262). Al parecer, los guarcos y los lunahuanás acosaron entonces a los españoles. Diego de Agüero, encomendero de Lunahuaná, con otros vecinos tuvo a su cargo socorrer a los españoles y con no poco trabajo y luchas recuperaron el fuerte de mano de los naturales (AGI, Patronato 119, ramo 1, fol. 10, Probanza de Oficio de Agüero).

Hasta aquí se ha visto que la llamada fortaleza de Guarco se situaba al norte del valle, al pie del mar, dominando el puerto. Estos detalles evitan confundir su ubicación con la de otros fuertes del señorío (Williams y Merino 1974, Cerro Azul N° 2A02).

Al sur de la fortaleza existe todo un complejo de estructuras que ocupan una extensa y amplia zona. Casi al borde del fuerte se distingue una gran plaza rectangular cuyo lado más dilatado está frente al mar. Recordando la información de Acosta y Cobo puede suponerse que esta espaciosa explanada tenía relación con las fiestas en honor del mar, fuente de abundantes recursos marinos, aprovechados por todo un pueblo. Kroeber (1926: 227) hizo excavaciones en Cerro Azul y describe las ruinas como encajonadas en un bolsón formados por los cerros desiertos e invisible desde el puerto o desde los campos de cultivo. Estas ruinas han sido removidas por los buscadores de tesoros sin que aparentemente hayan encontrado gran cosa de lo que deseaban. Esto se deduce por la relativa destrucción del lugar. Kroeber supone que las pirámides de Guarco datan del Cañete Tardío o sea del Intermedio Tardío y describe las estructuras como pirámides o terrazas elevadas. Señala que nada hace suponer que sobre ellas se edificaran paredes o cuartos, por lo que infiere que el lugar no fue una ciudad sino un centro ceremonial.

Las descripciones y parecer de Kroeber coinciden con nuestra hipótesis de ser el conjunto una zona dedicada a efectuar los ritos relacionados con el mar por una numerosa población de pescadores. La falta de una refinada y desarrollada cultura está de acuerdo con lo que sabemos sobre los grupos de pescadores costeños, distintos y diferentes a los cultivadores de los valles (Rostworoswki 1977a). Es de suponer que las viviendas de la gente común no se situaban en el centro ceremonial sino en el actual pueblo de Cerro Azul, separadas de los recintos de la elite. La construcción de sus casas debió ser de material precario, tal como carrizos, similar a la de las viviendas descritas en la Visita de la Gasca en 1549 para Maranga y Lima, en la costa central (Rostworowski 1978).

Nada queda de tan frágil construcción. Además, sobre el mismo emplazamiento se edificó posteriormente el pueblo moderno de Cerro Azul. Suponemos que tanto el puerto como las estructuras formaban un conjunto habitado por pescadores, con una población muy crecida para poder edificar tan importantes monumentos.

La protección de que gozaba el complejo era aún mayor si se advierte que, antes de la construcción del antiguo ferrocarril al puerto, existía una colina fortificada que llegaba hasta el mar, que fue volada para dar paso al tren (Larrabure y Unanue 1941: 330-331).

Para confirmar esta suposición observamos vastos terrenos salitrosos situados hacia el este del conjunto y puerto. Es una zona de filtraciones de *ihuanco,* nombre que dan en el lugar al agua cargada de barro y a las torrenteras que bajan de las quebradas en época de lluvias. Un informante de avanzada edad dijo recordar pantanos con abundante totora *(Scirpus).* Por su parte, Middendorf (1973, tomo II: 92-93) menciona ciénagas y juncos en las cercanía y contornos de Cerro Azul.

El patrón de asentamiento de los pescadores de Guarco guarda gran similitud con el de los pescadores de Végueta, en el valle de Huaura, donde una población, que habitaba al borde del mar, disponía de estructuras o huacas en el litoral y estaba separada por lagunas y marismas de los campos de cultivo de los agricultores de Mazo (Rostworowski 1981a). Sería importante realizar excavaciones arqueológicas en el centro ceremonial, en los lugares de las pirámides truncas, para saber si existe una ocupación más antigua relacionada con los grupos de pescadores.

Desde el año 1983 la arqueóloga Joyce Marcus de la Universidad de Michigan ha dirigido excavaciones, primero en la fortaleza de Cerro Azul y luego en varias estructuras al sur del cerro de Fraile y cerro Centinela (faro).

Muy poco son los restos que quedan de la fortaleza tan alabada por Cieza de León, las piedras de sillar rosado de origen volcánico usadas en su construcción, han sido sistemáticamente pilladas para integrar casas modernas demostrando una enorme falta de cultura y de ética nacional. Estas piedras no son originarias de Cerro Azul y forman parte de las construcciones de la época inca. La estructura principal comprende un "mirador" que domina el mar y está situado sobre el abrupto acantilado.

Un corredor en forma de media luna conduce al "mirador" que posiblemente servía para la celebración de ritos en honor del mar.

Las siguientes campañas arqueológicas se llevaron a cabo al sur de los cerros mencionados al pie del mar, teniendo al este el cerro Camacho que está cubierto por terrazas artificiales.

Haremos un breve resumen de los resultados publicados por Marcus (1987); las estructuras datan del Intermedio Tardío y Kroeber (1937) les asignó para su identificación ocho letras (A-H). Parte de estos monumentos franquean dos lados de una gran plaza irregular con cara al mar, además de otras menores edificaciones y muros relacionados con cada una de ellas.

El estado de destrucción de estos edificios, construidos con tapiales, hizo creer a Kroeber que se trataba de pirámides truncas. En 1984 Marcus excavó los restos de la Estructura D de Kroeber y ella describe el conjunto como una residencia de una elite. Gran parte del espacio consiste en lugares de depósitos y de áreas dedicadas al trabajo controlado.

Uno de los patios principales tiene en el piso bosta regada, lo que le hace suponer que en dicho patio se cargaba y descargaba las llamas para el transporte.

Unos cuartos dentro del monumento parecen haber correspondido a una zona residencial y en ellos, se observa una inmensa rajadura en la estructura, resultado de un terremoto que dio lugar al abandono del espacio, que sólo fue reutilizado como depósito.

En la parte situada al norte del canchón se hallan dos grandes fogones capaces de dar cabida a una serie de ollas. Además, por lo menos nueve enormes vasijas con capacidad para almacenar líquidos de 700 a 2,000 litros cada una hacen pensar que el lugar fue usado para la preparación de alimentos y de una gran cantidad de bebidas.

Quizás el hecho más sorprendente de la Estructura D sea la presencia de arena fina y limpia que permitía la conservación de pescado seco que por sus restos se confirma ser anchovetas y sardinas. Las propiedades de la arena permitían la protección del pescado de la humedad ambiental y su mejor conservación.

En la estructura investigada se nota un gradual incremento del espacio reservado para el almacenamiento. Después de estas excavaciones, Marcus decidió hacer lo propio en la Estructura 9, pequeña "ruina" distante unos veinticinco metros de la Estructura D. Como en los trabajos anteriores, en la "ruina" se consideró un aumento del espacio reservado a los depósitos destinados a la conservación de pescado seco, mientras sus habitantes ocupaban una construcción de quincha.

En resumen, se puede decir que las estructuras de Cerro Azul desde la letra A hasta la H fueron grandes residencias de una elite, con una serie de pequeños depósitos unidos a los edificios principales. La excepción serían las Estructuras I y J que, según Marcus son muy diferentes y a las cuales no se puede asignarles las mismas funciones que a las demás.

La fortaleza de Canchari

Este baluarte se sitúa en medio del valle de Guarco sobre una elevación natural del suelo. El arquitecto Harth-Terré (1933: 102-103, fig. 2) describe las construcciones y añade que el edificio estaba rodeado por elevadas murallas de adobes. En el centro, protegido por dos pequeñas fortificaciones, se alzaba una estructura que él denominó Palacio. Los dos canales principales de irrigación del valle, el de San Miguel hacia el oeste y el de María Angola al este, prácticamente rodeaban el cerro. Si bien por un lado las anchas acequias defendían el acceso al fortín, por otro el mismo baluarte protegía el sistema hidráulico del valle, en su parte media, de un posible ataque de ejércitos que bajaran por la quebrada de Pócoto. Debe considerarse lo reciente de la irrigación de Imperial, antiguamente los meandros del canal María Angola marcaban los límites de los campos de cultivo.

La quebrada de Pocto, como se decía en la lengua indígena en el siglo XVI, era una vía de acceso de la sierra a la costa, por la que podían bajar tropas de los yauyos. El estrecho valle se surtía de agua gracias a varios manantiales (Angulo 1921: 84) y en él existían las lomas llamadas de Jaboncillo, cuyo recurso natural renovable era importante para la subsistencia de los naturales. Durante una determinada época del año, cuando el verdor de las lomas, acudían a ellas venados, perdices y palomas y con el producto de la caza preparaban un charqui muy estimado.

Al fundarse Cañete, en 1556, las tierras de la quebrada de Pocto pertenecían a los serranos de Julcamarca y de Santiago de Ichoca, del corregimiento de los yauyos. Se ignora cuándo se efectuó la ocupación serrana de la quebrada y si fue anterior o posterior a la dominación inca.

La fortaleza de Ungará

El fuerte de Ungará se halla en la cima de una colina y dominaba y defendía la parte sureña del valle. Middendorf (1973, tomo II: 99) estuvo a fines del siglo pasado en Cañete y al recorrer parte de las ruinas la señaló como la fortaleza más importante del valle. Larraburey Unanue (1941) la describe también e indica que la entrada principal estaba al norte, guardada por dos torreones. Le encuentra una extraordinaria semejanza con los castillos europeos por sus imponentes murallas, almenas y sus tres baluartes. Dice existían graneros y depósitos y "grandes vasija de barro cocido, completamente enterradas, y capaces de contener desde trescientos a quinientos galones de líquido".

La fortaleza, al igual que las otras dos antes mencionadas, existió por lo menos desde el Intermedio Tardío. Su presencia se remontaba a la época anterior a la hegemonía del Tahuantinsuyu, cuando el señorío del Guarco mantenía y defendía su independencia. Quizá después de la derrota yunga quedaron en precario estado y necesitaron de reconstrucciones para mantener en ellas las guarniciones cusqueñas o de sus aliados. Es natural que se reedificaran según el criterio inca, en su afán de imponer a los vencidos una arquitectura modelo para todo el Tahuantinsuyu.

La situación estratégica de Ungará indica dos propósitos en su construcción. El primero, la protección de la parte sur del curacazgo de ejércitos enemigos que podían bajar siguiendo el cauce del río desde la sierra. El segundo, la defensa de una invasión proveniente del vecino valle de Chincha. Según Larrabure y Unanue (1941) el complemento de las defensas de Ungará era un pequeño fuerte en la banda izquierda del río, en la hacienda Palo.

En otros trabajos analizamos al grupo étnico de los yauyos a través de la información de Ávila (Taylor 1987). Éstos habitaban la vertiente occidental del actual departamento de Lima (Rostworowski 1973a, 1977a, 1978). En algún momento de su existencia sufrieron una explosión demográfica que los obligó a buscar nuevas tierras. Su lugar de origen era justamente la zona de Yauyos (Dávila Briceño 1881), y su primer intento de conquista debió ser la ruta del río Cañete hacia el litoral. Sin embargo, toparon con la resistencia de los yungas, circunstancia confirmada por la arqueología, que los obligó a cambiar el rumbo de sus hordas que, en varias oleadas, avanzaron entonces hacia las cabeceras de los ríos Lurín y Rímac. Con el tiempo se fueron adentrando en esos dos valles, dominando poco a poco la región. Bastante tardíamente conquistaron el *chaupi yunga* del valle de Calango (Rostworowski 1973a, 1977a). De ser exacta nuestra hipótesis las construcciones más antiguas de la fortaleza de Ungará corresponderían al Cañete Medio de la clasificación de Kroeber.

El segundo objetivo del fuerte de Ungará era defender las bocatomas de los dos mayores canales de irrigación del valle que se hallaban al pie de la fortaleza. En todos los valles costeños es fundamental disponer de canales hidráulicos para convertir los desiertos en campos de cultivo. La vida se desarrolla sólo gracias a ellos, por ese motivo es importante investigar en cada valle los baluartes que protegían el acceso al precioso líquido. En la costa a través del estudio de los fuertes y de los canales de riego se puede descubrir toda la historia de cada lugar de los yungas y observar las fluctuaciones del predominio de las influencias serranas o costeñas. John Topic y Teresa Lange Topic (1978) estudiaron las fortificaciones y murallas existentes en la cuenca del río Moche desde el Intermedio Temprano hasta el Horizonte Tardío. La investigación muestra cambios en el énfasis de las fortificaciones y de las poblaciones indígenas, influyendo naturalmente en la organización social.

Los derechos al agua tenían que ser defendidos pues suscitaban pleitos y guerras. Desde siempre, los habitantes de las serranías han afirmado sus reclamos sobre las tierras yungas, por bajar el agua desde las alturas hacia el litoral. Un ejemplo se tiene en el valle del río Chillón, donde el grupo de los cantas apoyaba sus deseos de conquista de la costa por regarse los campos del señorío de Collique con el río proveniente de sus punas. La fuerza y rechazo de los colliques ante la pujanza serrana residía en su fortaleza y en sus chacras protegidas tras altas murallas y regadas por dos manantiales, hecho que les permitía resistir un largo asedio, cultivando parte de sus tierras sin necesitar el agua del río, ni tener que rendirse a los serranos por falta de alimentos (Rostworowski 1973a, 1977a). Durante las guerras de conquista inca, sabemos de valles dominados después de desviar el curso de un canal de riego y dejar la población sin agua (Rostworowski 1953: 252).

LA TENENCIA DE TIERRAS DE LAS MINORÍAS ÉTNICAS Y DE TIERRAS DE DIOSES

El problema de la tenencia de la tierra y los derechos que suscitaba son temas de investigación en el área andina. Lamentablemente no se tienen noticias sobre esta materia para el valle de Cañete antes de la conquista inca. Igualmente se ignora lo relativo a las tierras de curacas y ayllus. Es de suponer que, debido a las largas guerras y a la resistencia de los guarcos, los incas fueran muy duros con ellos no sólo en sus castigos inmediatos sino en su política posterior. En primer lugar, ocasionaron una baja demográfica a consecuencia de las guerras, del ensañamiento y de las represalias; luego el reemplazo de sus diezmados habitantes por un número de *mitmaq* y *yana*. Al parecer las tierras que finalmente se destinaban al inca y al Sol eran de mayor extensión cuando los invasores cusqueños encontraban una resistencia. El trabajo de dichas tierras correspondía entonces a la gente local y era una forma de aumentar las exigencias. Los curacas de los valles conocían la política inca y sabían que si aceptaban pacíficamente a los nuevos amos el despojo de tierras sería menor que en el caso contrario, lo que debió influir poderosamente en su ánimo.

Al observar la condición social o estatus de la minorías étnicas establecidas en el valle después de la conquista inca, puede suponerse que existió diferencias entre ellas. Los chinchas y los coayllos, vecinos de los guarcos, codiciaban sus tierras y deseaban introducirse en ellas. Los incas les dieron la oportunidad de establecerse y poseer campos de cultivo en Guarco. En cambio los mochicas, otro grupo que hallamos instalados en el lugar, procedían de una región norteña apartada y no compartían fronteras con los guarcos. El motivo de su arribo al valle sugiere más bien un castigo que un premio.

Era diferente la tenencia de tierras de un dios, pues correspondía a un tipo religioso y significaba una relación especial distinta a la de los *mitmaq*.

Los coayllos

Los coayllos eran naturales del valle de Asia y habitaban el *chaupi yunga* de la cuenca del río Omas. Cuando la creación de la villa de Cañete una amplia zona en el contorno de lo que es hoy San Luis estaba habitada por los indígenas de Coayllo. La fundación española ocupó sus tierras y con este motivo los naturales fueron echados de sus campos y viviendas para ser ocupados por los nuevos vecinos, quedando los indígenas desamparados (AGI, Justicia 432, fol. 3v, año 1561). Entonces elevaron sus quejas al virrey Hurtado de Mendoza quien ordenó hacer una información con testigos, a fin de comprobar los derechos de los coayllos y remediar la situación (AGI, Escribanía de Cámara 498-B). Tardaron en realizarse las diligencias y en el informe del fiscal, en 1575, los testigos dijeron que en tiempos pasados, antes de la llegada de los españoles, se dieron muchas guerras y que:

> entró un ynga en este dicho valle a hazer guerra y mató a mucha gente de que se vino a despoblar y faltaron todos los yndios del y que como un valle despoblado y desierto se entraron en él los dichos yndios de Coayllo (AGI, Escribanía de Cámara 498-B, fol. 793r).

Otro testigo confirmó lo dicho al afirmar que los coayllos:

> estaban poblados donde agora está fundada la dicha villa y que el cacique de los dichos yndios llamado don Pedro el viejo tenía sus casas donde agora es casa del cabildo desta dicha villa (fol. 797r).

Un tercer testigo añadió que:

> el tambo y casa del cacique de los dichos yndios llamado don Pedro Coayllo y que todos las más tierras llamadas de Calna [...] y las tierras de las acequia para abaxo hazía la mar llamadas de Lloclla del nombre de la acequia eran asi mismo de los dichos yndios lo qual sabe este testigo porque vió pleytar sobre ello a los dichos yndios con Jerónimo Zurbano [...] a lo quel Zurbano dezía que no eran suyas sino del ynga que se las dió debaxo de ciertos títulos [...] (fol.798v).

En desagravio por el atropello sufrido, los coayllos recibieron tierras en Hualcará "por debaxo de la acequia de Chiome" (fol. 792v). Otro testigo declaró: "que a los dichos yndios de Coayllo se les dieron dos pedaços de tierras el uno de ellos en Gualcará y el otro de la acequia de San Miguel para abaxo (fol. 799v) entre las acequias de Lloclla y Guanca en tierras de los yndios encomendados en Martín Alonso de Don Benito [...]".

De estas citas se desprende la posibilidad de que los coayllos entraran libremente al valle después de la derrota de los guarcos o, más probablemente, que fueron puestos en él por el inca. Seguramente estos coayllos son los mismos nombrados en el documento de Angulo (1921: 44), como don Joan Coyllo, cacique del valle de Oclla, y don Francisco de Ocxa. Eran hasta treinta los indígenas que poseían tierras otorgadas por los incas en Huanca y Lalna. El cabildo los reubicó señalándoles tierras: "pasada la acequia de Chome" (San Miguel). Todo indica que se trata del mismo grupo. Pedro Navarro y después su hijo fueron ambos encomenderos de la parte norte del valle de Guarco, además de Asia, Oquilla (Oclla) y Calango (AGI, Escribanía de Cámara 498-B). En el indicado manuscrito se halla la Tasa de los naturales del valle de Oquilla y Calango, y su curaca es nombrado como don Juan, cacique en el valle de Guarco en 1552. La extensión de las tierras ocupadas por los coayllos antes de la conquista española era considerable.

Los chinchas

El segundo grupo étnico minoritario instalado en el valle era el de los chinchas. En los nuevos linderos de la villa de Cañete, dados en su segunda fundación realizada un año más tarde en 1557, se menciona a los *mitmaq* chinchanos establecidos cerca del Tambo de Locos "la costa a la mano" y en la otra banda del río cerca de la subida del arenal, en el camino que se dirige a Chincha (AGI, Audiencia de Lima, Leg. 1630, 22 abril de 1558). En términos actuales estas tierras correspondían a las de las antiguas haciendas Herbay Bajo, Herbay Alto y hacienda Palo hasta la bocatoma, o sea en los campos situados en la margen izquierda del río.

Las noticias contenidas en este manuscrito están de acuerdo con los documentos publicados por Domingo Angulo (1921: 83), de 1593, según el cual las chacras de los chinchas fueron posteriormente cedidas para rentas del Hospital de San Andrés de Lima.

Con la ocupación chinchana en tierras del señorío de Guarco, los chinchas prolongaron su territorio y dominio a un valle vecino, índice de que en todo momento mantuvieron términos amistosos con los incas.

Los mochicas

Unos *mitmaq* mochicas se nombran como habitantes del valle de Cañete (AGI, Audiencia de Lima, Leg. 1630), sin señalar el documento un lugar determinado. Según el testimonio publicado por Domingo Angulo (1921:

59) este grupo étnico residía entonces en tierras de Hualcará. Igual indicación sostiene el croquis de Larrabure y Unanue (1941: 270) sin que sepamos la fuente que emplea. Es posible que la fundación de la villa de Cañete desplazara a los mochicas al igual que a los coayllos y que ambos fueron confinados en la misma zona.

En otros valles costeños hallamos también a gente mochica asentada lejos de su lugar de origen, como en Ica, Maranga, Guaura y Huarmey. Al parecer se trataba de la política inca destinada a desarticular un poderoso y rebelde señorío.

La presencia de estos grupos de colonos en Guarco indica un objetivo muy distinto en el asentamiento de cada uno de ellos. Mientras los chinchas y los coayllos extendían sus tierras y área de influencia aparentemente como una merced del inca, la presencia de los mochicas podría corresponder a un castigo por estar probablemente desconectados de su núcleo de origen por la distancia.

Tierras de dioses

En el antiguo Libro de Cabildo de la villa de Cañete estaban señaladas las dehesas municipales y entre los linderos mencionan unas chacras pertenecientes a Pachacamac, situadas al sur del valle, en tierras de Cuyba (Angulo 1921: 42). A la fecha existe una hacienda nombrada Siuba, cerca de una acequia llamada de Pachacamilla. Es importante esta confirmación de que el santuario poseía tierras en el señorío de Guarco, pues no sólo indica una vinculación entre ambos lugares, sino que aclara y confirma noticias estudiadas por nosotros al tratar del señorío de Ychsma (Rostworowski 1972a). En ese trabajo analizamos el significado de las noticias dadas por los cronistas, cuando nombran a "hijos" o "mujer" del dios costeño en lugares como Mala, Chincha o Andahuaylas. Significaría que el prestigio de Pachacamac no se debía a luchas, ni guerras, sino a una influencia religiosa que alcanzaba alejados rincones. Uno de sus atributos principales era controlar a voluntad los temblores y terremotos (Ávila, véaseTaylor 1987). De ahí su ascendencia sobre pueblos lejanos. Para congraciarse con la divinidad le enviaban como dones los productos de las tierras asignadas a su nombre, cuya representación, para los naturales, estaba encubierta bajo el nombre de "hijo" o de "mujer" de la deidad.

Ávila menciona a Llocacllayhuancupa "hijo" de Pachacamac y protector del grupo de los *checa* en la sierra del valle de Lima, en las alturas del actual pueblo de San Bartolomé. Ahí pastaban los rebaños del santuario, bajo la custodia de los ayllus serranos de Yasapa y Allauca (Rostworowski 1978: 43).

Castro y Ortega Morejón (1974: 103) confirman el hecho de que Pachacamac poseía tierras en todos los lugares (se entiende la costa sur central).

Estas esparcidas propiedades y campos pertenecientes al dios yunga eran cultivadas por la población local y el fruto remitido al templo. Este dato sobre los campos propios de Pachacamac indica la categoría de estas tierras dedicadas a un culto, y se les puede designar como pertenecientes a enclaves religiosos, puesto que el beneficio era considerado como una ofrenda a la divinidad que, en retorno del donativo, debía cuidar de sus devotos. A los sacerdotes y hechiceros les convenía ampliar en lo posible esta reciprocidad con el fin de aumentar el número de sus depósitos y riquezas acumuladas. Santa Cruz Pachacuti Yamqui (1927: 211) cuenta el arribo del inca Huayna Capac a Pachacamac y los grandes dones ofrecidos por el soberano. Aprovecharon entonces sus ministros para pedir, a través de su oráculo, que el inca llevase la guaca al señorío de Chimo. Esta noticia muestra los deseos de los sacerdotes de ensanchar su área de influencia y las posibles intrigas religiosas existentes.

Después de la conquista inca, el Sol recibió numerosas tierras en todo el Tahuantisuyu bajo las mismas condiciones, o sea que fueron cultivadas por los hombres hábiles de cada lugar, y lo mismo sucedía con las *mayas* o pastos especiales. Estas designaciones de campos para el culto del Sol no fue en sí una innovación en el contexto andino, pues la costumbre existía desde tiempos remotos. En lo que debe hacerse hincapié es en la generalización de un sistema existente para los dioses locales, ampliado al tratarse de tierras del Sol a dimensiones de Estado, es decir que se hallaban en todo el Tahuantisuyu. Es curioso notar que a la fecha no hemos encontrado en ningún manuscrito mención de tierras atribuidas a Viracocha.

Angulo menciona el lugar de Vilcahuasi a corta distancia de "la costa de la mar" (1921: 63) y Larrabure y Unanue (1941: 270-271, n° 9), ubica en su croquis el templo del Sol con ese nombre. El sitio que señala corresponde al complejo de estructuras hoy llamado Huacones, cerca de las haciendas de San Pedro y Santa Cruz. Williams en el catastro de las ruinas de Cañete (Williams y Merino 1974, n° 3001) describe el lugar como el más grande e importante conjunto arquitectónico del valle. Se trata de un conjunto de pirámides, pozas, templos y patios hundidos. Larrabure y Unanue indica la existencia de tierras del Sol al norte de Vilcahuasi. Lamentablemente no refiere la fuente que le permitió llegar a estas conclusiones.

ACEQUIAS, TAMBOS Y CAMINOS

Acequias

Los acueductos principales de la margen derecha del río que riegan lo que hoy se denomina "valle viejo" son los siguientes: primero, la acequia vieja del Imperial que arranca de la bocatoma de Pinta. Según Angulo (1921: 39 y 83) existía un antiguo canal en la misma banda, llamado del Imperial, al parecer construido por Huayna Capac; en 1593 estaba destruido debido a un deslizamiento de tierra. Dicho canal regaba aproximadamente unas 700 a 800 hanegadas. En el siglo XVI varias personas trataron de repararlo sin conseguirlo. En 1660 Francisco de Escobar Montes de Oca obtuvo la concesión para restablecer la antigua acequia pero fracasó. Más adelante un tal Pimentel logró restaurar el tramo entre el río Lunahuaná y el cerro Tembladera (Angulo 1921: 29).

Las dos acequias madres, de las que se desprenden otras menores, se inician en la bocatoma Fortaleza. El canal María Angola tiene actualmente una longitud de 24 km con 34 tomas ubicadas a lo largo de su recorrido (ONERN 1970: 285). Según documentos del Archivo General de Indias sabemos que en tiempos prehispánicos esta acequia se llamaba Chumbe (AGI, Escribanía de Cámara 498-B, fols. 792 y 797v, año 1575). En aquella época su trazo no podía ser muy distinto del moderno, debido a la topografía del lugar que no permite grandes cambios. Las diferencias consistían en los cursos de los canales menores, en las sangraderas y en las acequias necesarias para regar las huertas de la nueva villa. El otro acueducto es el de San Miguel, su longitud es de 35 km con un túnel de 100 m. Según ONERN (1970: 286) su construcción data en parte de la época inca, pero hay que tomar en cuenta que la construcción del sistema hidráulico del valle del Guarco se remonta sin lugar a dudas a tiempos preincaicos puesto que era habitado desde tiempo atrás. Los únicos cambios posibles consistían en ciertas variantes y quizás en una paulatina extensión de las tierras bajo riego.

Las aguas de San Miguel abastecen ahora los terrenos de la comunidad de Cerro Azul y es posible que antiguamente dicho lugar se surtiera de las fuentes de sus alrededores (ONERN 1970: 253), mientras las filtraciones y los *ihuancos* formaban lagunas y pantanos. Antiguamente a este canal le decían Chiome o Chome (AGI, Escribanía de Cámara 498-B).

El canal Huanca o Guanca tenía hasta 1925 su propia toma en el río, pero al destruirse se surte ahora del de San Miguel (ONERN 1970: 285-286), de esta acequia se desprende la de Pachacamilla. En los documentos publicados por Angulo (1921) hay mención de varios acueductos como el de Hualgará que debió regar los terrenos conocidos con el mismo nombre, el de Huancarca y la acequia Sotoma, situada en los alrededores de las tierras de Cuiva. Según Larrabure y Unanue la acequia Guanca tomaba más adelante el nombre de Lloclla, sin que sepamos si esta información es correcta. En la banda izquierda del valle la toma de Palo se halla a unos 100 m en la margen opuesta a la toma de Pinta; tiene una longitud de 15 km. Un ramal se desprende de su cauce, llamado Herbay, quizá fue el canal mencionado por Larrabure y Unanue como canal del inca y regaba las tierras estatales (1941: 270-271).

El virrey Hurtado de Mendoza otorgó en 1557 a la villa de Cañete la merced de cien pesos anuales para ayudar a la limpieza de las acequias por estar, cuando su fundación, secos los canales por falta de reparación. Sin agua los nuevos vecinos no podían regar sus sementeras y huertas. El dinero se sacaba de los tributos de los repartimientos de indios que estuviesen vacos (AGI, Audiencia de Lima, Leg. 1630). Más adelante los vecinos pidieron se confirmara esta provisión.

Tambos y caminos

Varios son los tambos y caminos nombrados en diferentes documentos y es difícil dar con su ubicación por ser muy vagos los deslindes y límites de todo manuscrito de la época. Las Ordenanzas de Tambos de Vaca de Castro (1908: 447), dictadas en el Cusco el 31 de mayo de 1543, indicaban la ruta seguida por los españoles hacia el sur, es decir desde Los Reyes a la villa de Arequipa. No tenían necesariamente que mantener los tambos prehispánicos sino los que acomodaban a la gente a caballo. Para el valle que interesa dice:

> y del dicho Tambo de la Mar se tiene de ir al Guarco en el qual han de servir los dichos indios del dicho Navarro. Y del dicho Tambo del Guarco se tiene de ir al Tambo que está sobre el río de Lunaguaná en el qual dicho Tambo han de servir los indios de Chincha que son mitimaes que están en el dicho río e indios de Diego de Aguero.

Analicemos el posible lugar de estas posadas: el Tambo de la Mar debió encontrarse como lo señala su nombre en Cerro Azul, en el puerto de Guarco, en el asentamiento de los pescadores. El segundo tambo era el de Guarco, es decir la población del curaca principal cuya gente se dedicaba a la agricultura. Haremos hincapié que en 1543 no se había fundado aún la villa de Cañete y por lo tanto no existía pueblo de españoles. El Tambo de Guarco se hallaba en la encomienda de Navarro, es decir en la mitad norte del valle, entre los *mitmaq* de Coayllo.

El tercer tambo señalado por Vaca de Castro era atendido por *mitmaq* de Chincha y por indígenas de Diego de Agüero o sea de Lunahuaná. Si esta posada era servida por los dos grupos mencionados es posible que el tambo fuera el de Palo, cerca de la bocatoma del mismo nombre y límite entre los señoríos de Guarco y Lunahuaná. Es también el lugar donde se estrecha el valle y es más fácil atravesar el río, sobre todo en época de crecida. Es posible que usaran de dos caminos para ir a Chincha, el uno partía de Tambo de Palo y dejando el valle pasaba por entre las quebradas e iba a dar a Topará, en el valle de Chincha. El otro debió seguir por el litoral hacia el sur. Por un documento de 1557 (AGI, Audiencia de Lima, Leg. 1630) sabemos de una posada situada cerca de la desembocadura del río en su margen izquierda, llamada Tambo de Locos,[5] que se puede identificar con las ruinas de Herbay Bajo. Larrabure y Unanue (1941: 375) alcanzó a ver lo que llama el Palacio de Herbay, el acceso a las estructuras se hacía: "por una hermosísima rampa de suave gradiente que da entrada a una especie de vasto corredor con frente al mar [...]". Más adelante constató: "hay un gran número de largos y altos nichos equidistantes entre sí cuya parte baja apenas dista del suelo 0.40 cm. Diríase que servían de asiento a las personas que iban a contemplar el océano".

Squier (1974: 45), en sus excursiones por los valles cercanos a Lima, pasó por Cañete e hizo un croquis de las ruinas de Herbay Bajo. De ellas nada queda hoy, posiblemente al igual que muchas de las estructuras de Guarco corresponden al Intermedio Tardío. Después de la ocupación inca sufrieron una remodelación de acuerdo a las necesidades y usos de los cusqueños. Es posible que una dependencia del conjunto funcionara como posada para los encargados de la administración inca. Seguramente los edificios antiguos de Herbay Bajo poseían fortificaciones para proteger la entrada al valle, el vado del río y el acceso al curacazgo desde el mar.

En los documentos publicados por Angulo hay mención de varias posadas y de ellas Tambo Quemado se hallaba en el centro del valle. Larrabure y Unanue menciona la existencia en la hacienda Arona de un potrero con ese nombre. Tambo de Lloclla se situaba, según el mismo autor, al pie de la acequia del mismo nombre. Por último sabemos de dos tambos más, el de Coca (Angulo 1921: 82) y Tambo Pintado (p. 52). Es posible que los españoles llamaran tambos a estructuras que no tenían esa función.

---

5. AGI, Audiencia de Lima, Leg. 1630: "[...] y las tierras de los mitimaes de Chincha de la otra vanda del rio y tambo de locos hasta la subida del arenal que va camino de Chincha".

LA FUNDACIÓN DE LA VILLA DE CAÑETE

Domingo Angulo publicó en 1921 unos documentos referentes a la fundación española de la villa de Cañete, en el valle de Guarco, por el virrey Antonio Hurtado de Mendoza, el 20 de abril de 1556. Desgraciadamente no menciona el origen de dichos documentos. Según estos testimonios, la villa se fundó en el lugar llamado Coaldas, en el "vallecito de Oclla". En el juicio del hijo de Antonio Navarro con el Fiscal, por el repartimiento de Surco y Barranca, dice que en su encomienda de Guarco se fundó:

> la villa de Cañete en las tierras del valle de Guarco que eran de los yndios de Coayllo. (AGI, Justicia 432, fol. 3v, año 1561).

Estas tierras fueron usurpadas por los coayllos a los guarcos después de la ocupación inca.

Siguiendo con la información proporcionada por Angulo se dieron para el servicio de la fortaleza y del puerto unas:

> tierras de labor que hay desde los cerros primeros de junto a la población e edificios antiguos del puerto hasta donde fenece la calzada que va a Huanca.

Al mismo tiempo, a los pescadores "que no tienen tierras de propiedad" se procedió a beneficiarlos con tierras cerca de Huanca o sea del cerro de las sepulturas antiguas (Cerro del Oro), siempre que procediesen a la limpieza de los acueductos, pues en aquel entonces las acequias estaban secas. Mientras no pudiesen sembrar por falta de agua, les dieron chacras en Hualcará y Chome. Estas noticias indican que se concedió tierras a los pescadores que no poseían chacras, siempre que procedieran al arreglo de los canales.

En el Archivo General de Indias encontramos un manuscrito sobre la villa de Cañete, fechado el 4 de abril de 1562, en el cual el Concejo y los regidores reunidos en Cabildo otorgaron a Antonio Quevedo un poder para solicitar al rey Felipe II y al Consejo de Indias la confirmación de sus títulos y la ampliación de los términos de la villa (AGI, Audiencia de Lima, Leg. 1630).

Entre los citados documentos hay una provisión del virrey señalando los términos de la villa, testimonio que publicamos en forma de Apéndice. El documento es del 10 de enero de 1558 y menciona una nueva fundación pues varios motivos retardaron la edificación del nuevo pueblo. Una de las causas de la demora fue el estado de pobreza del país, arruinado después de las guerras civiles entre los españoles. Durante ese tiempo se descuidó la agricultura, los indígenas fueron obligados por los dos bandos en pugna a hacer de cargadores, llevando sobre sus hombros armas y alimentos para las tropas. La consecuencia fue la postración de

la población indígena a tal extremo que La Gasca recomendó no cobrar tributo durante un año. A consecuencia de estas luchas y de la baja demográfica, el sistema hidráulico del valle sufrió serios deterioros, no se cuidaron de los canales de riego y se quebraron las acequias. La falta de agua en el valle de Cañete fue uno de los motivos que obligaron a una nueva fundación. En una provisión el virrey acordaba a la villa merced de 100 pesos anuales, sacados de los tributos vacos, para ayudar a la limpieza de los acueductos. La demora en la entrega del dinero atrasó la posibilidad de los vecinos de asentarse en el valle.

Los españoles dividieron el señorío de Guarco en dos encomiendas. La parte norte fue adjudicada a Antonio Navarro, quien poseía también las de Asia, Oquilla y Calango, además de Surco en el valle de Lima y Barranca cerca de Supe. A la muerte de Navarro su encomienda pasó a su menor hijo Juan, quien quedó bajo la tutela de su abuelo Antón de León y no de su madre Constanza de León, quien se casó en segundas nupcias con Pedro de Portugal y Navarro.

Juan Navarro vivió con su abuelo en Oquilla. Eran entonces los años turbulentos de las guerras civiles y un hecho ilustra la azarosa vida de aquella época. Estando en Oquilla apareció un día Juan de Acosta con un séquito de 39 españoles y asaltaron la propiedad de los Navarro. En un gesto de vandalismo robaron las finas yeguas, las vacas, aves y puercos y en tropel desaparecieron por los cerros llevando consigo no sólo a los animales sino a los indígenas atados (AGI, Escribanía de Cámara 498-B). En cuanto a la segunda encomienda del valle, perteneció primero a Alonso Díaz quien hizo abandono de ella. La Gasca la otorgó entonces a Francisco de Aguirre, quien falleció en 1548. Le sucedió en la encomienda Alonso Martín de Don Benito (AGI, Audiencia de Lima, Leg. 204), mientras tanto el hijo de Aguirre llamado Rodrigo llegó de la península a fin de reclamar la herencia de su encomienda y procedió a enjuiciar a Don Benito. El 18 de marzo de 1552 el proceso fue enviado al Consejo de Indias (AGI, Justicia 398) y continuaba el juicio cuando en 1561 Rodrigo Aguirre fue ajusticiado. Su madre continuó el proceso que perdió en 1567 (del Busto 1973: 43-44).

Para terminar se impone una última apreciación de la villa de Cañete de finales del siglo XVIII. Entonces:

> los terrenos de esta provincia pertenecen casi todos a las familias nobles de Lima, con cuya capital tiene gran comercio de pescado que llevan de la costa, de frutas y legumbres; de sal que sacan de las salinas de Chilca y de nitro que llevan del pueblo de Mala y sirve para la fábrica de pólvora (Alcedo 1967).

Interesa notar que uno de los principales productos del valle era el pescado seco. En aquel entonces quedaban muy pocos recuerdos del antiguo señorío del Guarco. Lizárraga (1946, Cap. XLVI) constataba, a principios del siglo XVII, que no había en él indios naturales.

EL SEÑORÍO DE LUNAHUANÁ

Este curacazgo se extendía desde la bocatoma de Palo y seguía valle arriba, a ambas márgenes del río Cañete (AGI, Audiencia de Lima, Leg. 1630). En tiempos precolombinos el señorío comprendía igualmente la zona de Pacarán y Zúñiga. En reconocimientos de campo constatamos que los habitantes de estos dos lugares se consideran yungas a pesar de pertenecer políticamente a la demarcación de Yauyos. Tomando en cuenta la ecología, estos dos pueblos se sitúan en el *chaupi yunga* o costa media. Los límites antiguos corresponden a la clasificación indígena y están de acuerdo con el clima y agricultura del lugar.

Es interesante notar que la quebrada de Lunahuaná es una ruta natural de penetración a la sierra de Huancayo, Jauja y de ahí al Cusco. Fue seguramente el camino seguido por las tropas inca cuando conquistaron la región. Pedro Pizarro (1944: 100) relata que el conquistador Francisco Pizarro, después de fundar en Jauja la capital de su gobernación, tuvo deseos de conocer Pachacamac y Chincha que todos ponderaban mucho. Estando en los llanos recibió carta advirtiéndole que la tierra andaba alborotada, noticia que lo obligó a regresar apresuradamente a Jauja por el valle de Lunahuaná. Es después de este recorrido por la costa que decidió mudar la capital al litoral.

Los datos sobre este señorío son muy distintos a los que poseemos para el de Guarco, de ahí que sea diferente nuestra investigación. Antes de abordar la información procedente de los manuscritos es necesario considerar lo señalado por Garcilaso de la Vega (1943, tomo II, Cap. XXIX), para la voz Lunahuaná que él dice ser correcta bajo la forma de *Runahuanac*. Hace igual referencia para la voz Rímac, es decir supone una equivocada pronunciación de los vocablos. En otro trabajo (Rostworowski 1978) señalamos la diferencia fonética del quechua costeño, más suave que el hablado en el Cusco. En la costa sur central, al igual que en el valle de Lima, la letra *r* era substituida por la *l*, no se trata de corrupción del idioma sino de una variedad dialectal. De ahí que *luna* signifique hombre en los yungas. Siguiendo esta norma de pronunciación vemos que Miguel de Estete (Fernández de Oviedo 1945, tomo XII: 56) menciona el curacazgo de Guarco como Gualco y hay noticias del uso de la voz Mara en lugar de Mala en ciertos documentos (AGN, Juicios de Residencia, Leg. 27, Cuad. 75).

En cuanto a la palabra *guana* es nombrada en dicha forma en todos los documentos. En la costa sur central existe un acento en la última sílaba en varias toponimias. Un ejemplo son las voces Topará, Cancharí, Ungará, etc. Garcilaso de la Vega añade una *c* quedando la palabra en *huanac*. El añadido de una *c* era, según la gramática de fray Domingo de Santo Tomás, una forma opcional que se podía poner al final de los nombres sin que fuese una necesidad, ni un cambio en el sentido de la voz (1951b: 148).

En la cédula de otorgamiento de depósitos de indios de Francisco Pizarro a Diego de Agüero[6] el 5 de noviembre de 1534 dice:

> se le deposita en la costa de la mar quatro dias desta ciudad el cacique Lunaguanay y el principal Tula questan en un pueblo que se dice Limas con sus yndios e prencipales [...] (AGI, Patronato 119, ramo 1).

No hay en el documento mención del nombre del señorío, sólo de su curaca. Ahora bien y como mera hipótesis puede suponerse que la voz *guanay* indique el ave marina, principal productora de guano en las islas del litoral.[7] El patronímico del cacique sería entonces el de *hombre guanay* u *hombre pájaro*. La importancia del guano para la agricultura era bien conocida de los indígenas y no es de extrañar que un curaca y su señorío llevasen este apelativo.

Sigamos analizando una a una las noticias de tan temprano manuscrito. El curaca Lunaguanay no residía en Incahuasi, ni ningún otro cacique del valle tenía este privilegio. Según Cieza de León, Incahuasi después de la conquista del Guarco fue abandonado o por lo menos su im-

---

6. El conquistador y capitán Diego de Agüero, compañero de Francisco Pizarro en Cajamarca fue casado con Luisa de Garay (AGI, Audiencia de Lima, leg. 1630). Véase también Collección Harkness, Library of Congress Washington 1932. Calender of Spanish Manuscripts concerning Perú-153-165, p. 103.

   En el registro de Pedro Salinas, el 30 de setiembre de 1539 en la ciudad de Los Reyes aparece una carta de dote del capitán Diego de Agüero a favor de Luisa de Garay, hermana de Antonio de Garay.

   P. 104 Certificado del matrimonio de Diego de Agüero y del representante de su hermana Luisa, Antonio de Garay en Los Reyes el 30 de setiembre de 1539, la ceremonia estuvo a cargo de fray Cristóbal de Molina.

7. El guanay - *Phalacrocorax bougainvilii*, veáse *Historia Marítima del Perú*. Jorge Sánchez Romero y Estevan Zímic Vidal 1975: 416.

   Se observa en la costa sur central, en la terminación de ciertas toponimias una *y* final. Por ejemplo, el señorío de Chincha se decía Chinchay, de igual manera que el felino dibujado por Santa Cruz Pachacuti Yamqui (1927: 158) en su relación. Los plateros enviados al Cusco se referían a sí mismos como costeños provenientes de Chinchay (BN, B-843). Por último Cristóbal de Albornoz llama al oráculo Chinchaycamac (veáse Duviols 1967).

   En un documento sobre idolatría el nombre del pueblo es mencionado por el cura rector como Santiago de Runaguanay (AAL, Idolatría, Leg. 3, Exp. n° 5, fol. 3, año 1704).

portancia disminuyó sensiblemente. Probablemente quedó sólo como centro administrativo, pero sin mantener la categoría de asiento del Inca y su séquito. En ese sentido habría que interpretar las palabras de Cieza.

En una visita a Lunahuaná tratamos de encontrar el pueblo de Limas, sede del curaca principal del señorío. Conversamos con todas las personas que pudimos, inquiriendo por la capital del curacazgo, pero nadie pudo dar razón. La mayoría de los interrogados eran forasteros o bien jóvenes y desconocían todo acerca del pasado. En la comisaría de Zúñiga, a la pregunta de si sabían de un lugar llamado Lima, un guardia civil contestó afirmativamente, corrigiendo el vocablo como Limas, tal como figura en el documento. Entonces contó haber vivido muchos años en la margen izquierda, valle abajo, y conocer bien la región. Según él, Limas estaría cerca de Con-Cón y señaló en el mapa cómo llegar a dicho lugar. Al día siguiente, muy de mañana dejamos el vehículo en la carretera y cruzamos a pie el río hacia Ramadilla, en la margen izquierda del valle.

Williams y Merino (1974) en el catastro arqueológico de la cuenca del valle, señalan Con-Cón con el n° 3H05 como un complejo situado al comienzo de la quebrada del mismo nombre; le siguen otras estructuras (n° 3H07 y 3H08) que según nuestro informante corresponderían a Limas. El asiento no es grande, de ahí que quizá nuestro informante se equivocó, de lo contrario habría que pensar en varias posibilidades. La primera sería que la gente del común habitaba en ranchos de carrizo de frágil estructura. La segunda alternativa, que explicaría la reducida área del pueblo de Limas, sería la existencia de más estructuras en el fondo de la quebrada de Con-Cón. Un hecho positivo de situarse Limas en aquel lugar es su cercanía al centro religioso que debió ser Con-Cón. Williams describe el edificio principal como un templo de muros dobles de piedra desnuda, unida con barro y relleno de cascajo; en ciertas partes hay restos de estuco. Se encuentra muy poca cerámica y corresponde al Período Intermedio Tardío y en menor escala al Horizonte Tardío.

Constatamos una serie de amplios andenes con muros de contención hechos de grandes bloques de piedras que llegan hasta el río, y otorgan majestad al edificio principal. La ubicación de este complejo está en el camino natural que une el valle de Lunahuaná con el de Chincha, por la ruta que pasa a través de las quebradas desérticas hacia Topará. Un informante señaló el fondo de la garganta y dijo que algunos cerros eran lomas antiguas, secas desde tiempo atrás. La existencia de lomas es un factor importante en la economía de subsistencia de los pueblos yungas, cuando en ellas abundaba la caza. La confección de charqui de venado o de aves tales como perdices y palomas fue un recurso muy apreciado.

En otro lugar investigamos los santuarios del antiguo dios costeño llamado Con, cuyo culto arranca en remotas culturas y a pesar del tiempo transcurrido su recuerdo se mantuvo, un tanto transformado, en las serranías del actual departamento de Lima (Rostworowski 1972b, 1977a y 1978). En los mencionados trabajos probamos que las ruinas de San Humberto, designadas por algunos arqueólogos con el nombre de Caudivilla, en el valle del río Chillón, se decían Con-Cón. Todo hace suponer que las estructuras de Con-Cón en Lunahuaná correspondieron a un santuario.

El señorío de Lunahuaná comprendía cuatro *guaranga*.[8] La primera correspondía al curaca principal llamado Lunaguanay ya nombrado; le seguía un señor apelado Llaquipa o Llaquixa, residente en las minas. Esta lacónica cita es interesante porque hay muy pocas noticias y referencias a personas destacadas durante la época precolombina a labores de minería en la costa sur central. Desgraciadamente no hay mención del lugar donde se hallaba Llaquipa, ni se sabe si era en el mismo valle o en otra región. La temprana fecha del citado documento, 1534, hace suponer que, a pesar de la conquista española, el trabajo y la obligación de la gente local de laborar en las minas continuaba como si el Tahuantisuyu siguiera en pie. Fenómeno que se produjo igualmente en las minas de oro de Chuquiabo en 1553 (Berthelot 1978).

Actualmente se conocen varias minas en la cuenca del río Cañete.[9] Por otro lado, Dávila Briceño (1881, I: 67) dice que en la sierra alta de Laraos, sobre el río de Lunahuaná, existía una mina muy rica de oro y plata cegada por los indígenas cuando la llegada de los españoles. Al parecer toda la plata hallada en Lunahuaná provenía de dicho socavón. En 1586

---

8. En la toma de posesión que siguió la confirmación de la encomienda del hijo de Diego de Agüero, en tiempo del marqués de Cañete, presentó para dicho efecto a cuatro principales representantes de las cuatro parcialidades (AGI, Patronato 119, ramo 1). Aquí se entiende la voz parcialidad como sinónimo de *guaranga* (véase Rostworowski 1981b). En la tasa toledana de los tributos que los naturales de Lunahuaná pagaban a su encomendero, hay mención de cuatro *guaranga*.

9. En los estudios de ONERN (1970: 96-100) se distinguen tres zonas mineras en la cuenca del río Cañete. La zona *minera meridional* se sitúa en las localidades de Achim y Yauyos. La región *minera central* en las localidades de Miraflores, Tomas, Vilis y Yauricocha y la Mina Dinamarca, cerca de Tomas, y en ambas márgenes del río Tambillo:

    las labores a media barreta que se han encontrado en el área durante el reconocimiento efectuado y la información obtenida, permiten asegurar que esta zona ha sido trabajada desde la época de la colonia.

    El contenido argentífero de esta mina es bastante alto. La zona *minera septentrional* se encuentra al noreste de la cuenca. La mina más importante es la de Lliplina, que se halla en la quebrada de Pumpure en el distrito de Tomas. También contiene un alto porcentaje de plata. Ver ONERN 1970, Mapa n° 2 Geológico-Minero de la cuenca del río Cañete.

tenían los españoles dificultades para trabajar los minerales por falta de mano de obra. El mismo corregidor señalaba a un tal Rodrigo de Cantos y a sus compañeros que gastaron dinero en limpiar la mina, que se volvió a anegar y añade:

> alrededor del (socavón hay) grandes desmontes y piedras de todos colores y casas antiguas de cuando se labraba. Hay cerca dél otras minas de plata que se tienen por ricas, y por ser en tierra tan fría, se dejan de labrar y falta de indios.

En tiempos prehispánicos el trabajo de extraer el mineral se cumplía por turnos o mita. En la Visita a la región de Canta, en 1549, se decía que toda la producción de metales preciosos era controlada por el Estado por intermedio de un mayordomo especialmente destacado por el inca (Rostworowski 1978: 179). No indica el manuscrito si el principal residía permanentemente en las minas o si sólo estaba ahí por un tiempo.

El tercer curaca era Allauca, *mitmaq,* y supeditado al señor Lunaguanay. Su pueblo principal era Mullibamba y gobernaba una *guaranga*, es decir una división sociopolítica del lugar (AGI, Patronato 119, ramo 1, año 1534). En el Juicio de Residencia hecho al corregidor Vásquez de Puga, en 1580 (BN, A-537), hay una declaración de los curacas del valle. En aquel tiempo las reducciones de Toledo habían obligado a los naturales a abandonar sus antiguas viviendas para agruparlos en pueblos modernos. En dicho documento aparte de don Francisco Llacsaguana, cacique principal y gobernador del valle, nombra a don Diego Allaucan, cacique de Pacarán. Los pueblos coloniales creados por los españoles reunían a diversos ayllus y parcialidades en un mismo lugar, de ahí que también en Pacarán estuviese reducido otro curaca, don Pedro Camaluana de la *guaranga* de Jucxu, sin que se pueda identificar el nombre de esta *guaranga* con las antes nombradas. En el mismo manuscrito (BN, A-537, fol. 101v) mencionan a los *atunluna* o gente del común llamados a declarar. Estos pertenecían a las reducciones de Pariaca, Paullo y Pacarán.

En el catastro arqueológico elaborado por el arquitecto Williams (1974) hay varios lugares que podrían corresponder a Mullibamba, y a los otros pueblos de las diversas *guaranga* y ayllu. Lamentablemente carecemos de toda información para identificarlos. Larrabure y Unanue (1941: 295) dice existir cerca de Zúñiga, en la margen derecha del río, una impresionante estructura llamada Cruz Blanca y una casa con columnas "lo más bello de toda la quebrada". Los pobladores del lugar decían pertenecer al jefe de los gentiles.

En nuestra visita a Lunahuaná hallamos que los pueblitos escalonados a lo largo del valle son nombrados como *barrios*. Igual mención encontramos en el curacazgo de Surco en el valle de Lima en documentos del siglo XVIII, y todo indica que fueron quizá rezagos de los antiguos ayllus transformados en barrios. Damos a continuación la lista tal como nuestros informantes nos la dieron:

Banda derecha	Banda izquierda
Caltopilla	Con-Con y Ramadilla
Paraíso	Socsi
Caltopa	Paullu
Lúcumo	San Jerónimo
Casalla	Langla
San Pedro	Lunahuaná
Catapaya	Patapampa
	Condoray
	Uchupampa

El número de barrios es elevado y es probable que cada uno de ellos corresponda a las ruinas escalonadas en ambas márgenes del cauce del río. Durante el Intermedio Tardío, al parecer Lunahuaná estuvo densamente poblado; lo atestiguan los abundantes asentamientos existentes. En aquella época la agricultura tuvo un momento de auge por los muchos depósitos o *colca* que se hallan. Más adelante con la conquista inca se inició seguramente el despoblamiento del valle.

Un último aspecto de las noticias sobre los indígenas de Lunahuaná es el relativo a la idolatría. En 1650 el corregidor de Cañete, Diego Pérez Caballero, halló que muchos naturales a pesar de ser ladinos seguían siendo idólatras y *mochaban* o adoraban a una piedra grande situada en la cumbre de un cerro del valle de Lunahuaná. Entre los infieles los había naturales del lugar y también forasteros que no tenían curaca ni encomendero. El corregidor quedó encargado de empadronar a la gente bajo la condición de *yana* y les designó a un curaca a quien quedaron sujetos. Se les impuso tributo y quedaron en la Corona Real. En cuanto a la idolatría se estimó deberse a la falta de doctrina y se dio cuenta de ello al Arzobispado (AGI, Audiencia de Lima, Leg. 55, n° 32, fols. 128-129). Es posible que los hechos mencionados se relacionaran con la referencia de Albornoz (Duviols 1967: 34), de existir una piedra sagrada en la cima del cerro Muyllucamac, cercano al pueblo de Lunahuaná, y considerado como la *pararisca* o lugar de origen de los naturales del valle.[10]

---

10. En el Archivo Arzobispal de Lima (Idolatría, Leg. 7, Cuad. 1, año 1671), hay una causa de idolatría levantada contra Magdalena Callo por otro nombre Condorina. Se le acusaba de hechicera y bruja y entre otras cosas de haber *mochado* con *sango* a una peña situada en un cerro en la otra banda del río en San Miguel el Alto. (Referencia proporcionada por Guillermo Cock).

EL PROBLEMA DE INCAHUASI

Se llama Incahuasi a un complejo monumental en la quebrada de Lunahuaná, en la margen izquierda del río, a kilómetro y medio del pueblo de Paullo. Un antiguo camino de penetración une por entre las quebradas áridas este valle con el vecino de Chincha. La ruta desemboca en Topará.

En el catastro e inventario de las estructuras precolombinas del valle de Cañete, elaborado por el arquitecto Williams (1974), figuran estas ruinas con el número IJ06. Bajo esta sigla se involucran dos conjuntos, el primero situado al oeste es llamado El Arca por Williams y Acllahuasi por Harth-Terré. Williams describe los edificios de esta sección como situados en una parte cerrada, ocupando las laderas de los cerros mediante terrazas que sostienen grandes patios con cuartos a su alrededor. En algunos muros hay hornacinas cuadradas y rectangulares. Para el autor El Arca ofrece poca armonía en su conjunto que él cree deberse a más de una ocupación del lugar.

Un espolón o saliente de un cerro separa y divide este primer grupo de edificios del conjunto principal, situado en la quebrada vccina. Los monumentos del segundo grupo comprenden de oeste a este un primer edificio que se distingue por contener una serie de columnas, y se presume ser un palacio. Según el plano de Incahuasi publicado por Gasparini y Margolies (1977: 130, fig. 119) el llamado palacio tiene una planta trapezoidal al igual que la gran plaza, lo que indicaría su origen inca; sin embargo, los nichos son rectangulares y a nuestro parecer indican una mano de obra local y poco interés en supervigilar el cuidado de su ejecución. En el centro de la explanada se alza una estuctura que se supone ser un ushnu y existen otras laterales de menor importancia.

Le sigue el grupo de estructuras denominadas Colccahuasi. Aquí el edificio principal comprende una serie de grandes rectángulos simétricamente dispuestos. Los muros son de piedra de recolección, de poca altura que, según opinión de Gasparini (comunicación personal) nunca fueron más altos. Si su objetivo era albergar gente de guerra, es posible que le fuesen superpuestos toldos o frágiles ramadas que se consideraban de suficiente abrigo. El mismo edificio, al finalizar la guerra, sirvió quizá de taller o de obraje para la producción textil en gran escala pues guarda cierta similitud con la planta de una estructura de Huánuco Pampa (Morris 1978: 942). Tres lados de la misma construcción están ocupados por una serie de pequeñas estructuras de paredes altas, sin puertas o ventanas, a las cuales se ingresaba desde arriba. Todo indica que fueron *colca* o depósitos donde se guardarían los pertrechos de guerra y los alimentos.[11]

---

11. Es imperdonable que un establo se sitúe entre las estructuras de Incahuasi.

Incahuasi. Estructuras situadas en la quebrada más al oeste del complejo nombradas por Harth-Terré como Acllahuasi y El Arca por el arquitecto Williams. Fotografía tomada con un globo a 225 metros de altura sobre el nivel de la carretera. Abril 1979. Gentileza de John Hyslop. Instituto de Investigaciones Andinas N.Y. y Whihlesey Foundation, Wilton, Connecticut.

Incahuasi. Estructuras denominadas por Harth-Terré Colcahuasi. Fotografía tomada el mes de abril de 1979. Gentileza de John Hyslop. Instituto de Investigaciones Andinas N.Y. y Whihlesey Foundation, Wilton, Connecticut.

Incahuasi. Estructuras situadas más al este de la quebrada y del complejo. Parecen pertenecer a un barrio residencial. A la izquierda se ve parte de Colcahuasi. Gentileza de John Hyslop. Instituto de Investigaciones Andinas N.Y. y Whihlesey Foundation, Wilton, Connecticut.

Separado por un lugar de avenidas o torrenteras se sitúa el tercer grupo de edificios de mejor construcción que el anterior. Los muros son altos y dan la impresión de ser un barrio residencial, con sus plazas y plazoletas. Actualmente la carretera divide los conjuntos ya mencionados, de un pequeño cerro hacia el río que se yergue cual atalaya o mirador. Contiene restos arquitectónicos y en el lado este hay una cueva.

Los monumentos de Incahuasi son hechos con piedras recolectadas sin labrar, unidas con barro y enlucidas posteriormente. No se emplearon materiales usados por los incas en los edificios monumentales, es decir las piedras labradas y los grandes adobes rectangulares tan característicos de la época (Menzel 1967, Gasparini y Margolies 1977, Moorehead 1978).

Tambo Colorado, cerca de Humay, en el valle de Pisco (antiguo Naycaxca), luce una construcción muy distinta a la de Incahuasi, ahí se observa más cuidado en su edificación y el uso de los grandes adobes. Según Gasparini y Margolies (1977: 186) este tambo es un buen ejemplo de un establecimiento inca construido con la técnica costeña. De todo se desprende que en Incahuasi no se emplearon los materiales de construcción propios de los grandes edificios del Tahuantinsuyu, ni se usaron los procedimientos costeños habituales en el Período Intermedio Tardío para las obras residenciales o los templos; es decir, la práctica de adobones y la técnica de las tapias como se aprecia en los complejos de Chincha o Cañete para aquella época. Se usó la piedra basta de los pueblos comunes, dejando de lado los materiales de las edificaciones monumentales.

Según Cieza de León (1943, Cap. LIX), el complejo de Incahuasi se edificó por orden de Tupac Yupanqui cuando se empeñaba en conquistar el curacazgo de Guarco. También dijimos que la dominación inca tardó de tres a cuatro años en afianzarse. Durante los calurosos meses de verano los ejércitos serranos se retiraban y sólo retornaban cuando el clima refrescaba. El inca denominó Cusco al lugar, dándole a las plazas y calles los mismos apelativos que los de la capital. La construcción de Incahuasi se hizo para comodidad o capricho del soberano y en corto plazo, de ahí que todos los edificios, tanto los de El Arca como los restantes del propio Incahuasi den una impresión de construcción apresurada, poco cuidada o esmerada.

Mientras duraron las guerras contra los guarcos permanecieron en Incahuasi guarniciones, pero al finalizar la contienda y quedar dominado el valle, la estadía de tropas quedó sin objeto, al igual que la residencia real y por tal motivo, según Cieza, se abandonó el complejo. Es posible que tan sólo quedaran en uso los edificios necesarios a la administración inca y el tambo o posada para los enviados cusqueños. Sería de interés comprobar si existen basurales en Incahuasi y, si los hay, a qué zonas pertenecen.

Haremos aquí un comentario sobre el uso en tiempos prehispánicos de maquetas y pinturas. Gracias a ellas el inca podía ordenar desde el Cusco la construcción de nuevos edificios en lejanos lugares, así como caminos y tambos, y señalar la instalación de los nuevos *mitmaq*. Hasta entonces no había confirmación en algún manuscrito de lo expresado por los cronistas de que hacían maquetas de barro y pinturas representando valles enteros con sus construcciones y detalles.[12] En el juicio entre los cantas y los chacllas por tierras de coca en el valle del río Chillón, en la costa central (AGI, Justicia 413, fol. 363r), terciaron tardíamente los dos curacas yungas de Quivi y llevaron ante la Real Audiencia de Lima: "el modelo en forma gruesa y demostrativa por donde claro paresce que nuestro pueblo está en las tierras que los dichos yndios de Chacalla nos quieren quitar"; mientras los chacllas mostraron un modelo distinto.

En otra declaración, don Felipe Taulichumbi insistía haber presentado al presidente y oidores: "el modelo y pintura de nuestras tierras e pueblos de Quibi y de Canta y Chacalla para que se viese cómo nos quyeren tomar todas nuestras tierras" (fol. 377r, año 1567).

La maqueta era lo suficientemente grande para que se pudiese apreciar parte del valle; el empleo de tales moldes era difundido y su uso probablemente general en toda el área andina.

La posibilidad de ser Incahuasi una réplica del Cusco, al tiempo de la conquista del valle, le da al complejo un interés muy singular y la hipótesis merece un análisis detallado. La conquista del Guarco tuvo lugar en un tiempo relativamente temprano, es decir antes de la gran conquista del señorío del Chimor o de la región de Quito y es posible que fuese Tupac Yupanqui, en sus años mozos, el responsable de llevar adelante la guerra contra Guarco. El consenso de los cronistas señala lo mismo. Dicho en otras palabras, Incahuasi correspondería a un Cusco anterior al gobierno de Huayna Capac, antes de su máxima extensión y ornato. No sabemos si reflejaba un Cusco real o si en la edificación de Incahuasi influyó un ideal deseado por el joven soberano.

Otro aspecto a tomar en cuenta es el hecho de que no se edificó en un lugar llano y extendido, ya sea porque influyó la costumbre del Intermedio Tardío de no ocupar las tierras de cultivo o porque no había suficiente espacio en el estrecho cauce del río. Entre los factores a considerar en el caso de ser Incahuasi una réplica del Cusco antiguo, es el hecho de que sus constructores tuvieron que adaptarse a las condiciones muy distintas del terreno. De todos modos, se procedió a dividir el Cusco y lo más

---

12. Sarmiento de Gamboa (1943, Cap. 39), Betanzos (1968, Caps. 10 y 16), Garcilaso de la Vega (1943, tomo 1, Cap. XXVI: 118), Cobo (1956, tomo II, Lib. 12, Cap. XIV).

importante es observar con qué criterio se procedió al corte de la capital para edificar su réplica en las quebradas pegadas a los cerros.

Suponiendo que el Cusco fue dibujado y pintado sobre una superficie plana y que se le sobrepuso una maqueta de las quebradas de Lunahuaná, de la zona que interesa, dándole una orientación norte, haciendo girar la maqueta para que coincidiera en una misma línea con la pintura, se encuentra que la parte sur del Cusco, o sea *urin*, corresponde a la primera quebrada al oeste. Ahora bien, en todos los valles de los llanos, *urin* se identifica con el litoral y el mar, mientras *anan* será siempre el valle o la quebrada hacia arriba en relación a la costa. Sugerimos que el lugar llamado El Arca fue la parte de Urin Cusco con el templo del Sol o Inticancha, sus plazas y plazoletas. Por ser un espacio limitado, el grupo de construcciones que lo rodea está en alto, formando un anfiteatro.

El segundo conjunto, situado en la quebrada vecina, contiene los edificios ya mencionados y correspondería a Anan Cusco. El primer grupo sería la gran plaza de Aucaypata,[13] donde se celebraban las ceremonias de triunfo, los alardes de guerra y seguramente se festejó en ella la conquista de Guarco.

Le siguen las construcciones denominadas Colccahuasi. Es posible que en el Cusco primitivo, antes de las remodelaciones hechas por Pachacutec y de la edificación de la llamada fortaleza, existiera en uno de los costados de la gran plaza una estructura similar a la de Incahuasi. Por lo pronto, el palacio de Cassana es posterior pues, según Sarmiento de Gamboa (1943, Cap. 58), Huayna Capac ordenó su construcción cuando marchaba a sus conquistas norteñas y encomendó la obra a su hermano Sinchi Roca, que no sólo tuvo a su cargo "las casas de Caxana" sino las de Yucay. Varios cronistas apoyan la opinión de Sarmiento.[14]

---

13. El nombre de la gran plaza del Cusco, Aucaypata, proviene de la voz: *aucca*–enemigo o adversario y *auccay hailli*–canto triunfal y fiesta de victoria (González Holguín 1952). En dicha plaza se celebraban las grandes fiestas de triunfo. Es posible que estuviese dividida en dos mitades, una parte correspondía al bando de Urin y la otra al Anan. Cobo (1956, tomo II, Lib. XIII: 177) dice que en el quinto *ceque* de Antisuyu existía una piedra llamada Usno situada en la plaza de Hurin aucaypata. La voz *aucaypata* es mencionada por Guamán Poma en foja 339.

14. Pedro Pizarro (1978, cap. 14: 87-88):

    El Marqués hizo aposentar la xente alrrededor de la plaça aposentándose él en Caxana, unos aposentos que heran de Guaina Capa, y Gonçalo Piçarro y Juan Piçarro, sus hermanos, en otros que estauan junto a esta Caxana [...].

    También en Cobo (1956, tomo II, Lib. 12, Cap. XVI).

Se puede entonces suponer que la antigua construcción anterior a la edificación de Cassana fue una estructura quizá parecida a la de Incahuasi, donde los miembros de los diez ayllus "custodios" (Sarmiento de Gamboa 1943, Cap. 11) habitaban por turnos o mitas, con el objeto de cuidar de la persona del inca y evitar los constantes alborotos que caracterizaban aquella época (Rostworowski 1960a). En tiempo de Huascar, los ayllus "custodios" fueron reemplazadas por gente cañari y chachapoya (Santa Cruz Pachacuti 1927: 218). Por último, los edificios al este de la quebrada tuvieron su equivalente en la zona de Colcampata, en cuanto al pequeño cerro podía reproducir y representar el de Huanacauri.

Naturalmente que lo expuesto es una mera hipótesis de trabajo que necesita de una investigación arqueológica. No se trataría de una fiel réplica del antiguo Cusco, sino de reproducir para el inca un espacio mítico. Bonavia (1972: 84) encuentra que si se comparan los planos del Cusco con los de Incahuasi no hay semejanza, pero si se analizan los elementos componentes de ambos lugares, olvidándose de su situación dentro del trazo general, entonces sí coinciden. Dejando de lado la cuestión de si Incahuasi fue o no una copia del Cusco, no deja de ser un conjunto monumental que comprendía un palacio, un centro ceremonial, administrativo y guarniciones. Toda su construcción da la impresión de una edificacion hecha de prisa y su fin no parece haber sido el mismo de los grandes conjuntos de Huánuco Pampa o Vilcashuamán. A nuestro parecer fue un magnífico capricho y un derroche de poderío de un inca. Seguramente se tardó poco tiempo en levantar el conjunto y debieron acudir gente de diversos lugares por sus mitas. El abandono posterior fue seguramente sólo parcial y la afirmación de Cieza proviene del hecho de que nadie más que el Inca podía habitar una réplica de un palacio cusqueño, considerado sagrado para el vulgo.

LAS TASAS VIRREINALES

La Visita toledana a Lunahuaná se realizó en 1577 y estuvo a cargo de Juan de Vera Olguín. La encuesta arrojó un total de 3,276 almas, cifra que se descomponía en 740 tributarios, 89 viejos, 601 muchachos y 1,846 mujeres de toda edad. El señorío comprendía cuatro *guaranga*, gobernadas por ocho curacas, es decir dos por cada una de ellas. Es posible que cada guaranga se dividiera en *urin* y *anan* o sea en dos mitades, de ahí la existencia de dos señores para cada una. Del total de hombres se descontaba a los ocho principales que no pagaban tributo, lo que hacía un monto de 732 tributarios que daban 1,196 pesos de plata ensayada. Además del tributo en dinero, debían contribuir con 366 piezas de ropa de algodón, valoradas en 869 pesos y dos tomines; quinientas fanegas de maíz puestas en su pueblo, estimadas en 250 pesos; 758 aves en 94 pesos, cuya suma se elevaba a 1,474 pesos. Esta cifra, sumada a la anterior de plata, daba un monto total de 3,760 pesos, más o menos cinco pesos por tributario. Además, debían el tomín del hospital, la doctrina, la fábrica de la iglesia y el pago de los defensores de naturales.

La alta carga impositiva agobiante para el indígena se vio aumentada por una epidemia de viruela y sarampión que en 1589 castigó a la ya atribulada población. Se hacía necesario una revisita para obtener nuevos montos de tributarios. En agosto de 1590 la revisita le fue encargada a Francisco de Soto, vecino de la villa de Cañete. Se hallaron 474 tributarios, 96 viejos, 372 muchachos y 973 mujeres de toda edad, o sea un total de 1,915 personas, de las cuales sólo cinco eran curacas. La baja demográfica continuaba asolando los valles costeños y hubo que esperar siglos antes de hallar un cambio favorable en la curva demográfica.[15]

CONCLUSIONES

La investigación etnohistórica se ve obligada a seguir las noticias contenidas en los manuscritos, de ahí que varíe y difiera el estudio de cada valle costeño de acuerdo al tipo de información obtenida a través de los documentos.

Para el señorío de Guarco conseguimos referencias sobre las fortificaciones del valle. Existía no poca confusión que tratamos de dilucidar ubicando los varios fuertes en sus respectivos lugares. Otros temas son los canales de riego, la tenencia de tierras de los *mitmaq*, impuestos por los incas, y los campos pertenecientes al dios Pachacamac. Estas chacras cultivadas por una mano de obra local eran similares a las tierras del Sol durante el dominio inca, e indican una antigua costumbre de *reciprocidad religiosa asimétrica* en el mundo andino, ampliada posteriormente por los incas a nivel estatal. Estos hechos demuestran una influencia religiosa que la lingüística había ya señalado (Torero 1970).

---

15. Para noticias posteriores sobre la Tasa de Cañete, Lunahuaná, Coayllo, Chilca y Mala ver AGN, Juicios de Residencia, Leg. 27, Cuads. 75 y 76, años 1628-1629.

    En 1635 en unos autos fiscales sobre la división de un beneficio, Luis de Agüero, bisnieto del conquistador Diego, pedía no se diera reemplazo al cura fallecido de Pacarán. Argumentaba Agüero la poca gente de su encomienda y que sólo existiera la doctrina en Lunahuaná pues: "la última revisita no se hallaron más indios que ciento y cincuenta tributarios en todo el repartimiento" de Lunahuaná (AAL, Curatos, Leg. 15).

La escasa información arqueológica indica que los guarcos supieron conservar su independencia frente a sus vecinos, tanto de la costa como de la sierra, a pesar de sufrir fluctuantes influencias culturales, a través del tiempo, de los otros valles de los llanos.

Los datos para el señorío de Lunahuaná son distintos a los de Guarco y, aunque bastante escuetos, tienen el valor de remontarse a 1534 o sea cuando la capital de la gobernación de Pizarro estaba aún ubicada en Jauja. El nombre del curaca era Lunaguanay y de acuerdo con la fonética del quechua costeño significaría *hombre guanay* u *hombre pájaro*. El señorío estaba formado por cuatro *guaranga* y ninguno de sus caciques habitaba Incahuasi, asentamiento construido por Tupac Yupanqui mientras tardaba la conquista de Guarco. El problema de la edificación de este centro monumental es particularmente interesante debido a la referencia de Cieza de León de ser una réplica del Cusco. Analizamos la hipótesis de trabajo dejando abierto el debate. Por último, publicamos dos tasas virreinales de Lunahuaná, la primera de 1577 y luego la revisita de 1589, que se hizo necesaria debido a la baja demográfica ocurrida en el valle.

APÉNDICE DOCUMENTAL

Archivo General de Indias
Audiencia de Lima, Legajo 1630, año 1562
Términos de la Villa de Cañete.
(Transcripción de Amalia Castelli)

TÉRMINOS DE LA VILLA DE CAÑETE

Provisión del marques sobre el señalamiento de los terminos.

2r
Este es un treslado bien e fielmente sacado de una carta e provisión firmada del marqués de cañete visorrey que fue destos Reynos del piru Refrendada de Juan Muñoz Rico secretario con çiertos testimonios que estan a las espaldas della que el thenor de lo qual uno en pos de otro es el que se sigue.

Don Hurtado de mendoçia marques de cañete guarda mayor de la çibdad de cuenca visorrey e capitan general en estos Reynos del piru por su magestad es por quanto Jheronimo çurbano alcaide de la fortaleza del guarco y corregidor de la villa de cañete por su magestad y como vezino fundador e poblador della me hizo Relaçion deziendo que el ha sido y es corregidor de la dicha villa por comisión que para ello le mande dar y aunque ha usado el dicho cargo desde que la dicha villa se fundo no se ha declarado la Jurisdiçion y terminos que la dicha villa ha de tener para que se pueda conosçer de las causas civiles y criminales que se ofreçieron el corregidor y alcaldes hordinarios de la dicha villa y por ser negoçio tan conveniente me pidio y suplico lo mandase declarar e proveyendo sobre ello di el presente por el qual en nombre de su magestad señalo a la dicha villa de cañete por terminos y jurisdiçion della el dicho valle del guarco que comiença desde la entrada del valle donde esta la fortaleza hasta los mitimaes de chincha y tambo de locos la costa en la mano y desde el tambo de locos hasta palos yndios de Lunaguana y desde la fortaleza camino de la sierra hasta los terminos que parte el dicho valle del guarco con todos los yndios yauyos de manera que se entiende que se incluye en los dichos terminos las tierras que posseen en el dicho valle los yndios naturales del dicho valle del guarco y las tierras que allí tiene Juan Antonio Navarro y las tierras que tienen e tenían los yndios mochicas y las tierras de los mitimaes de chincha de la otra vanda del Rio y tambo de locos hasta la subida del arenal que va camino de chincha y mando que de aquí adelante aya y tenga la dicha villa de cañete por sus terminos y jurisdiçion los limites arriba declarados y use dellos segund y de la manera que las demas çibdades y villas de su magestad destos dichos Reynos usan de sus terminos y conoscan de las causas çiviles y criminales que se ofreçieren al tenor y forma de las provisiones que açerca dello estan dadas y por la presente mando al corregidor de la dicha villa de cañete que meta en possession de los dichos terminos al cabildo justicia e Regimiento de la dicha villa e persona que para ello señalaren y metido le ampare en ella y no con-

2v   sientan el y las demas justicias de su magestad destos // Reynos que sean despojados de los dichos terminos y limites sin primero ser oydo e vençido por fuero e derecho fecho en los Reyes a veinte a dos dias del mes de abril de mil y quinientos y cincuenta y ocho años el marques por mandado de su excelençia Juan Muños Rico—

pregon   En la villa de cañete en primero dia del mes de mayo de mil y quinientos y çinquenta y ocho oños se pregono esta provisión de su excelencia en la plaça publica desta villa por voz de Bartolome Moreno pregonero publico desta villa en presençia de mucha gente siendo a ello testigos Diego de Mesa Gonçalo Alvarez y Garci Vasquez vezinos desta dicha villa en fee de lo qual yo Alonso Uzeda escrivano desta dicha villa firme aqui my nombre y fize aqui mio signo a tal en testimonio de verdad Alonso Uzeda escribano publico y del Cabildo. E despues de lo suso dicho en dos dias del mes de mayo de mil quinientos y çincuenta y ocho años el capitan Jheronimo Çurbano corregidor en esta dicha villa de cañete por su magestad por virtud desta provisión de su exelencia desta otra parte conthenida estando en la parte que se dize toma la

posesion   grande dixo que dava y dio la possession de los terminos desta dicha villa segund y como en la dicha provision se conthiene y para mas firmeza tomo por la mano a la Justicia e Regimiento desta dicha villa conviene a saber a Juan Martin Çaco y miguel Gonçalez bravo alcaldes hordinarias y a cristoval de aguilar y luis perez y jorge Fernandez y Juan de Vargas Regidores y los metio en la possession propiedad y señorío de los dichos terminos segund que en tal caso de derecho se Requiere los quales dichos alcaldes e Regidores en señal de possession entraron y se pasearon por los dichos terminos y para mas abundamiento hizieron y pusieron en presençia del dicho corregidor un mojon de piedra alto del suelo que divide los terminos desta villa con el valle de Oquilla en el camino Real que va desta villa a la çibdad de los reyes en la parte que se dize toma la grande donde esta un çercado de piedra Redondo que es en medio del camino que va de la fortaleza a Açia aviendo

3r   sido primero ynformado de don Alonso Guarac [roto] el caçique prin //
cipal deste valle del guarco y de don thomas su principal y don juan ca-
ruatanta y llactamala yndios antiguos naturales del dicho valle de
oquilla y otro mojon por baxo del pueblo de pocto junto a un paredon y
a la baxada antigua que divide los terminos y limites deste valle y de los
yndios yauyos siendo presentes los dichos yndios y otro mojon en el camino que va desta villa al valle de lunaguana en la parte que es a la baxada de la cuesta junto al rio que divide los terminos desta villa e valle
de los de lunaguana y de la otra parte del Rio otro mojon en la parte
que se dize palo que divide los dichos terminos de lunaguanas con este
valle que es un pueblo de yndios que esta junto a un çerro de la otra
parte del Rio y otro encima de las tierras de labor en la parte que se
dize pinta y otro en lo alto del arenal que esta en la subida del camino
que va de esta villa al valle de chincha de la otra parte de Rio y otro a lo
ultimo del dicho valle y arenal que cae sobre la mar ençima de los tambos de locos todo lo qual hizieron sin auer persona que ende fuese que
lo contradixese y lo pidieron por testimonio siendo presentes a todo
ello por testigos los dichos indios y domingo moyo y domingo paico naturales del valle de lunaguana y tomas yalli y domingo quispe yndios
naturales de valle de chincha que lo señalaron y dividieron siendo dello
testigo: a todo lo que dicho es goncalo alvarez y francisco martin y
alonso gutierrez de esquivel y miguel diaz vezinos desta dicha villa
Juan Fernandez Residente en la fortaleza de esta villa y el dicho Jheronimo de Çurbano lo mando dar por testimonio y firmado de su nombre
Jheronimo de Çurbano passo ante my alonso Uzeda escribano publico
y del cabildo Fecho y sacado corregido y concertado fize este traslado
de la dicha provission original con los abtos que estan a las espaldas della por mi alonso Uzeda escribano publico y del cabildo en esta villa de
cañete destos Reynos del Piru en quatro dias del mes (subrayado) de
abril año del señor de mil quinientos e sesenta y dos años es a cierto y
verdadero y corregido con el y de pedimiento de Martin Lopez Salguero
procurador del conçejo desta villa y de mandato de la justiçia y Regidores della se saco siendo presente a lo ver sacar y corregir en el original

3v   luys de medina e alonso Garçia // y andres de Baeça vezino desta dicha
Villa de Cañete y en fe dello lo fyrme de mi nombre e fize a mio signo a
tal en testimonio de verdad.

Alonso Uzeda escribano
publico y del cabildo

4r   provision en que hace el marques Villa de Cañete y le da juridicion.
Este es un treslado bien y fielmente sacado de una carta y Provision
firmada del marques de Cañete visorrey que fue destos Reynos del
Piru Refrendada de pedro de avendaño secretario con çiertos testimonios que estan a las espaldas della que el thenor de lo qual uno en pos
de otro es el que se sigue [...]
Don Hurtado de mendoça marques de cañete guarda mayor de la çibdad de cuenca visorrey e capitan general destos Reynos y provincias

del piru por su magestad es por quanto por lo que convenia a la población e nobleçimiento destos dichos Reynos por mi orden Jheronimo Çurbano = alcayde de la fortaleza del guarco fundo e poblo en el valle del guarco un pueblo de españoles que se intitula e nombra la villa de cañete por sitio e comarca suficiente para ello en el qual se han auezindado algunas personas honrradas que an seruido a su magestad en estos dichos Reynos como buenos vasallos suyos e por parte del cabildo justicia e Regidores e vezinos de la dicha villa me ha sido pedido y suplicado que atento lo suso dicho e que es nuevamente fundada e porque otras personas se afiçionen e vengan a poblar e perpetuarse en ella hiciesse merced a la dicha villa para agora y para siempre jamas de dalle titulo e provision de villa con juridicion de justiçia civil y criminal e que pueda hordenar y proveerlo que a la Republica della e de su juridicion convenga y execuçion de ordenanças con la horca pendon y cuchillo e las demas graçias preheminençias y merçedes franquezas e libertades e inmunidades e otras cosas que semejantes villas y las demas cibdades de su magestad destos dichos Reynos del Peru al presente an e tienen e gozan e deven e pueden gozar para que puedan gozar y usar e aprovecharse dellas y de cada una dellas como si della fueran conçedidas e por mi visto y considerado lo suso dicho de el presente por el cual en nombre de su magetad y por virtud de sus Reales poderes que para ello tengo conçedo e hago merced al dicho pueblo de españoles que esta fundado e poblado el dicho valle del guarco cabildo justiçia e Regimiento de hazerla como al presente la hago villa de su magestad e la nombro e yntitulo Villa de Cañete con jurisdiçion de justicia civil y criminal e proveymientos y execuçion de ordenanças y otras cosas que en ella y en sus terminos e jurisdiçion oviere y se ofreçiere tocantes al bien e proveymiento y administraçion y execuçion de justiçia e bien e buen tratamiento e conservaçion de los/

4v   De los naturales della con horca pendon y cuchillo para que de aqui adelante e para siempre jamas se intitule e nombre en todas las cosas negoçios e autos e escripturas que se hizieron en la Villa de Cañete e aya y gose de todas las gracias preheminencias merçedes franquezas e libertades e inmunidades e otras cosas que semejantes villas e las demas cibdades de su magestad destos dichos Reynos del piru e cada una dellas hasta el dia de la fecha desta estan conçedidas e an e tiene e gozan e pueden e deven tener e les perteneçe gozar e por la presente mando a los cabildos justicia e Regimiento desta cibdad de los reyes e de la dicha villa de cañete e demas caballeros escuderos ofiçiales e hombres buenos dellas e de cada una dellas que guarden e cumplan e hagan guardar y cumplir esta mi prouision lo en ella contenido e no vayan ni passen ni consientan yr ni passar contra ella en manera alguna so pena de cada diez mil pesos de oro para la camara e fisco de su magestad en la qual dicha pena les condeno e doy por condenado lo contrario haziendo e mando que esta mi prouision se ha pregone en las plaças publicas desta dicha çibdad de los Reyes e villa de cañete ante scriuano que de ello de fee y asiente la publicaçion a las espaldas della para que conste y venga a notiçia de todos y ninguno pueda pretender ignorançia e fecho se meta en el archivo de las escripturas de la dicha villa y se asiente en el libro del cabildo della fecho en los Reyes a veinte y quatro dias del mes de diziembre de mil y quinientos y (sesenta (tachado) cinquenta y siete años el marques por mandado de su exelencia Pedro de Avendaño.

Pregon

En los Reyes diez dias del mes de henero de mil y quinientos y cinquenta y ocho años de pedimiento de Alonso Uzeda vezino de la villa de cañete e por voz de Enrique Hemandez pregonero publico desta çibdad estando en la plaça publica della en presencia de mucha gente se pregone la provision de su excellençia en esta otra parte conthenida de verbo ad verbum como en ellas se contiene a altas vozes e fueron presentes por testigos diego Ruiz Francisco Quixada e Alonso Hernandez estantes en esta çibdad e yo // niculas de grado escrivano publico y del cabildo fui presente a todo lo que dicho es e por ende firmo aqui mio signo a tal en testimonio de verdad niculas de grado escribano publico y del cabildo.

5r

En la villa de cañete a diez y siete dias del mes de enero de mil y quinientos y cinquenta y ocho años de pedimiento de Hernando Alonso procurador desta dicha villa y por voz de Bartolome moreno pregonero que para ello se eligio por no auer pregonero publico en esta villa estando en la plaça publica della en presencia de crispoval de aguilar y de juan martinez çaço y andres quincoçes y gonçalo Alvarez y otros vezinos de esta villa se pregono la provision de su exelencia en estotra oja conthenida de verbo ad verbum como en ella se contiene y yo alonso uzeda escribano publico y del cabildo desta dicha villa fuy presente a todo lo que dicho es e por ende fize aqui este mio signo a tal en testimonio de verdad alonso uzeda escrivano publico y del cabildo ha testado o diz çinquenta pase.
Fecho y sacado corregido y conçertado fise este traslado de la dicha provision original como los abtos que estan a las espaldas della por mi alonso uzeda escribano publico y del cabildo en esta villa de cañete destos Reynos del piru en quatro dias del mes de abril años del señor de mill y quinientos e sesenta y dos años e va çierto y verdadero y corregido con el y de pedimiento de Martin Lopez Salguero procurador del concejo desta villa y de mandato de la justicia y regidores della se saco siendo presentes a lo ver sacar y corregir con el original. luys de medina y alonso Garçia y andres de baeça vezinos desta dicha villa de cañete y en fee dello lo fyrme de mi nombre e fize aqui mio signo a tal testimonio de verdad.

[signo]
alonso uzeda escribano
publico y del cabildo.

Apéndice documental

Archivo General de Indias
Patronato 119- Ramo 1
Tasa de los Repartimientos de Lunaguaná, año 1590
Otorgamiento de encomienda de Francisco Pizarro a Diego de Agüero.
Tasa Toledana del repartimiento de Lunaguaná
(Transcripción de Amalia Castelli)

TASA DE LOS REPARTIMIENTOS DE LUNAGUANA

— El capitan Diego de Aguero vezino desta çiudad de los Reyes digo que yo tengo neçesidad de un treslado autoriçado de la ultima retasa que Vuestra Señoria despacho de los tributos que los yndios del repartimiento de Lunahuana de mi encomienda an de pagar [...]
— A Vuestra Señoria suplico mande que el secretario de la governaçion me de un treslado de ella autoriçado para en guarda de mi derecho y en ello recibiere bien y [...] Diego de Aguero [...]
— En los Reyes en diez e nueve de henero de myl quinientos e noventa e tres años se preveyo a esta petiçion lo siguientes— que le de el testimonio que pide de Navamuel [...]
— En cumplimiento de lo que yo Alvaro Ruiz de Navamuel escrivano mayor de la governacion destos reynos e provincias del Peru hize sacar e saque este traslado de la retasa ultima fecha por su secretario señor don Garçia Hurtado de Mendoça Visorrey governador y capitan general destos dichos reynos [...]

— Del repartimiento de Lunaguana de la encomienda del capitan Diego de Aguero vezino desta ciudad que su thenor es como se sigue [...]

*— Don Garcia por quanto el capitán Diego de Aguero vezino desta çiudad de los Reyes me hizo relaçion que los yndios del repartimiento de Lunaguana de su encomienda a causa de la pestilençia general de viruelas y sarampion que tuvo en este reino avran padeçido gran neçesidad y mucha mortandad el tributo de los quales y servicios personales a que devían acudir cargava sobre los quales // actualmente avian quedado en el dicho repartimiento de la qualles resultava mucho travajo y daño en sus personas y para que fuese neçesidad dello me pidio y suplico los mandase revisitar y para ello cometerlo a una persona de confianza para que la hiziesse con brevedad atento a que Valaguer de Alzedo corregidor que a la sazon hera de aquel partido estava muy ocupado en otros negoçios de su ofiçio y no podria acudir a ello y por mi visto lo suso dicho mande dar y di mi provision de revisita cometida a Françisco de Soto vezino de la villa de Cañete para que hiziese la dicha revisita con çitaçion del dicho encomendero que su fecha es en esta çiudad de los Reyes en veynte e ocho días del mes de Agosto del año proximo pasado de mil y quinientos y noventa y en su cumplimiento aviendo fecho las diligençias que se le ordenaron y mandaron por ella y çitado al dicho encomendero y a las partes de los dichos yndios hizo la revisita y numeraçion de los yndios del dicho repartimiento y aviendose traydo y presentado ante mi mande que Luis Morales Figueroa hiziese la quenta y resumen dellos y por ella pareçio aver los yndios tributarios y personas siguientes [...]

tributarios — Primeramente se hallaron en el dicho repartimiento quatroçientos y setenta y quatro yndios tributarios de hedad de diez y ocho hasta çinquenta años utiles para pagar tasa // de los quales se sacan y reservan çinco para caçiques que no an de pagar y los quatro çientos y sesenta y nueve tributarios restantes an de pagar de tributo en cada un año fecha la quenta rata por cantidad conforme a la tassa del Virrey don Françisco Toledo y a lo, por mi proveydo lo que adelante yra declarado

viejos — Yten noventa y seis yndios viejos y inutiles de hedad de mas de çinquenta años que no an de pagar tasa [...]

moços — Yten trezientos y setenta y dos moços de hedad de diez y siete años para abajo que no an de pagar tasa [...]

— Yten noveçientas y setenta y tres mugeres de todas hedades y estados que no an de pagar tasa [...]

s/n

plata

s/n

— Que son por todos los yndios e yndias que se hallaron en el dicho repartimiento de Lunaguana en mil y noveçientas y quinze personas como por la dicha revisita pareçio que ante mi se presento como dicho es y por que Antonio de Heredia protetor general de los naturales deste reyno me a pedido y suplicado que pues constava la disminucion en que los dichos yndios avian venido mandase hazer la quenta y rretasa del tributo que avian de pagar los que actualmente avra en el dicho repartimiento y por que mi visto lo suso dicho // dicho y aviendo cotejado la dicha revisita con la fecha por Gaspar de Arrieta por orden y comision del senor conde del Villar mi anteçesor de los yndios del dicho repartimiento y que por ella pareçen que heran quinientos y noventa yndios tributarios y son aora quatroçientos y sesenta y nueve sin los que se reservan para caçiques como dicho es y que por ella pareçe an venido en diminuçion y faltan dellos çiento veimte y un yndios tributarios y para que los al presente ay paguen el tributo y tasa que justamente deven al dicho su encomendero acorde de dar y di la presente por la qual ordeno y mando que los dichos yndios de Lunaguana paguen la dicha tasa en la forma y manera siguiente [...]

MCMXV

— Primeramente an de pagar en cada un año los dicho quatroçentos y senta (sic) y nueve yndios tributarios un mil y trezientos y noventa y dos pesos dos tomines nueve granos de plata enssayada y marcada que sale cada yndios a dos pesos siete tomines nueve granos de la dicha plata en lugar de tres pesos en questan tasados por el dicho visorey don Françisco de Toledo y por que los tres granos restantes se le hazen buenos a cada yndios tributario en virtud del auto del residuo del visorrey don Martin Enrriquez// [...]

— Ansi mismo an de pagar duzientas y treinta y quatro pieças de ropa y media de ropa de algodon ombre y muger por mitad del tamaño color y hechura que la an acostumbrado a pagar que tassada y moderada cada pieça a dos pesos y tres tomines ensayados montan quinientos y çincuenta y seis pesos siete tomines seis granos de la dicha plata [...]

— Yten deveran pagar los dichos yndios seisçientas y quarenta y una fanegadas tres almudes de trigo y maiz por mitad hecha la quenta rata por cantidad conforme a la tasa del dicho Vissorey don Françisco de Toledo que tassa de cada fanegada a quatro tomines ensayados montan trezientos y beynte pesos çinco tomines de la dicha plata atento a que por la revisita y pareçer del visitador consta que los dichos yndios no tienen tierras en que poder sembrar en su lugar pagaran de aqui delante los dichos yndios otras çiento y treynta y çinco pieças de ropa de algodon por el orden contado en la partida antes desta que tasa de cada pieça a dos pesos y tres tomines enssayados montan los dichos treçientos y veynte pesos çinco tomines y si en algun tiempo los dichos yndios quisieren pagar el trigo y maiz y no la

s/n   ropa contenida en esta // partida lo podran hazer en todo o en parte y sea a su escoger y lo que en ella contenido quisieren pagar [...]

— Ansi mismo an de pagar quatroçientos y ochenta y tres aves y media de castilla machos y hembras por mitad puestas en sus pueblos que tasada y moderada cada una a un tomin ensayados montan sesenta pesos tres tomines seis granos de la dicha plata [...]

— Que pareçe que suma y monta el tributo que an de pagar en cada un año todos los dichos yndios en la plata espeçies que se ha declarado dos mile y treciento y

Ojo monta todo lo que los yndios an de pagar 2300 pesos 2 tomines 9 granos netos

treinta pesos dos tomines nueve granos ensayados que sale cada yndio a quatro pesos siete tomines nueve granos ensayados en lugar de çinco pesos en questan tassados por el dicho visorrey don Françisco de Toledo por que los tres granos restantes se an fecho bueno a los dichos yndios en virtud del auto del residuo como es trato en el primer capitulo de la retasa de los quales dichos pesos se saca para las costas lo siguiente [...]

Lo que se saca para las costas

s/n

— Primeramente se saca se seteçientos pesos ensayados para la dotrina de los dichos yndios que los an de aver dos saçerdotes de la horden de San Pedro que los an de tener a cargo de los que les a de aver // los quatro çientos pesos el saçerdote que a de dotrinar los yndios del pueblo de Santiago de Lunaguana y los treçientos pesos restantes los a de aver el saçerdote que a de dotrinar los yndios de los pueblos de San Françisco de Pacaran y San Xristoval de Pacamara de mas de otro ochenta y siete pesos ensayados que le estan señalados por la dotrina que a de ser obligado a hazer a los yndios Mancos y Laraos que estan tres leguas del dicho pueblo de Pacaran que estan señalados por anejos los quales dichos seteçientos pesos ensayados los an de aver en plata los dichos saçerdotes como se ha declarado y si huviere algunas chacaras estançias heredades en aquella comarca que puedan ser doctrinadas con los yndios deste repartimiento los repartiran entre si los dichos saçerdotes y por el trabajo que a de tener se les an de

	dar otro çien pesos mas de los dichos salarios por los dueños de las dichas heredades çinquenta pesos a cada uno que es lo que se refiere en la dicha tassa del dicho visorrey don Françisco de Toledo [...]	
s/n	— Yten se sacan treynta y tres pesos ensayados para la fabrila (sic) de las Yglesias del dicho repartimiento // [...]	
Ojo monta lo que se saca de los 2330 pesos 2 tomines 9 granos para los gastos que se hazen con los yndios 1036 pesos ensayados	— Ansy mismo se sacan duzientos y quarenta pesos ensayados para las en lugar de duzientos y çinquenta y quatro pesos çinco tomines tres granos que les perteneçe prorrata de los quatro çientos pesos que para el dicho efeto estan señalados por la tasa del dicho visorrey da Françisco de Toledo porque los catorze pesos cinco tomines tres granos enssayados restantes se les han hecho buenos a los dichos yndios en virtud del auto resuduo y por ellos tres granos ensayados a cada yndios tributario como se trato en el primer capitulo desta rebaja [...] — Yten se sacan sesenta y tres pesos ensayados para el sustento y salario de los caçiques que los an de aver los treynta y dos pesos el caçique prinçipal de todo el repartimiento y siete pesos y seis tomines cada de los quatro caçiques de guarangas contenidos en la tasa del dicho visorrey don Françisco de Toledo a los que subçedieren en los dichos caçicazgos que parece ser que suma y monta lo que se saca para las dichas cossas como se ha declarado un mil y treynta y seis pesos ensayados que descontados de los dos mil y treçientos y treynta pesos	
s/n Ojo de manera que restan para el encomendero Diego de Aguero 1294 pesos 2 tomines 9 granos ensayados lo qual solia haber mucha mas cantidad por enfermedades y muertes y neçeçidades de los yndios de	dos tomines nueve granos de la gruesa desta re // taza restan y quedan para el dicho encomendero libres de las costas della un mil y duzientos y noventa y quatro pesos dos tomines nueve granos ensayados que los a de aver en cada un ano los trezientos y çinquenta y seis pesos dos tomines nueves granos EN PLATA Y LOS NOVEÇIENTOS Y TREYNTA Y OCHO PESOS en trezientas y sesenta y nueve pieças y media de ropa de algodon y quatro çientas y ochenta y tres aves que a los preçios de esta retasa monta lo dicho y por quanto Pedro Velaguer de Salzedo corregidor que a sido de los dichos yndios me a hecho relaçion diziendo quel año passado de mil y quiniento y noventa hizo hazer una sementera de comunidad quatro leguas del valle de Lunaguana en que se cojera cantidad de trigo y maiz sufiçiente para poder pagar los dichos yndios sus tributos hasta el día de San Joan de Junio deste presente año de noventa y uno se declara por mi que hasta el dicho día San Joan de noventa y uno an de pagar los dichos yndios sus tributos en plata ropa trigo maíz y aves que sea declarado y desde // el dicho dia de San Joan de noventa y uno en adelante en lugar del dicho trigo y maiz an de pagar como se a dicho los dichos	22 estan para el encomendero MCCXCIV

lunaguana venido a disminuirse y no ser mas cantidad de los pesos arriba dichos.	yndios las çiento y treinta y çinco pieças de ropa de algodon que se declararon en el terçero capitulo que trata de las espeçies desta retasa [...] — Ansy mismo a de pagar cada yndio tributario un tomin ensayado para el ospital del dicho repartimiento en cada un año [...]

Todo lo qual dicho que es an de pagar de tributo los yndios del dicho repartimiento de Lunaguana al dicho su encomendero en cada un año de seis en seis meses la mitad por la orden y forma contenida en la tassa del dicho visorey don Françisco de Toledo y en todo lo questa retasa no es contraria a la dicha tassa se guardara y cumplira sin exeder della en cossa alguna en el ynter que por su Magestad o por mi en su real nombre o por los viso reyes y governadores que por tiempo fueren

s/n deste reyno otra cosa no se puçyere // y mando al corregidor que al presente es o adelante fuere del dicho repartimiento o qualesquier justiçia de su Magestad deste reyno lo hagan asi guardar y cumplir sin yr ni venir contra ello ni parte alguna dello en manera alguna y haran que esta mi provision y retasa se notifique al dicho encomendero y a los yndios para que cada uno dellos sepan lo que an de guardar y cumplir y se ponga la notificaçion a las espaldas della y se de a cada uno dellos un traslado para que conforme a el paguen y cobren la dicha tassa y no lo puedan hazer de otra manera la qual se ha de cobrar por el orden contenido en esta retasa y a de començar a correr y corre desde el dia de Navidad del año pasado de mil quinientos y ochenta y nueve que es quando empeço en los dichos pueblos el mal general de viruelas y sarampion que huvo en este reyno el dicho año en manera quel primer tributo que por ella se a de cobrar a de ser el que se cumplio por el dia de San Joan de Junio del año proximo passado de noventa y si el dicho encomendero huviere cobrado de los dichos yndios

s/n mas tributo del que aqui se a referido // el dicho corregidor hara que se les buelva y restituya o se les desquente del primer y huvieren de pagar y lo questo montare lo repartira entre los yndios tributarios vivos y entre los herederos de los yndios tributarios difuntos de quien huviere cobrado la tal demasia y no teniendo los dichos yndios difuntos herederos algunos lo dara al ospital del dicho repartimiento y si huvieren pagado menos al dicho encomendero conforme a esta dicha retasa lo cobrara dellos y la enterara y acudira con ello a quien conforme a derecho perteneçiere y lo huviere de aver conforme a ella y los unos y los otros no dexen de lo ansi cumplir por alguna manera so pena de mil pesos de oro para la

	camara de su Magestad fecha en la çiudad de los Reyes a quatro dias del mes de março de mill y quinientos y noventa y un anos don Garçia por mandado del Alvaro Ruiz de Navamuel [...]
s/n	Segun que lo suso dicho consta y parece por el registro de la dicha retasa quen mi poder queda a que me refiero y para que dello conste de pedimiento del dicho capitan Diego de Aguero di el presente en la çiudad de los Reyes a veynte dias del mes de henero // de mill e quiniento y noventa y tres anos siendo testigos a lo ber corregir y conçertar Diego Fernan de Laertano y Martin de Ybarra y Joan Montero residentes en esta çiudad va testado dichos y entre y çinco conforme a ella y sobre raydo vezino e fize aqui mi signo en testimonio de verdad Alvaro Ruiz de Navamuel (FIRMA y SELLA) // [...]
Primera encomienda que hiço el comendador Françisco Pizarro ano 34	Dicho Marques don Françisco Pizarro con don Pedro de Alvarado quando bino a la Nueva Espana con el socorro con la qual se sospecho que huviera rompimiento y fue el que mas riesgo con ello corrio por cuya causa e por lo mucho que sirvio al dicho Marques le nombro por capitan de su Magestad y con el dicho cargo sirbio en todas las conquistas poblaçiones y demas cosas que se ofreçieron hasta questos dichos reynos se pudieron debaxo del serbiçio y obediençia de su Magestad e que fue uno de los que mas en ella trabajaron mediante lo qual estando el dicho Diego de Aguero su padre ausente del dicho Marques y sirbiendo el dicho marques y gobernador en el primer repartimiento que hizo en esta tierra que fue en el dicho valle de Xauxa le senalo en alguna gratificaçion de lo que havia serbido el repartimiento de Lunaguana y a otros yndios de que le dio çedula antel tenor de la qual es esta que se sigue = El comendador Françisco Pizarro adelantado lugarteniente capitan general y gobernador por su Magestad destos reynos de la Nueba Castilla por quanto vos Diego de Aguero aveys servido en estos reinos a su Magestad e teneys boluntad de le serbir e permanesçer en ellos y con tal yntençion Pedro Sancho os asento en buestro nombre por beçino en esta çiudad y como a tal vezino os ffueron por mi depositados yndios segun paresçe por un partida questa asentada en el libro
s/n	del deposito // su tenor de la qual es esta que se sigue = A Diego de Aguero se le depossita en la costa de la mar quatro días desta çiudad el caçique Lunaguanay y el prínçipal tula questan en un pueblo que se diçe Limas con todos sus yndios e prinçípales y mas así depósito allende de los yndios al caçiques ques en la dicha partida arriba contenida el prínçipal Llaquipa que reside en las minas y otro prinçipal llamado Allaupa señor natural del pueblo	Partida del libro de los depositos por donde el comen-

	de Mullibamba que son mitimaes y sujetos del dicho	dador don
	caçique Lunaguanay el qual dicho deposito ago con-	Françisco
	forme a los autos questan en el libro del deposito para	Piçarro
	que dellos os sirbays en buestras haçiendas y labranzas	encomen-
	minas e granxerías la para todo ellos vos doy liçençia	do en
	poder e facultad hasta tanto que se haçe el reparti-	Diego de
	miento general e yo probea otra cosa que seays obligado	Aguero
	a los dotrinar y ensenar en las cosas de nuestra santa fee	los yndios
	catolica e a las haçer buen tratamiento e a cumplir las	
	hordenanzas que para su bien y pro se hiçieren y a lo que	
	por mi çerca dello esta mandado y se mandare de aqui	
	delante fecho en la çiudad de Xauxa a çinco dias del mes	
	de noviembre de mill e quinientos y treynta a quatro	5 de enero
	anos Françisco Pizarro por mandado de su señoria	de 1534
s/n	Pedro Sancho Por birtud de la qual los tubo e poseyo //	

asta que murio y que muerto el dicho marques sirbio el
dicho su padre a su Magestad en lo que se ofreçio en lo
que requentos e batallas que se ofreçieron e particularmente en la que en Chupas se dio a don Diego de Almagro el mozo donde fue uno de los que mas se senalaron y
entendido por su Magestad lo suso dicho le hizo merced
de le nombrar por Su Alferez General en esta tierra y le
mando dar probision real dello y sirbio el dicho cargo
hasta que murio y que muerto el dicho su padre y quedado el pequeño sirbio tambien con su haçienda en el
castigo de Gonçalo Pizarro dando caballos armas escuderos que sirbiesen en la guerra como sirbieron hasta
que fue desbaratado preso y muerto y demas desto el
dicho Gonzalo Pizarro por el tener mala boluntad por
razon de lo suso dicho le hizo todo el dano que pudo e
tomo e hizo tomar en caballos yeguas y dineros mas de
beynte mill pesos y entendido lo suso dicho por el presidente Gasca le encomenco los dichos yndios por bia de
susçeçion y dio çedula de la encomienda dellos el tenor

Encomienda	de la qual es esta que sigue yo el liçençiado Pedro de La
del liçen-	Gasca del Consejo de su Magestad de la santa y general
çiado Pedro	Ynquisiçion y su presidente en estos reynos e probinçias
de La Gasca	del Peru e por quanto por parte de vos Diego de Aguero
	y de dona Luisa de Garay su legitima muger diffuntos
	vezinos que fueron desta çiudad de los Reyes me a sido
s/n	echa relaçion diçiendo quel dicho Diego // de Aguero

buestro padre al tiempo que falleçio desta presente bida
dexo çiertos caçiques e yndios en terminos desta dicha
çiudad que le fueron encomendados como a primer conquistador por el Marques don Françisco Pizarro de
buena memoria governador que fue destos reynos los
quales son en el valle de Lunaguana por cuya causa e por
lo dispuesto e mandado por su Magestad por su Real pro-

bision los dichos caciques e yndios que ansi el dicho vuestro padre tuvo e poseyo en su vida los aveis tenido e posseydo por pertenesçer como os pertenesçian como a tal hijo legitimo del dicho capitan Diego de Aguero y me fue pedido que en nombre de su Magestad os los encomendase y diese çedula dellos e por mi bisto lo suso dicho y atento que soy ynformado que soys hijo legitimo de el dicho capitan Diego de Aguero y de la dicha dona Luisa de Garay su legitima muger el qual fue uno de los primeros conquistadores destos reinos por la presente en nombre de su Magestad e por birtud del poder que para ello tengo que por su notoriedad no ba aqui ynserto y confformandome con su real probision que habla como an de heredar los hijos legitimos de legitimo matrimonio nas-

Encomiendaselos
s/n

çidos los yndios que sus padres tenian encomendo en vos el dicho Diego de Aguero hijo legitimo del dicho capitan Diego de Aguero difunto // en terminos desta dicha çiudad todos los caçiques y prinçipales e yndios e pueblos y tierras a ellos sujetos e pertenesçientes quel dicho buestro padre tubo e posseyo y dexo al tiempo de su fin y muerte para que os sirbays de ellos segun y de la forma y manera quel dicho buestro padre se sirbio en su bida y conforme a los mandamientos y hordenanzas reales de su Magestad y con que los dotrineys y enseneys en las cossas de nuestra santa fe catolica y que no les saqueys ni llebeys mas tributos de aquellos que buenamente y sin execuçion pudieran dar con apreçebimiento que si en esto esçedieredes de mas de ser penado por ello se reçibiera en quenta e parte de pago de pago de lo en que fueren tassados los dichos yndios y ansi mismo os encargo que porque a causa de las alteraçiones acaeçidas en estos reinos los naturales dellos estan fatigados y faltos de comida y si agora no fuesen relebados y se les diese lugar para que sembrasen pereçerian ellos e vos no podriades aber ningun probecho los encargo e mucho encomiendo que por el presente lo sobrellebeys en tanto que se reforman en todo lo qual vos encargo la conçiençia y descargo la de su Magestad y mia que en su real nombre os los encomiendo y mando a quales quier justiçias de su Magestad ansi desta dicha çiudad como de todas las

s/n

otras çiudades y villas e lugares // destorsa reynos que pongan en la possesion de los caçiques e prinçipales yndios del dicho repartimiento a bos el dicho Diego de Aguero y a vuestro tutor e curador en buestro nombre y en ella os amparen e deffiendan so pena de de cada dos mill pesos de oro para la Camara de su Magestad fecha en los Reyes a diez y nuebe de Agosto de mill e quinientos e quarenta e nuebe anos el liçençiado Gasca por man-

19 de agosto de 1549

Nueba encomienda del marques de cañete	dado de su senoria Simon de Alzate en birtud de la qual y por fin y muerte del dicho su padre los a tenido e posseydo y tiene y possee y que ansi mismo despues de lo suso dicho el y Jeronimo de Silva su curador en su nombre a serbido a su Magestad en todo lo que se a ofrecido probeyendo su haçienda bastante de lo nesçesario e particularmente para el castigo de Françisco Hemandez que probeyo quatro hombres de a caballo con todas sus armas y balio lo que a cada uno dio ocho çientos pesos y todo y todo el tiempo que duro haçer la gente de guerra en esta çiudad para el dicho castigo sustento en su casa ocho u diez soldados y sus caballos e serviçios por mas serbirse fue el dicho Diego de Aguero con el campo de su Magestad al asiento de Lati donde se creyo dar batalla el dicho Françisco Hernandez quando bino al Cuzco e hizo plato a todos los soldados que a su aloxamiento se llegaron y al dicho Geronimo de Silba su tutor e curador como lo hiçieron los demas veçinos y despues quel dicho campo fue en su seguimiento del dicho Françisco Hernandez //	Serbicios del hijo Diego de Aguero y encomienda que en el hiço en marques de Cañete

s/n
— Este es un traslado bien y fielmente sacado de una petiçion y autos a ella probeydos de la cuenta de lo que suma y bale la tasa y tributo de los yndios de Lunaguana signado describano publico segun por ello paresçia su tenor de lo qual es el siguiente [...]
— Muy poderoso senor el capitan Diego de Aguero digo que a mi derecho conbiene que se me de un testimonio de lo que suma e bale la tasa y tributo de los yndios de Lunaguana de mi encomienda y de como esta mandado haçer mandado haçer rrebisita a pedimiento de los yndios a Vuestra Alteza pido y suplico mande que se me de e pido justiçia a Juan de Santelises [...]
— En los Reyes a diez e ocho dias del mes de abril de mill e quinientos e ochenta e nuebe anos ante los senores presidente e oydores en audiençia publica presento esta petiçion el contenido en ella [...]
— E los dichos senores bista mandaron que se les de Juan Gutierrez de Molina [...]
— En cumplimiento de lo qual yo Alvaro Ruiz de Navamuel escribano Mayor de Gobernaçion Destos reynos e probinçias del Piru hiçe sacar un traslado de la tasa del repartimiento de Lunaguana del distrito desta çiudad de los Reyes questa en el libro de tasa quel birrey don Françisco de Toledo hizo el ano de mill e quinientos y setenta

s/n
y siete çerca de los tributos que an // de pagar los yndios de los repartimientos destas dichas provinçias y a sus encomenderos y a otras cosas en ellas contenidas su tenor de la qual es este que se sigue.

— Tasa del repartimiento de Lunaguana [...]
— Los yndios del repartimiento de Lunaguana que en terminos y jurisdiçion desta çiudad de los Reyes tiene en encomienda Diego de Aguero suçesor del capitan Diego de Aguero su padre a quien los encomendo el marques don Françisco Pizarro [...]

tributarios — Paresçe por la bisita que del dicho repartimiento hizo don Juan de Bera Olguin que son seteçientos quarenta yndios tributarios casados biudos y solteros de hedad de diez y ocho asta çinquenta anos hutiles para pagar tasa [...]

biejos — Yten ochenta y nuebe biejos e ympedidos de mas hedad de çinquenta anos que no an de pagar tasa [...]

muchachos
mugeres
s/n
personas — Yten seys çientos e un moços y muchachos de diez y siete anos para abaxo [...]
— Yten mill ochoçientos y quarenta y seys mugeres de todas edades y estados // [...]
— Que son por todas tres mill y duçientas y setenta y seys personas [...]
— Los quales dichos yndios estaban antes poblados en quatro pueblos en distançia de tres leguas y los dotrinaban dos saçerdotes y quedan agora reduçidos en tres pueblos y los an de dotrinar dos sazerdotes [...]

plata — Yten de los dichos seteçientos y quarenta yndios tributarios se sacan a ocho para caciques que no an de pagar tassa y los demas an de pagar lo siguiente [...]
— Los seteçientos y treynta e dos yndos tributarios que restan sacados los dichos ocho para caçiques an de pagar dos mill y çiento y nobenta y seys pesos de plata ensayada y marcada de valor cada un peso de quatroçientos y

ropa çinquenta marevidis que sale cada yndios a razón de a tres pessos de la dicha plata [...]

s/n — Yten an de pagar treçientas y sesenta y seys piezas de ropa de algodon a dos pesos y tres tomines de la dicha
maíz plata montan // ochoçientos y sesenta e nuebe pesos e dos tomines [...]
— Yten an de pagar quinientas fanegas de maiz puestas
aves en los dichos pueblos que a medio peso de la dicha plata montan doçientos y çinquenta pessos [...]
— Yten an de pagar seteçientos çinquenta y ocho abes de   VIIMXCVIII
suma castilla que a tomin de la dicha plata montan nobenta y quatro pesos y seis tomines [...]
— Que parese que suma y monta toda la dicha tasa que   MMCXCVI
los dichos yndios an de pagar en plata los dichos dos mill   plata
y çiento y nobenta y seys pessos [...]
— Y en la dicha ropa trigo e maiz y abes a los dichos pre-   MCDLXXIV
çios mill e quatro çientos y setenta y quatro pessos [...]   especies

	— Que todo junto monta tres mill y seisçientos y sesenta pessos que sale cada yndios a razon de a çinco pesos de la dicha plata ensayada y marcada [...]	MMMDCLX todo
tomin de plata	— Yten an de pagar cada yndios tributario en cada un ano un tomin de la dicha plata ensayada para el ospital de su reduçion la qual dicha la an de pagar mitad por San Juan y mitad por navidad de cada un ano y a de comenzar a correr desdel dia de San Juan de sesenta y siete [...]	
	Y la dicha tasa que los dichos yndios an de pagar se ha de destribuir en la manera siguiente...	
dotrina	— Primeramente se sacan para la dotrina de los dichos yndios en cada un ano de los dichos yndios ochoçientos pesos de la dicha plata los quales se an de dar a los saçerdotes que an de dotrinar los dichos yndios [...]	DCCC
fabrica	Sácanse mas en cada un ano çinquenta pesos para la fabrica de las yglesisas del dicho repartimiento [...]	L
	lo que saca	
justicias s/n	— Yten se sacan cada un ano quatro çientos pessos de la dicha plata para el salario de las justiçias de // fensores e procuradores de los yndios [...]	CD
	— Yten se sacan en cada un ano noventa y ocho pesos de la dicha plata para las costas e salarios de los caçiques del dicho repartimiento [...]	
lo que saca	— Por manera que suma monta lo que se saca para los que dicho es en cada un ano mill e treçientos y quarenta e ocho pesos los mill e duçientos y sesenta e quatro pesos en plata y los ochenta e quatro pesos en trigo maiz y abes [...]	MCCCXLVIII en plata
s/n	— Restan y quedan de los dichos dos mill y çiento y noventa y seys pesos que los dichos yndioss an de pagar en la dicha plata nobeçientos y treynta y dos pesos y de los dichos mill e quatro çientos y sesenta y quatro pesos que los dichos yndios an de pagar en las dichas espeçies restan mill y treziontos y ochenta pessos que todo lo que resta y queda al dicho encomendero en plata y en las dichas espeçies reducidas a plata son dos mill y tresçientos y doçe pesos de la // dicha plata ensayada y marcada liquidos y libres de las Costas desta tasa [...]	MMCCCXII todo
	— Fechas los Reyes a veinte y quatro dias del mes de jullio de mill y quinientos y setenta y siete anos [...]	
	E porque dello conste di el presente ques fecho en la çiudad de los Reyes a veynte dias del mes de abrill de mil e quinientos y ochenta e nuebe anos ba sobre raydo el marques don Françisco y entre renglones los mill e duçientos y sesenta y quatro pessos e fiçe aqui i signo en testimonio de berdad Albaro ruiz de Navamuel [...]	

s/n El qual dicho traslado fue sacado corregido y conçertado con la dicha petiçion e autos a ella probeydos y con la quenta de lo que suma y vale la tasa e tributos de los yndios de Lunaguana en esta villa de Madrid a treçe dias del mes de diçiembre de mill e quinientos y noventa anos siendo testigos a lo ver sacar corregir y conçertar Juan Munoz y Pedro Gonzalez de la Vega todos residentes en esta dicha villa de Madrid y corte de su Magestad ba testado los dichos syn derecho la no bala — Yo Pedro de Salazar escribano publico de su Magestad e vezino que soy desta villa de Madrid fuy presente al ver sacar corregir conçertar deste traslado // con el dicho original de donde fue sacado con el qual çertifico concuerda e fize mio signo e firma ques a tal en testimonio de verdad. Pedro de Salazar escribano publico (FIRMA y SELLO) [...]

Reçivi el original de donde se saco este traslado y lo firme Juan Mendez (FIRMA) [...]

Capítulo 3

El señorío de Changuco*

El documento que publicamos y comentamos en esta oportunidad se refiere a un pequeñísimo señorío situado en el valle de Trujillo, en el Perú. Al lector le sorprenderá por qué un exiguo cacicazgo tiene interés y merezca ser conocido. En el pasado, la preocupación de los estudiosos se concentraba sobre todo en el Tahuantisuyu y en el Cusco, y se han escrito excelentes trabajos de síntesis pero se ha generalizado demasiado. Lo que se sabía para el Cusco era aplicado para todo el territorio, se ignoraba la realidad provinciana, las costumbres regionales, la ecología andina y sus diversos modelos de organización económica. Al conocer detalles locales se comprende mejor el engranaje de la estructura general, de ahí la importancia de los trabajos y ensayos monográficos de un determinado tema o lugar.

En el Archivo General de Indias de Sevilla existe un voluminoso expediente sobre el juicio que se inició el 8 de agosto de 1550 y terminó doce años después, en 1562, sobre a quien correspondía el pequeño señorío de Guamán, en el valle de Trujillo, en la costa norte del Perú. (AGI, Justicia 398).

La importancia de los documentos tempranos radica en que muestran mejor la situación antes de las innovaciones y de las reducciones introducidas por el virrey Toledo; en estos testimonios aún se menciona a los antiguos señoríos, sus pueblos y linderos. Después vendrán diversas "visitas" y "composiciones de tierras", en las cuales los naturales serán paulatinamente despojados de sus haciendas. Por otro lado la disminu-

---

*   *Boletín del Instituto Francés de Estudios Andinos*, Vol.V, N° 1-2, año 1976.

ción de la población indígena hacía que numerosas tierras quedaran sin cultivar, procediendo entonces los visitadores a nuevas adjudicaciones. De ahí que los expedientes posteriores reflejen una realidad, a veces distorsionada por los numerosos cambios que se sucedieron. Como otros tantos documentos de la época, es imposible publicar el testimonio íntegro por lo extendido del juicio, las numerosas repeticiones y las probanzas que contiene hacen difícil su edición en forma completa. Nos limitaremos, en este artículo, a informar sobre los antecedentes y a analizar una probanza del personaje que, al final del juicio ganó la partida en el Consejo de Indias, y otra de su opositor.

Se trata de un pleito que fue en su tiempo bastante sonado en Trujillo por ser los litigantes dos ricos encomenderos, ambos vecinos de la ciudad, uno era Melchor Verdugo, del hábito de Santiago, a quien Francisco Pizarro había encomendado, el 5 de mayo de 1535, la provincia de Cajamarca y además, en el valle de Chimú, al señor del pueblo de Changuco, llamado Chiquiamanaque *(Revista del Archivo Nacional* 1942: 13).

El otro personaje involucrado en el pleito era Rodrigo Lozano, regidor perpetuo de Trujillo, que gozaba de las encomiendas de Guañape y de Chao. El juicio entre los encomenderos discutía sobre a quien le correspondía la posesión del pequeño señorío de Guamán supeditado al reyezuelo de Chimú. En los primeros años de la conquista, Guamán formaba parte del repartimiento de Chimú, otorgado por Pizarro a su hija doña Francisca que contaba, además de él con la gran encomienda de Huaylas y con la de Conchuco, con un total de 4,800 indios.[1]

Más adelante, Vaca de Castro separó del Chimú a Guamán y lo encomendó a Miguel de la Serna, que luego hizo abandono de ello para entrar en posesión del repartimiento de Casma. En tiempo de La Gasca, recibió Rodrigo Lozano la confirmación de su encomienda y además obtuvo la de Guamán, situado en la margen derecha del río Moche.[2]

---

1. En el Archivo General de Indias está en el mismo legajo de Justicia 398, el juicio seguido en 1551 por doña Francisca Pizarro contra Diego de Mora. Reproducimos sólo un pedazo del otorgamiento de encomienda del marqués a favor de su hija (fol. 2 v):

    depósito "en vos doña Francisca Pizarro hija de mi el dicho gouernador teneys en deposito y encomienda el cazique de Guaylas con tres mill yndios y ansy mismo el cacique de Chimo que se llama don Martin y el que fuere con mil yndios y el cazique de Conchuco con ochocientos yndios que son por todo quatro mill e ochocientos yndios en nombre de su majestad [...]"

2. AGI, Audiencia de Lima, Leg. 118, año 1554. Parte de la cédula de encomienda otorgada por el licenciado Pedro La Gasca a Rodrigo Lozano, el 9 de setiembre de 1549:

Ambos españoles se disputaban la posesión del señor de Guamán, que Verdugo afirmaba ser hijo de Chiquiamanaque, cuando en realidad se trataba de dos curacazgos separados y distintos. En los primeros años de la conquista hispana, el escaso conocimiento de los lugares y de las lenguas vernaculares permitía que surgieran enredos y complicaciones, que daban lugar posteriormente a pleitos y juicios, como en el caso que nos interesa.

También era frecuente en aquel entonces, que junto con una encomienda mayor se diese, cerca del lugar de residencia del encomendero, un repartimiento pequeño, del cual se aprovechaba su amo para sacar a los indígenas que necesitaban para su servicio personal. En el caso estudiado, los dos españoles poseían, para dicho efecto, unas encomiendas cercanas a Trujillo y otras lejanas y mayores, base de sus riquezas.

Los dos personajes involucrados en el pleito son interesantes e ilustran bien la época de la conquista y el tiempo de las guerras civiles posteriores.

La biografía del capitán Melchor Verdugo ha sido estudiada por José Antonio del Busto (1969). Su vida y sus hazañas, como la de otros tantos conquistadores, raya más en la novela que en la realidad. Hidalgo pobre, de un carácter violento, cruel, astuto y aventurero, surgió muy joven aliado de Pizarro. Participó en la caída y prisión del Inca y su fortuna se inició con el reparto del botín en Cajamarca entre los soldados victoriosos. Fue Verdugo uno de los fundadores de la ciudad de Trujillo, y su encomienda de Cajamarca resultó ser de las mayores del reino.

Su actuación cuando la huida al norte y apresamiento posterior del virrey Blasco Nuñez de Vela, es bastante insólita. Con astucia se apoderó de dinero y de un barco anclado en Huanchaco y con su gente navegó hasta Nicaragua; atravesó con balsas los lagos y río de San Juan para llegar al Atlántico, y más adelante asaltó el puerto de Nombre de Dios, donde tuvo noticia de la muerte del virrey. Luego tomó rumbo a Cartagena de Indias y al no conseguir apoderarse del puerto y ser derrotado, disolvió a su gente, y partió a España a defender su causa ante el rey.

---

e luego por lengua de don Diego cacique prencepal de Chao ques ladino ha (roto) demas que preguntóseles dixeron uno llamarse don Martin, hermano del dicho don Diego y en lengua de yndio Maque, e otro don Goncalo hijo del dicho don Diego y en lengua de yndio Muya Guaman e otro don Diego Gutierrez y en lengua de yndio Cadcha sobrino del dicho don Diego otro Munaque Munas y de Guañape don Francisco hijo del cacique prencepal que en nombre de yndio se dize Quirua, otro Comba, otro Cidchanamo, otro Chamapano y, deste valle del Chimu el principal Guaman y otro principal Cipra a todos los quales es por lengua del dicho don Diego cacique [...]

De vuelta al Perú y a su encomienda de indios, siguió con sus intrigas, sobre todo contra los oidores de la Real Audiencia. Amigo del virrey Andrés Hurtado de Mendoza, fue enviado por él a España a defender su causa; pero la mala fama de Verdugo y sus pasadas pendencias, le causaron una serie de contratiempos. Tras mucho pleitear, consiguió volver al Perú y luego de unos años, bastante achacoso, murió en Trujillo, odiado por los vecinos.

Muy distinta y opuesta fue la vida del otro litigante por los indios de Guamán, o sea Rodrigo Lozano. De carácter tranquilo y poco aventurero, batalló sólo lo indispensable para obtener una cómoda encomienda. Raúl Porras Barrenechea (1949-1950) trata su vida de opaca y de escasa actuación guerrera. El mérito de Lozano radica en ser el supuesto autor de una Relación sobre el descubrimiento de la tierra, hoy perdida, que sirvió a López de Gómara y al contador Agustín de Zárate para componer su *Historia del descubrimiento y conquista del Perú* (Bataillon 1961 y 1963).

Rodrigo Lozano debió ser un buen administrador de su hacienda. Afanoso en aumentarla, en noviembre de 1549, pedía al presidente Gasca la merced de la venta, de varios solares y de las tierras que habían pertenecido a los indios muertos, en el valle de Guañape. En el mismo lugar, ya poseía un molino que le rentaba muy buenos pesos (AGI, Audiencia de Lima, Leg. 118). Porras Barrenechea menciona que fue uno de los primeros en construir una buena casa en Trujillo. Quizá en los ratos de ocio, cuando sus múltiples negocios se lo permitían, escribía su Relación.

EL JUICIO

Melchor Verdugo reclamaba la encomienda de Guamán, alegando que su antiguo señor fue Chiquiamanaque, personaje mencionado en el otorgamiento de encomienda dada por Pizarro. A Lozano le tocaba la tarea de probar que se trataba de dos señoríos distintos: el de Guamán situado en la orilla derecha del río Moche, y el otro en la margen izquierda del mismo río.

Verdugo presentó una provisión de la Real Audiencia que en aquel entonces residía en Panamá y esta institución ordenó le fuese restituido el repartimiento, pero en la cédula figuraba el nombre de Chiquiamanaque, y no el de Guamán, por lo cual el alcalde ordinario, Rodrigo de Paz, no procedió a la entrega.

Trasladada la Audiencia a la ciudad de Los Reyes, siguieron las probanzas. Verdugo trataba de demostrar que Guamán, el que era en aquellos días el principal del señorío del mismo nombre, era el sucesor de Chiquiamanaque; mientras Lozano presentaba tres informaciones precisando que eran dos señoríos diferentes.

En una provisión del 7 de octubre de 1552, la Audiencia decidió remitir todo el proceso al Consejo de Indias en Sevilla. Por sentencia de vista del 13 de febrero de 1562, y confirmada por una revista del 25 de agosto, el Consejo absolvió a Lozano de la demanda del comendador Verdugo, a quien se le condenó a pagar las costas del proceso, por haber litigado deshonestamente. Solicitó entonces Verdugo cubrir los gastos de Trujillo, mas no los de España, a los que por decreto del 5 de febrero de 1562, se le dijo que no había lugar; dando en esa forma fin al proceso.

EL DOCUMENTO

El testimonio sitúa a los dos señoríos en cuestión como supeditados al reino de Chimú y ambos se encontraban en el valle de Santa Catalina, en Trujillo. La jefatura del reyezuelo de Chan-Chan pertenecía en aquel entonces a don Martín, que en nombre indígena se decía Sachoca[3] y se desprende de los expedientes que contaba con un gran número de "señoríos" y de principales, que debían formar la aristocracia de la organización del chimú.

Es posible que estos señoríos correspondieran a la división política y social del Chimor, representando cada uno de sus respectivos jefes algún tipo de "parcialidad".

Chiquiamanaque, a pesar de ser principal y señor en sus tierras, estaba supeditado a don Martín, pero además el documento lo menciona como hamaquero del *Chimu Capac*. En otros trabajos hemos señalado como en la costa, y sobre todo en la región norteña, la división laboral era la base de la organización social y que, cada uno de los numerosos grupos especializados tenían sus propios jefes; así existían señores pescadores, chicheros, salineros, etc. (Rostworowski 1975a). Algo de ello se vislumbra en la leyenda de Naymlap que llegó en balsas a esas costas con un séquito en el que se observan diversos cargos honoríficos o reales de sus acompañantes (Cabello de Valboa 1951).

El enredo entre la persona del padre de Guamán y la de Chiquiamanaque, tuvo su origen en los primeros años de la conquista, cuando este último temeroso de las exigencias de tributo de Verdugo huyó de sus tierras.

---

3. En la cédula de encomienda del repartimiento de Chimú del marqués a su hija (AGI, Justicia 398), es mencionado don Martín como el señor principal del Chimor. El nombre de Sachoca es diferente a la noticia que la relación Anónima (Vargas Ugarte 1936, Rowe 1948), donde es mencionado el cacique como Caja cimcim.

Al solicitar el encomendero la posesión de su repartimiento cercano a Trujillo, puso en apuro a don Martín, que no encontró otra solución que la de entregar a Guamonamo como si fuese Chiquiamanaque. Ahora bien, Guamonamo era señor de Guamán y falleció poco después; los testigos afirmaban que murió "en vida del marqués" o sea antes de 1541, y le sucedió en el señorío su hijo llamado Guamán.

En cuanto a Chiquiamanaque murió joven en tiempo de Vaca de Castro, estando en Santa, donde llevaba o encabezaba un grupo de cargadores. Luego sucedieron las guerras civiles y partió Verdugo del Perú. No se aclaró entonces el subterfugio de don Martín y cuando regresó, ya los protagonistas indígenas habían fallecido.

Los linderos de Guamán comprendían la banda derecha del río Moche; por el oeste colindaba con el mar y se extendía hacia el este bordeando el río.

Antes de las reducciones de Toledo, su pueblo principal y sede del señorío se decía Chichi, y era un asiento de pescadores "junto al mar". Posiblemente Guamán o uno de sus principales sería señor de los que tenían el oficio de pescar.

Una noticia interesante para la organización social del valle de Trujillo, es el hecho que así, pequeño como era el señorío, había otro principal que compartía con Guamán el gobierno. En la cédula de encomienda hecha por La Gasca a Lozano, es mencionada la otra persona con el nombre de Cipra (AGI, Audiencia de Lima, Leg. 118, fol. 36r).

El segundo señorío del que trata el documento pertenece a Chiquiamanaque, y se decía Chican o Chicamy. Sus tierras se extendían en la margen izquierda del río Moche, e iban desde el mar hasta más arriba de la Huaca Grande, donde se hallaba el pueblo principal, asiento del señor y cuyo nombre era el de Changuco.

Otro poblado situado a orillas del océano se llamaba Xacon lugar de pescadores y comprendía la totalidad de las posesiones del señor Chiquiamanaque.

Con esta información tratamos de hacer un poco de trabajo de campo cuando tuvimos la oportunidad de pasar unos días en Trujillo.[4] Como el documento nombra la aldea de Xacon al pie del mar y a la otra banda del río, nos dirigimos al moderno balneario de Las Delicias, que corresponde a las indicaciones del testimonio.

---

4. Estuvimos en Trujillo con ocasión de una Mesa Redonda efectuada en la Cooperativa de Chiquitoy sobre "Estructura política y social de la costa norte", organizada por los doctores Richard Schaedel y Rodríguez Suy Suy. Agradecemos la compañía y ayuda en la salida al campo de la doctora Mercedes Cárdenas y del señor Watanabe.

Nuestro informante fue el señor Eduardo Calderón Palomino, ceramista de oficio, que se dedica a reproducir vasijas prehispánicas y parece conocer bien la región. Nos dijo que cerca de Las Delicias hay un callejón que se dice Socun; ahora bien, la "x" castellana del siglo XVI, puede transformarse en "s". También indicó que en las dunas al norte del pueblo, se habían encontrado restos de cerámica, osamentas y lo que parecían estructuras antiguas. Estas dunas se encuentran entre el mar y una laguna, que ocupó antiguamente una gran área, cuyo nombre colonial era "La Patera".

A falta de trabajos arqueológicos que confirmen el asiento como Tardío, el lugar podría ser la aldea prehispánica de Xacon.

Consultado sobre esta posibilidad al doctor A. Rodríguez Suy Suy, le pareció correcta nuestra apreciación y añadió que la acequia cercana al balneario se llama *Sacum*.

Más difícil fue la búsqueda del pueblo de Changuco, situado "un poco más adelante de la huaca grande", que debe ser la llamada del Sol y que se encuentra en las tierras que se decían Chicuán o Chican (fol. 3r) Estas estructuras pertenecen a la época arqueológica llamada Mochica, y ambas estructuras son anteriores en varios siglos al reino de Chimor; y es posible que no guardaban entonces la misma importancia que en la época de su apogeo.

Salimos en *jeep* para el lugar de las huacas. Nuestra informante fue la señora Lidia Rojas, mochera que vive cerca de ellas. Nos dijo que lo que buscábamos podíamos hallarlo río arriba, al frente de la hacienda Barraza. Una vez ahí el señor Froilán Soberón Anticona, campesino cajamarquino que habita el lugar desde más de 15 años, y que cultiva las tierras bajas del conjunto de chacras llamadas Cacique, contó que en los últimos años, el río ha cambiado de curso en unos 400 a 500 metros, desviándose hacia el sur y anegando sus chacras.

Pasamos el río a vado y trepamos una duna de arena entre Cerro Blanco y el Cerro Arena. Ahí hay una explanada con una gruesa capa de tierra, acarreada por avenidas; hacia el cerro, una antigua acequia indica haber sido cultivado el lugar. Mucha cerámica burda en el suelo y, pegado a la ladera, un cementerio muy revuelto por los huaqueros, por la hora avanzada no pudimos continuar y volvimos a Trujillo.

El único trabajo arqueológico que hemos conseguido sobre la zona, es la tesis de Elías Mujica Barreda (1975). Desgraciadamente no nombra para nada los asentamientos del Intermedio Tardío, si los hubo, pues sólo se ocupa del Formativo del valle.

Menciona un sistema de irrigación que cubre varias épocas (p. 22) y un canal principal que tiene ramificaciones y parece formar un sistema complicado de riego.

Las poblaciones que estudia se sitúan en las inmediaciones del Cerro Arena, y el Cerro Anclado; sin embargo menciona que: "al sur-este del extremo sur de Cerro Arena se encuentra uno de los mayores conglomerados de estructuras, las que conforman un sector que hemos dejado fuera de nuestro programa de excavaciones".

¿Sería aquel sitio un lugar Tardío, o habría que buscar el pueblo de Changuco río arriba?

OTROS DATOS CONTENIDOS EN EL EXPEDIENTE

Una noticia interesante contenida en la probanza de Melchor Verdugo es la referencia a un año especial de nueve meses (fol. 9v). Un testigo indígena declaró que el supuesto Chiquiamanaque sirvió a Melchor Verdugo durante cinco años y cuando se le preguntó de cuántos meses estaba compuesto el año, contestó que de nueve.

Naturalmente se puede decir que se trata de un error, pero difícilmente caían los naturales en ese tipo de faltas y más bien indica una manera distinta de medir el tiempo transcurrido. Tampoco significa que no conocieron o contaron los años por lunas o por el curso del Sol, podía haber varios tipos de cuenta o de calendarios, empleados simultáneamente como sucedía en otros lugares. En México por ejemplo, existía el cómputo solar, lunar y venusiano.

Se puede sugerir, como hipótesis de trabajo que este año tan singular estaba basado sobre una semana de 10 días, multiplicada por la cifra mágica de cuatro, lo que daba un mes de cuarenta días y un año de nueve meses, arrojando la suma de 360 días, más cinco sobrantes. Ahora bien, Guamán Poma (1936: 235) menciona la semana de diez días y en la gramática yunga de Carrera (1644: 183), existe un sufijo especial llamado *nassop* para indicar el número diez y era usado para contar tan sólo los días, las monedas y la fruta, o sea que esta cifra decimal era la base para la cuenta de los días; y equivalía a nuestra semana. También en el Collao, en la región *aru* hablante, el cálculo del tiempo se basaba sobre el número diez.

Cieza de León (*La Crónica del Perú*, cap. CI) afirma que contaban el año de diez en diez meses, y Bertonio (1956) en su diccionario aymara, señala la voz *cumi* para designar el período de diez años y *cumi tucuya* era el ciclo de diez años enteros con una idea de continuidad.

Se desprende que en la costa existían varios modos de medir el tiempo y la pregunta sobre el número de meses que contenía el año sería ociosa si sólo hubiera un año único, como el nuestro de doce meses.

Existían también otros modos de calcular el curso del año en el mundo andino. Calancha se refiere a que los yungas de Pacasmayo no contaban el año por lunas, ni por el curso del Sol, sino desde que salían las estrellas que los españoles llamaban Cabrillas y los costeños Fur (1638, tomo I, cap. II: 534).

Según Ávila cuando las Cabrillas aparecían de gran tamaño decían:

> Este año vamos a tener maduración excelente de los frutos, pero cuando se presentaban muy pequeñitas dicen: "Vamos a sufrir" (1966, Cap. 20: 162-163).

La relación entre estas estrellas y las cosechas se desprende del nombre de *colca* que les daban en quechua, y cuyo significado es "depósito de alimentos" (Cobo 1956, tomo II: 159; Acosta 1940: 355).

Otro nombre para las Pléyades era el de *Oncoi* (AGI, Lima 1634-B) cuya voz designaba "la enfermedad" según el diccionario de González Holguín. Es posible que las dos palabras para señalar a la misma constelación se debía a que cada una de ellas anunciaban los diferentes solsticios. A principios de diciembre al encontrarse las Pléyades en un determinado lugar del cielo, a una hora esperada, avisaban el próximo solsticio y la llegada de las lluvias en la sierra, y el retorno del ciclo esperado también en la costa por el repunte de los ríos. Según creencia de los indígenas, habitantes de las serranías, los aguaceros traían consigo una época de enfermedades y de pestes, de ahí el nombre quechua de *Oncoi*, dado a las Cabrillas para el solsticio de diciembre. En cambio la misma constelación al encontrarse en otro punto del firmamento en junio, predecía el futuro tiempo de abundancia cuando los graneros se hinchaban con las cosechas y entonces les decían *Colca*.

En la costa la observación de los naturales les enseñó a relacionar a las Pléyades con el repunte de los ríos, a consecuencia de las precipitaciones en la sierra. Entonces los ríos que bajan por la vertiente occidental de la cordillera marítima vienen cargados de agua y gracias a ellos, existe la esperanza de futuras cosechas, en los desérticos yungas. De ahí que la aparición de las Cabrillas al horizonte, al atardecer del mes de diciembre coincidiera con la venida del precioso líquido y tuvieran tanta importancia entre los antiguos costeños.

Otra noticia que se desprende del testimonio que comentamos es la organización política del Chimor que parece estructurarse a base de varios pequeños señoríos, poseyendo cada uno sus propios asentamientos, más o menos grandes, numerosos y sujetos todos al reyezuelo de Chan-Chan. Es interesante hacer hincapié que, entre los testigos presentados en las probanzas, figura don Francisco, cuyo nombre antiguo fue Chibianamo, segunda persona del reino de Chimor. Ahí también, como en otros lugares costeños, existía una división dual y política. Este personaje compartía con don Martín el señorío, teniendo una de las *moitiés* más jerarquía que la otra.

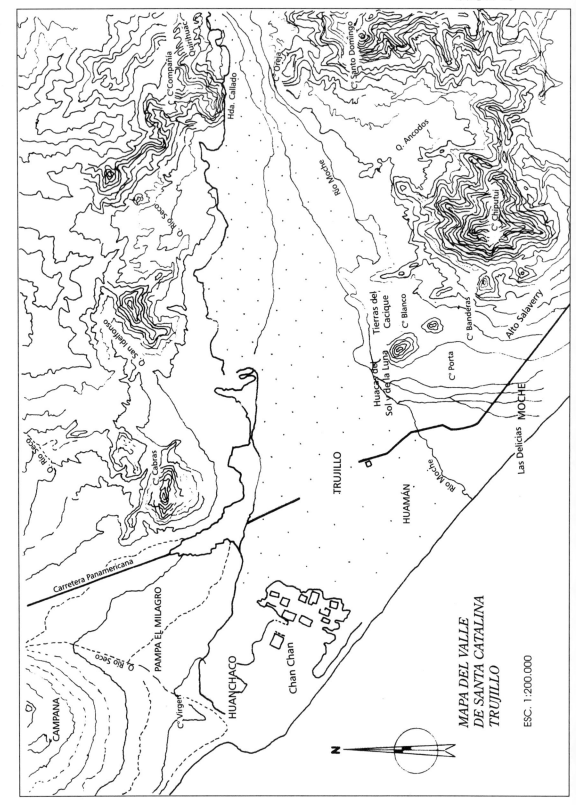

En las probanzas figuran como testigos un buen número de nobles, señores de variadas categorías y rangos, y sería conveniente ahondar en las relaciones que mantenían entre sí, y también con el señor principal del valle. A diferencia del Cusco había principales que ostentaban y cumplían diversos oficios, según la agrupación artesanal a la que pertenecían.

En las tierras del señor de Changuco, señor hamaquero del curaca mayor del Chimor, se erguían las dos estructuras más importantes de los tiempos pasados, o sea las llamadas huacas del Sol y de la Luna. Fueren cuales fueren sus auténticos nombres, es un hecho que se encontraban en los dominios de un señor de menor categoría, cuyo pueblo principal no se situaba entre sus edificios, sino más al este, valle arriba. Esta circunstanciaa conquista del Chimor se efectuó bajo el reinado de Tupac Yupanqui; y Zárate cuenta (1944: 46), y quizás esta noticia fue tomada de la relación de Lozano, que durante el gobierno de Huayna Capac, se rebeló el señor de Chimor, y resultó vencido por las tropas incaicas. Siguió la suerte de otros jefes yungas derrotados, y el señor de Chan-Chan fue muerto en la contienda o como consecuencia de un castigo posterior. El resultado de esta sublevación fue el envío de gran parte de la población a diversos y distintos lugares en calidad de *mitmaq*. Numerosas son las colonias mochicas mencionadas en los documentos del siglo XVI, y dispersas en la sierra o a lo largo de la costa. Las hallamos en Maranga, Cañete, Huaura, Ica, Cajamarca, Cusco, etc., y posiblemente en Collique en el valle del Chillón, donde algunas toponimias son norteñas, a pesar de la confirmación que tenemos de que en ese señorío, se hablaba el idioma quechua.[5]

Uno de los métodos de dominación inca, cuando querían asegurarse una región, era el despoblarla de sus naturales por medio del sistema de colonias más o menos lejanas.

Otra consecuencia de la derrota sufrida por el Chimor, fue la prohibición de que ningún natural de la costa llevase armas, ni contribuyese a la mita guerrera para el ejército del Tahuantisuyu (Zárate 1944: 46).

En 1549 se realizó la Visita General ordenada por el licenciado Pedro de La Gasca. En Huaura cuando los visitadores preguntaron al cacique principal con qué cantidad de hombres contribuía al ejército inca, contestó que los yungas no tributaban con soldados; afirmación que refuerza la noticia de Zárate.

Hay varios indicios de que la dominación incaica en la costa fue más dura que en la sierra, por lo menos en los lugares donde los naturales ofrecieron resistencia a los cusqueños y que trataron de rechazar su con-

---

5. Visita de Juan Martínez Rengifo a Collique en 1571. En el documento nombra las diez *pachaca* que comprendían la *guaranga* de Collec, señorío del valle del Chillón. AGI, Justicia 482.

quista. Por ese motivo, cuando más adelante se realizó la invasión europea, los yungas se plegaron a los hispanos, en un esfuerzo por sacudirse del yugo serrano.

CONCLUSIONES

Una de las características de la organización de la costa era su estratificación social y la división del territorio en pequeños señoríos. En el valle de Santa Catalina en Trujillo, sede del reyezuelo de Chimor, existían una serie de señores principales, cada uno de ellos con sus pueblos, pero sujetos al cacique de Chan-Chan. Aquí hemos tratado tan sólo dos de ellos: el de Guamán con su pueblo y señorío llamado Chichi, y el de Chiquiamanaque en Changuco. Todo nos hace suponer que habrían otros más en el mismo valle.

Por último la posible cuenta del tiempo por el movimiento de las Pléyades señalando los solsticios, y un año de nueve meses de 40 días cada uno, sería el resultado de un cómputo decimal, basado sobre la semana de diez días, multiplicado por la cifra mágica de 4, o indicaría un sistema original costeño para la medición del tiempo transcurrido.

Apéndice documental

1r Relacion sacada de la probanza fecha por parte de Pedro Lozano en el pleito que trata con Melchor Verdugo sobre el Prencipal Guaman e sus sujetos.

LOÇANO Primeramente sy conocen a las dichas partes e de que tiempo a esta parte e si conocieron a Chicamyanaque prencipal que fue del Valle de Chimo e si conocen al dicho prencipal Guaman. Yten si saben quel dicho Chicamyoque (sic) hera prencipal por si sujeto al cacique del ualle de Chimo e tenya su pueblo que se decia Changuco de la otra parte del rio arriba de una guaca questa en el dicho ualle e otro pueblo ansy mesmo de la otra parte del rio que se decia Xacon e alli tenya sus yndios digan lo que saben.

— Juan Fernandez ensayador dixo que puede haber ocho dias poco mas o menos queste testigo oyo dezir a don Francisco Chino Bano prenzipal deste ualle que Chicamyanaque hera principal por si sujeto al cacique principal deste ualle de manera que lo entendia e destengo bien e que tenya dos pueblos de la otra parte del rrio arriua de la guaca principal que se llamaua el uno Changuco y otro hacia la mar que se llamaua Xacon e que hera cosa por si y divydida de otro prencipal e que no tenya de uzo ny amistad con Guaman y questo saue desta pregunta

— Alonso de Abila Alguacil Mayor dixo que como hecha en la pregunta antes dicha este testigo no conocio a Chicamyanaque mas de que a oydo decir deste dicho testigo a don Francisco segunda persona de los prencipales de Chimo que por otro nombre se llama Chimbiamo quel conocia muy bien a Guaman e a su padre Guamona y que sauia que no tuuo otro nonbre sino Guamonamo e que ansi se llamua quando los cristianos uinyeron a la tierra antes e despues e que nunca xamas se llamo Chicamyanaque e que Gua-

1v man prencipal // que agora es hijo de Guamonamo e que ansi se ha llamado e no de otra manera e que Chicamyanaque que hera cosa por sy e apartado de Guaman por que Guaman tenya e tiene su pueblo desta otra parte del rio e se llama el pueblo Chichi e que no tubo otro nonbre e que Chicamyanaque tubo su pueblo de la otra parte del río e que Guamonamo murio en tiempo del marques e Chicamyanaque murio despues quando uino Vaca de Castro e ansy mesmo estando este testigo en casa de Alonso Gutierrez uezino desta ciudad en compañia de Francisco de Camudio Alcalde oyo descir a don Alonso prencipal deste ualle que uiue de la otra parte del rio que Chicamyanaque hera prencipal en este ualle e beuya de la otra parte del rio por cima de la guaca grande e tenya alli un pueblo que se decia Changuaco e sus tierras e otro tenya junto a la mar e se decia Xacon e que Guamonamo hera prencipal por si e tenya su pueblo e tierras por si e que se decia el pueblo Chuchi el qual fue padre de Guaman que agora es el que se sirbe Rodrigo Loçano e que nunca tubo otro nombre e que fueron prencipales e tierras dibididas e apartadas una de otra e que no fueron parientes ni deudos e que Chicamyanaque hera hamaquero de don Martin Cacique deste ualle e que murio quando Vaca de Castro uino a este reyno e que Guamonamo murio mucho tiempo antes e que esto saue desta pregunta.

Francisco de Çamudio dixo lo que saue desta pregunta de que estando un dia en casa de Alonso Gutierrez uezino desta ciudad este testigo e Alonso de Aulia Alguacil Mayor desta ciudad y el dicho Alonso de Gutierrez junto a un Cauze de agua que tenie en su casa // estaban alli don Alonso prencipal deste ualle que esta encomendado en el dicho Alonso Gutierrez e otros yndios con el y estando ansy por sauer lo que la pregunta dice este testigo e los demas que alli estaban por lengua Rodrigo Calvillo mestizo le preguntaron como pasaba lo que la pregunta dice e respondio el dicho don Alonso e los demas yndios conformes e dixeron que conoscieron muy bien a Chiquiamanaque señor del pueblo Changuco e a Guamonamo padre de Guaman que tiene en encomienda el dicho Rodrigo Loçano e que hera cosa por si el dicho Guaman y Guamanama su padre e su padre e que su pueblo se llamaua y llamo Chichi e que nunca tubo otro nonbre e que ansy se llamaba antes que los cristianos entrasen en la tierra e despues aca e que nunca se llama Chiqmamanaque por que Chiquyamaque tenia su pueblo que se llamaba Changuco e de la otra parte del rio arriba de la guaca e tenya otro pueblo a la mar que se llamaua Xacon que hera sujeto al cacique deste ualle de Chimo y que hera diferente de Guaman e de Guamonamo su padre e cosa por si e que no le tenya parentesco nenguno e que tenya sus tierras cada uno por sy e mas les oyo de que Guamonamo padre de Guaman habia fallecido primero que Chiamanaque por que Guamonamo murio en uida del marques e que Chiamanaque quando uino a este reyno Vaca de Castro y questo sabe de la pregunta.

— Don Alonso yndio prencipal deste ualle de Chimo dixo quel prencipal Chicanyanaque hera cosa por sye tenya sus pueblos de la otra parte del rio el uno junto a las guacas que se decia el pueblo

2v — Changue e otro junto a la mar que // se decia Xacon e que alli en aquellos pueblos tenya sus yndios el dicho prencipal Chicamyanaque el qual dicho Chiquyamanaque hera apartado e por si de otros yndios e prencipales e que esto sabe de mucho tiempo a esta parte.

testigo — Punico Tumianamo prencipal del dicho don Alonso Chancon dixo quel como a dicho conozio al prencipal Chiquyamanaque el qual hera prencipal por si apartado de otro y tenya dos pueblos e la otra parte del rio uno junto a guaca grande e que la tierra e asiento del pueblo e del dicho Chiquyamanaque se llamaua Changue y el otro pueblo es junto a la mar e se dice Xacon e quel dicho Chiquyamanaque serbia al cacique prencipal deste valle de truxillo que en nombre de yndios se llamaua Sachoca y en nonbre de cristianos don Martyn e questo es lo que saue desta pregunta.

testigo — El dicho Parauamo hamaquero del dicho don Alonso Chanconpinchon dixo que Chicamyanaque hera prencipal por si e sus tierras de la otra parte del rio cauela de don Alonso Chancon Pincon Cacique deste testigo e se llama la tierra Pucho y el pueblo que tenya en ella el dicho Chicamyanaque Changue y otro pueblo que tenya de pescadores junto a la mar se decía Jancon e que seruya este prencipal a don Martin Cacique prencipal deste Valle de Chimo por si e no con otro prencipal e questo saue desta pregunta

testigo — Don Francisco Chimbinamo prencipal deste valle de Chimo dexo que Chicamyanaque hera prencipal por si e que hera dividido de otros prencipales e yndios que tenya su tierra e yndios de la otra parte del rio e unas tierras que se decian Chuican que es un poco mas adelante de la guaca grande questa de la otra parte del rio el que le serbian al comendador Verdugo e por que le pedían maiz e yerba e otras cosas //

3r e tenya poco yndios se fue a Santa siendo Cacique don Martin e siendo gobernador Vaca de Castro e que entonces murio el dicho Chiquyamanaque y que esto es lo que saue desta pregunta.

— Tinto my prensipal en este valle de Chimo encomendado en Melchor Verdugo dixo que a su padre Tintomyaya deste dicho testigo quel prencipal Chicamyanaque hera prencipal por si e que la tierra del dicho Chicamyanaque hera de la otra parte del rio e se llamaua Chican e questa delante de la Guaca grande questa de la otra parte del rio e que el pueblo que alli tenya se decia Changue y questo saue desta pregunta.

— Guaman prencipal que sirue a Rodrigo Loçano natural deste valle de Chimo dixo que conocio a Chiquiamanaque e que hera un yndio que sirue a don Martyn Cacique que fue deste valle de hamaquero e que no saue sy tenya tierra o pueblo alguno y questo saue desta pregunta.

— El dicho Vinynamo tio que se dixo ser del dicho prencipal Guaman dixo que Chiquiamanaque hera un yndio por sy e serbia a don Martin cacique que fue deste valle e que su tierra hera cabeza de la otra parte del rio arriba de la guaca grande y questo sabe desta pregunta y no otra cosa.

| | 3 | Yten si saben quel dicho Guaman que agora sirbe al dicho Rodrigo Loçano se llamo syenpre deste nonbre desde mucho antes que la cibdad de truxillo se poblase e despues de poblada e ansi fue llamado sienpre entre yndios e cristianos e no Chiquyamanque // e su pueblo se llamo y llama siempre Chichi y nunca ha tenydo otro nonbre e su padre se llamo Guamonamo e no Chicamyana digan lo que saben. |

3v

3° testigo — Juan Fernandez ensayador dixo que de los seis años a esta parte quea que este testigo conoce al dicho Guaman prencipal que agora es y de que sirbe a Rodrigo Loçano no le a oydo decir otro nombre syno Guaman e ansy es llamado y llama e no otro nombre y queste testigo a oydo al dicho Guaman que su padre se llamo Guamonamo e no otro nonbre e que su pueblo donde agora reside e residio syenpre se dice Chichi e no a oydo decir ni sabe quel dicho Guaman ny su padre se llamen Chiquyamanaque e questo sabe desta pregunta.

4° testigo — Alonso de Ávila Alguacil Mayor dixo que dice lo que a dicho en la pregunta antes dicha e que estando a la costa de la mar junto a la orilla del rio deste valle oyo este testigo decir al principal Guaman e a otro yndio viejo que con el estaua que se llamaua Nisuamo natural deste valle que su padre de Guaman se llamaba e llamo sienpre antes que los cristianos vinyesen a esta tierra e despues Guamonamo e que no tubo otro nonbre e que su pueblo se llamo sienpre Chichi e que ansy se llama agora e que era diferente de Chiquiamanaque e cosa por si e que Chiquiamanaque vibia e tenia sus tierras de la otra parte del rio e quel ny su padre no heran parientes de Chiquiamanque e Guamonamo murio primero que Chicamanaque y esto entendio este testigo por un cristiano que sabia la lengua que hablaua con ellos e que este testigo por certificarse de lo que decian les hablaba algunas cosas en lengua // de los yungas de la entendia la mas de lo que ha dicho ser ansi e que sienpre desde que este testigo esta en esta ciudad de catorce años a esta parte ha oydo tener la dicha tierra do esta Guaman por de Guaman e que por tal sea nombrado e no ha oydo el nombre de Chiquiamanaque sino despues que este pleito anda que ha oydo de que hera hamaquero e prencipal de don Martin cacique desde valle de Chimo y questo sabe desta pregunta.

4r

5° testigo — Francisco de Çamudio dixo que lo que de ella sabe es que estando un dia en casa deste testigo Chimbianamo que en nonbre de cristiano se dice don Francisco prencipal e segunda persona de los naturales desde valle de Chimo preguntandole sobre la que la pregunta dice dixo quel conoce muy bien a Guaman y conocio a su padre Guamonamo e que sabia que nunca tubo otro nonbre sino Guamonamo e que ansy se llamaba antes que los cristianos vinyesen a la tierra y despues y que hera cosa por si diferente de Chicamyanaque por que Chicamyanaque biuya de la otra parte del rio e que hera hamaquero del cacique don Martin y que el pueblo de

Guaman e de Guamonamo su padre se llamo e llama Chichi e que nunca tubo otro nonbre e que Guamoamo como murio primero que Chimyanaque por que guamonamo murio en uida del marques Don Françisco Piçarro e Chicamyanaque quando vino Vaca de Castro y questo saue desta pregunta.

6° testigo — Francisco de Fuentes dixo que desde que esta ciudad se poblo que a diez a seis años poco mas o menos este testigo ha entendido y conocido quel pueblo que hoy tiene y posee Guaman que sirue a Rodrigo Loçano que es junto a la mar y se llama sienpre // el pueblo de Guaman e no otro nonbre y esto ha oydo e sabido y entendido este dicho testigo e no otra cosa en contrario e ansy mesmo sabe que quando se poblo esta ciudad dieron a este testigo unas tierras junto

7° al pueblo e casa del dicho prencipal Guaman y en ellas estaua una huerta del dicho Guaman el qual se quexo a Martin este testigo que era a la sazon tenyente de gobernador en esta ciudad y le dixo a este testigo el dicho Martin este testigo que dexase aquellas tierras por que Guaman se quexaua dello e que se las daria en otra parte e que las dexo e que desde entonces aca no ha oydo ny entendido este testigo que el dicho prencipal se llame otro nonbre si no Guaman.

— Diego de Bega dixo que quando este testigo bino a la poblacion desta ciudad conocio a Guaman el uiejo que es defunto e al que agora posee sus yndios e tierras que estan junto a la mar e desde entonces aca ha oydo nonbrar ansy al que murio como al que agora sirve a Rodrigo Loçano llamarse Guaman e no otro nonbre nenguno e que su pueblo no sabe este testigo como se llama mas de ques junto a la mar media legua desta ciudad y questo es lo que saue desta dicha pregunta.

8° — Don Alonso Prencipal del valle de Chimo dixo que desde que este testigo se saue acordar Guaman el que de presente sirbe a Rodrigo Loçano no se llamo otro nonbre syno Guaman por que Chycamyanaque hera prencipal por si como lo ha dicho en la pregunta antes desta e que biuyo apartado el uno del otro por que Chiamanaque tenya su pueblo caue la otra parte del rio caue la guaca e Guaman lo tiene desta parte cerca desta ciudad que es muy apartado lo uno de lo otro (al margen como añadido: por que Chicamyanaque que tenya su pueblo de la otra parte del rio caue la guaca e Guaman lo tiene desta parte cerca desta ciudad e de muy apartado lo uno de lo otro) a que el pueblo del dicho Guaman se llama (al margen como añadido) Chichi y no ha tenido otro nonbre antes ni despues e que ansi se llama de presente que su padre de Guaman se llamo Guamyano e no Chicamyanaque por que este testigo le conoscio e conocio al dicho Chiquiamanaque.

— Punico Tumycimo Prencipal dixo que de mucho tiempo a esta parte conosce este dicho testigo a Guaman que agora sirbe a Rodrigo Loçano e que nunca antes que los cristianos uinyesen a esta tierra ny // despues se llamo otro nonbre syno Guaman e que no se llamo xamas Chicamyanaque syno Guaman e que su pueblo se llamo deste Guaman, Chichi e no otro nonbre e que su padre deste

Guaman se llamo Guaman e Guamonamo e no tuuo otro nonbre nenguno porque fue apartado del dicho Chicamyanaque e por si e por llamarse Guaman se llama agora su hijo el que sirbe a Rodrigo Loçano Guaman e no otro nonbre e que esto sabe de mucho tienpo aca que es desde que ese saue acordar e de en tiempo de Guayna Caba a esta parte.

10° testigo — Dixo que Guaman el que agora sirbe a Rodrigo de loçano que es prencipal siempre se llamo Guaman e no otro nonbre antes que los cristianos entrasen en esta tierra e despues hasta agora e su padre se llamo Guamonamo e no Chicamyanaque por que Chicamyanaque es diferente de Guamonamo e prencipal por si e las tierras e pueblos tienen de la otra parte del rio e Guaman desta otra e muy apartado uno de otro e que el pueblo de Guaman se llamo e llama Chichi y no otro nonbre e que Guamonamo ny Guaman nunca se llamaron Chicamyanaque syno los nonbres que ha dicho de Guamonamo el padre e Guaman el hijo e questo saue desto e que se sabe acordar hasta hoy.

11° testigo — Dixo que Guaman prencipal que sirue a Rodrigo Loçano sienpre se ha llamado Guaman antes que los cristianos uinyesen a la tiera e despues e que su padre se llamo Guamonamo e no otro nonbre e que nenguno dellos fue Chicamyanaque e que quando se fue Chicamyanaque por lo que ha dicho en la pregunta antes desta el comendador berdugo se quiso serbir de Guamonamo diciendo que hera Chicamyanaque pero no lo hera syno prencipal por si e cosa diuididas el uno del otro e que murio el dicho Guamonamo syendo uibo el marques don Francisco Pizarro e murio muy biejo e quel pueblo del dicho Guamonamo e que agora es de Guaman su hijo llaman Chichi e que no son llamado otro nonbre y questo saue desta pregunta.

12° testigo — Dixo que Guaman el que sirue a Rodrigo Loçano sienpre que ha

5r queste testigo lo conosce se llamo Guaman e no otro nonbre e que su padre // del dicho prencipal Guaman se llamaua Guamonamo e que no tubo otro nonbre e que nenguno de los dichos Guaman ny Guamonamo nunca se llamo otro nonbre e que su pueblo e tierra se llama Chichi e nunca tubo otro nonbre.

13° — El Dicho Guaman prencipal que sirue a Rodrigo Loçano natural deste ualle de Chimo dixo queste testigo se llamo y llama syenpre Guaman e que no se llamo otro nonbre e que su padre se llamo Guamonamo e no otro nonbre y no Chicamynaque e su pueblo se llama Chichi e no otro nonbre y que esto es lo que saue desta dicha pregunta.

14° — Otro testigo yndio tio de Guaman dixo que guaman su sobrino syenpre se ha dicho Guaman e no otro nonbre e que Guamonamo se llamo su padre e por esto se dice el dicho su sobrino Guaman e que Guamonamo se llamo un tienpo Chicamyanaque porque se lo mando ansi llamar el dicho marques e que su pueblo se llama Chichi e no otro nonbre e questo es lo que saue desta dicha pregunta.

testigo	Yten si saben que los yndios e suxetos del dicho Chicamyanaque e asiento e tierras en questaban y estan poblados heran e son diferentes de los yndios e asientos e tierras suxetos al dicho Guaman Digan lo que saben.

— Juan Fernandez dixo que habia año y medio poco mas o menos que andando este testigo a Sebastian Rodriguez uecino desta ciudad a caza toparon a Rodrigo Loçano e andres Hernandez de Vadajoz e Alonso Gutierrez uezinos desta ciudad a caza toparon a Rodrigo Loçano e andres Hernandez de Vadajoz e Alonso Gutierrez uezinos desta ciudad junto a un pueblo de un cacique del dicho alonso Gutierres que se llama don Alonso y estando hablando el dicho Loçano (tarjado: zano) con el dicho Cacique dixeron a este testigo e al dicho Sebastian Rodriguez lleguense aca y sean testigos de lo que este cacique dice y fue que le preguntaba sy hera cosa por si Chiquiamanaque de Guaman e dixo el dicho don Alonso que todo el tiempo que se acordaua haber conocido a Chicamyanaque de la otra parte del rio e que tenya sus tierras e pueblos arriba de la guaca e que el pueblo donde residia Chicamyanaque se dezia Changuco e otro pueblo de pescadores que tenya a la mar que se llama Xacon o que hera por si de Guaman e que uibia Guaman // en Chichi ques desta parte del rio y el Chicamyanaque donde ha dicho e que hera el un al otro cosa apartada despues yendo este testigo a caza muchas ueces e llegaua de la otra parte del rio e preguntaua a yndios de los que habia por alli que si hera uerdad lo que decia don Alonso que Chicamyanaque viuya de la otra parte del rio e dixeron a este testigo que si e que hera cosa diuidida e apartada de Guaman e que oyo decir al dicho don Francisco prencipal deste ualle que el dicho Chicamyanaque habia muerto antes que Guamonamo padre de Guaman quando uino Baca de Castro e que ansy oyo esto que ha dicho a que a dicho a Tintomy prencipal de yndios deste ualle encomendado en Melchior Verdugo e que hera cosa dibidida el dicho Chiquiamanaque de Guaman e que esto es lo que saue desta dicha pregunta.

testigo	— Alonso de Aulla Alguacil Mayor dixo que dice lo que ha dicho en la pregunta antes dicha.
testigo	— Francisco de Çamudio dixo que dice lo que ha dicho en la pregunta antes dicha e que el asiento que dicen ser de Chicamyanaque es hacia la sierra y el de Guaman es a la costa de la mar casi una legua de trecho lo uno de lo otro y el rio que ua por este valle en medio y que esto es lo que saue desta dicha pregunta.
8°	— Don Alonso prencipal deste ualle de Chimo dixo que como ha dicho en las preguntas antes dichas el dicho Chiquyamanaque hera prencipal apartado e dibidido de Guaman e de otro e tenya sus pueblos de la otra parte del rio e Guaman desta otra junto a la mar que es el trecho mucho de lo uno a lo otro e que Chicamyanaque murio en tiempo que gobernaua Vaca de Castro de unas cargas que lleuo a Santa e Guamonamo padre de Guaman syendo uiuo el marques murio en esta ciudad y questo es lo que saue.

9°	— Dixo que los yndios e asiento de tierra e pueblos que fueron de Chicamyanaque es apartado de el pueblo e tierra de Guaman por que lo uno es de la otra parte del rio hacia la sierra y estotro de Guaman es desta otra parte del rio junto al tambo que llaman los yndios porti pueblo de cristianos e que esto es la uerdad de lo que saue.
10° testigo	— Dixo que como ha dicho en las preguntas antes dichas el // asiento de los yndios del prenzipal Chicamyanaque es apartado e diferente de lo de Guaman e que Chicamyanaque murio en Santa lleuando cargas quando goberno este reyno Baca de Castro e que Guamonamo murio quando el marques gobernaua y questo es lo que saue desta pregunta.
11° testigo	— Dixo que la tierra e pueblo de Chicamyanaque hera apartado e lejos de la de Guaman por que la una esta de aquella parte del rio e la otra desta parte desta ciudad y esta lejos lo uno de lo otro e questa es la berdad.
12°	— Dixo que los pueblos y tierras del dicho Chiquyamanaque heran o son dibididos e apartados gran trecho que es de mas de una legua del dicho pueblo de Guaman e questo que ha dicho se las uerdad.—
13°	— El dicho Guaman prencipal que sirue a Rodrigo Loçano dixo que Chicamyanque hera apartado deste testigo de su padre e que su padre nunca se llamo Chicamyanaque e que esto es uerdad.
14°	— Dixo que Chicamyanaque hera dibidido de Guaman e que su pueblo hera de la otra parte del rio e la de Guaman es de la otra parte del rio en la tierra que se dice Chichi e que hay de la una parte a la otra gran trecho aunque todo es en este ualle y questo saue deste cargo.
	V Yten si saben que Andres Hemandez de Vadajoz e Andres Chacon e Juan de Mata el mozo e Pero Rodriguez e Lorenzo de Uzeda e Alonso Gutierrez e Francisco Luis de Alcantara y el Capitan Diego de Mora son personas muy honrradas e de mucho credito e buenos cristianos e han sido syenpre serbidores de su magestad e como tales alcanzaron vandera en la ciudad de Truxillo en su rreal servicio e fueron mucha parte para reducir estos Reynos al servicio de su magestad como se reduxeron e son tales personas que con juramento y aunquel no diran al contrario de la verdad digan lo que
7r	saben //
1° testigo	— Pedro de Valdez dixo que conoce a los en ella contenydos e a cada uno dellos los quales son tales personas como la pregunta lo dice y por tales este dicho testigo tiene e son habidos e tenidos en estos reynos e ansi es publico e notorio en ellos haber sido e ser serbidores de su magestad e haberse hallado en todo lo que la pregunta dice e por ser tales como dicho tiene e por lo que de ellos conosce cree este dicho testigo e tiene por cierto que con juramento en qualquier caso

que fuesen preguntados por testigos dirian la uerdad de lo que supiesen y questo dice e saue desta dicha pregunta.—

2° testigo — El licenciado Rodrigo Niño dixo que conosce a los en la pregunta contenydos eceto al Andres Hemandez de Vadajoz e Juan de Mata el Mozo que no los conosce y que este dicho testigo los tiene por honbres honrrados y de buena uida e fama e que los tiene por serbidores de su magestad especialmente al dicho capitan Diego de Mora a quien este testigo ha conbersado mucho tiempo e que le ha uisto hacer muchos e buenos serbicios a su magestad en estos reynos del peru e queste dicho testigo los tiene por tales a los suso dichos que no diran al contrario de la berdad de lo que le fuese preguntado e supiesen por que los tiene por buenos cristianos e temerosos de Dios.

3° testigo — Joan Fernandez dixo que a las personas contenydas en la dicha pregunta este testigo las tiene por tales como en ella se declara e serbieron a su magestad en alzar uandera en su real nonbre y en todo lo demas que se ofrecio en el real de su magestad e que cree este dicho testigo e tiene por cierto que con juramento no diran mas de la uerdad por que los tiene por personas de buena conciencia a tales como la dicha pregunta lo dize.

7v — Los demas testigos dicen lo mesmo //

VI Yten si saben e si creen e tienen por cierto que los contenidos en la pregunta antes dicha noynducieron a nengun yndio ni a otra persona que dexesen al contrario de la uerdad y en tal posesion son habidos e tenidos digan lo que saben.

1° testigo — Pedro de Valdez dixo que por lo que dicho tiene en la pregunta antes de esta e por lo que dello este testigo conosce cree e tiene por cierto que los su so dichos ny alguno de ellos no ynducirian a ninguna persona a que dixesen al contrario de la berdad en algun caso por que los tiene por buenos cristianos y questo es la berdad.

2° testigo — El licenciado Rodrigo Nyño dixo que dice lo que dicho tiene en la quynta pregunta a que se refiere y questa es la uerdad.

3° testigo — Joan Fernandez dixo que por tener este testigo a los contenidos en la dicha pregunta antes dicha por tales personas como la pregunta lo dize cree e tiene por cierto que no ynducirian a yndio ny yndia alguno que fuese testigo que dixese al contrario de la uerdad y en tal posesyon los tiene este dicho testigo.

4° testigo — Diego de Auyla Alguacil Mayor dixo que tiene por tal persona a los que la pregunta dice que no ynducirian a nadie a que dixese al contrario de la uerdad e que este testigo oyo que Alonso Gutierrez dixo a su principal e yndios que ny por el comendador Verdugo ny por Rodrigo Loçano no dixesen syno la berdad.

5° testigo — Dixo que lo que la pregunta dice este testigo lo cree e tiene por cierto por que los tiene por tales como lo ha declarado en la pregunta antes dicha e los tiene por tales que no ynducirian a yndios ny cristianos que dixesen en su dicho cosa no debida e questo saue desta pregunta.

6° testigo — Francisco de Fuentes dixo que a lo que este testigo cree e tiene por cierto que los contenidos en la pregunta antes dicha no ynducirian a nengun testigo natural ni español que dixese el contrario a

8r la uerdad // por que son tales personas que no se debe de creer ny presumyendo dellos que tal harian e ansy lo tiene por cierto este testigo.—

7° testigo — Diego de Bega dixo que lo que este testigo cree por ser las personas que la pregunta dice de la calidad que ha declarado no ynducieron a nengun testigo yndio ni español a que dixese el contrario de la uerdad.—

Yten que lo suso dicho es publica voz e fama (media página en blanco)

— Relacion sacada de la probanza fecha por parte del comendador Melchior Verdugo en el pleito que trata con Rodrigo Loçano sobre el prencipal Guaman.—

VERDUGO Primeramente si conocen al dicho Melchior Verdugo e al dicho Rodrigo Loçano e si tienen noticia del dicho prencipal Guaman e de su antecesor Chicamyanaque en el ualle de Chimo como en esta ciudad de Truxillo.—

Yten si saben que entre los yndios que dio y encomendo el marques don françisco Piçarro al dicho Melchior Berdugo le dio y encomendo al dicho prencipal Chicamyanaque en el ualle de Chimo como consta por el titulo que le dio el cual tubo y poseyo el dicho Melchor Berdugo mucho tienpo quieta y pacíficamente sirbiendose del lebando sus tributos e aprobechamyentos con los yndios a el sujetos //

8v (roto) — Rodrigo Loçano dixo que sabe que el marques don Françisco Piçarro le encomendo a Melchior Berdugo quando hico el repartimiento desta ciudad el prencipal que se llama Chicamyanaque señor de el pueblo Changuco e niega lo demas de la pregunta por que ny lo sirbio el dicho prencipal ny tomo posesion en el ny le tributo e que desde ha un año y quarenta dias quel marques se lo encomendo que fue desde que se hizo el repartimiento hasta que murio Martín este testigo se lo quito y a esta causa no tubo lugar de serbirse del dicho prencipal ny tomo la posesion del.—

1° testigo — Don Diego Cacique prencipal de Cajamarca dixo que este testigo conocio a Guamonamo que (tarjado: sirue agora a Rodrigo Loçano) que hera padre del dicho prencipal Guaman que sirue agora a Rodrigo Loçano el qual Guamonamo se decía por otro nonbre Chicamyanaque el qual Guamonamo sirbio a Lorenzo de Ulloa en nonbre del comendador Verdugo en el entretanto que el dicho Melchior Berdugo fue a el Cuzco e ayudo a hacer la casa del dicho comendador Berdugo con sus yndios e despues que vino el dicho Melchior Berdugo del Cuzco subiendole Caxamarca este testigo uio que le sirbia Guamonamo con sus yndios y que le sirbio mucho

	tiempo e lo tributo y que lo ueia este testigo quando uenya de caxamarca a esta ciudad como lo ha dicho.
2° testigo	— Don Pedro Cacique de la probincia de caxamarca dixo que hace tiempo se dieron los yndios por el marques don Françisco Piçarro a los cristianos e dieron al comendador Verdugo los de Caxamalca uino a esta ciudad Caroraico cacique prencipal de Caxamalca y este testigo uino con el que hera muy mochacho y entonces entendio que se decía entre los yndios que Chicamyanaque se habia huido y que en su lugar habian dado al comendado Verdugo al prencipal Guamonamo con sus yndios para que sirbiese dellos e desde que syenpre hacia las cosas del serbicio de casa el dicho Guamonamo con sus yndios con los demas que serbian al suso dicho e que bio que le sirbio algun tiempo e que le daban tributos y questo
9r	dixo que sabe por la bia que lo ha dicho //
3° testigo	— el Prencipal Guaman que uiue en este ualle de Chimo que esta encomendado a Rodrigo Loçano dixo que cuando le dieron los yndios al comendador Verdugo le dieron con ellos a su padre deste testigo que se decia Guamonamo e que Chicamyanaque serbia a don Martin cacique deste ualle y no a cristiano nenguno y que esto es lo que sabe desta dicha pregunta.
4° testigo	— Uinynamo natural deste ualle de Chimo dixo que quando cedieron los yndios a Melchor Verdugo que le querian dar con ellos al prencipal Chicamyanaque e que se huyo y que le dieron por Chicamyanaque a Guamonamo cacique deste testigo e que sirbio a Berdugo algun tiempo.
5° testigo	— Pantinamo yndio dixo queste testigo syendo mochacho uio e conoscio a Chicamyanaque e que quando le dieron los yndios que tiene el comendador Verdugo que le dieron a Chicamyanaque e que no Vio si se serbio del y por que hera mochacho e que no bio mas de conocer al dicho Chicamyanaque que se le dieron al dicho Melchior Verdugo.
6° testigo	— Don Francisco cacique prencipal deste ualle dixo que quando le dieron los yndios al comendador Verdugo le dieron a Guamonamo e no a Chicamyanaque por que hera prencipal por si e serbia del don Martin cacique e quando este testigo hera chiquyto sirbio el dicho guamonamo a berdugo.
7° testigo	— Don Francisco prencipal del ualle de Chimo dixo que bien se acuerdo este testigo quando dieron los yndios a Melchor Verdugo e que le dieron a Chicamyanaque e lo tubo dos dias e por que le pidieron mucho maiz se huyo el dicho Chicamyanaque e le dieron a Guamonamo al dicho Melchior Verdugo el qualle dio don Martin cacique deste ualle en lugar de Chicamyanaque e que sirbio el dicho Guamonamo al dicho Melchior Verdugo mucho tiempo no supo dezir quanto señaladamente.
9° testigo	— Quispe yndio sujeto a Berdugo dixo que syendo este testigo muchacho estando muchos prencipales delante del marques y este testigo fue con un yndio de nycaragua de Martin este que hera te‐
9v	yente en esta ciudad y estando alli don Martin // cacique deste ualle

el marques pregunto a don Martin cacique que como se llamaba un prencipal que estaua alli que hera Guamonamo padre de Guaman e dixo don Martin que se decia Chicamyanaque e que por Chicamynaque se lo dieron a Melchior Verdugo su amo entonces y que le sirbio el dicho Guamonamo Chicamyanaque a Mel chior Verdugo y cinco años preguntado que tantos meses es un año dixo que nueue meses y questo sabe desta pregunta.

9° testigo — Francisco Perez Lescano dixo que tiene este testigo noticia que le dieron y encomendaron al dicho Melchior Verdugo al prencipal Chiquyamanaque por que lo oyo decir a los caciques deste valle de Truxillo e que le serbian los yndios deste principal e que no sabe el tiempo que fue mas de que se sirbio de ellos mas de por lo que ha dicho que les dixeron los dichos yndios y questo es lo que sabe desta dicha pregunta.

10° testigo — Joan Fernandez ensayador dixo que este testigo oyo decir a Rodrigo Loçano despues que se trata esta causa ques uerdad que se encomendo en el comendador Melchior Verdugo el principal Chicamyanaque e que se sirbio del Melchior Verdugo un año y que lo demas no lo saue.

3 pregunta —Yten si saben que el dicho prencipal Guaman que agora sirbe al dicho Rodrigo Loçano es hijo e sucesor del dicho prencipal Chicamyanaque que por otro nonbre se llamo Guaman y le sucedio en todo lo quel tenia (tarjado: queria) e poseia de suso dicho e ansy lo tiene e posee con todos los yndios a el sujetos.

Cal.ª — Rodrigo Loçano dixo que la niega por que Guaman es hijo de Guamonamo e cosa por si e sobre sy dibidida de Chicamyanaque.

1° testigo — Don Diego Cacique del dicho ualle dixo que sabe que los yndios que heran de Guamonamo que por otro nonbre se decia Chicamyanaque tiene de presente el prencipal Guaman que agora sirbe a Rodrigo // Loçano por que este testigo viene muchas ueces a esta ciudad e se comunica con el e sabe por esta causa lo que ha dicho e tiene todo lo que su padre tenya.

10r

2° testigo — Don Pedro cacique en la probincia de Caxamarca dixo que no sabe este testigo que es prencipal Guaman que agora es su hijo de Chicamyanaque si no hijo de Guamonamo e queste dicho Guaman que agora es prencipal e sirbe a Rodrigo Loçano heredo de Guamonamo su padre los yndios e hacienda que tenya e lo tiene y posee de presente.

3° testigo — El Prencipal Guaman que uiue en este ualle de Chimo dixo que este testigo sucedio en los yndios y señorio de su padre Guamonamo o no en el de Chicamyanaque preguntado si su padre se llamo Chicamyanaque dixo que no syno Guamonamo e que hoy dia tiene e posee los yndios que su padre (tarjado: es de) Guamonamo le dexo e todos su uienes e questo es lo que sabe desta dicha pregunta.

4° — Dixo que los yndios e señorio que hoy dia tiene y posee el prencipal Guaman que sucedio y hera antes de su padre Guamonamo e no de Chicamyanaque e que no se llamo Guamonamo Chicamya-

	naque syno Guamonamo como ha dicho e que aquellos yndios que heran de Guamonamo tiene e posee sus tierras el dia de hoy Guaman su hijo. —
5°	— Dixo que los yndios tierra e señorio que tiene Guaman que sirue Rodrigo Loçano fue hijo de Guamonamo e no de Chicamyanaque e que los yndios e tierras que heredo Guaman heran de su padre Guamonamo e no de otra persona e que Guamonamo jamas queste testigo se sauve acordar no tubo otro nonbre syno Guamonamo.
6° 10v	— Don Cristobal cacique prencipal deste balle dixo que Guaman prencipal que agora sirbe a Rodrigo Loçano que no fue hijo de Chicamyanaque syno de Guamonamo el qual Guamonamo se llama // Chicamyanaque por que don Martin cacique de este ualle le puso este nonbre Chicamyanaque quando lo querian dar a Melchior Uerdugo e que antes desto se decia Guamonamo e que despues que le puso el nonbre de Chicamyanaque se llamaba Chicamyanaque e Guamonamo e que el dicho Guaman que agora le sucedio e tiene los yndios e tierras de Guamonamo que por otro nonbre se decia Chicamyanaque por la razon que ha dicho e por ser su hijo.
7° testigo	— Dixo que los yndios e tierras en que sucedio Guaman que agora sirbe a Rodrigo Loçano lo hobo ny heredo de Chicamyanaque syno de Guamonamo que fue de su padre e Chicamyanaque no tubo hijo ny heredero Guaman prencipal que agora en sus yndios ny señorio por que el dicho Chicamyanaque no tenya yndios nengunos por que Hera hamaquero de el cacique don Martin y questo saue desta pregunta.
8°	— Dixo que Guaman que agora sirbe Rodrigo Loçano fue hijo de Guamonamo que por otro nonbre se llamo Chicamyanaque como lo ha dicho en la pregunta antes dicha el qual Guaman tiene e posee hoy dia los yndios que su padre tenya e tierras.
9° que esta en blanco	— Francisco Perez de Lezcano Dixo que lo que saue desta pregunta de que este testigo que el dicho Guaman se sirbe de aquella parcialidad de yndios que en aquel tiempo sirbieron a Melchior Uerdugo e que podría en los dichos yndios por deudo que tubiese al dicho Chicamyanaque e questo suave desta pregunta.
11r	4 Yten si saben que por estar el dicho Melchior Berdugo ausente en tiempo quel dicho marques le dio y deposito el dicho prencipal Chicamyanaque // Lorenço de Ulloa vecino de la dicha ciudad de truxillo se sirbio en nonbre del dicho Melchior Verdugo del dicho prencipal e de sus yndios el qual hera un yndio viejo e gordo e pecoso del que se sibio Con titulo y espresa licencia del dicho marques.
cal^a	— Dixo que nyega haber serbido Lorenço de Ulloa de Chicamyanaque por que lo que paso fue que estando el marques repartiendo en la ciudad e los yndios della enbio a Melchor Berdugo Con unas cartas a el Cuzco y en el entretanto le dio y encomendo a Chicamyanaque señor del pueblo Changuco e que don Martin cacique deste ualle tomo para su serbicio a Chiquyamanaque que lo tenya encomendado Melchior Verdugo e dixo a Guamonamo padre de

Guaman que se llamase Chicamyanaque sy le preguntasen como se llamaua y esto hera después que se encomendo en Melchior Verdugo Chicamyanaque e Lorenço de Ulloa se sirbió de Guamonamo syn titulo alguno ny posesion hasta el tiempo que dixo en la segunda pregunta que es un año e quarenta dias que acauo este tiempo volvyo el marques a esta ciudad e visto que el dicho Melchior Verdugo se serbia de Guamonamo e que no tenya titulo del se lo quyto e le dio en reconpensa a Guanco en Tunba en las cauecadas de Chicama e Aborrontomy prencipales en este ualle de Chimo que hoy dia tiene e posee e le quito tanvien a Chicamyanaque entonces.

1° testigo — El dicho don Diego cacique principal de caxamarca dixo que dice lo que ha dicho en la segunda pregunta e que es verdad quel marques que llaman los yndios en su lengua el dicho don Diego dio al comendador Verdugo los yndios en su lengua Caxamarca e a Guamonamo que por otro nonbre se decia Chicamyanaque e sirbio a Lorenço de Ulloa con Caxamarca // en nombre de Melchior Verdugo por haber hido a el cuzco como ha dicho e despues que vino el dicho Verdugo del cuzco le sirbio el dicho Guamonamo e sus yndios y que hera un honbre gordo el dicho Guamonamo e viejo pecoso como dice la pregunta por que lo bio e conozio.

11v

2° testigo — Don Pedro cacique de la probincia de caxamarca dixo que en tiempo que dieron los yndios al dicho comendador Verdugo fue a el cuzco y en su nonbre se sirbio dellos Lorenço de Ulloa e venydo del cuzco el dicho Melchior Verdugo se sirbio de su repartimiento e del dicho Guamonamo el del Guamonamo hera grande de cuerpo e mas gordo que flaco e que tenya unas señales en la cara e de ellas unos hoyos en la dicha cara e questo sabe desta pregunta.

3° — El Prencipal Guaman dixo que quando dieron los yndios al comendador Verdugo estaua el dicho comendador en esta ciudad e que le dieron al principal Chicamyanaque e despues le dieron a su Padre deste testigo que hera Guamonamo e que se lo dieron por que se huyo Chicamyanaque e que tenya el dicho Guamonamo unas señales en la cara de hoyos y hera viejo e no muy alto de cuerpo e que sirbio al comendador Verdugo y questo sabe deste caso.

4° — Venyamo yndio dixo que quando dieron los yndios a Melchior Verdugo no estaua en esta ciudad syno en el cuzco e que Lorenço de Ulloa se sirbio de sus yndios hasta que el vino e que le querian dar al prencipal Chicamyanaque e que se huyo e que le dieron a Guamonamo lo qual dio el marques Picarro e que sirbio a Ulloa el dicho Guamonamo e sus yndios e que hera Guamonamo honbre alto de cuerpo viejo e tenya unas señales en la cara de unos hoyos e que no tenya cabellos quando murio.

5° — Dixo que lo que saue desta pregunta es que quando los cristianos vinyeron a esta tierra e fueron a el cuzco le lleuaron alla e despues que vino le dixo Guaman su prencipal que habia serbido Guamo namo a Ulloa por Melchior Verdugo e que estaua Melchior Verdugo entonces en el cuzco e questo saue desta pregunta //.—

12r

6° testigo	— Don Cristobal cacique dixo que quando dieron los yndios a Melchior Verdugo estaba en el cuzco e se sirbio dellos Lorenço de Ulloa en su nonbre e de el prencipal Guamonamo el qual hera un yndio uiejo caluo e sin cabellos la cabeça e gordo e la cara hoyos a e no muy alto de cuerpo.—
7°	— Dixo que quando dieron los yndios a Melchior Verdugo no estaba en esta çibdad por que estaua en el cuzco e que se sirbio de sus yndios por su ausencia en su nonbre Lorenço de Ulloa uexino desta çibdade que no se sirbio de Chicamanaque syno de Guamonamo e que Chicamanaque hera un yndio delgado e mozo e Guamonamo hera viejo e no muy alto de cuerpo e gordo tenya hoyos en la cara e questo saue desta pregunta.—
8°	— Dixo que quando dieron estos yndios a Melchior Verdugo estaua en el cuzco por que lo entiendo ansi de yndios syendo este testigo mochacho e yendo a casa del cacique de caxamarca por chicha e otras cosas vio a Guamonamo que se nonbraua tanbien Chicamanaque con aquel cacique seruia a Lorenço de Ulloa en nonbre de Melchior Verdugo el qual Guamonamo hera uiejo e no hera muy gordo y questo es lo que saue desta dicha pregunta. —
9° testigo	— Francisco Perez Lezcano dixo que publico es que se sirbio Lorenço de Ulloa de los yndos de Chicamanaque en nonbre de Melchior Verdugo porque ansi lo ha oydo a los españoles en esta ciudad e a yndios tanuien a lo que se acuerda e questo es lo que sabe desta dicha pregunta.—
	5 pregunta — Yten si saben quel dicho prencipal Guaman e los dichos sus yndios de Chimo de que al presente sirben al dicho Rodrigo Loçano son los mesmos que se encomendaron y de que se sirbio el dicho Melchior Verdugo por ser sujetos del dicho Chicamyanaque e de los que se sirbio Lorenço de Ulloa en su nonbre.
Cal ͣ	— Dixo que niega haberse encomendado al comendador Melchior Verdugo a Guaman ny a sus yndios ny ser sujeto el dicho Guaman e sus yndios a Chicamyanaque por la razon que ha dicho en la pregunta antes dicha //
12v 1° testigo	— Dixo que es verdad lo que la pregunta dice e como lo ha dicho en la tercera pregunta por que ha comunicado a Guaman prencipal que agora es e conoscio a su padre Guamonamo e por esto entiende e saue lo que la dicha pregunta dice.
2° testigo	— Dixo lo quede ella sabe es que por comunicacion que ha tenydo con Guaman Prencipal que agora sirue a Rodrigo Loçano sabe que heredo a Guamonamo su padre e que conoce algunos yndios de los que quando Guamonamo serbia al comendador Verdugo e hiba con el dicho Guaman e algunos yndios de los que agora tiene Guaman y por esta causa sabe lo que ha dicho e no mas de esta pregunta.—
3° testigo	— El prencipal Guaman dixo que los yndios queste dicho testigo tiene e posee deuaxo de su señorio el dia de hoy son los que heredo de su padre Guamonamo e que siruieron a el comendador Verdugo pero que no fueron sujetos a Chicamyanaque en nengun tiempo

	syno a Guamonamo su padre y a este testigo como su heredero y questo es lo que sabe desta dicha pregunta. —
4° testigo	— Dixo que los yndios que hoy tiene e posee el prencipal guaman son los que tenya e poseia Guamonamo e no Chicamyanaque e questos sirbieron a Lorenço de Ulloa, una luna myentras Melchior Verdugo en el cuzco estubo e que una luna llaman un mes e que le sirbieron en nonbre del dicho Melchior Verdugo.
5° testigo	— Dixo que dice lo que ha dicho en la quarta pregunta e lo mesmo voluio a decir en esta que dixo en la otra.—
6°	— Dixo que los yndios que hoy tiene e posee el prencipal Guaman son los que sirbieron a Melchior Verdugo e no fueron sujetos a Chicamyanaque syno a Guamonamo y que esto es lo que saue desta pregunta. —
7°	— Dixo que los yndios que hoy dia tiene e posee Guaman que sirbe a Rodrigo Loçano son los mesmos que sirbieron a Melchior Berdugo e que no fueron del prencipal Chicamyanaque syno de Guamonamo padre del dicho Guaman en cuyo señorio sucedio el dicho Guaman //.—
13r	
8°	— Dixo que los yndios que hoy tiene y posee Guaman prencipal que sirue a Rodrigo Loçano son los mesmos que siruieron a Melchior Verdugo porque ansi lo oyo decir entre yndios.
9° testigo	— Dixo que se refiere a la segunda pregunta e que por lo dicho de los caciques deste valle sabe que los yndios que tiene Guaman hoy dia posee son los que siruieron a Lorenço de Ulloa e a Melchior Verdugo y esto saue desta pregunta.
hay otros dos testigos	
	6 pregunta — Yten sy saben es que al tiempo que se repartieron los yndios del valle de Chimo el marques don Francisco Piçarro pregunto a don Martin cacique del dicho valle de Chimo antecesor del que ag.ora es como se llamaua el dicho prencipal para lo dar al dicho Melchor Verdugo e dixo que se llamaua Chicamyanaque.—
Cal.ª	— Dixo que nyega por la razon que ha dicho en la quarta pregunta.
1° testigo	— Don Diego cacique dixo que al tiempo que la pregunta dice este testigo bino a esta ciudad con el cacique Caroraico su tio y en ella supo que el marques pregunto a don Martin cacique que hera deste ualle como se decia el dicho Guamonamo prencipal e le dixo que se decia Chicamyanaque preguntado como lo supo el dixo que lo entendio uien como lo ha dicho por que quando se daban los yndios a cristianos se entendia que dauan a cada uno e que entonces dieron al dicho comendador Verdugo al dicho Guamonamo que se decia Chicamyanaque.—
2° testigo	— Dixo que no saue desta pregunta mas de hauer oydo nonbrar a Chicamyanaque pero que no lo conozio ni bio mas de a Guamonamo e por este nonbre de Guamonamo y questo saue desta pregunta.
3° testigo	— El prencipal Guaman dixo que quando el marques dio a su padre Guamonamo al comendador Verdugo estaua este testigo presente que hera mochacho e pregunto el dicho marques a don Martín que como se llamaba su padre deste testigo e que le dixo el

13v	dicho don Martín que dicese que se llamaua Chicamyanaque e que ansy dixo don Martín al marques que se decía e pero // que nunca se llamo Chicamyanaque sino Guamonamo antes de aquello e despuese fue por que se huyo el dicho Chicamyanaque e le mando el dicho don Martín cacique que se llamase el dicho Guamonamo su padre Chicamyanaque e que por entonces dixo su padre Guamonamo que se llama Chicamyanaque (sic) por que se lo mendo ansi el dicho don Martin cacique.
4° testigo	— Dixo que quando el marques quyso dar los yndios al comendador Verdugo pregunto a don Martín cacique que hera deste ualle quien hera Chicamyanaque e dixo que Guamonamo hera Chicamyanaque.
5° testigo	— Dixo que quando el marques dio los yndios al comendador Melchior Verdugo estaua este testigo delante siendo mochacho chiquyto que estaba con su padre e que oyo que pregunto el marques Picarro al cacique don Martín quien es Chicamyanaque e que dixo don Martin este es e señalo a Guamonamo.
6° testigo	— Dixo que quando dieron los yndios a Melchior Verdugo pregunto el marques que quien hera Chicamyanaque e dixo don Martin cacique principal deste valle antecesor deste testigo que Guamonamo se decia Chicamyanaque e que lo vido este testigo pasar ansi siendo chequito yendo con don Martin delante del marques.
7°	— Don Martin Prencipal deste valle dixo que es uerdad que quando el marques quyso dar los yndios a Melchior Verdugo pregunto a don Martin cacique de el dicho pueblo e valle de Chimo antecesor de don Cristobal que agora es que quien hera Chicamyanaque e que don Martin señalo que hera Chicamyanaque Guamonamo por que se habia huhido (sic) Chicamyanaque e no sabia pidiendoselo que descir e mando a Guamonamo que se llamase Chicamyanaque y ansy lo nonbraron por tal.
14r	7 pregunta — Yten si saben quel dicho principal se llamaua por otro nonbre Guaman e por otro Chicamyanaque por llamarse ansi / cierta tierra y sementera que entonces senbraua el suso dicho y si sauen que se tiene de costunbre por la mayor parte llamarse la tierra y el cacique cuyo es de una manera.
Calª	— Dixo que la nyega por que nengun principal se llama como el nombre de la tierra syno es el cacique principal del valle e aun algunos destos tiene nonbre por si e que niega Chicamyanaque llamarse Guaman en nengun tiempo ny Guaman Chicamyanaque.
1° testigo	— Dixo quel dicho principal Guamonamo se llamaba Guamonamo e Guaman Chicamyanaque e la rracon por que se llamaua Guaman Chicamyanaque hera por que tenya unas tierras que se llamaban Chicaman que son las que agora se tiene Guaman su hijo que es en el balle desta ciudad junto a la mar de todos los yndios yungas tienen por costumbre llamarse del nonbre de sus tierras en especial los caciques e prencepales de ellos y esto saue por que ha mucho tiempo que lo entiende ansy.

2° testigo	— Dixo que la tierra que agora tiene el prencipal Guaman se dice Guaman o Guamonamo no sabe cierto qual destos nombres e que sabe que entre los Yungas se dicen los caciques del nombre de sus tierras e questo es la que sabe desta pregunta e no otra cosa.
3° testigo	— El prencipal Guaman dixo quel dicho Guamonamo su padre no se dixo ny nonbro jamas Chicamyanaque syno fue quando el cacique don Martin como lo ha dicho en la pregunta antes dicha se lo mando e que no tubo jamas tierras que se llamasen de aquel nombre Chicamyanaque e que algunos caciques se dicen el nombre de sus tierras e otros no e queste testigo se dice Guaman e su tierra Chichi e no tiene el el nombre de su tierra e que ansy hay otros caciques que unos tienen nonbre de tierra e otros no //.
14v 4° testigo	— Dixo que antes quel marques preguntase como se llamaba Guamonamo a don Martin e dixo que Chicamyanaque que no se llamo otro nonbre syno Guamonamo e que despues fue lo mesmo que no tubo otro nonbre syno Guamonamo sino fue aquel tiempo quel cacique don Martin dixo que se llamaba Chicamynaque si se lo preguntasen e que ansi lo dixo e que le dieron a Guamonamo unas tierras que heran de Chicamyanaque que se dezian Chicamyanque e que senbro en ella dos veces para Melchior Verdugo el dicho Guamonamo e que algunos caciques hay que se llaman el nonbre de sus tierras e otros del nonbre de sus padres y questo es lo que sabe desta dicha pregunta. —
5° testigo	— Dixo que nunca se llamo Guamonamo syno deste propio nonbre mas del dia que el dicho marques lo pregunto e don Martin dixo que se dezia Chicamyanaque e que antes ny despues nú se saco ny llamo Chicamyanaque syno Guamonamo e que unas tierras que se llaman Chicamyanaque que son de la otra parte del rio senbro Guamonamo cierto tienpo e questo es lo que se sabe desta dicha pregunta.
6° testigo	— Dixo quel dicho Guamonamo se llamo Chicamyanaque por razon que se la mando ansi el cacique don Martin e por unas tierras que le dio el dicho cacique de la otra parte del rio dieste valle que se dice Chican e que los prencipales de los yndios todos tienen nonbre de sus tierras.
7°	— Dixo que desde que don Martin mando al dicho Guamonamo que se llamase Chicamyanaque desde entonces se llamo Chicamyanque e Guamonamo y el dicho cacique mando a los principales del valle que se llamasen el un nonbre y el otro e que no tubo tierras el dicho Guamonamo que se llamasen Chicamyanaque e que no hay yndio que se llame el nonbre de la tierra ny tal costumbre tienen sino fue Chicamyanaque el qual se huyo de su tierra e dezia
15r 8° testigo	Chicamy e se llama el mesmo nonbre el de la tierra //. — Dixo que dice lo que ha dicho en la segunda pregunta e por aquello sabe que Guamonamo se llamo Chicamyanaque e que no saue sy hay tierra que se dixese de aquel nonbre mas de lo que ha dicho en la segunda pregunta e que lo demas de la pregunta que no lo saue.

9°	— Dixo que sabe que por la mayor parte los yndios yungas señores se llaman de el nonbre de el sitio dondestan e que los demas no lo habe mas de lo que ha dicho en las preguntas antes dichas.
	8 pregunta — Yten si sauen que quando el dicho Rodrigo Loçano hizo la ynformacion Ad Perpetuan rey memorian en la ciudad de Truxillo hablo a el dicho Guaman e a otros yndios e prencipales diciendoles e auisandoles que no dixesen que del dicho Melchior Verdugo e otras cosas amenacarles que les castigaria si dixesen otras cosas mas de las que les decia que dixesen.
Calª	— Dixo que la nyega.
1° testigo	— Dixo queste testigo a oydo decir a Quihpe Yanacona del comendador Verdugo que decia un yndio viejo que andaua con el prencipal Guaman que Rodrigo Loçano decia a los yndios que presentaua por testigos que no dixesen que heran los yndios de Guaman de Verdugo syno que los acotaua y el nonbre del yndio viejo no declaro por que dixo que no lo sabe.
2° testigo	— Dixo queste testigo oyo dezir a Quispe Yanacona de Melchior Verdugo su amo que decia que Rodrigo Loçano queriendo hacer una probanza habia dicho a los yndios que presentaba por testigos no digais que sois de Melchior Verdugo que os acotare e questo es lo que sabe desta dicha pregunta.
3° testigo	— Dixo que quando Rodrigo Loçano hizo una probanza ante Rodrigo de Paz, Alcalde e otra ante Juan Cortes corregidor dixo su dicho en ella pero que no le dixo Loçano amenaza ni cosa alguna sobre ello aparecibiosele diga uerdad y que no tenga miedo dixo que si algo le dixeron que lo declarara agora y que no le dixo nada el dicho Loçano //.
15v	
6°	— Dixo que bien se acuerda este testigo quando Rodrigo Loçano hizo cierta probanza de testigos ante Rodrigo de Paz alcalde e otra ante Juan Cortes corregidor e que bio traer yndios por testigos al dicho Rodrigo Loçano pero que no saue sy les amenaço o no o que le decia.
7°	— Dixo queste testigo se acuerda quando hizo una probanza Rodrigo Loçano pero que no sabe que dixo a los yndios ny mas de la dicha pregunta.
9°	— Dixo queste testigo hupo de Vinyamo yndio de Guaman que Rodrigo Loçano le decia quando Melchior Verdugo estaua en esta ciudad que si hirian a lleualle pescado u otra cosa que los habia de castigar por que no heran de Melchior Verdugo sino suyos e que los demás de la pregunta que no lo sabe.
	9 pregunta — Yten si saben que Andres Hernandez de Vadajoz es cuñado del dicho Rodrigo loçano casado con una hermana de su mujer e tiene odio capital al dicho Melchior Verdugo por le haber tenydo preso por secuaz de Gonzalo Pizarro al tiempo que alço bandera por su magestad en la ciudad de Trujillo que fue por el año de quarenta y cinco e por que le tomo un caballo e desde el dicho tiempo le tienen el dicho odio enemistad.

Cal^a	— Dixo que la nyega por quel dicho Andres Hernandez de Vadajos no es cuñado deste que declara e que dice quehta casado con una que dice ser hermana de la muger deste que declara y quel dicho Melchior Verdugo tubo preso al dicho Hernandez nyega todo lo demas que la pregunta dice por quel cavallo que dice lo conpro el dicho Vadajoz de un soldado que se decia Alan.
9° testigo	— Dixo que saue que Andres Hernandez de Vadajoz es casado con hermano de la muger de Rodrigo Loçano e que a lo queste testigo cree no estaua vien con el dicho Melchior Verdugo por la racon que la pregunta dice //
10° testigo	— Valerio de Gaona dixo que en esta ciudad se dice que la muger de Andres Hernandez de Vadajoz es hermana de la muger de Rodrigo Loçano uexino desta ciudad e que si lo es o no que este testigo no lo saue que vido quando Melchior Verdugo se alço en esta ciudad tuuo preso Andres Hernandez Vadajoz pero queste dicho testigo no sabe sy el dicho Andres Hernandez de Vadajoz quiere mal al dicho comendador Verdugo por que no le ha oydo dezir mas ny sabe mas desta dicha pregunta.
11°	— Juana de Melgar dixo questa testigo ha tenido e tiene por hermana la muger de Rodrigo Loçano e de Andres Hernandez de Vadajos por que ellas mesmas lo han dicho a esta testigo e que sabe quel Melchior Verdugo tuuo preso al dicho Andres Hernandez de Vadajoz e que le oyo dezir a Melchior Verdugo que tomo un cauallo al dicho Andres Hernandez de Vadajoz lo qual oyo a personas por ahy publicamente e que no sabe mas de lo que la dicha pregunta dize.
12°	— Dixo queste testigo oyo decir en esta ciudad a muchas personas que la muger de Andres Hernandez Vadajoz es hermana de la muger de Rodrigo Loçano e que sabe que Melchior Verdugo tubo preso quando se alço en esta ciudad Andres Hernandez e que en quanto a tener el suso dicho odio a Melchior Verdugo que este dicho testigo no la saue e que lo tiene por buen cristiano e que cree que no le terna (sic) por que ha mucho tiempo que lo tubo por eso Melchior Verdugo e se ha confesado muchas veces y cree que lo habra confesado.
	10 Yten sy saben que ansi mesmo Andres Chacon ha mucho tiempo que tiene enemystad e odio capital al dicho Melchior Verdugo por le hauer tenydo preso por sacaz del dicho Gonzalo Pizarro al dicho tiempo que alzo vandera en la dicha ciudad de Truxillo e por que el tiene puesta demanda sobre sus haciendas en esta rreal audiencia e desde el dicho tiempo questubo preso le tiene al dicho odio y enemystad //.
Cal^a	— Dixo que saue quel dicho Melchior Verdugo tuuo preso al dicho Andres Chacon y le pide lo que no le deue ni le tomo y que nyega tenerle odio el dicho Chacon.
9° testigo	— Dixo que saue este testigo quel comendador Verdugo puso demanda a Andres Chacon vezino desta dicha ciudad por que ansi lo

	ha oydo dezir y que cree que no estara vien con el dicho comendador Verdugo por la raçon de la dicha demanda e de lo demas que la dicha pregunta dize.
10° testigo	— Dixo que sabe quel dicho Melchior Verdugo tubo preso quando se alço en esta ciudad Andres Chacon e que sabe que le tiene el dicho Melchior Verdugo puesta demanda ante la real audiencia al dicho Chacon pero que no habe este dicho testigo sy el dicho Chacon quiere mal al dicho Melchior Verdugo por que no se lo ha oydo dezir.
11° testigo	— Dixo que saue esta testigo que el dicho Melchior Verdugo tuuo preso a Andres Chacon porque los vido este dicha testigo en casa del dicho Melchior Verdugo quando se alço en esta ciudad e que despues de huido della el dicho Berdugo Ana Lopez muger de Andres Chacon dixo a esta testigo muchas veces que Dios se lo perdonase a Melchior Verdugo que le habia llevado cien pesos de oro e que no se los deua e que lo demas de la dicha pregunta no lo saue.
	11 Yten si saben que Juan De Mata el Moço hera solicitador del dicho Andres Chacon e de Diego de Mora e de otros vezinos de la dicha ciudad de Truxillo a quien el dicho Berdugo tiene puesta demanda sobre sus haciendas al tiempo que testifico e fue presentado por testigo por el dicho Rodrigo Loçano.
Calª	— Dixo que la nyega
10° testigo 17r	— Dixo que saue que el dicho Juan de Mata el Moço que la pregunta dize fue solicitador del dicho Andres Chacon e de los // demas uezinos desta dicha ciudad y en el negocio de que les puso demanda el dicho Comendador a los suso dichos y questo es lo que saue de esta dicha pregunta.
11° testigo	— Dixo que lo que saue desta pregunta es que muerto Francisco de Saauedra que solicitaua el negocio de los uezinos desta ciudad contra Melchior Verdugo fue a Lima Juan de Mata y oyo dezir que hiria a solicitar el dicho pleito lo qual se dixo ansi en esta ciudad publicamente y que lo demas de la pregunta que no lo saue.
12° testigo	— Dixo que sabe que Juan de Mata el Moço que la pregunta dice fue solicitador de los dichos vezinos que la pregunta dice pero no saue si lo hera al tiempo que dixo ser dicho por Rodrigo Loçano como la pregunta dice por que no ha tenydo la memoria del dicho tiempo.
	12 Yten si saben que Pero Gonzales esta mal e tiene odio capital con el dicho Melchior Verdugo por auer sido secaz de Gonzalo Pizarro y el dicho Verdugo seruydor de su magestad e si saben que al tienpo que alço uandera en la dicha ciudad de Truxillo el dicho Pero Gonzales andubo conbocando gente contra el e despues hiço caueca de proceso contra el por que se alzo en serbicio de su magestad o desde el dicho tiempo que ha mas de seis años le tiene el dicho odio.
Calª	— Dixo que la nyega por que el dicho Pero Gonzales no fue secaz de Gonzalo Pizarro ny se siguio e ue maese de campo de su magestad quando esta ciudad se declaro en su real serbicio y estubo en canpo

en caxamarca en su real nonbre e que niega el dicho Pero Gonzalez ser enemigo de el dicho Melchior Verdugo antes es muy su amigo y al tiempo que dixo su dicho por este confesante jugaban hambos cada día e niega los demas.

9º — Dixo que sabe este testigo que ha hauydo pasiones entre el comendador Verdugo e Pero Goncalez e que quando el comendador

17v Verdugo // se alzo en esta ciudad el dicho Pero Gonzalez con boco gente para venyr sobre el dicho Melchior Verdugo e vino a esta ciudad e truxo al capitan Bergara e a otros e que quando llego ya el dicho comendador Verdugo hera ido e que lo demas de la caueça del proceso que se remyte a los autos que sobre ello se hecieron por do parecera.

10º — Dixo que luego que se fue desta ciudad Melchior Verdugo dende ha dos o tres dias llego a esta ciudad el dicho Pero Goncalez con el Capitan Vergara y con otras personas e lo demas de la pregunta no lo sabe.

12º testigo — Dixo queste testigo estubo preso en casa de Melchior Verdugo quando se alzo en esta ciudad e que salido de allí dende a dos o tres días uido este dicho testigo en su casa al dicho Pero Goncales e no sabe sy hiço gente contra el dicho Melchior Verdugo o no ny si el tiene mala voluntad antes cree que es amigo el dicho Pero Goncalez de el dicho Verdugo por que quando estaba el suso dicho e esta ciudad habra mas de un año le vido este testigo al dicho Pero Gonçalez comunycar al dicho Melchior Verdugo e se conversaban y este dicho testigo mas cree que son amigos que no enemigos.

13 pregunta — Yten si saben que Lorenço de Ulloa esta mal e tiene odio capital con el dicho Melchior Verdugo por le hauer tenydo preso al dicho tiempo que alço uandera en Truxillo por que hera secaz del dicho Gonçalo Picarro e ansy mesmo por el tener puesta demanda sobre sus haciendas e dende el dicho tiempo que estubo preso le tiene la dicha mala uoluntad.

Calª — Dixo que la niega por que nunca prendio el dicho Melchior Verdugo a Lorenzo de Ulloa por que lo que tubo syenpre suelto en su casa del dicho Verdugo y es muy amigo del dicho Verdugo y hera quando dixo su dicho por este que declara y que es verdad que le tiene puesta demanda pero que es publico que es fungida la de-

18r manda que la pregunta dize //.

— Dixo que ha oydo dezir que Lorenzo de Ulloa no esta bien con el dicho Melchior Verdugo sobre que le puso demanda e sobre la presion en que lo tuuo quando se alço en esta ciudad lo qual ha oydo publicamente en esta ciudad e al dicho Lorenço de Ulloa e le ha oydo dezir que se tiene por agrabiado de que lo hubiese tenydo preso el dicho Melchior Verdugo.

10º testigo — Valerio de Gaona dixo queste testigo ha vido preso a Lorenço de Ulloa en casa de Melchior Verdugo quando se alço en esta ciudad e que lo demas de la pregunta no lo saue.

11° testigo	— Dixo queste testigo vido preso en poder de Melchior Verdugo a Lorenço de Ulloa e que por publico y notorio saue este dicho testigo que despues de hido Melchior Verdugo desta ciudad se decia quel dicho Lorenço de Ulloa queria mal al dicho Melchior Verdugo e de poco tiempo a esta parte ha oydo dezir al dicho Melchior Verdugo que hera amygo de Lorenço de Ulloa e que lo habia hallado en lima e lo mesmo le dixo a este testigo Lorenço de Ulloa.
12°	— Dixo queste testigo antes tiene al dicho Lorenço de Ulloa que la pregunta dice por amigo del dicho Melchior Verdugo que no por enemigo por que quando se fue desta ciudad le dexo por tal su amigo sus haciendas e poder e para las anparar e ansy fue publico e que despues aca no sabe sy le tiene enemistad o no.
	14 pregunta — Yten si saben que francisco Luis de Alcantara es muy grande amigo del dicho Rodrigo Loçano de mucho tienpo a esta parte e fue muy gran secaz del dicho Gonçalo Picarro a cuya causa dende el dicho tienpo a esta parte esta mal e tiene odio al dicho Melchior Verdugo.
Calª	— Dixo que la nyega por que Alcantara fue Alferez del Visorrey e su serbidor e fue por fuerça con Gonçalo Picarro e no es enemigo de Melchior Verdugo.
9°	— Dixo que sabe que Alcantara y Rodrigo Loçano son amigos e por tales se tratan y el dicho Alcantara fue a Quito con Gonçalo Picarro y le mostraba gran voluntad.
10° testigo	— Dixo que oyo dezir este testigo que Francisco Luis de Alcantara fue a Quito con Gonçalo Picarro e que no bee que se trata con Rodrigo Loçano e con los demas vezinos e lo demas no lo saue //.
18v	
11°	— Dixo que este testigo cree que Alcantara es amigo de Rodrigo Loçano por que por tales se tratan y que no sabe quel dicho Alcantara sea enemygo de Melchior Verdugo y questo es lo que sabe desta dicha pregunta.
12°	— Dixo que sabe que Francisco Luys Alcantara es amigo de Rodrigo Loçano e de todos los demas vezinos desta ciudad e que no saue si es enemigo del dicho Melchior Verdugo, ny si le tiene odio o no e que en quanto ser secaz de Gonçalo Picarro dice que antes ha oydo dezir a muchas personas que hera alfarez del bisorrey Blasco Nuñez Vela en la ciudad de los Reyes.
	15 Yten si saben que Gaspar Olguin de color negro tiene odio capital al dicho Melchior Verdugo por que le hico cortar la natura e conpañones habra catorce años poco mas o menos e sy saben que allende desto el dicho Gaspar de Olguin es un negro honbre vaxo vorracho que se enbeoda.
Calª	— Dixo que la niega por que no le hico cortar la natura el dicho Berdugo al dicho Gaspar que la pregunta dice syno que Pero Matico siendo Alcalde en esta ciudad se la mando cortar e no le ha visto vorracho mas de ques negro.
9°	— Dixo que el dicho Gaspar Olguin de color negro no esta bien con el dicho Melchior Verdugo por que quando hablan del dicho Ber-

dugo el dicho Gaspar habla mal del e que se enborracha de vino algunas ueces.

10° testigo — Dixo queste testigo ha oydo dezir en esta ciudad a muchas personas el dicho Melchior Verdugo fue parte para que cortasen el mienbro genital al dicho Gaspar Olguín e que no sabe sy quiere mal al dicho Melchior Verdugo e que saue quel dicho Gaspar Olguin es negro que uebe bien vino pero que no le ha uisto borracho este testigo e questo saue desta dicha pregunta.

11° testigo — Dixo que sabe quel dicho Gaspar Olguin que la pregunta dice se le corto en esta ciudad su natura e que no sabe quien fue causa dello ni quien se lo mando cortar e que sabe que el dicho Gaspar Olguin es negro pero que no le ha visto borracho ny sabe sy se enborracha.

— Dixo que en quanto al ser parte el dicho comendador Melchior Verdugo de que le cortasen el mienbro a Gaspar Holguin que no lo sabe e que sabe quel dicho Gaspar Olguin es negro e que no le ha uisto este testigo borracho y questo saue desta pregunta//

19r

16 Yten si saben que Chacon y Ciminiciamo e Binasnamo son yndios que siruen a Alonso Gutierrez y sujetos de Prencipales suyos como por su dicho e disposicion paresce y si saben quel dicho Alonso Gutierrez tiene odio y mala voluntad al dicho Melchior Verdugo por le haber tenido preso por secaz del dicho Gonçalo Picarro al dicho tiempo que alço bandera por donde es de tener por cierto que ynduxo a los dichos yndios que testificasen en fabor del dicho Rodrigo Loçano contra el dicho Melchior Verdugo en contrario a la uerdad.

Calª — Dixo que algunos de los yndios que dice la pregunta sirben a Alonso Gutierrez e que lo demas que dice la pregunta lo niega por que Alonso Gutierrez no es enemigo de Melchior Verdugo niynduxo a los yndios que dixesen el contrario a la uerdad.

10° testigo — Dixo que sabe que Alonso Gutierrez no esta bien con el comendador Verdugo por que ansy lo ha sauydo y entendido en esta ciudad e lo demas no lo sabe.

10° — Dixo queste testigo no conosce los yndios que la pregunta dice e que sabe e bio que quando se alço en esta ciudad Melchior Verdugo tubo preso a Alonso Gutierrez e que no sabe que tiene el dicho Melchior Verdugo alguna enemistad por ellos ni lo que dixo a los yndios algunos ni sabe mas de lo que ha dicho en esta pregunta.

11° — Dixo que conoce a Chancon que se sirbe del Alonso Gutierrez y es prencipal suyo e a los demas yndios que la pregunta dice no los conoze e que hablando quatro o cinco dias a ciertas personas que no quiso declarar sus nonbres le dixeron que Alonso Gutierres hera enemigo de Melchior Verdugo por que le habia tenido preso preguntado como se llamaba la persona que se lo dixo dixo que en su conciencia no se acuerda quien lo era e que lo demas de la pregunta dixo que no lo saue.

12º	— Dixo queste testigo conoce a Binasnamo y a Nancinamo e a Chancon que es don Alonso que siruen a Alonso Gutierrez e queste testigo saue quel dicho Melchior Verdugo tubo preso al dicho Alonso Gutierrez pero que no lo tiene por persona que ynducira a yndios ni a otras personas para que dexesen el contrario a la uer-
19v	dad antes ha oydo // decir (manchado: este) testigo al dicho Alonso Gutierrez que decia a sus yndios e al dicho don Alonso Chancon que dixesen uerdad en estos casos por que lo dixo ante este testigo a los dichos yndios y questo es lo que saue desta dicha pregunta.

      17   Hay mas testigos que saben que los yndios que la pregunta dice son sujetos de Alonso Gutierrez.

Yten si saben que los dichos dos yndios que se llaman Tumynamos el uno dellos sirue al dicho Alonso Gutierrez y es sujeto de un prencipal suyo y el otro sirue a Diego de Mora como por sus dichos e de pusyciones paresce el qual dicho Diego de Mora es enemigo capital del dicho. Melchior Verdugo mucho tiempo ha por lo qual y por tenerle odio y el dicho Alonso Gutierrez es de tener por cierto sy dixeron a los dichos yndios que testificasen en fauor del dicho Rodrigo Loçano contra el dicho Verdugo en contrario de la uerdad.

9º testigo	— Dixo que no sabe cuyos son los yndios que la pregunta dice e que sabe que Diego de Mora e Melchior Verdugo traen pleito y no se comunican e que no los tiene por amigos por que ansy lo muestran el uno a lo otro.
10º testigo	— Dixo que lo que sabe es quel dicho Melchior Verdugo y el capitan Diego de Mora traen pleito pero que no sabe sy el dicho Diego de Mora tiene odio al dicho Melchior Verdugo ni conoce los yndios que la pregunta dice.
12º	— Dixo queste testigo no conoce a los yndios que la pregunta dice e queste testigo tiene por tales a los dichos Diego de Mora e Alonso Gutierrez que la pregunta dice que no dirian a yndio ni a otra persona que dexesen contra la berdad cosa alguna por que los tiene por cristianos e personas honrradas e que no harian lo que la pregunta dice.

      18   Yten si saben que Shancay (?) yndio sirue al dicho Rrodrigo Loçano e le serbia el tienpo que le pregunto por testigo por quanto es sujeto del dicho Guaman que sirue al dicho Rodrigo Loçano como por su dicho paresce //

20r

Yten si saben que los dichos Andres Hemandez de Vadajoz e Andres Chacon e Lorenço de Ulloa e Pero Gutierrez e Francisco Luis de Alcantara e Gaspar Olguin antes yal tiempo quel dicho Rodrigo Loçano los presento y dixeron sus dichos tenian el dicho odio y mala voluntad al dicho Melchior Verdugo e donde el tiempo que se alço en Truxillo en se bicio de su magestad y el dicho Diego de Mora e Alonso Gutierrez dende el dicho tiempo a mas de seis años.

Calª	— Dixo que la niega.
9º	— Dixo que sabe que antes que tratasen pleito los que la pregunta dice con el comendador Verdugo le querian mal e despues aca cree lo mesmo por que lo bee ser y pasar y es publico en esta ciudad.

Los demas testigos dicen lo que han dicho en las preguntas antes desta.

    19   Yten sy saben quel dicho Rodrigo mestizo lengua que ynterpreto los dichos e declaraciones de los dichos yndios serbia al dicho Alonso Gutierrez al tienpo que declaro sus dichos e depusyciones de lo suso dichos yndios.

Cal^a

— Dixo que sabe quel dicho Rodrigo Calbillo lengua posaba quando se hizo la probanza que la pregunta dice en casa de Alonso Gutierrez vezino desta ciudad e lo demas niega.

3° testigo

— Dixo que quando a este testigo se le tomo su dicho ante Juan Cortes e ante el dicho Rodrigo de Paz como ha dicho el dicho Rodrigo Caluillo lengua que es agora vibia, entonces con Alonso Gutierrez.

6°

— Dixo que en este tiempo que la pregunta dice el dicho Rodrigo Caluillo biuja con Alonso Gutierrez.

7°

Dixo que muchos dias ha queste testigo bido bibir al dicho Rodrigo Caluillo lengua en casa del dicho Alonso Gutierrez uezino desta ciudad.

9°

— Dixo que saue que Rrodrigo Calbillo un mestiço sirbio a Alonso Gutierrez hasta que habra pocos dias que se puso de aprendiz de sastre //

20v

— Que todo lo suso dicho sea publica uoz y forma.

— Versem originalmente las escripturas y titulos y las informaciones sumarias y con esto esta bien sacada esta relacion en lo substancial.

                    Licenciado Santander
                        (rubricado)

Archivo General de Indias
Justicia 398

Transcripción de Guillermo Cock

SEGUNDA PARTE

MITOS Y HOMBRES

Capítulo 4

Testamento de don Luis de Colán, curaca en 1622

EL SEÑORÍO DE COLÁN

Los testamentos de los señores andinos de los siglos XVI y XVII son documentos sumamente valiosos por la amplia gama de información que suministran. En dichos testimonios se observa el ambiente en el que se desarrollaba la vida de tal o cual cacique, sus bienes y herencias con ciertos rezagos de costumbres indígenas, pese al fuero castellano impuesto por los españoles.

Un estudio comparativo de este tipo de documentos muestra el mayor o menor grado de aculturación de los personajes, según las regiones, el número de sus propiedades y su participación en la vida económica del lugar. Sin embargo, antes de entrar en el estudio del testamento en sí, es necesario situar el curacazgo de Colán en su contexto sociopolítico.

La etnohistoria de la región de Piura ha sido trabajada y muchos son los puntos que aún se ignoran. Uno de los temas a dilucidar es la composición étnica de sus habitantes y la extensión territorial de los varios señoríos que ocupaban la región.

No parece haber existido en los valles Chira-Piura una unidad política que reuniese ambas cuencas en un solo jefe. Todo hace suponer que durante el Período Intermedio Tardío la región estuvo dividida en varios curacazgos, sin una marcada hegemonía. Además, la población mostraba una diversidad étnica que se reflejaba en la pluralidad de lenguas en uso de los dos valles.

La Relación de San Miguel de Piura, escrita entre 1571 y 1585, menciona la existencia en la zona de tres "naciones" indígenas diferentes, con idiomas distintos, sin proporcionar mayor información (Jiménez de la Espada 1885, tomo II).

En 1651 el entonces obispo de Trujillo señalaba la necesidad de que los sacerdotes conocieran las lenguas locales empleadas en las doctrinas para la catequización de los neófitos: El religioso manifestaba la presencia de cuatro lenguas norteñas aparte de la general del inca. Eran la de Olmo, la de Sechura, la lengua de Catacaos y Paita, además de la lengua hablada en los valles de Trujillo que los españoles llamaban mochica (AGI, Audiencia de Lima, Leg. 55, fol. 6; Rostworowski 1977a: 226).

En la lista de las diversas lenguas del norte confeccionada por orden del Obispo Martínez Compañón, figuran como idiomas distintos unos de otros el sechura, el colán y el catacaos.

Lequanda (1793: 175) decía que:

> se observa una variedad digna ciertamente de admiración los más de los pueblos, aunque sean confinantes e cercanos, tienen su diferente lenguaje, guturación y distinciones, que aun los que no los entienden, lo conocen al oirlos hablar.

Poca distancia separa efectivamente el hábitat de los sechuras de los colán o de los catacaos. Desgraciadamente no sabemos casi nada sobre estos idiomas, salvo unas cuantas palabras de cada uno de ellos (Martiínez Compañón 1978, tomo II, fol. IV).

Es posible que la lengua sechura hablada por grupos dedicados a la pesca y al trueque del pescado salado fuese un *argot* o *lingua franca*, al igual que lo era la "pescadora", antiguo dialecto en uso entre los grupos de pescadores del litoral del actual departamento de La Libertad.

En la visita pastoral realizada en 1593 por el arzobispo Toribio de Mogrovejo (1920: 242) se mencionan los sacerdotes que en cada doctrina conocían las diversas lenguas indígenas. Uno de ellos era Bartolomé de Vargas de Santo Domingo, nombrado como "gran lenguaraz" en las *lenguas pescadoras,* palabras que indican la existencia de una pluralidad o variantes locales del dicho *argot*. De ahí el gran interés en comparar las posibles relaciones entre la lengua "pescadora" y la de Sechura, hablada más al norte por grupos igualmente pescadores.

Si escasean las noticias sobre las diversas hablas del norte, también son poco numerosas las referencias a los grupos étnicos. En temprana fecha, es decir en 1533, Diego de Molina escribía:

> Hay en cada provincia una lengua é quassi un trage, esto por los llanos e costa de la mar
> En el rio que llaman de la Pira, ques a treynta leguas passado Tumbez, donde primero se pobló Sanct Miguel, hay una lengua e llamanse Talla-

nes. Andan arreboçados los hombres todos con unas tocas de muchas vueltas, é assi traen las cabeças muy grandes con aquellos reboços, é a los cabos sus repaçejos colgados que parescen barbas (Fernández de Oviedo 1945, tomo XII).

En la relación de Sámano-Xerez (Porras Barrenechea 1937: 71) hay mención de la llegada de Francisco Pizarro al valle de Tangarará y sobre el lugar se dice que:

> cerca del cual hay muchos pueblos y aldeas de indios y cerca del rio está una casa grande alta y hermosa hecha de piedra a manera de fortaleza, cerca de la casa hay una grande y hermosa ciudad.

Sus caciques dieron la bienvenida a Pizarro quien, por encontrar el valle fértil, decidió fundar en él el primer pueblo de españoles llamándole San Miguel.

Cieza de León *(Crónica del Perú* 1941: 192) describe el río Poecho, que por otro nombre decían Maicabilca, valle muy poblado y donde había grandes y numerosos edificios, casi totalmente destruidos cuando pasó el cronista por aquel lugar.

Cabello de Valboa (1951: 326 y 467) cuenta que los naturales del valle de Poechos, en las riberas del río Chira, y los de Tangarará, así como los habitantes de Piura y Catacaos decían ser tallanes y proceder de la sierra. También los pobladores de Olmos, aunque de idioma y modos de vivir muy distintos a sus vecinos, afirmaban tener un origen serrano.

En el estado actual de nuestros conocimientos es muy difícil definir los grupos étnicos que se hallaban por entonces establecidos en dichos valles. En cuanto a la población española, la primera fundación de un asentamiento hispano en tierras andinas fue la de San Miguel en Tangarará, en 1532, en el valle del río Chira pero, por encontrar posteriormente el lugar poco salubre quedó trasladado, un año más tarde, por Diego de Almagro al Alto Piura, en el Monte de los Padres, lugar conocido actualmente con el nombre de Piura la Vieja.

La segunda migración de la ciudad de San Miguel data de 1578 y se efectuó al puerto de Paita, pero el saqueo e incendio a manos del corsario inglés Thomas Cavendish, el 30 de marzo de 1587, puso de manifiesto la poca seguridad del lugar. Además la falta de agua, de leña y de tierras de cultivo dificultaban el desarrollo de la ciudad. El tercer y definitivo traslado de San Miguel se efectuó en 1588, al sitio denominado por los naturales como Chilcal, en las cercanías del río Piura (Eguiguren 1894: 157).

Las encomiendas de Piura no fueron en su tiempo consideradas como ricas y se observa una división bastante arbitraria de los cacicazgos. Hecho similar ocurría en otros lugares y hacía decir a fray Domingo de Santo Tomás, en una carta dirigida al rey, en el Consejo de Indias, y fechada el 1° de julio de 1550, que los naturales recibían gran perjuicio y daño por el modo de dividir los repartimientos entre los encomenderos, sin tomar en cuenta a los curacas y principales y a las jerarquías existentes entre los indígenas (Lissón y Chávez 1943, Vol. 1, N° 4: 195-196).

Sobre estos primeros repartos tenemos algunas noticias en los papeles del licenciado Pedro de La Gasca de 1549. Dichas encomiendas fueron otorgadas ya sea por Francisco Pizarro, Vaca de Castro o el propio La Gasca (Rostworowski 1976b). Aquí solamente mencionaremos lo que sabemos sobre Colán por ser el tema del presente trabajo y limitado a uno de sus caciques, aunque en las demás encomiendas encontramos la misma caprichosa división. Así hallamos a un "principal Colán ques en el pueblo de Payta, terná sesenta yndios, están bacos". Este grupo seguramente de pescadores, pese a vivir en Paita no formaba parte de dicho señorío y no sabemos si representaba un enclave o si su presencia se debía a la territorialidad discontinua vigente en el ámbito andino (Rostworowski 1978: 96).

También existían unos "colán pescadores" otorgados por cédula del marqués a Andrés Durán, uno de los primeros alcaldes de San Miguel y encomendero de Colán y de Maycabilica, quien además poseía por cédula de Vaca de Castro el cacicazgo de Colna en la sierra. En 1549 Durán había fallecido y los naturales de su encomienda estaban vacos. El monto de su tributo ascendía a 300 pesos.

Otro cacique de Colán estaba encomendado en Pedro Gutiérrez de los Ríos y junto con la mitad de Chiparra en la sierra tenía en total 400 tributarios. No es raro encontrar que un encomendero poseyera un grupo de costeños y que también disfrutara de otro de serranos.

En una lista de los encomenderos de Piura de 1549 figura un Baltazar de Carbajal con el repartimiento de "Llasy y balle de Colan", es posible que Llasy o Lasilla fuese el pueblo de pescadores de Yasilá, otorgado por cédula de Pizarro. Ambos rentaban 500 pesos al año.

Estas noticias aunque tempranas no contribuyen a conocer los límites del cacicazgo de Colán, ni su organización sociopolítica, pero muestran hasta qué punto los españoles de esta primera época desmembraron los grupos étnicos, repartiendo a los curacas entre diversos encomenderos. Su falta de conocimiento del país y la gran demanda de otorgamiento de encomiendas motivaron a Pizarro a proceder a divisiones con frecuencia arbitrarias. Cualquier cacique subalterno, jefe de pequeños grupos fue considerado como señor de mayor categoría y un curacazgo resultaba dividido entre varios españoles. El sistema de desarticular las etnías por caciques, aunque fuesen pequeñas, es decir con un sentido demográfico, motivó posteriormente un sinnúmero de juicios por tierras entre indígenas y entre encomenderos.

Pese a la confusión de las noticias, puede postularse como hipótesis que Colán y Paita tuvieron en tiempos prehispánicos una hegemonía política, con varios caciques menores reunidos bajo un señor muy principal.

A través de datos posteriores, sabemos que en 1718 el cacicazgo de Colán comprendía varios ayllus: el de Colán propiamente dicho, Camacho, Malacas, Nizama, Viltonera y unos *mitmaq* o enclaves Guaura que, de acuerdo con los documentos de La Gasca, eran pescadores (AGI, Audiencia de Lima, Leg. 441).

Según Leguía y Martínez (1914) los pueblos y caseríos relacionados con el curacazgo que nos interesa eran los siguientes: Colán, la antigua capital del distrito y cercana al mar; La Capilla; el nuevo Colán o San Lucas, creado después de la destrucción del pueblo viejo por dos incendios, siendo entonces que sus pobladores decidieron mudar la aldea al lugar que ocupa actualmente tierra adentro y en las riberas del río Chira. El traslado de Colán, desde el litoral, a un asentamiento más cercano a los campos de cultivo, demuestra un cambio en el interés económico de sus pobladores. Las restantes aldeas son Sarama, Guayaquil, La Bocana y Malpaso.

Los colán vivían sobre todo de la pesca, de la explotación de sus salinas y del pastoreo de ganado menor.

Un novelesco episodio conmovió, en 1615, la vida un tanto apacible de los Colán. En aquel entonces el corsario holandés Jorge Spilberg —o Joris van Spilbergen— pasó con siete naves el estrecho de Magallanes, con la intención de atacar el puerto del Callao. Enterado el virrey, marqués de Montesclaros, de la presencia en aguas peruanas de la flota enemiga, salió a darle el encuentro cerca de Cerro Azul, en Cañete.

Después de una incierta victoria, retornó el virrey al Callao a reponerse de los daños sufridos, mientras el corsario hacía lo propio tras la isla de San Lorenzo. Spilberg no se atrevió a asaltar el puerto de Lima y tomó rumbo al norte, incendiando Huarmey y hubiera hecho lo mismo con Paita, a no ser por la valerosa encomendera de Colán, doña Paula de Piraldo y Herrero de Colmenero, quien juntó y armó a su gente y al frente de una columna marchó a Paita y ocupó los puestos estratégicos del lugar. Su ánimo dio fuerza a los presentes y el corsario quedó rechazado ante la inesperada defensa del puerto (Leguía y Martínez 1914: 229).

EL PERSONAJE Y SUS BIENES
(ADP, Protocolos Notariales, Escalante Osorio, Antonio, Leg. 29)

Es interesante comprobar a través de las cláusulas testamentarias, la riqueza que disfrutaba y el alto rango social que ostentaba, en 1622, el entonces cacique de Colán. Se trataba de un hombre totalmente aculturado, hecho no sólo a los usos y costumbres impuestos por los españoles, como se le nota en su desenvoltura y conocimientos económicos del mundo de entonces. Está muy lejos de ser uno de esos seres humillados o abatidos después de la pérdida de su anterior situación social. Todo lo contrario sucedía con don Luis quien, en ningún momento, tomaba un tono plañidero o hacía referencia al pasado prehispánico.

No conocemos la edad de don Luis al tiempo de redactar su testamento. Es posible que naciera por los años de 1560 ó 1570 pues a pesar de ser un hombre mayor llevaba una vida ocupada en sus negocios y en la administración de sus bienes.

Don Luis fue hijo de don Juan Yunchere, cacique principal del repartimiento de Colán y de Isabel Macazcachire. Siendo muy joven se casó con doña María, mujer principal de Paita, que murió poco después sin dejar descendencia y nuestro personaje aclaraba "para que conste" que no se volvió a casar. Pese a las presiones y prohibiciones de los curas doctrineros que predicaban contra el "amancebamiento" de los naturales, don Luis tuvo varias mujeres, según costumbre de los señores andinos, pero sin aclarar si vivían todas ellas en su casa. En el testamento declaraba a sus hijos, haciendo la salvedad que "yo no estoy cierto de ello". La mayoría de sus concubinas pertenecían a su propio ayllu, salvo una mujer de los *mitmaq* guauras, una de Catacaos y otra sin indicación del lugar de su procedencia.

Don Luis mantenía relaciones comerciales con españoles destacados de Piura. Por ejemplo, formó compañía con el capitán Hernando Troche de Buitrago para fomentar la crianza de ganado menor. Los Buitrago eran vecinos de Piura y encomenderos de Tangarará (Vegas García 1939). Constaba en el documento que los pastores indígenas nunca fueron pagados por los dos socios y sólo ante la cercanía de la muerte manifestó don Luis su deseo de que sus albaceas cancelaran la deuda.

La base de los negocios de nuestro curaca consistía en la comercialización de la sal, extraída de las salinas de Colán. En segundo lugar procedía de la pesca y pescado seco y salado y por último de sus hatos de cabras y ovejas. Las innumerables cuentas, cartas de pago, libros donde llevaba su contabilidad, notas sobre ventas que realizaba don Luis ante escribano, lo señalan como activo negociante, sobre todo con diversos españoles, vecinos o mercaderes no sólo de Paita y Piura, sino de Guayaquil y Quito. En menor escala tenía cuentas pendientes con otros caciques de la región.

Entre las cláusulas testamentarias referentes a los tratos de la sal hay mención de don Gonzalo, cacique gobernador de la isla de La Puná, que debía un saldo de 170 pesos de a ocho reales por varios envíos de sal. Otra disposición indicaba la deuda hacia el maestro de campo Antonio de Salinas, vecino de Guayaquil, por la compra que hizo don Luis de dos esclavas, al precio de 672 fanegas de sal. A un tratante de Quito, Juan González, había enviado don Luis por "flete de balsa" a Guayaquil una remesa de sal que no había sido cancelada. A otro español, el general Juan de Andrade, le compró dos esclavas, comprometiéndose a entregar por ambas 700 fanegas de sal que aún debía.

Es posible que don Luis negociara una cantidad de sal mayor a la extracción realizada por sus propios indios y que se viera obligado a recurrir a otros caciques. Es así que vendió una esclava al curaca de Malacas por el precio de 250 fanegas de sal. Todas estas cuentas muestran que el precio de una esclava equivalía de 200 a 350 fanegas de sal y que tal trueque era bastante frecuente.

El segundo renglón de las actividades comerciales de don Luis era el pescado seco. Se menciona una deuda de dos mil *cachemas,* pescado muy estimado en el norte, y otra de 156 pesos de a ocho reales por "pescado y otras cosas" que le debía el capitán Cristóbal Fernández. En un tercer artículo declaraba el cacique que el general Juan de Andrade, caballero del hábito de Santiago, le compró dos mil tollos y le pagó al contado, pero él no había remitido a sus indios la parte que les correspondía y pedía a sus albaceas arreglar cuentas con ellos. Aunque no sean numerosas las menciones y referencias al trueque o venta de pescado, sabemos gracias a otro documento que la principal tarea de los tributarios de Colán era la pesca del tollo, e inclusive el tributo era abonado en pescado seco, hecho que motivó un largo juicio con los encomenderos que deseaban dinero en efectivo (AGI, Lima 441).

Si bien la sal y la pesca fueron los productos tradicionales de Colán, después de la conquista y de la introducción del ganado caprino, los rebaños no tardaron en transformarse en una fuente de transacción comercial, a nivel de los encomenderos, caciques y hombres del común.

Se ha mencionado ya la compañía formada entre don Luis y Hernando Troche de Buitrago para la crianza de cabras y ovejas. También estableció otro trato con Diego Moreno, en esa ocasión el aporte del cacique fue de "poco ganado", es decir de 184 cabezas que dos años después se incrementaron a 500.

Aparte de estos negocios mayores, don Luis también comerciaba con harina, que compraba a un morador de Piura por la suma de 455 pesos. El vino fue igualmente un elemento de negocio y son mencionadas varias cuentas pendientes por la compra de varias botijas.

Quizás una de las noticias más sorprendentes del testamento que analizamos es el hecho que don Luis poseía un capital importante en bienes raíces. En efecto, había adquirido siete casas en el puerto de Paita que alquilaba cada una a razón de 50 pesos de a ocho reales al año, sin contar con la casa de Colán en que habitaba. Este capital transformaba a nuestro cacique en un rentista urbano y es importante hacer hincapié que en el testamento no hay mención en ningún momento a haciendas o chacras, no sólo que no heredó tierras sino que no se preocupó de comprarlas y prefirió invertir su dinero en inmuebles. Las casas debieron ser buenas pues sus inquilinos fueron españoles destacados del lugar, como el teniente de corregidor o el cura.

Estas noticias prueban que el cacique de Colán no era agricultor ni existió esta tradición entre él y su gente, puesto que en su mayoría eran pescadores y salineros. En cambio tenía un indudable talento para el trueque.

La fortuna de don Luis se hace patente en su lujoso vestuario, no sólo para un señor indígena, sino para cualquier noble español de la época, sin contar con las alhajas, joyas y muebles. El testamento da cuenta detallada de la ropa que poseía. Se trata de vestidos compuestos por jubón, calzón y manta de finas telas importadas, eran terciopelos anaranjados, carmesí, azules o verdes con pasamanería de oro y flecos de seda. Ricos jubones de raso y damasco de China y México, con calzones de raso labrado y listado. Otras prendas eran negras de "gorgorán guarnecido de molinillos de oro", mantas y calzones de terciopelo verde. Varios cortes de ricas telas, medias de seda de todos los colores, ligas de tafetán con punto de oro, madejas de seda para bordar, gruesas de botones de plata y de seda, madejas de oro fino de Milán, etc.

Es posible que don Luis comerciara también con valiosas telas, pues mencionaba a un fulano de la gobernación de Salinas a quien remitió, para su venta, dos piezas de damasco, una pieza de raso, ambos labrados y una de tafetán, todo importado de China.

Las joyas comprendían cadenas de oro, crucifijo, sortijas de oro, muchas de ellas con esmeraldas, doblones, escudo, petacones de oro y plata, cintillos brazaletes, etc. y todas dichas "menudencias" se hallaban en un escritorio mediano. La platería era también lujosa y se componía, entre otras cosas, de 24 platillos de plata, uno mediano y otro grande, 6 tembladeras de plata, jarras, saleros, candelabros, cubiletes, jarrones, cucharones, cucharas, tijeras y hasta un tenedor de plata. Haremos notar que entre todas estas prendas y joyas no se mencionaban vestimentas o adornos indígenas.

Al enumerar los bienes de don Luis, no podemos dejar de nombrar a los esclavos de los que hace una relación detallada, indicaba el lugar de origen de cada uno de los siete que poseía; los había de Angola, Focupo, Berbessi, Arara y sólo un pequeño era criollo.

A continuación menciona "once o doce mulas e machos de carga" mansos con sus aparejos y "una mula de caballería de camino".

En pocas palabras describe don Luis su casa en Colán. Debió ser un buena vivienda de dos pisos, con el piso alto de madera con balcones y ventanas. No hay un inventario de sus muebles y se refiere a todo lo que pertenecía a la casa como un conjunto. Sin embargo, unos datos sueltos indican algunos muebles, varias escribanías, una de ellas "tachuelada con tintero e selladera de plata". Un escritorio grande dorado, cajas grandes y pequeños bufetes, sillas, escaños, una imagen de madera. En el codicilo que sigue al testamento aumentaba uno que otro mueble, nombrando también cuatro cuadros.

LA HERENCIA

Al no tener don Luis hijos legítimos según la ley castellana, la herencia del señorío le venía de derecho a su hermano don Domingo de Colán, decisión respaldada por el fuero indígena. Con toda solemnidad decía:

> Yten declaro que el cacicazgo que yo a el presente tengo e posseo de mi parcialidad de Colan despues de yo fallecido, es y pertenesce a mi hermano don Domingo de Colan como mi hermano legítimo.

Además de decidir a quien dejaba el señorío, don Luis especificaba en detalle las diversas herencias que hacía, siendo los hijos los menos favorecidos. Principiando con ellos, otorgaba a cada uno la suma de 50 pesos de a ocho reales, excepto a su hija doña Luisa Pariña que recibía 150.

A su sobrino don Sancho, hijo de don Domingo Colán le tocó 100 y un segundo sobrino, hijo de su hermana Juana, recibía como los hijos 50 pesos.

Además del señorío, don Domingo y otra hermana llamada Luisa recibía cada uno el valor de la venta de un esclavo. También a su mismo hermano otorgaba 200 cabezas de ganado caprino, con un *mitayo* de Colán para su guarda. ¿La preferencia por el hermano y los sobrinos no demuestra acaso una filiación de parentesco indígena que prestaba más derechos al hijo o hija del hermano o de la hermana que a los propios hijos?

En otra cláusula aflora quizás el afecto especial de don Luis, sin poder decir a qué fuero se inclinaba. En efecto, la mayoría de sus demás bienes, es decir el usufructo de sus casas y un pequeño esclavo llamado Antonillo, legaba el viejo cacique a su nieto don Pheliz Temocha, niño de unos diez años, hijo de su hijo don Juan de Colán y de doña Isabel Temocha, cacica principal que fue del repartimiento de Sechura. Recomendaba nuestro cacique que las casas permanecieran siempre "en pie, enhiestas e vien paradas" y que no las vendiesen. Sin embargo, de la renta los albaceas deben remitir cien pesos de por vida, al común de su curacazgo para el pago de sus tributos.

OBRAS PÍAS

En su testamento don Luis designaba diversas sumas para misas, obras pías y donativos a la iglesia o a las cofradías. Al iniciarse la lectura del testamento mencionaba su deseo de que se dijera una misa cantada de cuerpo presente y vigilia, cien misas rezadas, más 25 para las almas de sus padres.

Después de tratar con sus confesores, don Luis decidió las limosnas que hacía: al comendador del convento de La Merced de Paita dejaba 200 pesos para la redención de cautivos y otros 200 a la Santa Cruzada. Para la fábrica de la iglesia de Colán otorgaba 600 pesos de a ocho reales, por haber sido muchos años su mayordomo y a las cofradías de Nuestra Señora de la Veracruz, Ánimas del Purgatorio y Santísimo Sacramento daba en conjunto la suma global de 500 pesos.

El número de misas equivalía a la suma de 200 pesos, cincuenta de ellas a decirse en el convento de La Merced de Paita y otras cincuenta a cargo del padre vicario de Maynas. Las restantes serían dichas por los religiosos y "clérigos chapetones que pasan por el dicho puerto". Recomendaba don Luis que sus albaceas dieran para todo carta de pago, su espíritu comercial se manifestaba en esos detalles.

Por último cuatro doncellas pobres recibirían cada una 50 pesos para ayudarlas en su casamiento. Es sorprendente que los donativos a los jóvenes pobres fuesen una suma igual a la otorgada a los hijos.

En el codicilo adjunto al testamento, ampliaba las limosnas al convento de La Merced de Paita en 12 pesos y se ratificaba en la donación a las cofradías de Colán. Además, dejaba prendas de ropa basta a unos cuantos huérfanos y niños que habían permanecido en su casa. A Juana, la mayordoma de su casa, le otorgaba, 50 pesos, con la recomendación de que viera por su nieto y a una mujer a su servicio le legaba un capuz morado.

COMPARACIÓN CON OTROS DOCUMENTOS SIMILARES

Es interesante establecer una comparación entre el testamento de don Luis de Colán, cacique costeño del siglo XVII, con documentos similares de diversos lugares del ámbito andino y de distintas fechas. Analizaremos algunos puntos, por ejemplo el grado de aculturación, persistencia o rezagos de hábitos indígenas, vestimenta de los curacas, etc.

Es indudable que los costeños, debido a la mayor presencia de elementos europeos y a sus relaciones de trueques marítimos con diferentes lugares del litoral, perdieron más rápidamente sus costumbres y tradiciones que los señores de las serranías. Por ejemplo, el curaca de Lima don Gonzalo vestía como español, montaba a caballo y era el primero en desear que sus súbditos abrazaran el cristianismo, todo esto en 1555. En cambio, cien años más tarde, por los años de 1650 a 1660 en la región de Cajatambo, en la sierra marítima, los pueblos conservaban aún sus fiestas gentilicias disimuladas bajo ceremonias católicas y cuando participaban en ellas los curacas vestían sus prendas antiguas, sus *uncu* de *cumbi,* sus *chipana,* brazaletes de plata, cascabeles a sus piernas y lucían sus *llauto* y plumerías (AAL, legajo sobre la Idolatría; Leg. V, Exp. 6, fol. 48r y 49r año 1662; Leg. VI, Exp. 20, año 1660).

A continuación compararemos algunos testamentos de señores étnicos con el documento de Colán. Estos testimonios son los siguientes: el de don Diego Collín, curaca del pueblo de Machangara o Machache, en el valle de Panzaleo-Ecuador, fechado en 1598. El de don Alonso Caruatongo, señor de las siete *guaranga* de Cajamarca de 1591. Y el testamento de don Hernando Anicama, curaca principal de Lurin Ica en 1561.

Testamento de don Diego Collín (publicado por Caillavet 1983)

En 1598 falleció de avanzada edad don Diego Collín. Su larga vida le permitió conocer durante su infancia los tiempos anteriores a la conquista española. Heredó el señorío de su padre Zumbagoano y gobernó el ayllu Yañalagua Sutuy.[1]

Hacia 1568 Collín había dividido, por razones que no conocemos, su curacazgo en dos. Una mitad quedó bajo su autoridad y la otra, con más de cuarenta tributarios, la otorgó a su "sobrino principal" llamado don Andrés Espin. Con nuestros conocimientos actuales sobre el mundo andino no podemos explicar los motivos que llevaron al cacique a tal decisión.

Antes de morir designó al sucesor en el gobierno de los restantes miembros de su ayllu, que comprendía unos 34 hombres y los legaba a don Miguel Salcatacsi, hijo de la hija de su hermana. En una cláusula del testamento se refería a sus dos herederos y los calificaba como "muy capaces", requisito indispensable en el mundo andino.

Todo lo cual declaraba en su testamento para evitar futuros juicios y reclamos de las partes. Según él su decisión estaba respaldada por las más antiguas costumbres del lugar.

En otra cláusula declaraba don Diego no tener hijos de su mujer Catalina Sanguil, pero en diversas mujeres le nacieron tres varones y

---

1. Este personaje sólo es nombrado por su nombre indígena, lo que indica que no fue bautizado.

cinco hijas. A la mayoría de éstas no dejaba herencia y sólo a dos les legaba a cada una dos ovejas.

Según la usanza española de la época, hacía un recuento detallado de los objetos y prendas que poseía. Don Diego gozaba de un mayor número de vestidos y adornos indígenas que de ropa importada. En sus declaraciones mencionaba camisetas y mantas de *cumbi* y otras confeccionadas con plumas de uso antiguo. Tenía collares, *llauto* de plata y de chaquira, un gran número de queros y dos atambores de los quijos que debían, por orden suya, permanecer en su casa. Sus bienes los repartía entre hijos y sobrinos.

Sus vestidos europeos consistían en una manta de tafetán carmesí que legaba a la iglesia de su pueblo y otra tornasol para la cofradía. Las únicas prendas mencionadas fuera de las señaladas eran dos viejos capotes de paño.

En cuanto a los bienes raíces, declaró disfrutar de dos casas. Una la debía compartir su mujer con su sobrino Miguel, heredero del señorío y la segunda casa la destinaba a uno de sus hijos. Además poseía un solar con una casa en el pueblo nuevo de Machangara, que deseaba quedase para sus hijos, nietos y todos sus deudos.

El curaca hacía una distinción entre sus propias tierras y las del curacazgo otorgadas por el Inca y trabajadas por *camayo*. Las demás chacras consistían en una cuadra de tierras que dejaba al convento, una chacra llamada Levi otorgada a dos de sus nietos, una caballería que debía repartirse entre sus tres hijos y, por último, un asiento para ganado vacuno en Mullimuchincassa.

Testamento de don Alonso Caruatongo
(AGI, Audiencia de Lima, Leg. 128, fols. 42r-47v, año 1591)

Al igual que los demás curacas, manifestaba don Alonso Caruatongo no tener hijos y sólo nombraba a una hija natural. En ninguna de las cláusulas testamentarias designaba a un heredero a su señorío o nombraba a un sucesor suyo.

Entre sus prendas de origen indígenas citaba una *antara* de Chachapoyas incrustada con *mullu,* un plumaje blanco usado para festividades y un *llauto*. Es posible que, después de los episodios de Cajamarca, los señores del lugar quedaran despojados de sus lujosos vestidos y de sus valiosas joyas, de ahí el número reducido de objetos indígenas en poder de don Alonso.

En cambio Caruatongo disponía de vestidos españoles, indicio de que tal vez vestía a la europea para mostrar un estatus mayor pues convenía quizá mostrarse aculturado. Su guardarropa comprendía un vestido de paño azul con pasamanería de plata, calzón y "saltabarca" de raso azul; calzón de terciopelo carmesí forrado de tafetán amarillo; un vestido de "heraldillo" y un sayo carmesí; un jubón de raso amarillo; ligas de tafetán verde; medias; un par de "vurçigues de argentado colorado", sombrero aforrado; otro vestido de tafetán carmesí; una camisa de lienzo; tres piezas y una camiseta de algodón, fuera de cierta ropa dada a algunas personas y que declaraba en el testamento.

Sus bienes raíces incluían una casa que habitaba, situada en la esquina de la plaza de la villa, lindaba por un lado con el monasterio de San Francisco y por el otro con la calle. Una mitad la legaba a su mujer María Muchoy y de la otra hacía donación a la cofradía de Nuestra Señora de la Concepción. Sin embargo, en un añadido al testamento revocaba esta donación a favor de su sobrino don Sebastián Ninalingón.

En cuanto a sus tierras declaraba la chacra Chinvicancha, situada en la cercanía del puente del camino a Chachapoyas, se hallaba entonces sembrada de maíz. Esta heredad la dejaba a medias entre su mujer y su sobrino, don Francisco Chuxquispi. Una segunda tierra era Punaorco también cubierta de maíz y que debía pertenecer a su mujer. Por último las chacras llamadas Jauden las legaba a su nieto Melchor Xandec.

Testamento de don Hernando Anicama
(BN, A-41, año 1598, testamento hecho en 1561)

En otro trabajo hemos analizado este mismo documento, desde el aspecto de las cláusulas testamentarias referentes a la donación de ropa, otorgada por don Hernando a los diferentes miembros de los ayllus y *guaranga* de Lurin Ica presentes en su casa a la hora de su muerte. Estas "limosnas" representaban una antigua obligación de reciprocidad entre un señor y sus súbditos. Sin embargo, no agotamos los temas que ofrece el testimonio. De ahí que se pueda retomar el documento para compararlo con los demás testimonios.[2]

---

2. En el expediente citado figuran dos testamentos con el mismo nombre como si fuese una misma persona. El primero fechado en 1561 y el segundo en 1598. Analizando los textos se observa que se trata de dos personajes distintos. Los jesuitas que actuaron como albaceas aprovecharon de la ignorancia y buena fe de los naturales para conseguir poderes para testar en lugar de los interesados y así apoderarse de todas las propiedades y bienes de los difuntos.

   Al no legar el viejo Anicama todos sus bienes a un solo hijo, cuando este último fue a su vez curaca, fraguaron a un solo personaje para adueñarse de la herencia total de Anicama, el viejo. En esa forma despojaron a muchas personas de sus bienes y mediante ese procedimiento agrandaron considerablemente las haciendas de la Compañía de Jesús en el valle (Rostworowski 1977b: 262-265).

Debido a la temprana fecha del documento se halla en él un mayor número de datos locales, sobre todo en la distribución de la herencia. Destaca la riqueza de don Hernando y en este caso no se trata de bienes adquiridos, tal el aculturado curaca de Colán, sino de rezagos de la antigua opulencia de los señores de Ica. Sus heredades, haciendas, casas eran considerables. Disponía de numeroso ganado compuesto por llamas, vacunos, porcinos, equinos y caprinos y en la dicha enumeración somera de sus bienes añadía la nomenclatura de ropa sin más detalles. Además, poseía más de mil pesos en oro y plata labrada. No entraba en el detalle de sus prendas, como era la manifiesta costumbre en los testamentos españoles, pero sí mencionaba las insignias de mando, es decir cuatro dúhos o *liana* y varias trompetas que legaba a su hermano don Alonso Guaman Aquixe, nombrado por él como su heredero al curacazgo. Con el nombramiento respetaba la tradición andina de elegir a su sucesor que además era ya su "segunda persona" en la mitad de Lurin Ica.

La herencia otorgada a la mayoría de los hijos es mínima. Estos fueron ocho varones y ocho mujeres; a los hombres dejaba 52 cabras y a las mujeres tan sólo cuatro más una yegua. Entre sus hijos dos eran los favorecidos, García Chacalpaca y Hernando Capoche que tomaría más adelante el nombre de su padre Hernando Anicama. A ambos legaba tierras, huertas y casa. Igual que en otros testamentos, la hermana era más favorecida que las hijas.

El viejo Anicama se preocupaba de señalar que el fruto de la venta de maíz y garbanzos de unas chacras debía servir para pagar el tributo de su gente. También dejaba la renta de un molino que poseía a medias con su encomendero, debía servir al pago del tributo de los miembros de su propia *guaranga*, y recomendaba estuviese siempre en poder de la persona que tenía el gobierno del curacazgo; es decir primero su hermano Alonso Guaman Aquixe y que después de sus días pasase a su hijo García y luego a Hernando Capoche.

CONCLUSIONES

¿A qué conclusiones podemos llegar de estos cuatro testamentos de señores indígenas, pese a sus fechas y lugares diferentes? Si a despecho de las desigualdades hallamos asuntos comunes y a todas luces andinos, puede suponerse que se trataba de hábitos lo bastante difundidos como para aparecer en diversas regiones y momentos.

En estos documentos el tema principal gira naturalmente en torno a la herencia, cuestión principal para vislumbrar las costumbres indígenas.

Una primera tarea es deslindar los usos y prácticas españolas del siglo XVI de las andinas. Por ejemplo, el derecho español se basaba en las prerrogativas del hijo mayor y legítimo, hábito inexistente en los Andes.

En ausencia de la legitimidad y de la bastardía imperaba la elección del "más hábil" y al hijo mayor se oponía la sucesión "generacional", es decir que prevalecía el derecho del "hermano" en un sentido amplio de la palabra. Sólo al agotarse los hermanos o por considerarse oportuno pasaba el poder a la generación siguiente. Aquí también surgía junto con el hijo, el hijo de la hermana quizá con mayores derechos que el propio vástago. El requisito de ser "hábil" descartaba de la sucesión a los menores de edad por no ser considerados aptos para gobernar (Rostworowski 1961 y 1977b).

Otro factor a considerar es el de las mujeres. En el ámbito andino entre las numerosas mujeres de un curaca, una de ellas era considerada como la principal, generalmente pertenecía a un ayllu importante y gozaba de gran parentela. Este hecho traía consigo todo un sistema de reciprocidades y en el mundo andino tener parientes significaba una complicada red de servicios y obligaciones beneficiosas para quienes contaban con ellas. Esto implicaba también derechos a herencias cruzadas, difíciles de analizar. En los testamentos hallamos situaciones tales, como la prioridad de los derechos de la hermana sobre las hijas. Igualmente, el hijo de la hermana tenía cierta prioridad sobre los propios hijos. En tres de los documentos citados, los hijos en su conjunto no tienen mayor consideración, siendo de poca monta la herencia legada.

La tradición indígena se presentaba a veces disfrazada para poder ser aceptada por las autoridades coloniales, por ejemplo una hermana recibía mayor suma que las hijas debido al amor que le manifestaba el hermano.

En estos documentos, tres de los curacas afirmaron no tener hijos "legítimos" y legaban su señorío a sus sobrinos o a sus hermanos. Don Hernando Anicama es el único que declaró tener hijos varones pero dejaba el gobierno a su hermano que, por otra parte, ya era su "segunda persona" en el cacicazgo de Lurin Ica. La fecha de 1561 permitía aún la existencia del derecho andino, debido en parte a las guerras civiles entre españoles que permitieron a los curacas conservar durante varios lustros sus propias costumbres. Una situación parecida aconteció en el curacazgo de Lima, cuando falleció Francisco Guachinamo y su hermano heredó el poder pese a que tenía varios hijos mayores (Rostworowski 1978).

Otro punto que destaca de estos testamentos es la facultad de tres de los curacas de elegir a sus sucesores. En las cláusulas sostenían su antiguo derecho de designar a sus sucesores. Sólo el curaca Caruatongo guardó silencio sobre el particular, quizá los deprimentes sucesos de Cajamarca lo afectaron profundamente y dejó a los españoles discutir la sucesión (Rostworowski 1977b).

La preocupación por el pago de los tributos la tuvieron sólo dos caciques: Anicama por conservar aún viva la responsabilidad de un señor andino y Luis de Colán por disponer de una fortuna adquirida gracias a su aculturación y práctica comercial. En cuanto a Caruatongo da la impresión de un personaje que no llegó a asimilar la nueva cultura, ni a recuperarse de la desorientación sufrida a raíz de la prisión y muerte de Atahualpa. En menor grado, Diego Collín parece situarse entre el pasado y la nueva situación.

Las vestimentas de un curaca son un claro indicio de su adaptación a la nueva sociedad. El curaca de Colán del siglo XVII, costeño por añadidura, muestra un alto grado de asimilación a los usos europeos; le sigue Caruatongo quizá con un deseo de pertenecer a una categoría de señores virreinales. Diego Collín es conservador, posiblemente su avanzada edad influyó en ello. Por la fecha de 1561 Anicama sería el más tradicional de los cuatro señores.

A través de estos testimonios podemos intentar establecer los hábitos indígenas, no sólo en las sucesiones sino en la herencia de los bienes en general, tentativa que podrá ampliarse y mejorar con un mayor número de documentos similares. La ventaja de tales documentos es el hecho que permiten observar casos individuales y estudiar algo de la asimilación y proceso de cambio entre los señores étnicos.

APÉNDICE DOCUMENTAL

TESTAMENTO DE DON LUIS DE COLÁN

(Al margen: Testamento don Luis de Colan - Fecho para los alvaceas 24, fecho para los autos 24).
(ADP, Protocolos Notariales. Legajo 29. Escalante Osorio Antonio. Fecha 18-III-1622).

402r En el nombre de Dios todo poderoso amen sepan quantos esta vieren como yo don Luis de Colan caçique prinçipal y Governador del pueblo de Colan estando enfermo en la cama y en mi libre juiçio y entendimiento natural creyendo como firmemente creo en el misterio de la santisima trinidad padre hijo y espiritu santo tres personas en un solo Dios verdadero y en todo aquello que tiene cree e confiesa la santa madre iglesia catholica de Rroma en cuya fee y crehencia protesto vivir e morir e tomando como tomo por mi ynterçessora e avogada a la sacratissima virgen de el Rosario madre de Dios y señora nuestra y a todos los santos de la corte del cielo para que rrueguen a su preçiosso hijo sea servido perdonar mis pecados desseando poner mi anima en carrera de salvación themiendome de la muerte que es cosa natural a toda criatura viviente hago e hordeno mi testamento en la forma e manera siguiente [...]
— Primeramente encomiendo mi anima a Dios nuestro señor que la crio y rredimio por su presçiosa sangre muerte y pasion y el cuerpo a la tierra de que fue formado [...]
— Yten mando que si Dios nuestro señor fuere servido de me llevar de esta presente vida mi cuerpo sea sepultado en la Yglessia Mayor de este dicho pueblo enfrente de el altar mayor a un lado de el Evangelio y acompañen mi cuerpo el cura e sacristan con cruz alta dovle de campanas capa e yncenssario y si oviere sacer-
402v dotes tanvien con las Possas (sic) que a mis dalvaceas les pa/ reçiere y la limosna se pague de mis bienes [...]
— Yten mando que luego que aya fallecido si fuere ora o sino otro dia siguiente se diga por mi anima una missa cantada de cuerpo pressente con su vigilia ofrenda de pan vino e çera a voluntad de mis alvaçeas y la limosna se pague de mis bienes [...]

— Yten mando por mi anima çient missas rressadas e la limosna se pague de mis vienes [...]
— Yten mando se diga por las animas de mis padres veinte e çinco missas e la limosna se pague de mis vienes [...]
— Yten mando a las mandas forçosas y acostumvradas a quatro rreales cada una con que escluyo e aparto de mis vienes [...]
— Yten declaro que yo e tenido e tengo cuentas dares e tomares con el capitan Xristoval Femandez Nuñez Theniente general de Corregidor e Justicia Mayor que a sido de este partido y lo que es parescerapor el libro del dicho capitan y el mio a que me rremito y ago que dixere el dicho capitan que esso sera y lo dejo a su cristiandad [...]
— Yten declaro que yo compre a Sebastian Garrido morador de Piura cantidad de harina que monto quatro çientos e çinquenta pesos de a ocho rreales para en quenta de los quales le envie por mano de el capitan Cristoval Fernandez Nuñez çiento e çinquenta pesos de la dicha plata lo demas le devo mando se le pague y mas le devo otro çiento e çinquenta pesos de la dicha plata que el suso dicho me vendio despues de harina lo uno y lo otro se le pague en mandando Sevastian / [...]

403r

— Yten declaro que devo a Venito de Mendaña vecino de Cuenca çient pesos de a ocho rreales de vino que me vendio por una çedula firmada de su nombre mando se le pague [...]
— Yten declaro que devo a Juan de Zevallos mercader que rresçide en Payta alguna pecata (sic) de rropa que me a dado como paresçera de la quenta que dello tiene lo que fuere mando se le pague [...]
— Yten declaro que yo e tenido deuda y tomares con Valthasar Gomes mercader vecino de Piura y lo que ha sido fue por vales que le e fecho en diferentes veces e ocaciones en todo ello se lo e pagado y no le devo nada e no me a dado ni entregado los dichos vales aunque le e fecho pagas y se los e pedido declaro tener en su poder los dichos vales y que no le devo cossa ninguna de ellos porsiacasso me pidiere alguna cosa [...]
— Yten declaro que yo tengo una cuentessilla de poca cantidad con Antonio Ríos de Araunjo veçino del puerto de Payta lo que fuere mando se ajuste con el la quenta de lo que fuere y se le pague dichos mis bienes que yo lo dejo a su conçiençia e amistad que con el e tenido [...]
— Yten declaro que en unas de mis cassas que tengo en el puerto de Payta a vivido e vive de presente Juan Moreno Calzado desde quatro de Jullio de el año de seisçientos y diez e ocho en adelante a rrazon cada año de çinquenta e seis pesos de a ocho rreales y para en quenta de el dicho arrendamiento me a dado en rreales uno e otras cossas çiento / y sesenta e un pesos y seis rreales de a ocho el pesso mando se ajuste la quenta de el tiempo que a vivido y lo que fuere se cobre de el suso dicho [...]

403v

— Yten declaro que Juan Gutierrez Seno a vivido e vive en otras cassas mias que tengo en el dicho pueblo de Payta desde diez y ocho de Noviembre de el año de seisçientos e diez e seis en adelante y a primero de diziembre del año de seisçientos y diez y nueve nos ajustamos de cuentas y me pago hasta aquel día el alquiler de la dicha cassa a rrazon de çinquenta pesos de a ocho rreales cada año y despues aca me a dado en rreales hechuras de vestidos y otras cossas çiento e setenta patacones los quales se an de descontar del arrendamiento de la dicha cassa que

a corrido desde el dicho dia primero de diziembre de seisçientos y diez y nueve y de lo que va corriendo en adelante lo que fuere mando se le cobre a quien deviere a quien [...]
— Yten declaro que a vivido e vive en otras mis cassas que tengo en el dicho pueblo de Payta el veneficiado Francisco Ruiz cura del dicho puerto desde veinte e siete de septiembre de el año de seisçientos y diez y ocho hasta oy a rrazon cada año de arrendamiento de çinquenta pessos de a ocho reales a quenta de lo qual paresce que el dicho padre Françisco Ruiz averme dado en rreales y

404r otras cossas / dosçientos e diez pesos de a ocho reales como paresce por una carta quenta suya que tengo entre mis papeles hagase la quenta en el suso dicho y lo que fuere se cobre [...]
— Yten declaro que Juan Perez Palomino Theniente de Corregidor del dicho puerto a vivido e vive en otras mis cassas que tengo en el desde primero de diziembre de el año de seis çientos e dies de nueve a rrazon cada año de çinquenta pesos de a ocho reales para en quenta de lo qual me a dado en rreales y otras cossas como paresçe de una memoria que me envio noventa y tres pesos y medio de a ocho rreales mando se haga la quenta con el susso dicho y se cobre lo que estare deviendo [...]
— Yten declaro que el dicho Juan Perez Palomino me deve treinta e çinco pesos y medio de a ocho rreales preoçedidos de una poca de harina que le di mando se cobren del suso dicho [...]
— Yten declaro que en el dicho puerto de Payta vive en otras mis cassas Juan Martin Vlanco y su mujer Juana Perez desde jullio de el año de seis çientos e viente a rrazon de cinquenta pesos de a ocho reales cuya rrazon de el dicho arrendamiento y de lo que me a dado el dicho Juan Martin Vlanco tiene en su poder firmado de su nombre mando se haga la quenta con el y quien deviere a quien que pague [...]

404v — Yten declaro que tanvien vive en otras mis cassas que tengo en / en el dicho puerto el *general* don Diego Vaca de Vega hasta oy y por cada mes me a de pagar a rrazon de quatro patacopes e de el tiempo que a vivido e vivíere en ellas porque hasta agora no se e a fecho arrendamiento de ellas y demas de lo dicho me deve el suso dicho veinte e dos pesos de a ocho rreales de tollos y pescado que le enviado como pareze de una carta quenta que me envio firmada de su nombre y en mi estancia estando el dicho general don Diego Vaca un macho e una mula mando se le entregue y se cobre lo que me deviere [...]
— Yten declaro que devo a Fernando Garcia Sangunio diez e nueve patacones y medio de tres botijas de vino que me vendio mando se le paguen [...]
— Yten declaro que don Lorenço Pacheco residente en Guayaquil me es deudor de treinta e un pesos de a ocho reales por un vale que esta entre mis papeles mando se cobren del suso dicho o [...]
— Yten declaro que don Lorenço Tomalá caçique e governador de la isla de la Puna me es deudor de çiento e setenta pesos de a ocho reales de rresto de cantidad de sal que le enviado en diferentes vezes en su barco mando se cobren [...]
— Yten declaro que Juan Diaz Camargo tratante en la provincia de Quito me es deudor de quinçe pesos de a ocho reales por un vale mando se cobren [...]

405r — Yten declaro que yo soy deudor de diez y seis pesos de a ocho reales a los bienes de Diego de la Torre difunto que / murio en la çiudad de Guayaquil mando que se hagan diligencias a quien fueron alvaçeas y se es paguen estos pessos de mis bienes [...]

— Yten declaro que yo soy deudor a Françisco Hernandez Baler que a muchos dias passo a la provincia de Nicaragua de setenta y seis pessos de a ocho reales y nunca mas e savido de el mando se haga diligençias de el o de sus herederos y se le paguen de mis bienes [...]
— Yten declaro que don Lorenzo Jarango hijo de don Gaspar caçique de Tacamoros me deve una mula e un macho e veinte pesos en rreales que le di para en quenta de otras dos mulas mando se cobre todo ello del dicho [...]
— Yten declaro que los bienes y albaçeas de Diego de Arze difunto Visitador General que fue de estos llanos me es deudor de tres çientos pesos de a ocho reales como lo declara el suso dicho por clausula de su testamento y aunque declara que se me den a mi y a don Domingo de Colan mi hermano la verdad es que son mios y no del dicho mi hermano mando se cobren [...]
— Yten declaro que Geronimo de Pamones Protector General de los naturales de estos reinos me es deudor de ochenta y tres pesos de a ocho reales que le di en reales quando vino de España en el puerto de Payta mando se cobren de el suso dicho [...]
— Yten dejo a la fabrica de la Yglesia de este pueblo de Colan seis çientos pessos de a ocho rreales por quanto yo e sido mucho tiempo mayordomo de la

405v dicha Yglesia y en el discursso del puede averle sido encargo algunos / vienes y para seguridad de mi conçiençia mando se le den los dichos pesos por la dicha razón y limosna que le hago de la demassia [...]
— Yten mando que de mis bienes se den a la Cofradia de Nuestra Señora Santa Veracruz e animas del purgatorio y de el santissimo sacramento de este dicho pueblo que estan yncorporadas en un cuerpo quinientos pessos de a ocho rreales de limosna [...]
— Yten declaro que yo soy encargo a los yndios de la comunidad de este dicho pueblo de çiento y diez y siete pesos de a ocho rreales de el tiempo que fue Corregidor de este partido Antonio Bello Gayosso mando se le de y pague de mis bienes a la dicha comunidad de este pueblo [...]
— Yten declaro que yo tengo cuenta con el comisario Gabriel de Peralta y de la Cueba cura de este dicho pueblo lease la quenta e lo que dixere le devo por ella mando se le pague [...]
— Yten declaro que a mi pedimiento esta fecho embargo en una colcha e dos almaizales que estan en poder de Juan Perez Palomino por deuda que deve Pedro Serrano de un xarro de plata que pesava quatro marcos y dos onzas que le di para que adereze en la villa de Zarumia y mas dos mil cachemas todo lo quales si pertesce a mi hermano don Domingo de Colan [...]
— Yten declaro que yo hize compañia con el capitan Hernando Troche de Vuitrago veçino de la ciudad de Piura en cantidad de ganado menudo para

406r la guarda de el qual saque/yo yndios y el ganado lo pusimos entre ambos e la razon de lo que cada uno pudo parescera por los papeles que tiene el dicho capitan Hernando Troche e ni mas ni menos tiene la rraçon dello que a sacado de su parte y en mi libro esta lo que yo e sacado y la memoria de los yndios que lo guardaron e lo que yo les e pagado desde el dia que se hizo la compañia esta en mi libro porque nunca el dicho capitan a pagado cossa alguna de la guarda del dicho ganado mando que mis alvaceas hagan cuenta de lo uno y lo otro con el dicho capitan Hernando Troche y si alguna cossas se les deviere a los yndios guardadores del dicho ganado se les pague lo que fuere de mis bienes [...]

— Yten declaro que yo estoy obligado a entregar a el maestre de campo Antonio de Salinas veçino de la çiudad de Guayaquil seis çientos e sesenta fanegas de sal por rrazon e caussa de dos negras que me vendio mando se le den y entreguen luego o quando el suso dicho enviare por ellas con su varco o otros baxeles en conformidad de la obligacion que le tengo fecha ante el presente escribano [...]
— Yten declaro que Juan Gonzales tratante en la provinçia de Quito vizcaino pequeño de cuerpo me es deudor de viente patacones que le preste para pagar el flete de una balsa que llevo cargada de sal a la ciudad de Guayaquil y

406v ansi mesmo le entregue / diez y seis patacones para que los diera a Juan de Villafuerte a quien los enviara Antonio Rios de Araujo y no los dio declaro pertenescerle a el dicho Antonio de Araujo estos diez y seis patacones e los veinte a mi los quales se cobren del susso dicho [...]
— Yten declaro que tengo por mis bienes veinte e quatro platillos de plata tres platos grandes e uno mediano de plata [...]
— Yten çinco cuviletes de plata [...]
— Yten seis tembladeras de plata llanas y con sus assas [...]
— Yten un xarro grande de plata sobre dorado con sus esmaltes [...]
— Yten un salero dorado de plata de tres piezas e otro salero de plata de dos piezas [...]
— Yten tres xarros de plata de picos [...]
— Yten dos cucharones grandes de plata [...]
— Yten diez cucharas pequeñas de plata e un thenedor mediano [...]
— Yten dos pares de tixeras de espanilas de plata e una casuela de plata de dos assas [...]
— Yten declaro que Gaspar Martin tratante en la provinçia de Quito llevo dos candeleros de plata mios que le di para que aderazase mando se cobren de el susso dicho y se le pague lo que oviere gastado en el aderezo [...]
— Yten una vuelta de cadena de oro y eslavones gruessos con su argollon que tuvo çiento e sesenta eslavones quintada de oro fino de Zamora [...]
— Una hechura de un cruçifixo de oro esmaltado [...]
    — Yten dos vueltas de cadenilla menuda de oro /...

407r — Yten una sortija de oro grande con una esmeralda oxullo grande [...]
— Yten otra sortija de oro no tan grande con una esmeralda ochavada [...]
— Yten otra sortija de oro comun co ojullos de esmeraldas [...]
— Yten treze doblones de oro de a dos e cada uno [...]
— Yten otro doblon de a dos e un escudo de oro y un petacon y un real de a quatro segoviano de plata [...]
— Yten un çintillo de oro de esmeraldas con catorze piezas en terçiopelo negro [...]
— Yten otro çintillo de esmeraldas de veinte e quatro piezas de oro no tan grandes como el primero [...]
— Yten otro çintillo de oro con unas ss (sic) y unas estrellitas en medio que tuvo quarenta e quatro piezas en terciopelo negro [...]
— Yten otro çintillo de la misma hechura de oro que tuvo quarenta piezas pequeñas y atraido (sic) [...]
— Yten otro çintillo de oro de ese sillas con ojullos de esmeraldas con veinte e ocho piezas y atraido [...]
— Yten unos brazaletes de oro con nueve vueltas cada uno de cuentas de oro [...]
— Yten una gruessa de votones de plata y seda zul menor [...]

— Yten seis madejas de oro fino de Milan e otra comenzada hilada [...]
— Yten media libra poco mas o menos de seda de colores en pasamanos [...]
— Yten dos madexullas de seda amarilla [...]
— Yten un corte de puntas para ligas de seda y oro [...]
— Yten quatro pares de medias de seda de colores nuevas que no se an puesto [...]
— Yten un pesso pequeño con su marco de libra [...]
— Yten una contera de daga de plata [...]
— Yten un scriptorio mediano embutido en que estan todas estas menudencias[...]

407v — Yten declaro que a mas de dos años / que por mandado de la justicia de el pueblo de Payta quando la nueva del enemigo se enviaron a este pueblo cantidad de votijas de vino de quenta de Pedro Martin Barreras las quales estan embodegadas en mi cassa y en la de mi hermano don Domingo de Colan la rrazon de las quales paresçera por los autos que estan en poder del presente escrivano y anssi mesmo por lo que hizo el rreceptor que trujo el dicho Pedro Martin Barreras a este pueblo por comission de la Real Audiencia de los Reyes el qual quando vino a este pueblo vissito todo el dicho vino y algunas votijas que estaban maltratadas las vacio en otras mando a mis alvaceas que bistos todos los dichos papeles entreguen la cantidad de vino que paresçiere sera nuestro cargo y cobren los alquileres de las bodegas como el usso y costumbre en el puerto de Payta [...]

— Yten declaro que yo e dado una mula para ymponer a Oliver de Quiros veçino de Chiclayo el qual no me la a vuelto y di poder al capitan Françisco Lorenzo de Puga e Novoa para que la cobrara mando que mis alvaceas la cobren de los susso dichos [...]

— Yten declaro que (tachado: "Diego Moreno que") Diego Moreno vecino del puerto de Payta e yo tenemos compañia en un poco de ganado en la cual meti çiento e ochenta e quatro cavezas cabras e ovejas abbra tiempo de dos años poco mas o menos y el dicho Diego Moreno a pagado los mitayos e tiene rrazon de todos los multiplicos e muertas y de las que se an sacado y el suso dicho que esta presente confiessa aver quinientas cavezas vivas al pressente e la

408r quenta que ay entre los dos anssi del ganado / que se a sacado o no de otras menudençias que paresçeran en su memoria y en mi libro se ajuste con mis albaçeas y quien deviere a quien que pague ya el dicho Diego Moreno se le de la mitad de los multiplicos del dicho ganado e la otra mitad con el prinçipal quedan por mis bienes declarolo para que conste [...]

— Yten declaro que el capitan Cristobal Fernandez Viñas me es deudor de çiento e çinquenta e seis pesos y rreales por rracon de pescado e otras cossas que e dado por su horden a diferentes personas como paresce por una memoria que esta entre mis papeles mando que los dichos mis alvaçeas ajusten la quenta con el dicho y lo que fuere se haga como en otra clausula antes desta tengo dispuesto [...]

— Yten declaro que yo tengo cuentas con Pedro Diaz de Arguellez veçino del puerto de Payta de mucho tiempo a esta parte como parescera por una memoria que esta a las espaldas de una carta suya mando que se ajuste la dicha cuenta con una memoria que me envio con el presente escrivano y quien deviere a quien que pague [...]

— Yten declaro que Miguel de Fernandez resçidente en la governación de Salinas me es deudor de dos piezas de damasco labrado y otra de raso labrado y otra pieza de tafetan todo ello de la China que le di para que me vendiese en la dicha governacion de Salinas como paresce por una çedula que me hizo firmada de su nombre que esta entre mis papeles mando se cobre de el suso dicho/ [...]

408v

— Yten declaro mas por mis vienes los sclavos siguientes [...]
— Francisco Eran y su mujer Maria de tierra Vervessi [...]
— Yten otro negro llamado Francisco de tierra Focupo [...]
— Yten otro negro viejo llamado Martin de tierra Angola [...]
— Yten un negrito criollo de la ciudad de Piura llamado Agustin Moran [...]
— Yten otra negra llamada Maria de tierra Arara [...]
— Yten declaro que otro negrito pequeño que esta en mi poder llamado Antonillo es y pertenesce a don Pheliz Temocha mi nieto en cuya caveza se hizo la venta ante el pressente scrivano mando se le entregue [...]
— Yten declaro que yo tengo mas por mis vienes honze o doze mulas e machos de carga mansos todas ellas con sus aparejos y otra mula de cavalleria de camino las quales estan en la chacara [...]
— Yten un vestido de perpectuan leonado guarnescido con quatro pasantes capote calson e camiseta nuevo con su juvon de rasso amarillo con su trensilla de oro y atraido [...]
— Yten un vestido de damasco azul y morado guarnescido los calsones con trensilla de oro y el juvon de lo mismo calson camiseta juvon e manta de los mismo [...]
— Yten otro vestido calson y juvon de rrasso azul e guarnescido e capote de perpectuan azul con botones de filigrana nuevo [...]
— Yten otro vestido de (terciopelado) naranxado e morado manta e camiseta y valon e juvon de tela rrico guarnescido con molinillos de oro traido / [...]

409r

— Yten otro vestido de terciopelo negro guarnescido con pestañas de rrazo blanco el calson y la manta de garvion con sus fluecos de seda y la camiseta de lo mismo y el juvon de tafetan de Mexico guarnescido [...]
— Yten otro vestido negro de azanapado calson manta y camiseta e jubon de vorlillas de seda negro nuevo [...]
— Yten un gavan de mercelan guarnescido con sus pesantes de seda nuevo [...]
— Mas un juvon de rrasso azul de castilla guarnescido con molinillos de oro nuevo [...]
— Yten otro vestido negro de gorgoran de Mexico calson juvon camiseta y manta nuevo por hazer con una libra de pasantes de seda para guarnescello [...]
— Yten tres varas de terciopelo verde de castilla [...]
— Yten vara y dos tercios de damasco labrado de la China [...]
— Yten un vestido manta e camiseta de seda labrado de todas colores con un calson de rraso labrado y listado y atraido que tira a lo mas a carmessi [...]
— Yten otro vestido manta e camiseta de algodon e lana carmessi e otras colores e un calson de terciopelo verde y atraido [...]
— Yten otra manta de terciopelo e faxas de lana con sus fluecos de seda y atraida [...]
— Yten otra manta e camiseta de algodon y lana labrado de todas colores traydo [...]
— Yten siete pares de medias de seda de todas colores y atraida algo nuevas [...]

409v   — Yten siete pares de ligas de todas colores de tafetan de castilla los dos pares con puntas de oro y otras con puntas de seda e las demas llanas nuevas las mas dellas [...]
— Yten una escrivania tachuelada con tintero e sellad ora de plata [...]
— Yten otro scriptorio grande dorado con su llave y en entranvos ay papeles mios e otras menudencias [...]
— Yten seis caxas grandes e pequeñas con sus llaves e cerraduras [...]
— Yten los vufetas sillas cassa e ajuar que tengo de las puertas adentro ymagen de madera varas y otras cossas de que se hara ynventario con los escaños e lo demas que se hallare [...]
— Yten declaro que devo a Antonio de Escalante Ossorio diez e ocho varas de algorrobo que se llevan para la rramada de la casa en que vive Antonio de Araujo y mas le devo una tabla que me presto y veinte y dos reales de [...] mando se le pague [...]
— Yten declaro que me deve Phelipe de Payta yndio treinta patacones por una çedula que me hizo mando se cobren del suso dicho que no me los a pagado hasta agora [...]
— Yten declaro que yo devo a los yndios de este pueblo dos mill tollos que rrecoxio Domingo Varela y aunque el general don Juan de Andrade de Colmenares cavallero del avito de Caltrava me dio la plata para ellos no se los e pagado a dichos yndios que la memoria de cuyos son paresçera entre mis papeles mando se paguen de mis vienes a los dichos yndios [...]
— Yten tengo por mis vienes diez y seis tavlas por que aunque son veinte las tres son de Antonio Nuñes de Araujo y la otra que mando se pague al dicho Antonio de Osorio [...]
— Yten mando que los dichos mis alvaceas tomen por mi anima seis vulas de composicion de a doze reales la limosna por algunas cossas de por menudo que soy a cargo e no me acuerdo [...]
410r   — Yten declaro que yo compre al dicho general don/ Juan de Andrade de Manero dos negras de tierra Arara llamadas anvas a dos Maria de que me otorgo venta ante el presente escrivano y se dio por contento de la paga la verdad es que por una cedula aparte firmada de mi nombre me obligue a dalle por su valor septecientas fanegas de sal al plazo que en la dicha cedula se declara mando y es mi voluntad se le entreguen las dichas septecientas fanegas de sal dentro de el termino que dize la dicha cedula y si los dichos mis alvaceas no se las entregaren del denego doy por ninguna la dicha venta y el dinero que tengo aprehendido por ella a las dichas negras lo rretroçedo en el dicho general don Juan de Andrade entregando a los dichos mis alvaceas la dicha cedula [...]
— Yten declaro que yo remate cuenta con Phelipe Colupu yndio de Guaura en presencia de Antonio de Araujo y el presente escrivano y della le quedo a deve veinte y seis patacones mando se le paguen [...]
— Yten quiero y es mi voluntad que de mis vienes e lo mas vien parado de ellos se den e paguen a los yndios de Guaura Vitonera Nizama Malacas e Camacho que estan reducidos en este dicho pueblo un tercio de plata que suelen pagar de sus tributos conforme a la tassa por lo que algunos de ellos le puedo ser acargo en alguna manera que yo no me acuerde [...]
— Yten quiero y es mi voluntad que las siete viviendas de cassas que tengo por mis propios vienes conoscidos sin ningun empeño ni enagenacion de
410v   censso no se vendan en ninguna manera si no / que se esten en pie como

se estan para que la rrenta de ellas e lo mas vien parado se les de por todos los dias de la vida a los yndios de mi parcialidad de Colan de donde yo soy cacique principal para ayuda a la paga de sus tributos cient pesos de a ocho rreales en cada un año que desde luego en ellas se los cituo y señalo que las dichas cassas estan en el pueblo de Payta e lo demas que las dichas cassas rentaren de ellas e de la dicha renta se disporna (sic) como adelante y va declarado [...]

— Yten declaro que en una de las cassas mias de las que tengo en el pueblo de Payta a vivido e vive Antonio de Araujo desde dos de Febrero de el año de mil e seiscientos e diez y siete las quales el arrendamiento de ellas a estado por quenta de el capitan Cristoval Fernandez Viñas hasta oy sin averse hecho arrendamiento por escripto mando que se cobre el dicho capitan Cristoval Fernandez Viñas todo lo que paresciere deverme del dicho tiempo a rrazon de quarenta e cinco pesos de a ocho rreales cada año [...]

— Yten declaro que yo y Antonio Nuñes de Araujo agora en esta mi enfermedad despues de una clausula que tengo fecha en su favor emos fenescido y rrematado nuestras quentas oy diez y siete de marzo por mano de el presente escrivano e fecha la dicha quenta e ajustamiento rresto y soy alcanzado en doscientos pessos de a ocho reales que devo a el dicho Antonio de Araujo mando le den e paguen los quales se le rrevajan de los doscientos e treinta pesos de a ocho reales

411r   que monta el alquiler / de las cassas en que vive desde dos de febrero de el año de seis cientos e diez y siete hasta oy diez y siete de marzo de mil e seis cientos e veinte e dos años que son los corridos en el arrendamiento cinco años y mes e medio que a rrazon de cuarenta e cinco patacones cada año como e dicho en la clausula antes de esta montaren los dichos doscientos y treinta pesos de a ocho reales por manera que rebajados los dichos doscientos pesos de a ocho reales en que me alcanzo el dicho Antonio de Araujo me rresta deviendo treinta pessos de a ocho reales los quales mando se cobre del suso dicho y se entiende aver fecho la paga por el dicho capitan Cristoval Fernandez Nuñes persona que me pidio las dichas cassas para el dicho Antonio de Araujo segun que en la clausula de arriba tengo declarado [...]

— Yten declaro que yo e vendido a don Alonso Malacas cacique de Malacas una negra mi esclava de tierra Angola llamada Vitoria por doscientas e cinquenta fanegas de sal que me de a de dar y doscientos cinquenta pesos de a ocho reales que la a de pagar de contado de la qual no le e fecho asta agora carta de venta aunque tiene en su poder la dicha negra mando que dando el dicho don Alonso Malacas la dicha plata y sal le hagan mis alvaceas carta de venta de la dicha negra Vitoria y si no diere la dicha sal y rreales declaro por mis bienes a la dicha negra Vitoria y que no es del dicho don Alonso Malacas [...]

— Yten tengo por mis bienes las casas en que al presente vivo en este di-
411v   cho pueblo que son altos de tabla con sus / valcones e ventanas con todo lo que les pertenesce de la demas vivienda [...]

— Yten digo que por quanto yo soy a cargo algunas personas de cuyos nombres no me acuerdo por aver sido de años a esta parte y no tener noticia de ellos ni donde estan ni si son vivos o muertos o tengan hijos ni herederos hasta en cantidad de ochocientos pesos de a ocho reales y lo tengo tratado e comunicado con mis confesores y aviendolo conferido con ellos y que mi anima no lo baste en la otra vida me an dicho lo distribuye en obras pias en la forma siguiente [...]

— Los doscientos pesos de a ocho rreales de ellos mando se den a la redemcion de captivos los quales se entregaran a el comendador que esto fuere de el convento de Nuestra Señora de las Mercedes del puerto de Payta de quien se tomara consta de pago [...]
— Otros doscientos pesos de a ocho rreales se an de dar a la Santa Cruzada de el dicho puerto mis alvaceas tomaran carta de pago [...]
— Otros doscientos pesos de la dicha plata se an de descir de missas las çinquenta de ellas en el convento de Nuestra Señora de las Mercedes de el dicho puerto de Payta y otras cinquenta las a de decir el padre vicario provincial de los Maynas Fray Francisco Ponze de Leon de la horden de nuestra señora de las Mercedes y los demás an de decir rreligiossos y clerigos chapetones que pasan por el

412r dicho puerto de Payta en la/forma que vieren mis alvaceas que conviene para que se digeran luego tomando de todos carta de pago [...]

— Y los otros doscientos pesos de a ocho rreales restantes a donde los pobres. En cuya conformidad se an de dar cinquenta pesos de a ocho reales a la hija mayor de Rodrigo de Soria vecino de el puerto de Payta para ayuda a su casamiento o tomar el estado que quisiere y si faltare la dicha hija mayor se den a la hermana que le subcediere despues de ella [...]
— Otros cinquenta pesos de a ocho rreales a la hija de Antonio de el Poso vecino de Piura para su casamiento e faltando la suso dicha se den a otra doncella pobre a voluntad de mis alvaceas [...]
— Otros cinquenta pesos de a ocho rreales se an de dar a Elvira Oxeda doncella pobre que esta en cassa de Juan Moreno Calzado vescino de el dicho puerto de Payta para ayuda a su casamiento [...]
— Y los otros cinquenta pesos rrestantes con que se ajustan los dichos ochocientos pesos de a ocho rreales se an de dar a Maria moza doncella y pobre que esta en cassa de Juan Gutierrez Seno sastre vecino de el puerto de Payta para ayuda a su casamiento e faltando las dichas doncellas pobres de este corregimiento a voluntad de mis alvaceas a quien les encargo esta distribución la hagan con cuydado por que mi voluntad es que estos ufragios y obras pias gozen e participen de ellas todas aquellas personas a quien yo les soy a cargo la dicha cantidad y

412v que mi anima se descargue con esta rres/titución y distribucion fecha en orden de cumplir lo que me an mandado y hordenado los dichos mis confesores con quien lo e tratado e conferido largamente [...]

— Yten declaro que yo soy hijo legitimo de don Juan Yunchere y de doña Ysabel Macazcachire y el dicho mi padre fue cacique principal de este repartimiento de Colan de donde yo lo soy al pressente e fui cassado con dona Maria yndia principal de el puerto de Payta que es ya difunta siendo bien muchacho en la cual no tuve hijos ningunos ligitimos ni despues aca me e cassado mas declarolo para que conste [...]
— Yten declarolo que don Geronimo hijo de Catalina Pecatil yndia de Guaura Juan Piaulupu hijo de Elvira Yquixulca Juan Colan hijo de Catalina Puycatil yndia de Colan e Francisca hija de Juana Chanapixana yndia de la dicha mi parcialidad y Luissa su hermana hija de la dicha Juana Pixana-E Juana Miguaçucatil la mujer de Juan RRonco yndia de Colan y doña Luisa Pariña hija de doña Francisca Pariña yndia de Catacaos se an criado todos ellos en son de que son mis hijos e aun que yo no estoy cierto de ello como mejor puedo e alugar de derecho les mando a cada uno de ellos a cinquenta pesos de a ocho rreales ecepto a la

dicha dona Luisa Pariña a la qual mando se le den ciento e cinquenta pesos de a ocho rreales y les encargo rrueguen a Dios por mi alma [...]

413r — Yten mando a don Sancho de Colan hijo de don Domingo de Colan mi hermano / cient pessos de a ocho rreales los quales se le den de mis vienes [...]

— Yten mando a don Juan de Colan mi sobrino hijo de doña Juana de Colan mi hermana cinquenta pessos de a ocho reales por el amor que le tengo [...]

— Yten mando que de mis vienes se paguen a los alvaceas de Alonsso Machay yndio difunto que rrescidia en Sarana veinte patacones que le devo por rraçon de un macho viejo que dejo en el rrio quando fallecido y ansi mesmo mando se le pasen al suso dicho doce patacones por razon de otro macho suyo que le llevo un fraile lego de San Francisco hasta la ciudad de Piura y se fue con el y despues pidiendo se lo dixo se le avia perdido e me dio doce patacones por el que son los de arriva y mando que también se le paguen [...]

— Yten mando quiero y es mi voluntad que se le bendieren los negros esclavos mios arriva rreferidos el procedido de ellos se haga un cuerpo y del se saque el valor de uno de los negros y se le de a mi hermano don Domingo de Colan y el valor de otro a doña Luisa mi hermana mujer de don Cristoval Palazalede por el amor y voluntad que les tengo e por lo que les deviere en alguna manera que no me acuerdo y lo demas graciosamente [...]

— Yten declaro que el cacicazgo que yo a el presente tengo e posseo de mi parcialidad de Colan despues de yo fallecido es y pertenesce a mi hermano don
413v Domingo de Colan como mi hermano legitimo e hijo de don Juan Yunchere e dona Ysabel Macazcachire mis padres difuntos declarolo para que conste [...]

— Yten mando que se paguen de mis bienes a Juan Matheos cirujano que al presente me esta curando de esta mi enfermedad ochenta pesos de a ocho reales que es en lo que nos concertamos la mitad de contado la otra mitad despues de que fue tercero el presente escrivano [...]

— Yten que declaro que yo envie los dias passados a la villa de Zaruma a Juan Tallicha yndio de mi parcialidad por una poca de plata labrada e trayendo la faltaron por entregar dos platillos de plata con que el se quedo hasta oy que no me los a entregado mando se cobren del dicho [...]

— Yten declaro que con el ganado que tengo cabrio e obejuno en compañia de el capitan Hernando de Troche Vuitrago y con el de Diego Moreno tengo tres mitayos de provission por merced de el govierno los dos de este pueblo de Colan y el otro de los forasteros que rreciden en el valle de Zarama como paresce de las provissiones que estan entre mis papeles declarolo para que conste [...]

— Yten mando se le den a don Domingo de Colan mi hermano doscientas cavezas de ganado cabrio e ovejuno a voca de corral con el racion dele un mitayo de Colan que para que se le confirme y haga merced ocurrira a el señor Virrey de estos rreynos e señores de el goviemo en virtud de los titulos e provissiones que para la guarda del dicho ganado tengo [...]

— Yten devo a Domingo Varela diez petacones y una fanega de maiz de diezmo mando se le pague [...]

414r — Yten declaro que yo estoy concertado con Juan Nuñes carpintero rresidente en el puerto de Payta para que me entable / la culata e lo demas que rresta de cercas en el quarto alto de tablas en esta casa en que vivo y que me asiente tres ventanas para el dicho quarto en cinquenta pesos de a ocho reales su trabajo a quenta de los cuales le e dado veinte pesos de a ocho reales y a comenzado a labrar las tablas para la culata mando a mis alvaceas que hagan se cumple el concierto y se le pague lo que restare [...]

— Yten para cumplir e pagar este mi testamento e las mandas e el gastos en el conthenido dejo e nombro por mis alvaceas y testamentarios a Antonio Nuñes de Araujo vecino en el dicho puerto de Payta y a don Domingo de Colan mi hermano y a don Juan de Colan mi hijo a todos tres juntos y de por si ynsolidum con ygual facultad que lo el uno comensare el otro lo acave y por el contrario para que entren en mi vienes e los venda e rrematen en publica almoneda o fuera della como les paresciere y de la suerte forma y manera que va declarado que para ello y lo de ello dependiente entrar y salir les doy poder e facultad cumplida qual en tal casso se rrequiere y les ruego y encargo acepten el dicho alvaceasgo y a lo que por este mi testamento dejo dispuesto que como ellos lo hicieron de por de Dios quien haga por ellos otro tanto [...]

— Yten declaro que en tiempos pasados me envio Fulano de Argurto vecino de Loxa una botijas de manteca que no se las que son para que se las vendiera y la quenta dellas le envie con Vartholome Hernandez una carga
414v de cachemas que tuvieron dos mill/de cachemas con sus cestos y en rason de esto tiene don Geronimo Sotomayor vecino de el pueblo de Payta una carta mando que mis alvaceas la vean e lo que fuere pague de mis bienes [...]

— Y cumplido e pagado este mi testamento y las mandas el gastos e obras pias en el contenidas de el rremaniente que quedare e fincas de todos mis bienes deudas derecho y acciones dejo e nombro por mi universal heredero a don Pheliz Temocha mi nieto e hijo de don Juan de Colan mi hijo y de doña Ysabel Temocha cacica principal que fue del repartimiento de Sechura avido en legitimo matrimonio que sera de hedad a el presente de diez años poco mas o menos el qual quiero lo aya goze y herede con la vendicion de Dios e la mia y en el entretanto que tiene la hedad que el derecho dispone para governar sus vienes e hacienda quiero y es mi voluntad que la rrenta de las posesiones de cassas que tengo en el dicho puerto de Payta con lo que quedare liquidamente de los dichos mis vienes en espeçie pagado lo conthenido en el dicho testamento lo ayan gozen y hereden hasta entonces los dichos don Domingo de Colan mi hermano e don Juan de Colan mi hijo en esta manera la renta de las posseciones de las dichas cassas cumpliendo la manda de los cient pesos de a ocho reales para la paga de los yndios de mi parcialidad lo que sobrare lo an de aver e gozar de por mitad tanto el uno como el otro procurando tener siempre en pie e vien labradas y edificadas las dichas cassas con gue tengan cuydado alimentar a el dicho mi nieto como heredero de la propiedad de las dichas cassas e los demas mis vienes sin que ninguna justi-
415r cia seglar ni eclesiastica se entremeta / en ello cossa alguna y lo demas que fuera de las dichas possesiones quedare de los dichos mis bienes se les a de entregar anssi en especie de lo que fuere la cossa como en plata para que lo tengan devajo de tutela por el dicho mi nieto y se lo entreguen despues como tal mi heredero sin que de ello se les pida rreditos ni multiplicos en manera alguna por que yo desde luego para en adelante de la que les pidieren en qualquier manera les hago gracia e donacion de ello por que mi voluntad es que los suso dichos ayan la dicha rrenta en entretanto que el dicho mi nieto tiene hedad y tengan sus vienes no mas de en especie y plata aquello que tan solamente y le hicie-

ren por el dicho mi nieto aunque le den rredito ni aprovechamiento dello en ninguna manera y quiero y mando que los susso dichos ni el dicho mi nieto no vendan las dichas cassas sino que siempre esten en pie enhiestas e vien paradas y aunque esta cierta la demanda de los cient pesos cada ocho reales que se an de dar para en siempre de los yndios de la dicha mi parcialidad para la paga de sus tributos y con esta carga en los tiempos de adelante a los suso dichos y en sus herederos e suscesores pressentes e por venir an de estar para siempre xamas y les ruego y encargo e mando al dicho Juan mi hijo y el dicho don Pheliz Temocha mi nieto tengan entre todos grande conformidad y cuydado de volver por los dichos yndios y en particular el vien de mi alma que yo lo espero de ellos […]

415v — Y revoco e anulo e doy por ningunos y de ningun valor no efecto / otro quales quier testamentos que antes de este aya fecho por scripto o de palabra poder de para testar memorias o otras cossas que quiero que no valgan ni hagan fee en juicio ni fuera de el salvo este que al pressente hago e otorgo por mi ultima e postrimera voluntad a onor e rreverencia de Dios nuestro señor en testimonio de lo qual otorgue la pressente carta que es fecha en el pueblo de Sant Lucas de Colan termino de el puerto de Payta de juridicion de la ciudad de Sant Miguel de Piura en diez e ocho dias del mes de marzo de el año de mil e seis cientos e veinte y dos y el otorgante ante que yo el escrivano publico doy fee que conozco lo firmo de su nombre siendo testigos Alonso de Morales Portillo Pedro Marmolejo Juan Matheos Diego Moreno y don Juan de la Chira cacique e governador de el pueblo de Catacaos […]
(Rúbricas)

(Al margen: Codicilio don Luis de Colan)

416r En el pueblo de Colan de la jurisdicion de la ciudad de San Miguel de Piura en diez e ocho dias del mes de marzo de el año de mill y seis ciento e veinte dos ante mi el escrivano e testigos don Luis de Colan cacique principal e governador de este pueblo a quien doy fee conozco devajo de la crehencia e protestación que tiene fecha en su testamento que oy dicho dia a otorgado ante el presente scrivano en esta enfermedad estando como esta en su libre juicio y entendimiento natural dixo que demas del dicho su testamento se le acuerda algunas cossas mas para el descargo de su conciencia y para que aya efecto manda de nuevo que a Juan hijo de Julian y a Thomasillo hijo de Juan Savalu y a Sevastian Huerfano e a Geronimo hijo de Sevastian Puchulan e a Juan Payanmipa e a Phelipillo huerfano y a Juanillo huerfano cholos que an estado y estan en su servicio a cada uno manda se le den de sus bienes dos piezas de rropa de vorrachera manta y camisseta e unos calsones de cordellate por lo que le an servido […]
— Yten manda a Frasquilla yndia que actualmente le esta sirviendo se le de un capuz morado por el tiempo que le a servido […]
— Yten declara mas por sus bienes treinta costales de harina que estan en su cassa […]
— mas una pieza de perpectuan negro
— Yten una frasquera con sus frascos de vidrio

416v — Yten tiene en el puerto de Payta / quatro cuscas de madera labradas las tres de palo negro e la una blanca que esta en casa del general don Juan de Andrade Colmenero [...]
— Yten dos escaños en casa de el dicho general
— Yten un escaño e un bufete e una silla horadada en casa de Antonio Nuñes de Araujo y abejas [...]
— Yten una silla de cavalleria con su caparazon guarnescida espuelas de plata y su freno [...]
— Yten tres quadros de imagenes guarnescidos y los dos dorados [...]
— Yten mando veinte e cinco pesos de a ocho reales a la fabrica de la yglesia mayor de el puerto de Payta los quales se le den de sus bienes [...]
— Yten mando se den de limosna a el convento de Nuestra Señora de las Mercedes del dicho puerto de Payta doce pesos de a ocho reales [...]
— Yten declara que si a la cofradia de la Iglesia de este dicho pueblo de Colan paresciere dever alguna cossa que en ninguna manera yo (tachado) no se acuerde deverle cosa alguna quiere y es su voluntad previniendo a lo de adelante que todo entre y se entienda en la manda de los quinientos pesos de a ocho reales que le deja y no deverle pedir ningun yndio ni otra persona a el ni a sus vienes cossa alguna [...]
— Yten declara que de la negra que trato de vender a don Alonso Malacas su cuñado para en cuenta de el balor della y de lo que le a de dar le dio cient pesos de a ocho reales en rreales declarolo para que conste [...]
417r — Yten declara que deve a Alonso de / Morales Portillo rescidente en este dicho pueblo diez patacones, e seis reales de rresto de una cedula de mayor quantia firmada de su nombre manda se le paguen [...]
— Yten manda que a Juana mayordama y criada que a sido de su cassa a el pressente le esta sirviendo se le den cinquenta pessos de a ocho rreales y le encargo que crie a Pheliz su sobrino y mire por el y no salga de esta cassa y manda que su hermano don Domingo de Colan y a don Juan de Colan su hijo la amparen y tengan cuydado de favorescella e tratales vien porque en esto le daran gusto rrespecto a verme fecho vuenos y leales servicios [...]
— Yten dize que por quanto en el dicho su testamento tiene declarado por heredero universal de todos sus bienes a don Pheliz Temocha su nieto y por el hordena e manda que llegando a la hedad que el derecho dispone se le entreguen sus vienes como de la dicha clausula de herencia consta e paresce e previniendo a lo que puede subceder en los tiempos de adelante si acaso fuere servido de le llevar de esta vida a el dicho su nieto sin llegar a tiempo que goze de ellos ni que tenga ligitimos que ayan y hereden lo que es suyo subcediendo asi quiere y es su voluntad que de la rrenta y demassia que rrindieran las posesiones de sus cassas de el dicho puerto de Payta y de la parte que quedara en especie e plata de los dichos sus vienes se estavlesca e funde una capellania de missas en este dicho pueblo de Colan en la cantidad que alcanzare por su anima para siempre sin fin y
417v nombre / desde agora para en adelante por capellan e patrono de la dicha capellania a el cura propietario que es o fuere de este dicho pueblo e falleciendo ellos que a el subcedieron en adelante de forma que su alma aya e goze de los ufragios de ella en la suerte que dispusieren las dichas missas por los tiempos de cada año la qual se guarde e cumpla por su ultima e postrimera voluntad [...]

— Yten demas de los alvaceas que deja nombrados por el dicho su testamento nombra tambien por su alvacea con los demas a el presente Francisco Ruiz presvitero veneficiado de el pueblo de Payta el qual con los demas ynsolidum devajo de la dicha mancomunidad pueda usar el dicho alvaceazgo e le pide lo acepte por amor de Dios las quales dichas clausulas por via del coldicilio o en aquellas via forma que aya lugar de derecho quiere se guarden cumplan con las del dicho su testamento porque anssi es su voluntad e lo firmo siendo testigos Pedro Marmolejo Diego Moreno e Juan Matheos rescidentes en este dicho pueblo —e mando su, su, su, su, el, dize y testado yo, yo, yo— en la cama [...] (Rúbricas)

Apéndice documental
Testamento de don Alonso Caruatongo

Curaca principal de las Siete Guarangas de Cajamarca. Documento insertado en las probanzas efectuadas por Sebastián Ninalingon ante el Consejo de Indias, por el título de cacique de la Guaranga de Guzmango. Se trata de un traslado del original.
(Archivo General de Indias. Sevilla. Audiencia de Lima, Leg. 128).

Testamento a mi declarar por suso

En el nombre de la Santa Trinidad padre e hijo y espiritu Santo para siempre jamas amen manifiesto sea a todos los que la presente vieren como yo don Alonso Carvatongo señor y caçique prinçipal desta provinçia de Caxamarca estando como estoy en todo mi juizio y entendimiento creyendo como bien e fielmente creo en el misterio de la Santisima Trinidad y con toda quello que tiene y cree la Santa Madre Iglesia de Roma tomando por ynterçesora y señora nuestra hago y ordeno este mi testamento y ultima voluntad en la forma y manera siguiente [...]
Primeramente mando mi anima a Dios nuestro señor que la crio y redemio por su preçiosa sangre pido y suplico que aya misericordia de mi y me perdone mis pecados y el cuerpo a la tierra de donde fui formado [...]
— Yten mando y es mi voluntad que si Dios nuestro señor fuere servido de mi llevar desta presente vida que mi cuerpo sea sepultado en el monasterio de señor San Françisco desta villa en la parte y lugar que tengo señalado y tratado con mis alvaceas en la Capilla de Nuestra Señora de la limpia Conçepcion y mi cuerpo sea llevado en ataud y con el avito de San Françisco y sea mi cuerpo acompañado de todos los saçerdotes que se hallaren presente en esta villa y acompañado con las çeras de las cofradias y Cruz Alta y se pague la limosna acostumbrada de mis bienes [...]
— Yten mando que si el dia de mi enterramiento fuere ora competente se me diga una misa cantada con su vigilia responso y si no fuere ora se me diga otro día siguiente y se pague la limosna acostumbrada...

— Yten mando que otro dia suçesivamente se me diga nueve misas reçadas dentro de los nueve días con sus responsos y al cabo una misa cantada de requiem con su vigilia y responso por mi anima ofrendada conforme a la voluntad de mis alvaçeas y se pague la limosna acordada [...]

42v — Yten mando que digan por mi anima en este convento de San Françisco de Caxamarca diez misas reçadas en el altar de Nuestra Señora de la Concepçion y se pague la limosna de mis bienes con un responso sobre mi sepultura [...]

— Yten mando se digan por mi anima en el monasterio del pueblo de Guzmango veinte misas reçadas por mi anima y se pague la limosna de mis bienes [...]

— Yten mando se digan por mi anima en el monasterio de Contumasa veinte misas reçadas por mi anima y se pague la limosna de mis bienes [...]

— Yten mando se digan por mi nombre en el pueblo de Jesus veinte misas reçadas y se pague la limosna de mis vienes [...]

— Yten mando al ospital deste pueblo de Caxamarca veinte pesos de limosna los quales se le den de mis vienes [...]

— Yten mando a la Cofradia de la Limpia Conçepcion desta villa diez pesos de limosna mando se pague de mis bienes [...]

— Yten mando al monasterio de Nuestra Señora de Guadalupe questa en los llanos çinco pesos de limosna mando se paguen de mis vienes [...]

— Yten mando a las mandas forçoças a cada una dos rres (sic) mando se pague de mis bienes [...]

— Yten mando a fulano Pucachava yndio mitma tres pesos los quales le mando por serviçio que me a servido se le den de mis bienes [...]

— Yten mando a Alonso Tantachumi yndio tres pesos corrientes los quales le doy por servicio que me a servido mando se le den de mis vienes [...]

— Yten declaro que me deve don Xristoval Xulcapoma veinte pesos corrientes que le di en plata corriente mando se cobren del [...]

— Yten declaro que me deve doña Françisca Palen viuda dos lliquillas estampadas de chaquira mando se cobran della [...]

— Yten declaro que tengo por mis bienes unas cassas de mi morada que son las que al presente beve questan en la yzquina de la plaça desta villa que

43r linda por la / una parte con el Monasterio de San Francisco desta villa e por la otra calle en medio con cassas de don Juan Sancho de las quales quiero y es mi voluntad que la mitad dellas de la parte que linda con el dicho monasterio se den y yo la doy a doña Mari Muchoy mi muger ligitima para que las aya y herede por sus vienes no envargante que no uve con ella del matrimonio casa alguna y de la otra mitad de la dicha mi cassa hago graçia y dunaçion pura y perfecta a la Cofradia de Nuestra Señora de la Concepçion desta villa para que sea suya e quede en forma de Capellania en esta manera o los mayordomos o prioste e guardian desta villa la arrienden a quien mas por ella dieren y el alquiler que proçediere la mitad dello lo herede la dicha cofradia como vienes suyos y la otra mitad se diga de misas por mi anima cada un año las quales se digan en el Monasterio de San Françisco desta villa y los mayordomos tengan cuydado de reparar la dicha cassa y acudir con la dicha limosna al guardian del dicho convento o al sindico del e quiero y es mi voluntad que el guardian que es ofuere deste dicho convento sea el patron desta capellania e pueda tomar necesarias a los dichos

mayordomos y a las demas personas a quien se devan tomar lo qual quiero y es mi voluntad se cumpla y guarde segun va declarado [...]
— Yten declaro que yo tengo dos varas de plata marcadas las quales estan en poder por guardia y costodia de Juan Cochic mi cuñado que bive en el pueblo de Contumasa mando se le pidan y cobren de las quales quiero y es mi voluntad se vendan y truequen a (borrado) en almoneda o fuera della como mis alvaceas les paresçieren y lo que asi montaren la mitad dello mando a las yglesias de
43v   los pueblos de Guzmango Contumasa y el de Jesús / y esta villa de Caxamarca por yguales partes para que lleve tanto el uno como el otro y el otro como el otro y de la otra mitad se paguen las mandadas misas y legados contenidos en este mi testamento y si cobraren algo se diga de misas por mi anima los dichos monasterios rata por cantidad e cada uno lo que le cupiere y le declaracion que en las dichas barras no tiene parte ninguna la dicha doña Maria mi muger por quanto las ube y tenia antes del matrimonio y no an andado a trato no grangeria para que pudiera llevar algo dellas sino que siempre las he tenido en propio espeçie mando se guarde y cumpla esta clausula y los demas de mi testamento segun va declarado [...]
— Yten declaro que tengo por mis bienes quatro caveças de yeguas las quales tiene en guarda Juana Cuchic las quales quiero y es mi voluntad se den las dos dellas a dona Maria Lachos mi hija natural y las otras dos a doña Maria mi muger [...]
— Yten declaro que tengo una chacara llamada Chinvicancha ques junta a la puente del camino de Chachapuyas la qual esta sembrado de maiz quiero y es mi voluntad que coxido el fruto de lo questa sembrado en ella la ayan y hereden por mitad la dicha doña Maria mi muger y don Françisco Chuxquispi mi sobrino y el maiz que se coxiere della de lo que al presente tengo sembrado quiero y es mi voluntad se vendan y la mitad dello se de a la dicha doña Maria mi muger y la otra mitad se haga bien por mi anima [...]
— Yten declaro que tengo otra chacara llamada Punaorco que esta en el valle desta villa la qual esta sembrada de maiz la qual mando a la dicha doña Maria mi muger con todo lo sembrado en ella [...]
— Yten declaro que tengo un bestido de paño azul desta manera hera
44r   duelo (sic) de pañol / azul guarneçido de pasamano de plata y calçon y saltanbarca de razo azul mando se venda por mis bienes [...]
— Yten declaro que tengo por mis bienes una calça de terçiopelo carmesi cochillada aforado con tafetan amarillo mando se venda por mis bienes [...]
— Yten declaro que tengo por mis bienes un bestido de un heraldillo y un sayo de carmesi mando se venda por mis bienes [...]
— Yten declaro que tengo por mis bienes un jubon amarillo de raso mando se venda por mis bienes [...]
— Yten declaro que tengo unas ligas de tafetan verde mando se vendan por mis bienes [...]
— Yten declaro que tengo por mis bienes un pares de vurçigues de argentado colorado mando se venda por mis bienes [...]
— Yten declaro que tengo por mis bienes unas medias de benço [...]
— Yten tengo una bara de tafetan amarillo mando se venda por mis bienes [...]
— Yten declaro que tengo un sombrero aforado con una tiena de alquimia mando se venda por mis vienes [...]

—Yten declaro que tengo quatro penachos mando se vendan por mis vienes [...]
— Un plumaje de regoçijo blanco mando se venda por mis vienes [...]

44v — Yten tengo por mis bienes un bestido de tafetan carmesi mando se venda por mis bienes / [...]

— Yten declaro que tengo por mis vienes una camisa de lienço mando se venda por mis bienes [...]
—Yten declaro que tengo por mis bienes tres pieças y una camiseta de ropa de algodon de mi vestir mando se venda por mis vienes [...]
—Yten declaro que tengo dos Basnas (sic) de cochillo la una de carniçeria la otra de mesa mando se venda por mis vienes [...]
—Yten declaro que tengo unas escribanias nuevas con todo su recaudo mando se venda por mis vienes [...]
— Yten tengo un espejo de castilla mando se venda por mis vienes [...]
— Yten declaro que tengo por mis vienes dos freçadas nuevas mando se venda por mis vienes [...]
— Yten declaro que tengo una antara de chachapuyas estampadas de mullo mando se venda por mis vienes [...]
—Yten declaro que tengo un llauto de chisa mando se venda por mis vienes [...]
— Yten declaro que tengo una silla geneta nueva sin estribos mando se venda por mis vienes [...]
— Yten declaro que tengo otra silla geneta con sus estribos mando se venda por mis vienes [...]
— Yten declaro que don Gomez Huque Guaman procurador me tiene el calçon del vestido azul que el llevo deziendo me avia de solicitar çierto pleito que yo tube mando se cobre del porque yo no le debo nada ni el hizo cosa en el pleito mando se venda con los demas vestidos [...]
— Y teniendo y es mi voluntad que se de a don Martin Llacxacusma mi cuñado veinte pesos de mis bienes por quanto me a hecho buena amistas y her-

45r mandad / mando se de mis bienes [...]

— Yten mando a don Françisco Chupquispi el calçon azul de damasco arriva declarado para el mando se le den encobrando del dicho don Gomez procurador [...]
— Yten mando se de al dicho mi sobrino don Françisco Chupquispi una caxa de çedro con su çerradura toda nueva para el con condiçion que me mande dezir una misa de requiem cantada con su responso por mi anima en el altar de Nuestra Señora [...]
—Yten declaro que yo tengo tres heraldillos viejos el uno colorado y el otro azul de cordellate y el otro verdoso mando que se den a pobres neçesitados o se vendan en almoneda publica y de lo proçedido se reparta a los pobres que mis alvaçeas les pareçiere [...]
— Para cumplir e pagar este mi testamento mandas e legatos en el contenidas dexo y nombro por mis alvaçeas y tenedores de todos mis bienes a Pedro de Arevalo y Diego de Olivares moradores en esta dicha villa y a don Martin Llacxacusma caçique de la guaranga de Culquimarca a los quales y cada uno dellos doy poder bastante para que entren y tomen los dichos mis bienes por la parte que les pareçiere los venda y rematen en publica almoneda o fuera della y de su valor cumplan y paguen este mi testamento mandas e legatos en el contenido que quan vastante poder es neseçario para lo que dicho es otro tal y ese mismo las di

45v en forma y reboco y anulo y doy por ninguno y de ningun valor y effecto quales quier testamento o testamentos codiçilios (sic: cudicilus) que yo aya fecho y otorgado que quiero que no valga ni hagan fee en juizio ni fuera del salvo este que agora hago y ordeno que quiero que valga por mi ultima y prostemera voluntad y lo otorgo ansi ante mi el presente escrívano e testigos que fueron presentes a lo que dicho es el Padre Frai Luis de Sangil y Diego de Ávila y don Xristobal Xulcapoma y don Xristoval Cana y don Françisco Chupquispi ques fecho en esta villa de Caxamarca del Piru a siete dias del mes de março de mill e quinientos e nobenta e un año y por no saver el dicho otrogante firmar rogo al padre Frai Luis de Sangillo firme por el por testigo a los quales yo el presente escrivano doy fee que conozco [...]

NO TIENE HIJO LEGÍTIMO Otro si digo e declaro que yo soy caçique prençipal desta provincia de Caxamarca de siete guarangas y no tengo hijo legitimo mas que tan solamente a la dicha mi hija doña Magdalena Lachos mi hija natural la qual tiene dos hijos y tres hijas legitimas ruego y encargo a las justiçias y juezes de su Magestad los traten y onrren como a mi hija y nietos [...]

— Yten declaro que tengo una chacara llamada Jauden a qual quiero y es mi voluntad se de a Melchor Xandec mi nieto para que la tenga e posea por suya fecho Utsupra a su ruego y por testigo Frai Luis de Sangil por testigo Diego Davila don Xristobal Xulcapoma y don Françisco Chupquispi ante mi Miguel Ramos escrivano de Cavildo [...]

— En la villa de Caxamarca en veinte e dos dias del mes de setiembre de mil e quinientos e nobenta e un años ante mi el escrivano e testigos pareçio presente don Alonso Carvatongo señor e caçique prençepal desta provinçia e dixo que por quanto ante mi el escrívano tiene otorgado su testamento a siete dias del mes de março deste año y al presente tiene algunas cosas que enmendar en el 46r por tanto dixo que en quanto / avia mandado al ospital veinte pesos y ansi mismo avia mandado que la mitad de sus casas donde bive se diesen a la Cofradia de Nuestra Señora que del alquiler que dixese misas por su anima y lo demas para la dicha Cofradia y ansi mismo avia declarado que tenia dos barras de plata en poder de Juan Cuchic su hierno en el pueblo de Contumasa y ansi mismo avia mandado se le diesen veinte pesos a don Martin Llacxacusma y a don Françisco Chupquispi otros veinte y una caxa dixo que las dichas mandas de suso declaradas la revocava y revoco y quería no valiesen y en quanto a las dichas dos barras de plata dixo no se la pidiese al dicho Juan Cochic porque el no tiene en su poder barras ninguna ni las ha tenido y lo avia declarado por hierro y las dichas casas y mitad dellas dixo que queria y era su voluntad las llenase y tuviese para si y para sus herederos don Sebastian Ninalingon su sobrino porque se las mandava en aquella via y forma que de derecho mas lugar aya y se entiende que es lo que tenía mandada a la dicha Cofradia y la otra mitad queda para doña Maria su muger y la dicha caxa que avia mandado al dicho don Françisco se venda y se diga de misas por su anima juntamente con una yunta de vueyes que se an de vender y dezir misas las que alcanzare con las demas que tiene mandadas y ansi mismo dixo que queria y era su voluntad se le diese a doña Maria su muger demas de lo que le tiene mandado una yunta de vueyes aquella tomare y ansi mismo tenia mandado fuese alvaçea Diego de Ulinares residente en esta villa que no a la dicha clausula y no queria lo fuese si notan solamente los demas que tienen nomerados y declarados

46v que le tiene dado a don Juan Sancho unos calçones de terçiopelo en diez pesos mando se le bolviesen los dichos pesos / y se cobren los dichos calçones y se vendan y diga de misas [...]
— Yten declaro que devia a Alonso de Riviera sesenta y tres pesos de çinco votijas de vino demando se le pague de mis vienes y ansi mismo devo a don Pedro Culquinaivin seis pesos y quatro reales mando se le pague [...]
— E ansi mismo declaro dever a doña Magdalena su suegra el valor de un colchon y una camisa mando se le pague lo que se tasare por ello [...]
— Yten declaro que deve a Juan Castellon treze pesos de una botija de vino [...]
— Y ansi mismo declaro dever por una çedula a (borrado) vezino de Çama diez y seis pesos por mas botijas de bino de castilla y con las dichas declaraçiones deste codiçilio dixo que queria y era su voluntad valiese el dicho su testamento porque todas las demas clausulas en el contenidas con estas declaraçiones las dexava en su fuerça segun en su testamento se contiene y lo otorgo ansi bastante por su codiçilio y ultima voluntad en aquella via y forma que de derecho mas lugar aya siendo testigos don Pedro Caxapilco y don Pedro Cusquinaivin y don Françisco Chupquispi y Francisco Guamantayo y Domingo Palancha y firmo un testigo a ruego del dicho otorgante al qual yo el escrivano doy fee que conozco [...]
— Yten declaro que deve Anton Marques una baca por una baca mia que tomando se cobren del suso dicho una baca [...]
— Yten me deve Pedro Trexo por una lliquilla listada tres pesos y mando se cobren del suso dicho [...]
— Yten declaro que me deve Domingo Tantachuan hijo de Alonso Tantachuan natural del pueblo de San Pablo tres pesos por un paño de manos de
47r Olanda mande se cobren del suso dicho Françisco Sacristan ante mi Miguel Ramos escrivano cavildo [...]
— En la villa de Caxamarca a ocho dias del mes de octubre de mil e quinientos e noventa e un años ante mi el presente escrivano e testigos pareçio presente don Alonso Cargutongo señor e caçique prençipal desta provinçia e dixo que por quanto ante mi el escrivano tiene otorgado su codiçilio a veinte e dos dias del mes de setiembre deste año y al presente tiene algunas cosas que emendar en lo portanto dixo que avia mandado una yunta de buey para que se venda para sus misas ay otra yunta para su muger dixo que las dichas mandas de suso declaradas la revoca y revoco y queria no valiesen y mando que se den las dichas dos yuntas de buey a don Françisco Chupquispi su sobrino para que lo aya y goze dellos al qualle haze graçia y donacion al suso dicho por averle servido y a hecho buena obra porque esta su ultima y postrimera voluntad en testimonio de lo qual otorgo ante mi el dicho escrivano que doy fee que conozco a dicho otorgante y no firmo por no saver y firmo por el a su ruego un testigo siendo testigos Juan de Mori y Diego de Olivares Geronimo de Aguilar estantes en esta dicha villa va testado si no valo por testigo Geronimo de Aguilar por testigo Diego de Olivares ante mi Miguel Ramos escrivano de Cavildo [...]
— Yo Juan Ramirez Segarra escrivano publico y del Cavildo desta villa de Caxamarca saque y fize sacar este dicho traslado del original del qual va çierto y verdadero corregido y concertado con el original testigo a lo ver y sacar don Xristo-
s/n bal Xullcapoma y don Miguel Ramos en fee dello que fize mi firma y rubrica acostumbradas ques a tal en testimonio de verdad Joan Ramirez Segarra escrivano de Cavildo (firma y rúbrica) [...]

— Este traslado de testamento yo Françisco Davila escrivano las fize sacar del original el qual va çierto y verdadero y de pedimiento de don Sevastian Ninalingon lo fize sacar en Caxamarca en treze de março de mil e quinientos e noventa e tres años y en fee dello fize mi signo que va çierto en testimonio de verdad Françisco Davila escrivano (firma y rúbrica) […]

TERCERA PARTE

TRABAJOS Y ACTIVIDADES

Capítulo 5

Mercaderes del valle de Chincha en la época prehispánica: un documento y unos comentarios*

En la Biblioteca del Palacio Real de Madrid, en el tomo XXII de "Miscelánea de Ayala" (fols. 261-273v), existe un manuscrito anónimo titulado: *Aviso de el modo que había en el gobierno de los indios en tiempo del Inga* y *cómo se repartían las tierras y tributos*.

El dato más original de "Aviso" (como llamaremos de aquí en adelante a esta fuente) es el relativo a la posible existencia de mercaderes en el valle de Chincha en época prehispánica, pero trataremos primeramente de analizar el manuscrito antes de ocuparnos de la noticia que indicamos.

No sabemos quién escribió este documento, ni su fecha de redacción, pero por los datos que suministra podemos tratar de ubicar más o menos en qué momento fue escrito y su posible autor.

Según "Aviso", cuando los españoles entraron a estas tierras, el valle de Chincha estaba densamente poblado, afirmación ampliamente confirmada en otras fuentes (Cieza 1943, Cap. LIX; 1941, Cap. LXXIV; Vázquez de Espinoza 1948, Lib. 4, Cap. 37, párrafos 1.342 y 1.343 y Meléndez 1681-1682, I, Cap. XV: 459).

Alrededor del año de 1542, fray Domingo de Santo Tomás fundó con otros religiosos el Convento de Santo Tomás de Aquino en Chincha;

---

* Publicado en la *Revista Española de Antropología Americana*, Vol. 5, 1970.

lo acompañaban en esa tarea fray Cristóbal y fray Pablo de Castro. Meléndez (1681-1682, tomo I, Cap. XV) cuenta que este último solía predicar a los indios contra sus idolatrías, y les predecía su futura disminución como consecuencia del castigo de Dios, hechos que, según el piadoso comentarista, se llegaron a cumplir. Esto confirma la aún densa población del valle, pero ya en vía de menguar un decenio después de la conquista.

El primer dato importante para fechar "Aviso" es justamente la noticia de la fuerte baja de la población que se había producido y que el autor estima, en el momento de su narración, como sólo de seiscientos tributarios, en lugar de treinta mil. O sea que transcurrió un lapso suficientemente largo como para permitir una disminución tan grande. Es difícil calcular el período necesario, pero sabemos que en ciertos lugares la población indígena sufrió una tremenda pérdida a raíz de la conquista española. Quizás en Chincha hayan sido múltiples los motivos, y un éxodo por cuestiones económicas pudo ser una de las causas.[1]

Otro detalle es la mención en el folio 272, que se refiere "al primer Monasterio" dominico, lo que significa que había tenido lugar una segunda fundación, y la referencia a fray Domingo de Santo Tomás como "el obispo que fue de los Charcas". Ahora bien, fray Domingo quedó nombrado Obispo de Charcas en 1562 y murió en 1570.

Un antecedente más que nos ofrece "Aviso" es el hecho que la Relación está dirigida a "Vuestra Paternidad", sin decir de quién se trataba. Fue acaso un informe solicitado por algún prelado lo suficientemente importante como para poder llegar hasta el "Príncipe que gobierna". ¿Se trataría quizá del arzobispo Gerónimo de Loayza, también dominico?

En la tarea de tratar de fechar la Relación que nos interesa, nos puede ayudar el hecho de que fray Reginaldo de Lizárraga, de la misma orden que los anteriores, tuvo entre sus manos "Aviso" y lo utilizó en su *Descripción de las Indias* (Lizárraga 1946, Cap. XLVII). Los datos que proporciona sobre el valle de Chincha son casi una copia textual de la Relación. Se refiere a los 30,000 tributarios que había en Chincha antes de la conquista española, y dice que quedaban tan sólo seiscientos por haberse despoblado la tierra. También menciona la división de la población en diez mil labradores, diez mil pescadores y diez mil mercaderes.

La fecha en la cual Lizárraga escribió su crónica no está claramente definida. Cita a fray Juan de Lorenzana como Provincial de los dominicos en Lima, al momento de redactar su obra, dato que es una pauta para fe-

---

1. Es posible que con la conquista española desaparecieran los mercaderes y con ellos la prosperidad del valle.

char su manuscrito (Lizárraga 1946, Cap. XXVI; Mendiburu 1934: VII, 103 y 104). Según Meléndez, fray Juan fue Provincial en Lima de 1602 a 1606 y volvió a serlo en 1617, pero ya en aquel entonces el padre Lizárraga había fallecido (Meléndez 1681-1682; II, Cap. VI, 49 y ss.).

Al leer el manuscrito, lo primero que se nos viene en mente es el parentesco que puede tener con la Relación de Castro y Ortega Morejón (1974). A juzgar por el título, su anónimo autor deseaba escribir sobre el gobierno y la administración durante el incario, no de una manera local sino más bien general. Pero a pesar de su ambicioso propósito, el cronista, quizá sin darse cuenta y desde el tercer párrafo, habla de Chincha; y cuando lo hace, deja el empleo del verbo en el pasado, y en tiempo presente dice: "[...] y gora no hay más de 600" (tributarios). Luego vuelve a su narración impersonal tratando del incario en general, hasta el folio 270 y su vuelta, cuando abandona el tono monótono, para usar el presente y menciona "las muchas tierras vacas en Chincha". De ahí en adelante los datos son ya regionales, tanto en las noticias de la época prehispánica, como en las que se refieren al momento que escribe. Se afana por alabar el buen clima del valle y la conveniencia de una fundación española en Lurinchincha. Las noticias originales están también en relación con Chincha, y no con el incario en general.

Es indudable que existió una vinculación entre el autor de "Aviso" y la Relación de Chincha. De todas maneras transcurrió un lapso entre la redacción de uno y de otro documento.

Descartamos el hecho que fuera fray Cristóbal de Castro el autor de "Aviso" por encontrar en la Relación mención de este sacerdote junto con fray Domingo, y hablar de él como de tercera persona. Suponemos que se trata de sujetos distintos, que posiblemente tuvieron acceso a las mismas noticias comunes.

Ake Wedin (Wedin 1966: 55 y ss. y Relación 1920) en su estudio analítico de las fuentes para la historia incaica, compara las crónicas de Castro y Ortega Morejón con la relación anónima sobre el "Origen e Gouierno que los incas tuvieron" [...] (que llamaremos "Señores" como lo hace Wedin) y con la de Santillán, y encuentra que ciertos datos regionales o particulares fueron peligrosamente generalizados por ellos para todo el incario.

Si hacemos otro tanto y comparamos "Aviso" con la Relación de Castro y Ortega Morejón, vemos que ambos escritos se ocupan del "gobierno" y de la administración y en igual forma mencionan al inca Tupac Yupanqui (Castro y Ortega Morejón1974: 134-135). El ordenamiento de "Aviso" es distinto; por ejemplo la división de los *suyu* no viene de inmediato después de nombrar el inca, sino varios folios más tarde. Ambas Relaciones escriben de la misma forma la palabra "tocoricos", distinta de la de Santillán.

Independientemente de Wedin, Guillermo Lohmann cotejó las cuatro relaciones y encontró sus vínculos y similitudes (Lohmann 1966). Supone que no se trata de un plagio sino más bien de recíprocas influencias entre los distintos escritos o que, acaso, estaban en contacto personal y se facilitaban mutuamente los datos. No excluye Lohmann la posibilidad de una fuente común que sirviera a los diversos autores de los testimonios y señala el nombre de una persona tan docta en temas indígenas como fray Domingo de Santo Tomás. Porras Barrenechea (1951: XIII) califica a este sacerdote como el primer historiador de los yungas. No sólo hablaba el *runa simi* sino el idioma *muchik*, y a él le debemos el primer diccionario quechua. Es indudable también que fray Domingo tuvo una marcada influencia sobre Pedro Cieza de León.

Este ilustre soldado, en su *Crónica del Perú,* se refiere a los grandes conocimientos de fray Domingo de Santo Tomás sobre los yungas, y a las muchas noticias que le fueron proporcionadas por este sacerdote, y dice: "por la relación que tengo de fray Domingo de Santo Tomás haré la destos llanos" y también: "Esto me dio de su misma letra fray Domingo, que por todos es conocido, y saben cuán amigo es de verdad" (Cieza 1943: Cap. LXI y LXIV).

Tanto en su *Crónica del Perú* como en *El Señorío de los Incas,* se ocupa Cieza (1941, Cap. LXXIV; 1943, Cap. LIX) de la gran estimación de que gozaba el valle de Chincha. Habla sobre la riqueza de la comarca; de su curaca, quien era tenido por uno de los más importantes del imperio, y que se juzgaba su alianza como "gran ventaja y honor". Menciona la conquista incaica de Chincha realizada por un capitán llamado Capac Yupanqui, que no llegó a sojuzgar todo el valle, y declara que Tupac Yupanqui concluyó su dominación y le impuso sus leyes.

Habla también Cieza de la numerosa población que había en los tiempos prehispánicos. En la *Crónica del Perú* (Cieza 1941, Cap. LXXIV; 1943, Cap. LIX) menciona la cifra de veinticinco mil tributarios en época del marqués Pizarro, mientras que al momento que escribía su crónica, en 1550, sólo quedaban ya cinco mil.

En *El Señorío de los Incas,* cuando se refiere a las tropas chinchanas apostadas en pie de guerra en espera del soberano Tupac Yupanqui, cita el número de treinta mil hombres. Hace hincapié en la riqueza y en la suntuosidad de sus edificios; en una palabra, su relato tiene indudable conexión con la Relación de Castro y Ortega Morejón y con nuestro "Aviso".

Es de suponer que los escritos de fray Domingo de Santo Tomás, ya sean en forma de notas o de apuntes, que sirvieron a Cieza para sus dos obras mencionadas, como él mismo lo afirma, fueron años más tarde aprovechados para la relación de Castro y Ortega Morejón y por el autor de "Aviso".

Es sabido que en época muy temprana, entre 1540 y 1545, fray Domingo estaba ya dedicado a fundar conventos dominicos en Chicama y en Chincha, e iniciaba sus importantes estudios lingüísticos (Porras Barrenechea 1951: IX). Unos años más tarde, en 1550, Cieza escribía su *Crónica del Perú* y en 1553 *El Señorío de los Incas*. De 1558 data la Relación de Castro y Ortega Morejón, o sea que cronológicamente esta aseveración es factible. Es conocido el estrecho vínculo existente entre fray Domingo y fray Cristóbal de Castro, ambos dominicos y compañeros en la fundación del convento de Chincha. Por eso se puede suponer que los apuntes de fray Domingo, que sirvieron a Cieza, fueron utilizados con más razón por fray Cristóbal.

Al analizar Lohmann la "Relación del origen e Gouierno que los incas tuvieron, y del que había antes que ellos señoreasen a los indios deste Reyno [...]" (relación que llamaremos "Señores") llega a las mismas conclusiones que Wedin, o sea que existió una versión original escrita entre 1558 a 1563, y una posterior de los años 1572 (Lohmann 1966: 176-177).

Por la referencias que se desprenden del texto, Lohmann y Wedin suponen que "Señores", en su segunda versión retocada, fue escrita después de la venida al Perú del virrey Toledo. Lohmann va más allá al suponer que se trata de un dominico por la declaración de haber predicado a los indios en Chincha, y sugiere una indagación en la nómina de los religiosos que desplegaron acción misionera en el valle de Chincha, alrededor de los años de 1575.

En conclusión, podemos decir que los escritos de fray Domingo de Santo Tomás sirvieron a Cieza de León, a Castro y Ortega Morejón, a Santillán, a los autores de "Aviso" y de "Señores" y que cada uno añadió sus propias noticias.

En cuanto a la fecha de redacción del testimonio estudiado, tendría lugar después del año de 1570, fecha del fallecimiento de fray Domingo de Santo Tomás, y antes de 1575, si suponemos que fue dirigido a fray Gerónimo de Loayza, arzobispo de Lima, y que este prelado murió en 1575.

Sugerimos que su autor fuera fray Pablo de Castro. Meléndez dice[2] que el tema de sus sermones era la idolatría de los indios y la disminución de éstos como castigo divino. Justamente en el último párrafo de "Aviso", opina su autor que la desaparición de tantos indígenas obedecía a los "se-

---

2. Meléndez (1681-1682, tomo I, Cap. XV: 459) dice:

    Escribiéronse los Religiosos difuntos del quatrienio passado y entre ellos al muy venerable Padre Fray Francisco de San Miguel quondam Provincial (de quien se ha hecho memoria) en el Convento de Lima. y al Padre Fr. Pablo de Castro en el de Chincha.

cretos juicios de Dios" y que era preferible su muerte a que retornaran a "sus malas costumbres que tenían de Idolatría".

De fray Pablo sabemos que, debido a su gran celo, lo nombró vicario general y visitador contra la idolatría el arzobispo fray Gerónimo de Loayza, oficio que cumplió derribando huacas y quemando ídolos, y que finalmente murió en Chincha, pero desgraciadamente carecemos de la fecha de su fallecimiento.

¿Sería fray Pablo también responsable de la segunda versión de "Señores"? De ser así, sería posterior a la redacción de "Aviso", ya que

---

Este Padre Fr. Pablo de Castro fue uno de los primitivos Conventuales y Fundadores del Religiossimo Convento de Santo Tomás de Aquino del valle de Chincha, compañero (y quizá deudo cercano) del Padre Fr. Christóbal de Castro, de quien hicimos mención en el capítulo antecedente; fue hijo del Convento del Rosario de Lima, Varón Apostólico de mucha oración y singular penitencia, gran Predicador de Yndias, zelossisimo de su conversión, enemigo de sus Idolos, y vicios. Quando les predicaba, lo qual era en el bendito Padre la ocupación más continua, siendo el único tema de sus sermones contra la Idolatría, y embriaguez, les decía (y se lo repetía muchas veces) que sino dexauan aquellos pecados, les avía de acabar, y confundir la justicia de Dios; y sucedió puntualísimamente, como este Varón de Dios lo predicaua, porque de treinta mil Yndios, que auía en el Valle quando entraron en él a predicarles los Religiosos de nuestro Padre Santo Domingo, apenas ay oy trescientos que viven en un pueblo a cargo de un Religioso de nuestra Orden, que los doctrina y administra los Santos Sacramentos.

El Ilustríssimo Arzobispo de Lima D. Fr. Gerónimo de Loayza pagado del grande zelo del Padre Fr. Pablo, le hizo su Vicario General, y Visitador contra la Idolatría, oficio con que sirvió con finezas muy católicas a nuestra Madre la Yglesia, derribando muchas Huacas y quemando muchos Idolos, que ocultaua todavía la miseria de aquellos pobres hombres, y solía decir el Arzobispo quando se trataua de las virtudes deste singular Varón: Que saliera desta vida con gran consuelo, si alcanzándoles por días, mereciera sepultarlo junto a él. Murió aueiendo receuido los Santos Sacramentos de la Iglesia, y se enterró su cadauer en la del pueblo de Chincha [...]

Como estas noticias se refieren al período de cuatro años que terminó en 1577, se deduce que fray Pablo de Castro falleció antes de finalizar este año y después de 1573, lo cual concuerda con la fecha en que, suponemos, fue redactado el documento.

Un dato interesante sobre la población de Chincha se encuentra en la "Relación de Indios Tributarios, al primero de noviembre de 1591", manuscrito de la Real Academia de la Historia, de Madrid. En ese documento figura Chincha con la cifra de 412 tributarios. O sea que, si suponemos que el autor de "Aviso" escribió después de 1570 y antes de 1575, y en aquel entonces señalaba el número de 600 tributarios, la baja de la población seguía en una curva descendente a fines del mismo siglo.

Lohmann y Wedin suponen que esta Relación fue escrita después de 1575.

Según las crónicas, gozaba Chincha en el momento de la conquista española no sólo de una numerosa población, sino de un auge económico. Sus curacas eran tenidos por muy ricos en plata y oro y se decía que existían muchos tesoros enterrados en el valle.[3] La pujanza chinchana influyó mucho en los curacas comarcanos, que procuraron tener confederación y amistad con su señor (Cieza 1941, Cap. LXXIV).

En tiempos antiguos, cuando la Confederación Cusqueña no se había trocado en un Imperio, y sus primeros incas reinaban en un reducido territorio, parece que los chinchanos efectuaron una expedición en busca de botín a las tierras de los soras y de los lucanas, y avanzaron hasta la región del Collao (Cieza 1941, Cap. LIX; Garcilaso 1943, II, Lib. 6, Cap. XIX). Sin embargo no señalan las crónicas otras importantes guerras sostenidas por estos yungas.

Antes del dominio incaico, el Sol no era motivo de culto en la costa, y entre sus dioses contaban estos yungas el oráculo de Chinchay, que decían hijo del ídolo de Pachacamac. En cuanto al importante gremio de los pescadores que veremos luego, tenían ellos por su guaca a una isla llamada Urpay Guachac que, según ellos, era mujer de Pachacamac. Esta estrecha relación entre las huacas chinchanas y el oráculo principal de la costa central, hace suponer que, a pesar de su riqueza, Chincha estaba posiblemente subordinada al culto del Pachacamac y a su centro religioso.[4]

Al iniciar la expansión territorial, que daría nacimiento al imperio, los ejércitos cusqueños llegaron a Chincha, durante el reinado del Inca Pachacutec, quien envió a la costa al capitán Capac Yupanqui (Rostworowski 1953: 118). Dicha incursión no tuvo grandes consecuencias para los costeños y sólo bajo el gobierno del siguiente monarca Tupac Yupanqui se implantaron en la región las leyes y la organización inca.

Según la Relación de Castro y Ortega Morejón (1974: 139), los incas fueron "muy modernos" en el valle, palabras que confirman la tardía conquista cusqueña.

---

3. Meléndez (1681-1682, tomo I, Cap. XIV: 453) dice que: "[...] con la fama de aquel opulentísimo valle, por auer sido sus antiguos caziques y curacas muy ricos de plata y oro, auía muchos tesoros enterrados". Cieza (1941, Cap. LXXIV) añade que: "Los señores andaban con gran pompa y aparato".

4. Para ver la influencia de Pachacamac en Chincha, según los testimonios arqueológicos, consúltese: Menzel 1968: 194. También: Albornoz 1967: 34. Véase el Mito de Urpayhuachac y el origen de los peces, en Ávila 1966: 27.

Cuando Francisco Pizarro llegó al norte del Tahuantinsuyu los naturales le dijeron que fuese a Chincha, pues era lo mejor de todo (Cieza 1941, Cap. LXXIV). Tal noticia motivó que en la capitulación de Pizarro ante el rey pidiera por término de su gobernación el valle de Chincha.

En los sucesos de Cajamarca, fue el curaca de Chincha el único señor conducido en andas aparte de Atahualpa. Cuentan que un día le preguntó Francisco Pizarro al inca cautivo la razón de este privilegio, a lo que respondió Atahualpa que se trataba de un amigo suyo, del mayor Señor de los Llanos, y que disponía de cien mil balsas en la mar (Pizarro 1944: 186).

Más tarde, al obtener Hernando Pizarro una encomienda en este valle; ordenó sacar de las sepulturas antiguas los tesoros que guardaban y parece que la suma ascendió a cien mil marcos de plata (fol. 272v). El saqueo continuó y fue una de las causas de la destrucción de los edificios. Y a principios del siglo XVII, las construcciones estaban en ruinas (Anónimo 1958: 111).

La fama de la riqueza de los ajuares funerarios de los curacas chinchanos era ya motivo de codicia antes de la conquista, pues "Aviso" se refiere a la existencia de guardianes para los cementerios, lo que revela el temor de los caciques, desde aquellas épocas, a los robos sacrílegos a sus tumbas (fol. 267r).

Si recurrimos a la evidencia arqueológica, que es de suma importancia para sostener o negar los datos de las crónicas, encontramos, en este caso, un apoyo completo.

Según el interesante trabajo de Dorothy Menzel y de John Rowe (1966: 67, 68), parece que el complejo arquitectural más grande e importante se encuentra agrupado alrededor de la "Huaca La Centinela", junto con "La Cumbe" y a la cercana "Huaca de Tambo de Mora", hechos que sugieren un gobierno altamente centralizado.

Los datos sobre la cerámica muestran la existencia de un tipo netamente chinchano, diferente al de Ica, y de los demás valles, excepto con una parte colindante del valle de Pisco que, posiblemente, estuvo durante un tiempo subordinado al de Chincha.

La concentración de las estructuras y cerámicas incas alrededor de la Huaca La Centinela, indican que fue también el centro administrativo cusqueño, cuando este valle entró en la órbita del dominio serrano. Concluyen Menzel y Rowe que Chincha gozó efectivamente de un corto período de poder local y de prestigio durante mediados del siglo XV, que lograron mantener durante el incario.

Si aceptamos como un hecho la opulencia de Chincha en el siglo XV, ¿cuáles fueron los posibles motivos de este bienestar? Quizá la respuesta la encontramos en "Aviso", cuando se refiere a la existencia de mercaderes en este valle. Según la fuente que analizamos, existían seis mil mercaderes que realizaban viajes desde Chincha al Cusco, por todo el Collao, y al norte hasta Quito y Puerto Viejo, de donde traían chaquira de oro y esmeraldas para los curacas de Ica (fol. 271).

La noticia es bastante sorprendente en un estado como el incaico, de rígida organización vertical. Es posible que el comercio haya tenido una mayor importancia antes de la época inca, y que los mercaderes chinchanos fueron un último rezago de tiempos pasados. Ellos no tenían cabida en la administración cusqueña, que se distinguía por sus cuadros de división de la población por edades, para orientar el trabajo, y en una agrupación decimal de los tributarios.

Por otra parte el imperio inca no era un bloque estático, como gusta imaginar a muchos historiadores. Debido a lo tardío de su gran expansión, sus leyes y costumbres no habían logrado imponerse totalmente en su amplio territorio. Si se busca adecuadamente, se encuentran numerosos datos, de épocas preincaicas, de supervivencias que desvirtúan ese aspecto de unidad que le quieren dar al imperio.

En el momento de la conquista española, el incario estaba en plena evolución, tratando de implantar la administración cusqueña, su idioma y su culto solar a los pueblos recién dominados por ellos. Si analizamos los datos que tenemos, vemos la supervivencia de costumbres de épocas anteriores al incario, sobre todo en las regiones más alejadas de la capital o dominadas recientemente.

Sobre el interesante tema del comercio prehispánico se han ocupado diversos autores. Los repasaremos someramente.[5] Para Baudin (1943: 277), el comercio comenzó primero por ser *vertical* entre las diversas ecologías interandinas; se trataría de un trueque entre la quebrada serrana y el altiplano. Luego se tornó *horizontal* con el intercambio de productos de la costa, la sierra y la selva. A este mismo autor le resulta difícil resolver el problema del trueque privado, de la existencia de ferias y mercados, con la implantación del Estado incaico, destructor del comercio; por eso encuentra que el comercio podía florecer en una región cuanto más reciente su anexión al Tahuantinsuyu. En su libro *Les Incas*, Baudin (1964: 17, 120)[6] cree que, durante el incario, el trueque sufrió un retroceso, y que antes de la dominación cusqueña el comercio estaba en una etapa de desarrollo. Tribus enteras se especializaban en el comercio

---

5. Lamentamos no haber podido consultar el libro de Roswith Hartmann: *Maerkte im Alten Peru*.

6. En Rostworowski 1972c hay mención de un trueque establecido en época preincaica, entre Collique, en el valle del Chillón, cerca de Lima, con los habitantes serranos del mismo valle.

en épocas preincaicas y ciertas mercaderías tuvieron un valor constante y sirvieron como primeros e imperfectos valor-moneda.

Según Murra el sistema económico incaico era redistributivo, con el Estado asumiendo el papel tanto de la oferta como de la demanda. La aparición de este comercio de Estado debió afectar al antiguo comercio preincaico del trueque y reducirlo en muchos casos a un efecto casi insignificante. El Estado recibía el sobrante de la producción campesina y artesanal, y redistribuía la mayoría de los productos a diversos sectores de la población, de acuerdo con la lógica del Estado. En ese sentido, el sistema de los ingresos estatales se justificaba a sí mismo, por actuar como un mercado (Murra 1955, Cap. VII).

Rowe (1946) encuentra que el comercio fue local y afirma la existencia de un monopolio del Estado.

Sally Falk Moore (1958: 86-87) acepta la sugerencia de Rowe de que el comercio fue sólo local, pero refuta la afirmación de un monopolio del Estado. Para ella el intercambio que tenía lugar entre los diversos depósitos gubernamentales y el tributo suntuario, eran una extensión del sistema tributario y no cree que se le deba dar el nombre de comercio. Supone que el desarrollo comercial, en el sentido moderno de la palabra, no existía en el incario y que sólo se trataba de un trueque local a cargo de las mujeres.

Para Métraux (1962: 99-100) no se puede pensar que el Estado ejerciera un monopolio sobre todas las actividades comerciales, y que dentro de la lógica cabe suponer existía el trueque de una región a otra. Por reducido que estuviera el comercio en el Imperio, cree que no significaba que no hubiera mercaderes, aunque fuesen una clase poco numerosa. Por lo demás concuerda en todo con Baudin y Murra.

Jijón y Caamaño (1941, tomo II: 91-92 y 101) sugiere la existencia de un tráfico comercial organizado a lo largo de la costa ecuatoriana, y que ciertas poblaciones marítimas formaron una liga o confederación de mercaderes, que quedó desorganizada con la llegada de los castellanos.

Para Olaf Holm (1953: 76 y 78) las conchas fueron el artículo de trueque más solicitado y sería la base del comercio que se desenvolvió en aquel entonces, al mismo tiempo que tenían un valor-moneda. Cree que no era una mera coincidencia que el mismo territorio de los mercaderes-marinos precolombinos, a que se refiere Jijón, haya sido el hábitat de los pueblos tatuados. Señala igualmente como un importante elemento cultural, el gran desarrollo de la navegación en la costa ecuatoriana, favorecido por la existencia de una madera especial *(genus Ochroma)* para la construcción de las balsas. Supone que la navegación cubría grandes rutas en la época prehispánica.

Según Robert West (1961) es creciente el interés por el tema de posible navegación y comercio entre Centro y Sud América antes del Descubrimiento. Si bien existía el trueque en el Tahuantisuyu, la medida más usual para suplir las necesidades locales era la de hermanar una provincia serrana con una costeña, para el intercambio de sus productos y compensar la falta de comercio. Según Cieza (1943, Cap. XVII; y *Relaciones geográficas de Indias* 1881-1897, tomo II: 58), enviaban *mitmaq,* o sea colonos de una comarca a otra a sembrar la que hacía falta en su propio territorio.

La Visita de Garci Diez de San Miguel a Chucuito (1964: 80, 245 y 247) menciona colonias andinas instaladas en los valles yungas de Moquegua y de Sama. No se trata de los típicos *mitmaq* implantados por algún interés cusqueño, sino que funcionaban según las necesidades de las poblaciones locales del altiplano y de los yungas. ¿Existían ya antes de la conquista incaica? Hermanar una provincia con otra obedecía a reconocer administrativamente una institución que ya se encontraba funcionando. ¿Cómo explicar la presencia de núcleos extraños en una región?

Murra (1964: 429) se pregunta si eran serranos transplantados o habitantes costeños conquistados. ¿En qué forma se mantenían en medio de una población extranjera sin ser absorbidos o expulsados? Es posible que para garantizar la existencia de estos grupos, y conseguir su seguridad, se estableciera un transplante recíproco de centros: los de la costa enviarían su gente a la sierra, y los serranos a los valles yungas. Dentro de la ley de la reciprocidad, es posible admitir esta circunstancia.

Esto explicaría el hecho que, a raíz de la conquista española, muchos *mitmaq* despoblaran los lugares donde estaban radicados y retornaran a su lugar de origen. ¿Al quedar roto el equilibrio imperante, perderían su inmunidad?[7]

La existencia de mercaderes era completamente ajena al espíritu incaico y perturbaba el severo ordenamiento del pueblo. Por eso al hombre común le era prohibido viajar y moverse de su lugar de origen, a lo que sólo tenían derecho los enviados especiales, los chasquis o correos, los ejércitos, los *mitmaq* y los cargadores encargados de abastecer los depósitos estatales. Para mayor control de los habitantes, hasta los puentes estaban vigilados por guardianes especiales (Fernández de Oviedo 1945, XII, Cap. XII: 50 y 65).

Veamos qué datos traen los diccionarios y las crónicas sobre la existencia de mercaderes en la época prehispánica.

---

7. Rostworowski (1963). Los mitimaes que habitaban Amaybamba, actual provincia de La Convención en el Cusco, abandonaron la región a raíz de la conquista española. Esto no es más que un ejemplo de los muchos que hemos encontrado en diversos manuscritos.

En el temprano diccionario quechua de fray Domingo de Santo Tomás (1951a: 252), encontramos varias voces como son:

Catu Camayoc: para designar el mercader.
Catucuni Gui: el verbo mercadear, y por último
Catu: el mercado.

Más explícito es el diccionario aymara de Bertonio (1956, 1ª parte: 314; 2ª parte: 9), que hace diferencia entre el "mercader a nuestro modo" y el "mercader a modo de indios", sin decir naturalmente en qué consistía la diferencia. Luego tiene diversos vocablos para señalar al "mercader", al "mercado", a las "mercadurías", a las "mercandurías de la plaza" y al verbo "mercadear entre sí". Es posible que la diferencia entre el modo europeo y el modo indígena haya consistido simplemente en el trueque.

En idioma aymara es como sigue:

Alatha: comprar y vender, según fuere la construcción; con *ro* es vender; con *na* es comprar.
Alakhata: vender propiamente, *ro* del precio y persona.
Alasitha: comprar propiamente con la preposición *na*, de precio y persona.
Alaquipa, Alayuyutha: mercader, tratar para ganar.
Alaskhatha: boluer a comprar lo vendido.
Ala camana: mercader, o el que vende en el mercado.

También tenemos otras voces relacionadas con el trueque, como son:

Taha: cualquier cosa que se da a rescatar o comprar comida, o otra cosa (Bertonio 1956, 1ª parte: 332; 2ª parte: 286).
Tha isi samsitha: texer ropa para rescatar con ella.
Tha cauya, Tonco, Conque, Coca, etc.: cosas que se lleuan para trocar, rescatar, o comprar otras. (Caura, se dice el carnero de la tierra; tonco es la voz para el maíz, callque para la plata).
Yampatatha: desemboluer las mercadurías, y cosas semejantes tendiéndolas.
Quenaya: mercader que vende mucho, grande rescatador o gatera.

Al mercader le decían también *haururu* cuando comerciaba algo a cambio de algún alimento (Bertonio 1956, 1ª parte: 411). Si el trueque se obtenía con plata, existía la voz *haurukusitha* y *chaccasitha* cuando el trueque se hacía sin ese metal.

Asombra la extraordinaria riqueza del aymara para el trueque, y quizá se explica por la noticia de "Aviso" de que los mercaderes iban por todo el Collao, y en ese caso es comprensible que existiera un buen número de voces para señalar todo lo referente al comercio.

El hecho de que los primeros diccionarios, tanto aymara como quechua, contengan voces relativas al intercambio y a los mercaderes, es un apoyo a su existencia.

Cieza de León (1943, Cap. LX), al referirse a una conquista del inca Tupac Yupanqui, habla de cómo "hacia la parte de Levante envió orejones avisados, en hábitos de mercaderes, para que mirasen las tierras que hobiese y qué gentes las mandasen".

Sarmiento de Gamboa (1943, Cap. XLVI) relata que estando el inca Tupac Yupanqui en la conquista de la costa norte, entre Mantas y Tumbes, aportaron "allí unos mercaderes que habían venido por la mar de hacia el poniente en balsas navegando a la vela".

Mantas y Puerto Viejo fueron al parecer un lugar importante para el trueque y el comercio, algo así como el punto de reunión entre el tráfico marítimo del sur con el del norte (Estrada y Meggers 1961).

En el norte del Ecuador, en Otavalo *(Relaciones geográficas de Indias* 1881-1897, tomo III: 111), en un territorio también recientemente dominado por los incas, alejado de su capital y con costumbres diferentes a las de los cusqueños, encontramos que:

> [...] tenían antiguamente en cada pueblo o parcialidad su cacique que los gobernaba a manera de tiranía, porque el que más podía y más valiente era, ese tenían por señor y le obedecían y respetaban y pagaban tributo, y los indios no tenían cosa alguna más de lo que el cacique les quería dejar; de manera que era señor de todo lo que los indios poseían y de sus mujeres y hijos y hijas y servíanse de todo ellos como si fuesen sus esclavos *ecepto de los indios mercaderes,* que éstos no servían a sus caciques como los demás sólo pagaban tributo de oro y mantas y chaquira de hueso blanco o colorado.

Esta noticia es importante porque muestra que el estatus del mercader se regía por leyes diferentes y que escapaba al servilismo y sumisión al que estaban sujetos los demás habitantes del lugar.

Poseemos mayor información sobre el trueque en esa región norteña. Refiriéndonos a los mismos otavalos sabemos que:

> tienen grandísima contratación los indios naturales de aquel pueblo, que van á mercar de todos los pueblos desta comarca, y también vienen a mercalla los indios infieles que no están conquistados y viven en tierras cerca destos pueblos *(Relaciones geográficas de Indias* 1881-1897, tomo III: 116).

En la provincia de las Esmeraldas, en el norte del Ecuador, iban los "mercaderes" a conseguir oro, algodón, ají y pescado seco, a cambio de unas taleguillas de sal que pesaban más de libra y media.

Verdaderos mercados existían en el valle de Ciscala, también en Esmeraldas, adonde acudían de las demás provincias por tratarse de una población segura para el comercio. Los tacames traían oro y esmeraldas; los campaces y los pidres (sic) llevaban sal y pescado seco; los beliquien ropa y algodón. Todo indica que auténticos mercados o ferias florecieron en lugares apropiados para efectuarse estos trueques (Ibíd.: ap. III; CXXXVI, CXXXIX).

Según la Relación de Sámano-Xerez (1937: 65-66), el piloto Bartolomé Ruiz, cuando estaba explorando el litoral norte, vio y apresó una balsa conducida por veinte hombres. La detallada descripción de la balsa es muy interesante por ser hecha por un testigo directo:

> [...] tenya [la balsa] de cavida de asta treynta toneles; hera hecha por el plan e quilla de unas cañas tan gruesas como postes ligadas con sogas de uno que dizen henequén que es como cáñamo y los altos de otras cañas más delgadas ligadas con las dichas sogas a do venían sus personas y la mercaduría en henxuto porque lo baso se bagnaba; traya sus mástiles y antenas de muy fina madera y velas de algodón del mismo talle de manera que los nuestros navíos y muy buena xarcia del dicho enequén [...]

Su sólida construcción y regular tamaño le permitía navegar distancias apreciables. Además estaba cargada de mercaderías:

> [...] trayan muchas piezas de plata y oro para el adorno de sus personas para hazer rescate con aquellas con quyen yban a contratar en que yntervenyan coronas y dyademas y cintos y puñetes y armadas como de piernas y petos y tenazuelas y cascaveles y sartas y mazos de quentas y rosecleres y espejos goarnezidos de la dicha plata y tazas y otras vasijas para veber, trayan muchas mantas de lana y de algodón y camisas y aljulas y alcaceres y alaremas y otras muchas ropas todo lo más dello muy labrado de labores muy ricas, de colores de grana y carmesy y hazul y hamarillo y de todas otras colores de diversas maneras de labores e figuras de aves y anymales y pescados y árboles y trayan unos pesos chiquitos de pesar oro como hechura de romana y otras muchas cosas en algunas sartas de quentas venyan algunas piedras pequeñas de esmeraldas y cazedonias y otras piedras y pedazos de cristal y anyme todo esto trayan para rescatar por unas conchas de pescado de que ellos hazen quentas coloradas como corales y blancas que trayan el navío cargado dellas.

La descripción de la balsa es interesante, sobre todo por la referencia a su gran cargamento de mercaderías y la especificación de su contenido. Coincide con los datos de la relación de "Aviso" sobre joyas de oro, plata y piedras que eran motivo de trueque en el norte.

Cuando Andagoya recorrió la costa colombiana encontró indios comerciantes y navegantes que le dieron posiblemente la noticia de la existencia del Estado incaico.

Pero no sólo tenemos noticias de un trueque esporádico en la costa norte. También las leyendas narran viajes migratorios; basta recordar la llegada en unas balsas de Naymlap a Lambayeque, y la conquista del Chimor por navegantes encabezados por Taycanamo (Cabello de Valboa 1951: 327-29; Anónimo 1936). "En sentido inverso, el héroe civilizador Viracocha, después de atravesar la sierra se marchó al norte, justamente de Manta y Puerto Viejo, en un viaje sin retorno" (Sarmiento 1943, Cap. VIII).

Todo parece indicar que floreció, efectivamente, un trueque y una navegación esporádica en diferentes sectores costeños del litoral, y no hay motivo para negar la existencia de mercaderes en Chincha. Lo interesante ahora es ver con qué productos realizaban su comercio.

Según "Aviso" existían dos zonas bien marcadas y distintas; se trata de un doble campo de acción en el comercio. El primero era marítimo y se efectuaba en balsas; hemos visto la declaración de Atahualpa sobre el gran número de balsas de que disponía el curaca de Chincha. Este trueque estaba dirigido hacia el norte, a una región de clima cálido como es Manta. La segunda zona quedaba orientada hacia comarcas completamente diferentes como son el Cusco y el Collao, territorios netamente andinos. Cada una de estas regiones tenía o producía los dos elementos básicos del comercio prehispánico. En el norte abundaban las conchas o *mullu (Spondylus sp.),* que fueron un objeto especial de trueque por su carácter sagrado, su gran demanda y por sólo encontrarse en aguas tibias y no en el litoral peruano bañado por una corriente fría. Conseguirlas fue un motivo de comercio, y su valor debió ser elevado (Baudin 1943: 280; Murra 1955, Cap. VII).

Cuenta Arriaga (1968, Cap. IV: 211) que las conchas tenían un alto precio aún en el siglo XVII, debido a su importancia para la hechicería. Según este mismo cronista, un indio le mostró un pedazo de *mullu*, menor que una uña, que le había costado cuatro reales. No sólo los indios costeños se dedicaban a su comercio, sino también los españoles.

La segunda mercadería importante para el trueque fue el cobre. Sin dejar de lado la importancia de las conchas, vemos que la Relación que comentamos no se limita a dar noticias sobre la existencia de mercaderes, sino asegura que los comerciantes emplearon un género de moneda. Ellos "compraban y vendían con cobre" y usaban de un "marco de cobre" (fol. 271v). Además daban al oro un valor en relación con la plata, que se estimaba en "diez veces el peso de la plata". No se puede dar a esta noticia un enfoque europeo de dinero, pero sí un valor importante en las operaciones de trueque y de equivalencias.

Es posible que emplearan las balanzas para sus aleaciones, sobre todo si tomamos en cuenta que los orfebres trabajaban con oro de diversa ley, que iba de diez a veintiún quilates (fol. 271v).

Sobre este punto Chincha no fue un fenómeno aparte. Según las *Relaciones geográficas de Indias* (1881-1897: 241), en Piura emplearon para el comercio el oro, la plata y también pesas y medidas especiales, que no tardaron en perderse con la invasión hispánica.

Otro dato sobre el uso y existencia de moneda lo tenemos en el diccionario yunga del padre Fernando de la Carrera.[8] En idioma *muchik* empleaban un sufijo especial para indicar la contabilidad de la moneda, de la fruta y de los días. Al número que querían indicar, añadían el sufijo *ssop*. Para contar cualquier otra cosa utilizaban la partícula *napong*.

Con los dos productos mencionados, por un lado las conchas, y por otro el cobre, tenemos la base o mejor dicho una parte del comercio chinchano.

Las conchas norteñas las obtenían a cambio de algo estimado y deseado en Puerto Viejo, que bien podía ser el cobre. Según Garcilaso (1943, Lib. V, Cap. XIV), el cobre servía para la confección de armas y de variadas herramientas de trabajo, y por ese motivo utilitario tenía un alto valor, superior al del oro y de la plata. Para Root (1949: 208) los mayores conocimientos sobre el modo de fundir el cobre existían en el altiplano peruano-boliviano y en la región de Atacama-Diaguita. Hecho que explicaría su valor en el norte.

Holm (1966-1967) ha realizado un interesante estudio sobre la existencia en el Ecuador de hachas de cobre que se emplearon como moneda. Su área de distribución sería la costa sur y la cultura "Milagro-Quevedo". Estas hachas-moneda se distinguen de las demás por no tener filo en el extremo y ser sumamente delgadas; no pasan de 2 mm y 5 mm de espesor.

El estudio de dichas hachas ha hecho suponer a Holm que su peso está relacionado con un sistema quinquenal de medición y cree que si se procediera a una minuciosa tabulación entre el largo y el ancho se obtendría alguna unidad de medición. Este último dato es interesante si tomamos en cuenta que " Aviso" se refiere a un sistema decimal, empleado en las aleaciones y en el valor dado a los metales.

En recientes excavaciones de Izumi Shimada (1987, Cap.13) en Sicán en la costa norte, se hallaron en la Huaca Menor una gran cantidad de "naipes" como llaman los buscadores de tesoros, a unas "hachas" en forma de doble T confeccionadas con una aleación de cobre y arsénico.

Estos "naipes" o hachas sin filo se encuentran en las tumbas, atadas en paquetes, según tamaños que pueden variar. Ellas son similares a las halladas en la costa oeste de México y del Ecuador y se cree que son el

---

8. Carrera (1644: 183) dice: "Para dezir este número Diez ay diferencia entre *napong* y *nassop*, porque nassop, es para contar la moneda como nassop xllaxl, diez reales; pacssop, veinte; cocssop, treinta: nocssop, quarenta; exllmaetz-hossp cincuenta, y para contar días.
Napong, es para contar hombres, cauallos, cabras, cañas y todo lo de más que no fuere moneda, ni frutas como napong ñasaeñ diez hombres".

fruto de un intercambio a larga distancia y exportadas desde Sicán al Ecuador. Gracias a las investigaciones de Frank Salomon (1980) en el Ecuador, sabemos de la presencia de mercaderes llamados *mindalá* que podían ser los responsables de este trueque lejano.

Shimada buscó y situó varias minas de óxido de cobre y de pirita de arsénico que muestran que la sierra norteña poseía ricos depósitos de estos minerales.

Es natural entonces que surjan preguntas sobre el por qué los chinchanos en sus viajes marítimos exportaban cobre desde el altiplano peruano-boliviano hasta el Ecuador. Es posible que existiera una necesidad de cobre con una aleación de estaño, no sólo para ciertos usos determinados, sino con un concepto religioso profundo. En efecto Lechtman (1979: 32-33) en sus importantes investigaciones sobre metalurgia andina, halló la existencia de dos zonas o centros de producción cuprífera muy distinta una de otra. En el sur se usaba la aleación de cobre con estaño, mientras en el norte emplearon el arsénico.

En su artículo dice estar impresionada de constatar la íntima asociación entre la tecnología y el sistema ideológico y la manera como los artesanos consideraban su material y su empleo. El concepto metalúrgico contenía una actitud especial frente a la apariencia de los objetos confeccionados. Por ejemplo, las grandes máscaras funerarias chimú, eran de oro que no se veía por estar pintadas de rojo, ello muestra la idea de lo invisible que estaba presente pero no se manifestaba, lo importante era saber que su esencia estaba ahí aunque a simple vista no se apreciaba.

Todo esto concuerda con los datos de "Aviso" y con nuestra suposición de que el cobre se obtenía en la meseta peruano-boliviana y era llevado al norte para su trueque por las conchas. En el futuro, mayores estudios confirmarán o, refutarán estas suposiciones.

Fuera del *mullu*, traían los chinchanos chaquira de oro y esmeraldas que vendían a los curacas de Ica "mui amigos de ellos" y sus "vecinos más cercanos". La fuente no dice en qué consistía la venta que efectuaban los mercaderes con los curacas, ni cuáles eran los beneficios obtenidos. Lizárraga nos dice que en la región de Guayaquil existían unos orfebres "que labran una chaquira de oro, tan delicada que los más famosos artífices, ni los de otras naciones la saben, ni se atreven a labrar [...]; llevóse a España donde era en mucho tenida" (Lizárraga 1946, Lib. I, Cap. VI).

En sus viajes, los marinos mercaderes de Chincha emplearon seguramente tanto las balsas de juncos como las de troncos de árboles.

Según Cieza de León (1941, Cap. LII), los nativos de Santa Elena recordaban una migración de gente venida en balsas de juncos.[9] Esto no impide que los comerciantes prehispánicos dispusieran igualmente de balsas de troncos, adquiridos por vía de trueque en los puertos norteños.[10]

Parece que los mercaderes rendían un culto especial a una estrella que llamaban "Cundri". ¿El lucero ayudaría a los comerciantes, tanto navegantes como caminantes, a orientarse en sus rutas? (Albornoz 1967: 34).

En cuanto a los pescadores que mencionaremos más adelante, usarían los "caballitos de totora", que hasta hoy día emplean los pescadores de Huanchaco. Acosta afirma que desde Ica hasta Arica solían entrar al mar en embarcaciones confeccionadas con cueros de lobos marinos cosidos e hinchados (Acosta 1940, Lib. 1, Cap. IX: 72).

Aquí dejamos el trueque marítimo y horizontal para analizar la segunda parte del intercambio de los chinchanos que se alejaba de la costa para internarse, por vía terrestre, al altiplano y al Cusco.

El elevado número de mercaderes mencionados en el manuscrito, muestra, quizá, que el transporte se efectuaba no sólo por medio de la llama, sino que incluso se empleaban cargadores.

Así se justificaría la crecida cifra de seis mil hombres dedicados al trueque.

---

9. En abril de 1969 Gene Savoy se embarcó en una balsa de juncos desde el puerto peruano de Salaverry y llegó meses después a Panamá. Lo interesante del viaje de Savoy es la prueba de la resistencia de la totora empleada en la confección de la balsa. No usó la del lago Titicaca, sino la que crece en el valle costeño de Moche *(Peruvian Times,* Vol. XXIX, No. 1964, 8, 1969).

10. Edwards 1965, cap. VI. Log. Rafts (p. 61); Caballitos de totora (pp. 106-107). Heyerdhal 1952, parte III: 513-620. Fernández de Oviedo (1945, tomo XII, Cap. XVII: 108) dice que las balsas: "Son hechas de unos palos gordos i livianos tablados como vigas, i otros atravesando, en que van atados, e sus barbacoas enmedio, é sus velas latinas, é remeros por los lados con sus naves". Y en la p. 122: "Las Balsas que usan en aquellas partes en lugar de navíos, desde el río de la Chira hacia la parte austral, son de juncos". Lizárraga (1946, Cap. XLV: 88), hablando de pescadores dice que: "Los yndios usan sus balsas de junco como las demás desta costa y valles" (se refiere a los valles de Pachacamac y de Mala). Cieza de León (1941, Cap. LII: 168): sobre balsas de junco y la migración de gente a Santa Elena en estas balsas. *Relaciones geográficas de Indias* 1881-1897, tomo I: 9 y 13; tomo 1, apéndice II: CXL, sobre indios balseros en Lambayeque. Tomo III, pp. 229 y 230. Relación de Sant Miguel de Piura. Tomo II: Relación de la ciudad de Quito: p. 13: sobre el tráfico de balsas en Guayaquil (pp. 66 y 68). Zárate 1944, Caps. IV, V y VI. Yacovleff y Herrera 1913: 293: datos sobre el junco y p. 294: sobre totora *(Scirpus).*

En cuanto al objeto del trueque, era el de conseguir los metales que no existían, en Chincha. "Aviso" es bien explícito cuando afirma que los yungas obtenían el oro y la plata a través de los grandes rescates que tenían con los serranos; de ahí procedían las riquezas de Trujillo, Chincha e Ica (fols. 269v y 270). Adquirían los metales a cambio de las conchas, tan codiciadas para el culto, pero no era la única mercadería que llevaban a la sierra. Otro posible artículo era el pescado seco. Cieza afirma su importancia en el trueque con la sierra (Cieza 1941, Cap. LVIII) y eso explicaría el número de diez mil pescadores en Chincha.

"Aviso" informa claramente que sólo se dedicaban a la pesca y que "no entrando a la mar, todo su cuidado era beber y baylar y lo demás" (fol. 271). También podía servir el pescado seco para los víveres de los mercaderes, durante sus largas jornadas en el interior.

Otro objeto de trueque chinchano con el Collao fueron las calabazas *(Lagenaria vulgaris)*. Cuenta Cobo (1956, tomo I, Cap. XXVIII) cómo en este valle se cultivaban dichas plantas, una vez secas se confeccionaban unos vasos y diversos recipientes pintados y decorados. Según Lizárraga (1946, cap. XLII), las calabazas o mates eran muy estimados en Chucuito, y eran llevados al altiplano por los mercaderes chinchanos para su negocio.[11]

Vemos así que los artículos de trueque eran variados y no se limitaban exclusivamente a las conchas o al cobre.[12] "Aviso" menciona el comercio de la coca, dentro de los productos de trueque de los yungas. Efectivamente, esta hoja tuvo un valor unitario. Las Casas nombra ciertos lugares señalados especialmente para su comercio, donde la hoja cumplía un papel de moneda (Las Casas 1909, Cap. LXIX: 181). En el diccionario aymara de Bertonio, que tanto hemos citado, encontramos la voz *quiru* para señalar al mercader de coca, que va con frecuencia a los yungas (Bertonio 1956, parte II: 198).

En el valle de Chincha existieron, junto con los mercaderes, otros grupos importantes de trabajadores, que ya hemos mencionado; ellos eran los cultivadores y los pescadores. Esto indica un sistema de división

---

11. Sobre la calabaza, ver: Jiménez Borja y Colán 1943; Sauer 1950: 506. Para datos sobre la moderna artesanía, véase: Spahni 1969; Yacovleff y Herrera 1934: 315 y 321.

12. Tenemos noticias de un comercio en época virreinal entre los collas y la costa de Moquegua y de Sama. Obtenían trigo, maíz y otras cosas a cambio de ganado, lana y ropa (Diez de San Miguel 1964: 550). Según la abundancia o carestía, los indios yungas ofrecían mayor o menor cantidad de maíz por cada carnero de la tierra (Ibíd.: 580). Según Cobo (1956, III, Lib. II, Cap. VIII), el maíz tuvo también un valor monetario.

de la población distinto al que habitualmente narran los cronistas, y que bien podía ser una peculiaridad, una costumbre de los habitantes de la costa, diferente a la cusqueña.[13]

Los pescadores vivían en un barrio aparte "en gran orden y concierto" (fol. 271), en una larga calle que principiaba dos leguas antes de llegar a Chincha y continuaba hasta Lurinchincha. Si recurrimos de nuevo a la evidencia arqueológica, encontramos la existencia de caminos rectos, que irradiaban de los centros urbanos de Chincha y Lurinchincha, separados por distancias uniformes. Los caminos son visibles en las fotografías aéreas, y fueron descubiertos en 1958 por Dwight T. Wallace (Menzel y Rowe 1966: 65, 77).

Si los pescadores vivían todos en una sola calle, quizá también los mercaderes y los labradores tenían sus barrios separados.

Aparte de estas divisiones mayores de la población, "Aviso" hace referencia a grupos de artesanos como carpinteros, olleros, zapateros y plateros, que indican una preocupación por diferentes oficios. ¿Habitarían ellos también barrios, por gremios y no por ayllus?

Sally Falk Moore (1958: 57) se pregunta si los orfebres, los plateros y demás artesanos, trabajaban sólo en su especialidad, excluyendo las faenas agrícolas de sus preocupaciones. Hemos visto que en el caso concreto de los pescadores, la Relación afirma que sólo se dedicaban a la pesca.

A similitud de los pescadores, los plateros y orfebres chinchanos sólo se ocupaban de su oficio. Es interesante subrayar que les era permitido hacer fuera de los objetos para el tributo, pequeñas piezas de oro y plata como eran los *tupu*, grandes alfileres que usaban las mujeres, y brazaletes para sus granjerías (fol. 268v); lo que significa que les era lícito tener sus propias ganancias y utilidades por medio de un pequeño trueque o comercio personal. Lizárraga menciona la habilidad de estos artesanos de Chincha y asegura que aún quedaban algunos a principios del siglo XVII (Lizárraga 1946, Cap. XLVII).

Según la misma Relación, los carpinteros y los alfareros no tenían otro tributo que los objetos manufacturados por ellos, pero a diferencia de los nombrados más arriba, labraban sus tierras para su sustento. Un

---

13. En el Tahuantisuyu existían diversas modalidades para la clasificación y división de la gente y poblaciones, según las regiones, las costumbres y las necesidades: 1) División de los habitantes por edades. 2) División de los pueblos y ayllus en *hanan* y *hurin*. 3) En la región de Huánuco (ver la Visita de los Chupachu) empleaban la división en *allauca* e *ichoq*, la banda derecha o izquierda de un río. 4) División de tributarios en *guaranga, pachaca,* etc. Posiblemente todo perseguía múltiples fines como el reparto del trabajo, organización, ceremonias, etc.

detalle curioso es el hecho que a los zapateros les entregaba el cuero de pescuezo de camélidos ya preparado y sobado (fol. 267v), y algunos de los más hábiles fabricaban las sandalias para el inca.

Si bien conocemos las condiciones chinchanas para los artesanos, es muy peligroso generalizar la situación para todo el incario, y decir rotundamente que siempre y en todo lugar sucedía de igual manera.

Existieron ayllus de plateros costeños trasladados al Cusco y que tenían ahí sus tierras como las demás parcialidades. ¿Al cambiar de comarca, entrarían en las costumbres cusqueñas de tenencia de tierras?

Hemos podido consultar un manuscrito sobre un juicio iniciado en 1585, por un ayllu de plateros yungas, reducidos en la Parroquia de Santiago en el Cusco. Ellos reclamaban sesenta *tupu* de tierras que les fueron otorgados por el "ultimo Ynga que gobernó esta Monarquía" (AGN, Títulos de Propiedad 1585-1710, Leg. 17, Cuad. 451).[14] Tiene razón Murra (1964, 1967: 385; Diez de San Miguel 1964: 427) cuando dice que aún no conocemos la situación de los artesanos en el mundo inca.[15]

Moore (1958: 57) compara los artesanos a los esclavos de otras latitudes. Según "Aviso" en el caso de los pescadores, no parecían estar sometidos a severas leyes, ya que cuando estaban en tierra, pasaban el tiempo bailando y bebiendo.

Es posible que los yungas dieran una importancia especial a los "gremios", y que tanto los artífices como los obreros estuvieran agrupados por ocupaciones, con el fin de facilitar el trabajo y el tributo. Según Lizárraga (1946, Cap. XLVII: 91), no podía entremeterse nadie en el oficio de otro, sin incurrir en graves penas.

Antes de terminar, señalaremos una noticia suelta que tiene interés. Se trata de la prohibición de beneficiar camélidos para uso alimenticio, a no ser un curaca de mil tributarios. Naturalmente que por no tener otro dato semejante, no podemos generalizar esta interdicción para todo el incario. Quizás el motivo en Chincha fuera el hecho que estos animales los necesitaban para el transporte parcial de la carga a la sierra. Acosta (1940, Lib. V, Cap XLI: 337) menciona el uso de la carne de llama y que "gastase poco en esto porque el principal fruto es la lana para hacer ropa, y el servicio de traer y llevar cargas".

---

14. En otro expediente del año 1645, figura un ayllu de plateros llamados Eruay Ysma Yungas como establecidos en la Parroquia de Santiago en el Cusco. Podría tratarse del mismo ayllu. Ysma era el antiguo nombre preincaico de Pachacamac. Castro y Ortega Morejón 1974; Santillán 1927, párrafo 28. Albornoz (1967: 34 y 35) nombra el valle de Pachacamac como Ychma o Ychsma.

15. Murra cree que al decir "artesano" se refiere no sólo a una especialización en el trabajo, sino también a alguna filiación étnica (Murra 1955, Cap. VIII).

Sólo era permitido sangrar al animal en una vena en la quijada y con ella preparaban un potaje (fol. 269). Parece que fuera costumbre del Collao, pues en el diccionario aymara de Bertonio, encontramos la voz *suu villa* (Bertonio 1956, parte 2a: 332, 385, 250), significa la sangre recién sacada del carnero para comer, y las palabras "Vila parca: sangre cozida para comer", "Vila huchha: mazamorra hecha con sangre" y "Parcothe: cojer la sangre para comer".

Acosta[16] cuenta que durante las ceremonias del mes Capacrayme, los descendientes de Lloque Yupanqui confeccionaban unos bollos de maíz hechos con sangre de los carneros.

Una prueba importante que confirma el intercambio de las conchas rojas *(Spondylus sp.)* desde el norte hacia la región sureña, se halla en la visita de Atico y Caravelí de 1549 (Galdós Rodríguez 1977). En dicho documento se menciona la existencia en Atico, de artesanos dedicados a labrar esculturas de madera con incrustaciones de *mullu*. Su curaca informó que las conchas procedían de la región de los huancavelicas del actual Ecuador y, ellos eran tan expertos talladores que Huayna Capac ordenó el traslado al Cusco de cincuenta artesanos para que ejercieran su arte en la capital.

En su artículo, Galdós Rodríguez encuentra que esta noticia era una prueba del control ejercido por el Estado inca sobre el tráfico del *mullu* y concluye, por lo tanto que no existieron los tratantes, ni el intercambio.

Sin embargo, siendo muy antigua la presencia del *Spondylus* en el ámbito probado arqueológicamente, no es factible este decir; además la pericia de los artesanos de Atico demuestra una larga tradición artística. Por esos motivos las referencias al empleo del *mullu* en Atico, en vez de negar el intercambio es más bien su confirmación. Es viable sugerir dos posibilidades sobre el modo que tenían los de Atico para obtener las preciadas conchas: la primera sería que los "mercaderes" chinchanos suministraban a los artesanos de Atico el *mullu* para sus esculturas; la segunda sería que ellos mismos navegaban estableciendo por su cuenta un trueque distante. Nos inclinamos hacia la primera posibilidad pues es más plausible que sólo los chinchanos dispusieran de los medios necesarios para materializar las expediciones, ellos poseían numerosas balsas, conocían los derroteros de los viajes y los secretos de una navegación arriesgada y difícil. Más aún, el nombre del curaca de Atico, Chincha

---

16. Acosta 1940, cap. XXIII: 410; Albornoz 1967: 25, "Y en algunas fiestas destas se comulgavan con cierto género de masa que hazían de sangre de corderos e de niños y harina de maíz que llaman çanco, e creían quedar limpios". Esto sucedía en ciertas fiestas en el Cusco.

Pula, lo relaciona con el señorío del mismo nombre (Rostworowski 1988a: 209-210).

CONCLUSIONES

Al aceptar la existencia de mercaderes en Chincha durante el incario, lo hacemos creyendo que fueron una supervivencia de tiempos anteriores a la conquista de la costa por los elementos serranos.

Es posible que el motivo por el cual los incas permitieron sobrevivir a los mercaderes yungas fuese la necesidad de obtener las conchas para sus ritos. Es importante subrayar que antes de la conquista de los territorios norteños por los cuscos, los incas no tenían acceso al *mullu* de los mares cálidos, y por ese motivo toleraron el comercio ya establecido antes de su llegada a los Llanos. Más tarde resultó difícil cambiar un sistema de trueque eficiente, basado en un comercio equilibrado, y trastornar un tráfico marítimo instituido.

Inclusive se puede insinuar que la conquista incaica del norte fue en parte debida al deseo de dominar una región rica en estas conchas.

El trueque chinchano cubría dos zonas distintas, la una marítima orientada al norte, que tenía por fin conseguir sobre todo las conchas necesarias para el culto. En la segunda zona, el comercio estaba dirigido a la región serrana, donde los mercaderes obtenían el cobre, que asumía un valor monetario y servía de base al trueque de las conchas norteñas. Igualmente trocaban pescado seco y objetos utilitarios confeccionados con calabazas decoradas y pintadas, como hoy en día continúan decorando los artesanos peruanos.

Merece que demos mayor atención al estatus del artesano precolombino. La costa estaba más desarrollada en este aspecto que la región andina en el tiempo anterior e inmediato a la expansión cusqueña.

El alto nivel alcanzado por las culturas yungas, tanto en el campo textil como en el de la cerámica y de la metalurgia, hacen suponer que existía una especialización en su manufactura, y que sus artífices le daban mayor dedicación que en la sierra. Es posible que los artesanos estuvieran agrupados por gremios y que sus miembros vivieran en lugares señalados para ellos.

ADDENDUM

En la publicación de este tomo de mis obras completas, vemos la necesidad de añadir un addedum para refutar las afirmaciones de Anne-Marie Hocquenghem (1993, 1999) quien sostiene que los "mercaderes" chinchanos no navegaban hacia Manta y Puerto Viejo por las dificultades surgidas en el retorno a su curacazgo por la vía marítima.

Al emitir tal afirmación muestra que no ha investigado la situación de aquel entonces y desconoce el uso de las *guare*. Las *guare* consistían en dos juegos de tablas (existen algunas en el Museo de Oro de Lima) que se introducían entre los troncos de árbol o los mazos de totora. Un juego se situaba en la proa y el otro en la popa actuando de timón y quilla, asegurando la posibilidad de manejar y orientar las balsas a voluntad.

Antonio de Ulloa y Jorge Juan en sus viajes por América Meridional en 1784, anotaron la particularidad de las *guare* que permitían dar a la embarcación dirección y de navegar contra el viento y las corrientes, conocimientos que faltaron a Thor Heyerdahl en su viaje en la balsa Kon-Tiki hasta la Polinesia Francesa donde se estrelló en las Islas Marquesas.

Años más tarde Heyerdahl retornó a Guayaquil e hizo construir una balsa provista de *guare* y la embarcación demostró ser perfectamente navegable y marinera.

Alcedo (1967, tomo III: voz Piura) en su *Diccionario geográfico histórico*, menciona las *guare* y dice representar una extraordinaria tecnología "no conocida en ninguna parte" manifestando que se manejaba fácilmente las balsas, remontando los remolinos de los ríos y las corrientes. Dichas embarcaciones podían transportar una carga de 200 a 300 arrobas.

Una muestra de lo que eran aquellas balsas fue la que apresó el piloto mayor Bartolomé Ruiz durante el viaje exploratorio que realizó hacia el sur en el segundo viaje de Francisco Pizarro a Tumbes. Según la Relación de Sámano-Xerez (1937 [1528]: 66) la balsa

> tenya de cavida de esta treynta toneles; hera hechoa por el plan e quilla de unas cañas tran gruesas como postes ligadas con dichas sogas a do venían sus personas y la mercaduría en henxuto porque lo baxo se bagnaba; traya sus mástiles y antenas de muy fina madera y *velas de algodón* del mismo talle de manera que los nuestros navios y muy buena xarcia del dicho enequén [...] (El subrayado es nuestro).

Además la balsa estaba cargada de mercadería:

> trayan muchas piezas de plata y oro para adorno de sus personas para hazer rescate con aquellas con quyen yban a contratar en que yntervenían coronas y dyademas y cintos y puñetes y armadas como piernas y petos y

tenazuelas y cascaveles y sartas y mazos de quentas y rosecleres y espejos goarnezidos de la dicha plata y tazas y otras vasijas para veber, trayan muchas mantas de lana y de algodón y camisas [...] e figuras de aves y anymales y pescados y árboles y trayan unos pesos chiquitos de pesar oro como hechura de romana y otras muchas cosas en algunas *sartas de quentas* [...] trayan para rescatar por *conchas como corales* de que ellos hazen cuentas y blancas que trayan el navío cargado de ellas [...] (El subrayado es nuestro).

La descripción de la balsa es interesante, sobre todo por la referencia a su gran cargamento de mercaderías. Coincide con los datos de la relación de "Aviso" de Chincha sobre las joyas de oro y plata que eran motivo de trueque en el norte.

Por sus cualidades marítimas, las balsas continuaron en uso en el Perú bien entrado el siglo XIX, navegando a lo largo del litoral y constituyendo un eficiente cabotaje colonial (véase Rostworowski 1993).

Sobre las posibilidades marineras de las balsas consultamos al contralmirante Héctor Soldi, experto oceanógrafo, sobre las posibilidades de navegar una balsa contra las corrientes, manifestó ser factible cuando el verano austral y los vientos alisios disminuyen. Las balsas avanzaban cortando el viento yendo en zigzag.

Otro tema de controversia con Hocquenghem es su afirmación de no existir en época prehispánica el uso de velas, niega su empleo alegando que los "caballitos de totora" no se empleaban en la iconografía moche. Olvida que se trata de una navegación mítica de los dioses norteños, y que hasta la fecha los "caballitos" no las usan. Además las embarcaciones consideradas apropiadas para largas distancias eran las balsas, mientras que los "caballitos" cumplían la faena de la pesca. Por su parte Clinton Edwards (1965) ha probado la presencia de velas prehispánicas de la dimensión llamada latina, ellas tenían un amplio uso en todo el litoral del antiguo Perú y Ecuador, además contaban con remos confeccionados con gruesas cañas partidas a lo largo, numerosos diseños del siglo XVI y XVII lo atestiguan.

Ya casi en tiempos históricos tuvo lugar una batalla naval, cuando Atahualpa, quien se encontraba en el norte, decidió declarar la guerra a los isleños de La Puná (Ecuador). Para ello se alió con los tumbesinos y con balsas libraron un encuentro único, batalla marítima de la que tenemos noticias. En el enfrentamiento Atahualpa sufrió una derrota y herido en una pierna abandonó la costa para dirigirse a Quito. Los de La Puná tomaron entonces represalias sobre los tumbesinos, su pueblo fue quemado y asolado y en ese estado lo halló Francisco Pizarro al llegar a la costa, en su definitivo viaje al futuro Perú.

Los antiguos ecuatorianos eran grandes navegantes y no existieron barreras que los separaran de los pueblos más al sur. Así, los chinchanos aprovecharon de sus conocimientos para también ellos poseer balsas y recorrer el litoral.

Una noticia importante hallamos en el Archivo General de Indias, Sevilla (Contaduría 1680, años 1548-1557) en el cual el cacique de Chincha había adquirido una nave española. En el manuscrito mencionado se decía que por orden del virrey, los Oficiales Reales pagaron a Esteban Iriarte, maestro del navío del cacique chinchano, la suma de 28 pesos quintados por el flete de 24 mangles y 48 botijas vacías que llevó del Callao a la Fortaleza de Guarco (Cañete-Cerro Azul).

Después de los acontecimientos de Cajamarca, algunos curacas se aculturaron rápidamente, tal el de Chincha o Huacrapaucar de Jauja; otros más tardíos como el curaca de Colán se vestía y negociaba, firmaba letras de cambio y mercaba como un hispano. Sin embargo no tardó la imposición española en destruir todo intento de educación de los antiguos señores.

Para demostrar el extenso uso de las balsas, mencionaremos a continuación las investigaciones sobre metalurgia indígena prehispánica.

Los trabajos de Heather Lechtman y de Dorothy Hosler son importantísimos para demostrar la evolución de la metalurgia y la expansión de sus tecnologías. Ante todo surge la pregunta de los motivos de un trueque a larga distancia, lejano y sostenido que motivara estos viajes. Entre los artefactos que ameritaban un intercambio figuraban las conchas rojas llamadas *mullu (Spondylus sp.)*, que sólo se hallaban en los mares tibios del norte, manjar predilecto de los dioses y huacas. Otro no menos codiciado objeto de trueque parece haber sido el cobre-estaño, una aleación quizá con propiedades mágico-religiosas.

Heather Lechtman (1981) en varias publicaciones dio a conocer sus investigaciones que revolucionaron los antiguos conocimientos metalúrgicos. Ella encontró variadas aleaciones del cobre, el más antiguo se situaba en el sur del Perú y se trataba del cobre-estaño de una fecha de 1,500 años a.C. La mayor antigüedad para los metales en las Américas. Sin embargo, la aleación más difundida era el cobre-arsénico, del norte del país, junto con el cobre-oro y cobre-plata.

A estos nuevos conceptos se añadieron otros conocimientos, Olaf Holms (1978) manifestó el hallazgo en algunas sepulturas en el Ecuador de hachas-monedas llamadas "naipe" por los buscadores de tesoros. Posteriormente Izumi Shimada (1987) encontró en Sicán-Lambayeque en los entierros dichos artefactos.

Según Dorothy Hosler (1994) la mayoría de estas hachas-moneda fueron confeccionadas con un bajo contenido de cobre-arsénico. Lo curioso del caso es que aparecen en Guerrero-México después de 1,200 d.C., también en Michoacán y más tarde en Oaxaca (Ibíd.: 156). Hosler indica que son muy semejantes a las sudamericanas donde posiblemente se

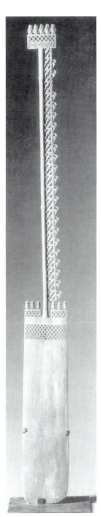

Detalle de la parte superior

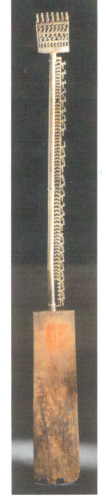
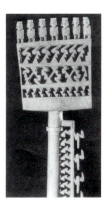

Detalle de la parte superior

Guaras para uso ceremonial,
entre los años 1200 y 1532.
Cultura prehispánica Ica-Chincha.
Museo du Quai Branly, París.
Reproducido de La Revue du Louvre
et des Musées de France N.° 4 - 2002.

usaron como una manifestación de riqueza, usadas quizá en México como objetos de tributos.

En una etapa posterior al desarrollo cultural aparecieron artefactos confeccionados con cobre-estaño, además de los difundidos objetos de cobre-arsénico y cobre-plata. Otras semejanzas se dieron con las pinzas excavadas en Chincha por Kroeber y Strong (1924) con un fechado de 1,000 d.C. y son idénticas a las del oeste mexicano. La casualidad del lugar, es decir de Chincha, trae en mente a los famosos "mercaderes" y los bienes que transportaban hasta puertos del antiguo Ecuador.

Ahora bien, a pesar de sus grandes adelantos en varias materias, en Mesoamérica los conocimientos metalúrgicos fueron tardíos, usando sobre todo la técnica del batido del oro; el florecimiento de sus conocimientos metalúrgicos aparecen como originarios de Sudamérica, de las regiones del norte del Perú, del Ecuador y también de Colombia. Sin embargo, los plateros del oeste mexicano no incorporaron en sus trabajos todas las técnicas de las regiones nombradas más arriba.

Esta digresión sobre el uso de metales indica que debió existir una difusión y navegación entre el Ecuador y la zona de Guerrero, México. La aparición en México de esta difusión es una prueba de los viajes marítimos y no fueron restringidos en una sola zona.

Podemos concluir que la navegación con balsas no fue el privilegio de una región y que su uso se extendió al sur a lo largo del litoral.

La ruta terrestre

Analicemos la posibilidad de una ruta terrestre antes de la expansión inca. El territorio de norte a sur comprendía infinitos señoríos grandes y pequeños por los cuales debían transitar los encargados de transportar el *Spondylus*. Según los cronistas Castro y Ortega Morejón (1974 [1558]) en tiempos anteriores a los incas, que además eran para ellos muy "modernos", existía permanente un estado de guerra entre unos y otros vecinos: "sin poder ir a otra parte, ni saber si no era de oydas, si había más gente porque si pasaban si no era en tiempo que había paz y tregua se mataban unos a otros".

Las posibilidades de ser asaltados, robados o asesinados en el camino eran muy altas dado el valor ritual de las conchas rojas y debió ser difícil calcular en tan larga ruta el momento adecuado en que se podía atravesar un señorío sin verse despojado de las riquezas o incluso perder la vida. En la costa, los extensos desiertos y despoblados constituían una enorme barrera y en la sierra, lo eran las múltiples quebradas y punas. Recordemos que los buenos caminos incaicos fueron muy posteriores y que cuando se dispuso de rutas estatales, éstas no estaban abiertas al público sino sólo a los enviados especiales, los ejércitos, etc.

Apéndice documental

"AVISO DE EL MODO QUE HAVIA EN EL GOVIERNO DE LOS INDIOS EN TIEMPO DEL INGA Y COMO SE REPARTÍAN LAS TIERRAS Y TRIBUTOS"
Biblioteca del Palacio Real de Madrid
Miscelánea de Ayala - Tomo XXII
Folios 261 al 273v.

[Fol. 262] Aviso que se da a vuestra paternidad de la orden que Topa Ynga Yupanqui tuvo para governar estos Reynos del Pirú, por la qual se vería quan más descargados estavan los Indios en el pagar sus tributos en aquel tiempo, que agora lo están, porque entonces no tenían más que solo un señor a quien servir y de una sola cosa pagava cada uno su tributo y ahora lo pagan de muchas y tienen muchos mayores.

Otro sí, se da aviso a Vuestra Paternidad de que por entrar los Indios en la montaña de los Andes a beneficiar la coca se han muerto muchos millares y se mueren cada día, y sino entrasen a beneficiar la dicha Coca, sería gran servicio de Dios nuestro Señor y de Su Magestad y gran beneficio a los mesmos Indios y acrecentamiento de las Quentas Reales, por lo que adelante se dirá.

Otro si se da aviso a Vuestra Paternidad de que en el valle de Chincha quando los Españoles entraron en esta Tierra, avía treinta mil hombres tributarios y aora no hay más de seiscientos [fol. 262v] o poco más, y hay grandísima cantidad de hanegas de tierras vacas y perdidas en aquel Valle y su jurisdicción; y que en el dicho Valle junto de la mar, se puede poblar un pueblo de españoles a Su Magestad y dalles y repartilles de las tierras vacas y si se poblase sería remedio de muchos hombres y beneficio de esta ciudad, por los muchos mantenimientos que de allí acudirían a ellas, y para que Vuestra Paternidad entienda lo de arriba dicho y dé aviso al Príncipe que govierna para que provea de remedio en lo que viere que conviene remediar decimos ansí.

Quando Topa Ynga Yupanqui, que fue mayor de estos Reynos, se hizo Señor y Monarca de toda la tierra, puso su asiento y silla en la ciudad del Cuzco y porque entendió que para governar el Reyno tenía necesidad de compañía con quien consultar los negocios dél, hizo quatro consultores de su Imperio que siempre estuviesen con él, a los quales [fol. 263r] llamaron Apoconas, que quiere decir grandes mayores, y al uno de ellos le dio el cargo de cien mil hombres, que fue desde el Cuzco hasta los Charcas, aquien llamaron y hoy llaman Collasuyo; y a otro hizo mayor desde el Cuzco hasta Quito, aquien llamaron Chinchasuyo; y a otro hizo mayor de otras provincias hacia Arequipa, que llamaron Condesuyo, y a otro hizo mayor desde el Cuzco hasta la tierra de todos los Andes, que se llama Antesuyo; y cada uno de estos mayores en su jurisdicción hizo diez Caciques de a diez mil indios, a que llamaron Mayor de Chunga Guaranga, y el que era mayor de diez mil Indios, hizo diez principales de a mil y al principal que tenía mil Indios a su cargo hizo diez principales de a cinco, y el que tenía cien Indios a su cargo hizo diez mandoncillos de a diez Indios.

Y por esta orden eran regidos y governados en el pagar de sus tributos y hacer sus comunidades y otras obras públicas para el Inga, y porque no huviese [fol. 263v] engaño en el pagar de sus tributos, ni en lo que a los Indios se les mandaba, el Principal de diez Indios daba cuenta dellos al de cien y el de ciento daba cuenta al de mil y el de mil al de diez mil y el de diez mil al de cien mil, que era uno de los Apocuracas, y éste daba cuenta al mayor y monarca, que era el Ynga, de los cien mil hombres que tenía a su cargo.

Y después de todo esto hecho, mandó el Inga que de todas las Provincias de la tierra asistiesen en su corte embajadores dellas para que entendiesen y supiesen la Lengua que él hablava, para que todos la hablasen, y para que supiesen los embajadores lo que él proveía y mandaba que se hiciese y guardase en sus Reynos, y ellos enviasen luego aviso de ello a sus tierras de lo que el Inga mandaba. Después de aver hecho esto proveyó el Inga visitadores que visitasen toda la tierra, a quien llamaron Tocoricos, que propiamente en nuestra lengua es tanto como visitador general; ya éstos [fol. 264r] dio orden que visitasen los pueblos y que contasen las gentes por sus edades, así hombres como mugeres. Y quando hacía este proveimiento se ponía públicamente en su asiento en el Cuzco, y en presencia de todos quantos allí avía y de los Embajadores de las provincias de su Reyno, se quitava una borla colorada que tenía sobre su cabeza, y la ponía en la cabeza de aquel que enviaba por visitador, que era como dalle su sello y Provisión Real, y decía en presencia de todos, que le obedeciesen como a su mesma persona; y luego que se hacía este proveimiento, los embajadores de aquella Provincia donde el tal Visitador iva daban aviso para que lo supiesen. Dio orden el Inga al tal visitador que no quitase a ninguno el cacicazgo que tenía sino huviese hecho algo contra su Real Persona, y que los otros delitos, los castigase rigorosamente; y mandó el Inga a los visitadores, que quando el [fol. 264v] Cacique muriese sucediese el hijo al padre en su cacicazgo siendo capaz para lo governar; sino fuese capaz para el govierno, que el pariente más cercano y más propinguo al padre, tuviese a cargo la administración del Cacicazgo hasta tanto el hijo que dejaba fuese capaz para seguir y governar su gente; y sino huviese heredero legítimo, que entre ellos nombrasen una pesona de quien se entendiese que los governaría mejor.

Mandó más que todos los hombres y mugeres sin excepción de personas de seis años en adelante todos trabajasen y que ninguno se escusase del trabajo aunque fuese su mesma persona; y esto mandó por que no anduviesen holgazanes y que con el trabajo se les quitase malos pensamientos, y para darles exemplo de lo que avían de hacer y quería que se guardase, quando quería hacer sus chácaras de maíz se ponía públicamente en la chácara que quería hacer y se sentaba en su [fol. 265r] silla de oro, y luego delante délle ponían una talla de Oro, que es arado, y un poco detrás del se asentaban los quatro consultores de su Imperio con los arados que avían de trabajar delante, y detrás de éstos se asentaban los Caciques que tenían a su cargo diez mil hombres y luego los embajadores de las Provincias, cada uno con el arado que avía de trabajar; y este orden se asentaban todos cabe el hombre que los tenía a cargo con sus mugeres, hijos y familiares y quando al Inga le parecía que era hora de comenzar a trabajar se lebantaba él solo y su muger y sus dueñas con ella, y tomando el arado de oro en la mano, daba ocho o diez con él hincándole en la tierra y sacando terrones, y su muger y sus dueñas los hacían pedazos; y luego se sentaba y se lebantaban los quatro consultores de su Imperio y con ellos sus mugeres y comenzaban a trabajar desde donde avía comenzado el Inga y hacían al doble que él avía hecho y se tomaban a asentar [fol. 265v] y luego se levantaban los Caciques que tenían a su cargo diez mil hombres con todos los demás hombres y mugeres que allí estaban y trabajaban hasta que era hora de almorzar; y quando era hora de descansar, se ponían todos sentados en rueda, y comían públicamente, y esto mandaba el Inga porque comiesen los pobres que no tenían qué comer con los que lo tenían como lo acostumbran oy día.

Y después que avían comido se lebantaban todos a trabajar, quedando solamente con el Inga los quatro consultores del Imperio y los Caciques que tenían a cargo diez mil Indios cada uno, y éstos jugaban un juego que llamaban Pisca, que es como quien juega con un dado, aunque es mayor y de madera; y allí se brindaban los unos a los otros con su bebida que es chicha, que se hace de maíz, y las de más gentes trabajaban hasta una hora antes que anocheciese y a aquella hora se volvían a sus casas cantando y bailando [fol. 266r] delante del Inga, diciendo muchas cosas en su loor.

Y por esta orden mandó el Inga trabajasen todos en sus pueblos y que el más principal pusiese primero la mano en la labor y que luego le imitasen los demás, y quando hacían las chácaras de sus comunidades las hacían cantando y baylando, porque mandaba el Inga que todo quanto se cogiese de las chácaras que se hacían de comunidad se pusiese en sus depósitos para que quando huviese esterilidad en la tierra aquella comida se repartiese entre la gente que tubiese necesidad de ella y que a otro año pusiesen allí lo que huvisen sacado, y más si más pudiesen; y por esta razón hacían las chácaras de comunidad cantando y baylando; y agora las hacen plañiendo y llorando porque no gozan de sus trabajos.

Mandó el Inga que se hicieren sementeras de comunidad para sacrificio de las Guacas, y para el Sol y para la Luna y para Idolos a quien adoraban cada uno [fol. 266v] en su tierra, y esto que se cojía de las tales chácaras no se gastava en otra cosa sino en los sacrificios de las Guacas y demás adoraciones.

Y los demás depósitos se gastaban con la gente de guerra quando era menester, y así gastaba por la orden dicha.

Mandó más el Inga a los visitadores, que a cada pueblo señalasen pastos para ganados, y hiciesen caminos reales donde viesen que convenían, y que por todos ellos pusiesen sus tambos así en el poblado como el despoblado; y que en cada uno pusiesen el servicio de Indios que viesen que era menester para aquel tambo, y que los Indios que allí sirviesen no tuviesen más tributo de hacienda que el servicio, y agora es al contrario porque sirven en el tambo y en los pueblos y a todos los Españoles, y pagan su tributo.

Mandó más el Inga a los visitadores que hiciesen puentes en los ríos, y que pusiesen a Indios inútiles en los guados dellos y que [fol. 267r] los Indios más comarcanos tuviesen cargo de hacerlos y aderezarlos quando huviese necesidad.

Mandó más que en los caminos reales huviese Chasquis, puestos quatro en una legua; éstos eran como correos que llevaban el aviso de lo que avía en el Reyno al Inga, o lo que el Inga mandaba a sus visitadores o capitanes.

Mandó más el Inga que de los Indios viejos se pusiesen para guarda de las Guacas para los sacrificios de ellas, los que fuesen menester en cada parte, y así mesmo que diesen Indios para guarda de los cimenterios donde enterraban los muertos por sus parcialidades.

Mandó más que a los capitanes y a otros sus privados, aquien le avía dado y repartido ganados que son obejas de la tierra, les diesen pastores que se las guardasen y que los tales pastores no fuesen obligados a pagar ningún tributo más de hacienda que el servicio de ser ganaderos; y esta orden mandó que se guardase [fol. 267v] así en la sierra como en los llanos.

Mandó más el Inga a los visitadores, que los oficiales carpinteros hiciesen lanzas para la gente de guerra y a otros que hiciesen ondas para pelear, y otros que buscasen piedras para tirar con las ondas; y que cada uno de éstos lo pusiese en su provincia en un depósito donde al visitador le pareciese que estaría mejor para quando fuese menester acudir con ello al Inga; y éstos no tenían más que este tributo en todo el año y no trabajaban sino parte dél, porque les quedase tiempo para hacer sus sementeras con que sustentar sus personas y familia. y los oficiales olleros pagaban su tributo en ollas y las ponían en depósitos y no en otra cosa y no servía todo el año sino parte de él.

Otros oficiales avía que eran como zapateros que hacían calzados de cueros de pesquezos de obejas de la tierra, y se los daban sobados y los ponían [fol. 268r] en depósito, y unos avía entre estos oficiales que hacían calzado mui polido para sólo los Ingas.

Mandó más el Inga a sus visitadores que hiciesen a los Indios serranos hacer ropa de Cumbe y Abasca, que el cumbe es ropa fina y la Abasca es ropa gruesa, y ésta mandaba hacer de la ropa o lana de los ganados de las comunidades o de los ganados que no tienen dueño y se crían en los despoblados, que se llaman Guanacos, Vicuñas y ésta no les podían matar sin mandato del Inga, so pena de muerte; y la ropa que de esto se hacía, mandó se pusiese en depósito por bienes de comunidad, para darlo y repartirlo a su tiempo a los que tuviesen necesidad de vestirse o a quién él quería hacer merced de darle de vestir; y agora es al contrario, porque toda quanta ropa hacen los Indios en sus pueblos, con que ellos se han de vestir es de su lana, y la pagan toda de tributos, y la sacan fuera de su tierra, y quedan desnudos aviéndola [fol. 268v] hecho y trabajando, y se visten con ella los que andan holgando fuera de su repartimiento y parece que fuera justo que no saliera ninguna ropa del repartimiento donde se hace aviendo necesidad de ella en el tal repartimiento y que se conmutara en dinero lo que valía la tal ropa, porque se vistieran los que estaban desnudos y no tienen quien les haga vestir.

Item, mandó el Inga a sus visitadores que los Indios que fuesen oficiales de oro plata fuesen reservados de tributo y que no hiciesen más de hacer vasijas para su servicio o para quien el mandase, y que les permitía que pudiesen hacer algunas obras libianas para sus granjerías, como era hacer topos, que eran alfileres grandes de mugeres, o chipanas, que eran brazaletes para los brazos.

Item, mandó el Inga a los visitadores que se informasen por la parte donde anduviesen si avía minas de oro, o de plata, y que donde las huviese [fol. 269r] hiciesen que los naturales de aquellas tierras las labrasen y el oro o plata que sacasen della acudiesen con ello al Inga, y con los Indios que trabajaban en las tales minas, mandó que se pusiese un hombre a quien tuviesen respeto para que les hiciese trabajar a cada uno por su tiempo y que les diesen de comer de comunidad.

Mandó más el Inga que ordenasen sus visitadores que ninguno se sentase en silla en su corte ni fuese de ella sin su licencia, so pena de muerte.

Mandó que ordenasen que ningún hombre matase carnero ni obeja para comer que no fuese cacique que tuviese mil Indios a cargo, y a los demás les permitía que pudiesen sangrar los carneros y comer la sangre que les sacasen, y así algunos los sangravan de una vena que tienen en la quixada y la sangre que le sacavan comían.

Mandó que sin su licencia o de sus caciques, ninguno tomase muger que fuese de otro, so pena de muerte y se executaba.

[Fol. 269v] Mandó a los visitadores que el tributo que les pareciese podía pagar cada un Indio se le hechase de aquello que avía en su propia tierra, y que no de pagase más de sola cosa y no de muchas como ahora lo pagan; y que los que eran oficiales pagasen el tributo en cosa de su oficio y no en otra y por esta orden los visitadores echa van el tributo en toda la tierra.

Mandó más que los hombres de veinte años hasta quarenta estuviesen empadronados por sus quipos para quando fuese menester faltar dellos para llevarlos a la guerra, que para otras cosas no les permitían salir de sus pueblos; y así estaban llenos de gente en aquel tiempo y agora estan despoblados sin ella, porque andan por muchas partes.

Los Indios Yungas, mandaron los visitadores que pagasen de tributo ropa, algodón, coca, agí, pescado y otras cosas de frutas secas, todo en poca cantidad porque no tenían minas de oro y plata en su tierra, aunque fueron mui [fol. 270r] amigos de ella, y la poseían con sus grandes rescates que tenían con los Indios serranos, como se ha visto por la riqueza que se han hallado en Truxillo, Chincha, Ita [sic] y en otras partes de este Reyno.

A los Indios de Andesuyo que es la montaña adelante donde sacaban la coca, no pagaban de tributo sino de plumas de páxaros y algunos monos, y otros pagaban algún poco de coca y algún agí y dardos de palmas.

A los Indios serranos mandó, como está dicho, que sacasen oro y plata en su tierra en la parte que los huviese y así estaban todos recogidos en sus pueblos y guardaban la orden que los visitadores que por mandato del Inga les avían dado los quales visitadores hicieron todo lo que el Inga les mandó con toda fidelidad, y le llevaron la cuenta y razón de todo, cada uno de lo que avía hecho y ordenado en las partes que avía andado.

Y ésta es la orden que el Inga tenía en su Reyno para governar, sin [fol. 270v] otras ordenanzas que avía más de éstas, que por no aver escriptura de ellas no se saven.

Aviso de las muchas tierras que hay vacas en Chincha, donde se puede poblar un pueblo y repartirlas.

Quando esta ciudad de los Reyes se pobló de españoles avía en el valle de Chincha y en su jurisdicción treinta mil hombres tributarios y treinta caciques de dichos, que cada uno tenía mil Indios a su cargo, y señores todos estos treinta; avía un solo mayor a quien obedecían y respetavan todos ellos, éste fue primero que Topa Inga Yupanqui.

De estos treinta mil hombre eran los doce mil labradores, que no entendían sino en sembrar maíz y otras semillas y raíces de que se sustentaban y mantenían. Avía poblados por la costa de la mar diez mil pescadores, que cada día o los más de la semana entravan en la mar, cada uno con su balsa y redes y salían y entraban en sus puertos señalados y conocidos, sin [fol. 271r] tener competencia los unos con los otros, porque tenían en ésto como en lo demás, gran orden y concierto y amor y temor al Inga y a sus caciques y éstos estaban poblados desde dos leguas antes de llegar a Chincha hasta es otra parte de *Lurinchincha* [sic], que hay de una parte a otra cinco leguas; y parecía la población de esta una hermosa y larga calle llena de hombres y mugeres, muchachos y niñas, todos contentos y gozosos por que no entrando en la mar, todo su cuidado era beber y baylar, y lo demás.

Avía en este gran valle de Chincha, seis mil mercaderes y que cada uno de ellos tenía razonable caudal, porque el que menos trato tenía trataba con quinientos pesos de oro y muchos de ellos trataban con dos mil y tres mil ducados; y con sus compras y ventas iban desde Chincha al Cuzco por todo el Collao, y otros iban a Quito y a Puerto Viejo, de donde traían mucha Chaquira de oro y muchas esmeraldas ricas y las vendían a los caciques de Ica, que eran mui amigos [fol. 271v] de ellos y eran sus vecinos más cercanos y así se han sacado muchas esmeraldas de las sepulturas de los caciques muertos en Ica. Era la gente de Chincha muy atrevida y de mucha razón y policía, porque podemos decir que sólo ellos en este reyno trataban con moneda, porque entre ellos compraban y vendían con cobre lo que avían de comer y vestir, y tenían puesto lo [que] valía cada marco de cobre; y demás de ésto estimaban cada peso de oro en más de diez veces el peso de plata y tenía sus pesos y pesas con que pesaban oro y plata y sus toques con sus puntas con que tocaban el oro desde diez quilates hasta veinte y uno y medio, porque hasta agora no se ha visto del oro que se ha hablado labrado, que haya tenido más quilates.

Y por la riqueza grande de todos los indios de este balle, eran su caciques muy poderosos y ricos y esto demuestra ser verdad por los grandes y suntuosos edificios que hay en aquel balle y grandes poblaciones en él. Y quando Hernando Pizarro tuvo [fol. 272r] a cargo aquellos Indios por encomienda, tuvo en el dicho balle a Thomas de Hontiveras vecino que fue de la ciudad de Guamanga y a Diego de Mesa, vecino que fue de la villa de Cañete; y éstos, por orden del Hernando Pizarro, sacaron de las sepulturas de los Indios muertos que estavan junto al primer monasterio que el Padre Fray Domingo de Santo Thomas, obispo que fue de los Charcas, fundó en el balle dicho, teniendo por compañero a Fray Christoval de Castro, cien mil marcos de plata en vasijas grandes y pequeñas y otras sabandijas y culebras y perrillos y benados todos en oro y plata; y juntaron todo este tesoro en el Tambo Real del Inga, junto a la mar, y desde allí lo trajeron a Hernando Pizarro a esta ciudad, mucho antes que matasen al Marqués. Y después de ésto se ha sacado mucho oro y plata en aquel balle y hay mucho más por sacar, guardado para quien Dios fuese servido de darle ventura que lo halle, por que según dicen los naturales de aquella [fol. 272v] tierra, no han sacado la décima parte de lo que está perdido.

De los treinta mil hombres que avía en este balle de Chincha, no hay agora vivos sino seiscientos o poco más y todas las tierras que los muertos poseían han quedado vacas y son realengas y Su Magestad ha sucedido en ellas porque no hay herederos forzosos y dando agora a cada uno de los Indios que son vivos las tierras que son suyas y muchas más de aquellas que les pertenecen, sobran en el balle y su jurisdicción más de 2,000 hanegadas de tierras que están perdidas y se hacen monte; y si su Excelencia fuese servido de repartirlas a hombres necesitados, podría poblar un pueblo a Su Magestad y dar a cien hombres en él de comer y sería uno de los buenos de todo este Reyno si se poblase de Lurinchincha porque haría dos efectos; y el uno sería que habrían siempre en el pueblo mucha gente que guardase la tierra de enemigos si fuese menester y desde allí traerían muchos mantenimientos [fol. 273r] a esta ciudad y acudirían al puerto de Pisco si fuese menester la gente algún socorro.

Y si alguno dijere que no se puede poblar en Lurinchincha pueblo porque es falto de agua y no es sano porque se han muerto muchos Indios, a esto se responde que hay mucha agua y muchos manantiales con que regar las sementeras; y que, pues en otro tiempo se sustentaban tantos millares de Indios con el agua que avía en el balle, mejor se sustentaría un pueblo de españoles si se poblase y si alguno dixere que aquel valle no es sano y que es mejor la población en el balle de Pisco, como se ha tratado muchos años ha, a esto se responde que no es tan bueno poblar en Pisco como en Lurinchincha, porque menos agua hay y menos tierras que en Chincha, sino fuese tomado a los Indios que allí estavan poblados y reducidos sus chácaras y haciendas y ponerlos en el ayre.

Y a los que dicen que no es sano el balle [fol. 273v] de Chicha porque han muerto todos los Indios en él, a esto se responde que no es sino muy sano, pues que veinte o treinta españoles que a la continua residen en él, han vivido y viven muy sanos, y si se han muerto tanto millares de Indios que avía en el balle, es por secretos juicios de Dios que quiso y fue servido que oyesen la palabra del Evangelio y se Bautizasen y muriesen Christianos; y porque no les desirviesen más con sus malas costumbres que tenían de idolatría y de ser sométicos, fue servido de llevarlos de esta vida a la otra en el tiempo que más convenía a su salvación.

Capítulo 6

Plantaciones prehispánicas de coca en la vertiente del Pacífico

Este ensayo sobre las plantaciones prehispánicas de coca en la vertiente occidental de la Cordillera de los Andes no pretende ser un trabajo exhaustivo sobre la coca, ni entrar en el tópico de su cultivo y desarrollo en la selva. Nos limitaremos, por lo tanto, a abordar algunos aspectos del tema y solamente en la zona de la costa media.

Nos basamos principalmente en documentos inéditos de archivos y bibliotecas, todos ellos muy tempranos, que mencionan la existencia de cultivos de coca, a lo largo del país, en una franja ecológica costeña que iba de norte a sur en una determinada altura.

La primera noticia sobre la existencia de cultivos de esta planta en una ecología especial de la costa la tuvimos de un importante documento del Archivo General de Indias de Sevilla, según el cual diversos grupos étnicos se disputaban la posesión de chacras de coca en la región de Quivi, en el río Chillón, departamento de Lima. Se desprende del expediente no sólo el gran valor dado por los indígenas a la hoja de coca, sino que desde tiempos preincaicos se cultivaran cocales en Quivi. Ese mismo testimonio fue también el punto de partida para la investigación de las etnías que vivieron en el valle y sobre ellas hemos realizado varios trabajos (Rostworowski 1967-1968, 1972a, 1972c, 1988b).

La experiencia adquirida enseña que al iniciar un trabajo se consulte como primera medida los diccionarios de idiomas indígenas. El vocabulario es una rica cantera para el investigador, ilustra sobre una gama de usos, hábitos e ideas de la gente y pueblos que se desea estudiar.

Al revisar los léxicos de aymara y de quechua, con el deseo de conseguir información referente a la planta de la coca, y sus diversos empleos, encontramos que su estudio nos abrió un mayor número de interrogantes y nos planteó varios problemas.

Según Bertonio (1956: 146, 327) la voz coca no sólo indica la planta que interesa, sino que significa un "árbol qualquiera que sea", y

>   coca coca – espesura de árboles, arcabuco, montaña
>   coca haque – salvaje (haque- hombre)
>   coca – hoja de un árbol assi llamado que los indios mascan
>   coca hallphatha, hallchitha – mascar o comer coca
>   coca phahuatha – ofrecerla a las Guacas derramándola
>   cocana ulljatha – adeuinar mirándola.

Se desprende que coca era la voz genérica para árbol y que también indicaba la hoja de una planta determinada, y por lo tanto sugiere la idea que primero el nombre de coca sirvió para señalar los árboles y que, como consecuencia posterior, pasó el significado a una planta especial. En aymara la voz para hoja es:

>   laphi, pirani o pirca

Al árbol estéril que no daba fruto y se iba en hojas le decían *suma coca* y *coca pallca* era la rama del árbol; también podemos adelantar la hipótesis que el señalar a los árboles con el nombre de coca indica quizás una variedad arbórea usada primero, en oposición al posterior sembrío de arbustos más productivos y de más fácil recolección.

De las voces arriba citadas se desprenden los tres usos dados a la coca, o sea el de masticatorio, el objeto de ofrenda a los dioses y el de adivinatorio. Con la idea de ampliar más estas nociones, sigamos revisando el diccionario de Bertonio, y en él encontramos una gran riqueza en su léxico. Así tenemos:

>   hacchu – la coca mascada que echan de la boca
>   hacchucatatha – traer coca en la boca, y mascarla
>   hacchucatatha – pegar coca mascada con las manos en las apachitas y mochaderos. Es grandísima superstición.

Observamos la costumbre de traer la coca en la boca y que era la forma corriente de ofrecerla, particularmente a los adoratorios, y para ello aplicaban lo masticado a un lugar que se quería reverenciar. También pegaban la coca o el sebo en lo alto de las peñas de la cueva donde dormían para evitar que éstas cayeran mientras descansaban. Los hechiceros, por su parte, derramaban las hojas a modo de ofrenda.

Importantes son los accesorios necesarios para la masticación, ellos son la:

> loka sonco – una como bolsilla en la assadura del carnero y sirvense después para guardar la yerua con que comen la coca
> lluhta ceniza – que hazen de la caña de la quinua, y amasándola después la comen con coca

Por último, para usos medicinales empleaban una yerba llamada *akhana* que masticada junto con la coca servía para "arrancar" la tos. Terminaremos con las voces aymaras señalando diversas palabras referentes al cultivo o al trueque de la hoja. A la chacra de coca le decían *quilla, coca yapu* y a su dueño *quillani yunca*; al mercader de coca *quiru*, y *quiruyqui* al que se había enriquecido con su trato.

Si después de haber revisado el diccionario de Bertonio pasamos al *Lexicón* quechua de fray Domingo de Santo Tomás, encontramos que la voz coca no existe y que no perteneció por lo tanto al *runa simi*. Su equivalente sería *mamox coca*. En el quechua no sucedía lo del aymara, la idea de planta no es sinónima de árbol, pues se decía "Çacha al arbol y Çacha-Çacha a la arboleda" (Domingo de Santo Tomás 1951a: 149).

El diccionario de González Holguín (1952: 225, 347) afirma lo mismo que el de Santo Tomás, en el hecho que la voz coca no es quechua y cuando la emplea es más bien como un sinónimo. Según él, habría dos tipos de coca, la una:

> mamas coca – la coca de hojas grandes ques mas preciada
> y la Ttupa coca – la coca de hojas chicas.

En otro lugar del mismo diccionario asegura que la *ttupa coca* era de hoja menuda y se le consideraba más sabrosa, por eso la llamaban también coca real. Sobre estas distinciones de coca hallamos más explícito al cronista Murúa (1946: 138) quien cuenta que:

> tenían por muy gran regalo la coca de hoja menuda, que llamaban tupa coca que se dá en los Llanos; ésta era tenida y estimada de todos, y del Inga aceptada; de la cual usaba en su comer y la tenía en mucho, y la otra de la hoja grande se cría en los Andes, que llamaban *mumus,* coca desta comían estos indios la cual repartía el Inga entre otras mercedes.

Se desprende de lo citado que en runa simi las voces para coca fueron *mamox* y *thupa*, según que fuese un producto agrícola de la región selvática o de los llanos, e indica que, por lo menos en el incario, eran conocidas y cultivadas dos variedades diferentes, apreciadas por sus distintos sabores y aspectos. Esto es un hecho importante que encuentra una confirmación botánica que veremos más adelante. La cuestión del aprecio dado a los diferentes tipos de coca estaba en relación al gusto y preferencias del masticador, por lo menos eso es lo que se desprende de las declaraciones de Murúa y de González Holguín. También se puede suponer que la palabra coca fuera un préstamo del idioma aymara, generalizado posteriormente por los mismos españoles, que muy pronto se dieron cuenta del valor económico de la coca en el mercado indígena. Sucedió, quizá como con otras tantas voces foráneas traídas por los hispanos para indicar plantas peruanas, que fueron aceptadas en el habla común, suplantando los equivalentes nativos, como en el caso de las voces para maíz, ají, camote, etc.

Otras palabras quechuas relativas al empleo de la coca fueron según González Holguín:

Hachhu – borugo de uvas estruxadas y ciuera de lo que se chupa
hachhu – coca o caña mazcada o chupada.

Esta palabra es sinónima del aymara y debe ser un préstamo uno de otro. Según Torres Rubio (1754) "Hachhu es el vagaso de coca o de otra cosa que se masca" e indica la idea de masticar algo que luego no se traga, sino que se chupa, pero no señala específicamente que sea coca.

Los verbos relativos a la función de masticar serían los siguientes:

acuni, acullicuni – comer coca
acullichini – hazer o dexar comer coca
castuni – comer siempre coca, traerla en la boca y para poco tiempo
castuchi – el gran coquero que siempre la come (González Holguín 1952).

A la ceniza que se come junto con las hojas decían *lippta* y "*lipttacuni* o *lipttacta miccuni* – comer la lipta". No faltan voces referentes a la idolatría como *achik* o *achiycamayok*, el hechicero que adivina haciendo saltar la saliva de la mano; o el sumo de la coca "hazia do esta lo perdido"; y *achini* la acción de adivinar, mientras la semilla de la coca merecía el nombre especial en quechua de *mucllu*.

Hipólito Ruiz (1952) en el Índice general de voces indígenas y vernaculares menciona el uso de pequeñas calabacitas llamadas "iscopurus", destinadas a llevar la cal para el uso de masticar la coca o *chacchar*. Según este mismo autor, un substituto de la coca para los indígenas era la planta llamada cucacuca, incapcocam o coca del inca *(Polypodium incapcocan,* un tipo de helecho), la pulverizaban y empleaban para despejar la cabeza, pero no era un masticatorio. Aquí la voz *chacchar* es un sinónimo de *acullican*, operación de meterse en la boca la coca y es el verbo usado en la zona de Huánuco.

Para terminar con éste quizás un tanto largo acápite sobre los diccionarios, citaremos el "Diccionario de quechua quiteño" de Luis Cordero (1955) que señala:

Cuca – nombre antiguo Pecuga

Aquí la palabra coca es empleada como sinónimo de un término local de tiempos pasados, caído ya en desuso; hecho que apoya nuestra hipótesis sobre el origen aymara de esta voz.

Para ampliar nuestros conceptos sobre la coca es indispensable acudir a los cronistas y aunque sea someramente ver la información que aportan.

El empleo de la coca como masticatorio parece que fue bastante extendido, y no se limitó al Imperio Incaico. Según López de Gómara (1941) en Cumaná, Venezuela, usaban unas:

> hojas de árbol que llaman *ahi,* las cuales son blandas como terebinto y hechura de arrayán. A los quince años cuando comienzan a levantar la cresta, toman estas yerbas en la boca, y traénlas hasta ennegrecer los dientes como el carbón; dura después la negrura toda la vida [...]
> Mezclan este polvo con otro de cierto palo y con caracoles quemados que parece cal [...] (Tomo I, cap. LXXIX: 188).

Fernández de Oviedo (1944, tomo II: 61-62) cuenta que los indios de Nicaragua "y de otras partes" acostumbraban traer en la boca la hierba llamada "yaat" y se colgaban al cuello unos calabacines pequeños con las hojas secas hechas polvo. Junto con ella usaban de una cal hecha de conchas de caracoles marinos, decían que su empleo les quitaba la sed, el cansancio, el dolor de cabeza y el de las piernas. También en Venezuela cultivaban la misma planta y seca la llevaban en la boca sin tragarla, y por el exceso en su uso tenían los dientes negros.

Las Casas en la "Historia de las Indias" (cap. CCXLIV) informó sobre el empleo en Venezuela de la coca que llamaban "hay", parecida a las hojas del arrayán.

Cieza (1941: 282) señala la costumbre tan arraigada entre los indígenas de traer en la boca raíces, ramas o hierbas, en otras palabras el gran uso de masticatorios. Describe que vio en el reino de Nueva Granada, en Antioquia, Cali, Popayán y otros lugares, el empleo de una coca de hojas menudas como arrayán, y que simultáneamente sacaban de unas pequeñas calabazas cierta mixtura que comían junto con las hojas. En Quimbaya mascaban trozos de palos tiernos que cogían de unos arbustos, y según él, en todo el Perú se usó la coca. No tardaron los españoles en comercializar su empleo y fue el origen de no pocas fortunas.

Cuenta Herrera las costumbres de los indígenas de Nueva Granada y la vida del Cacique Bogotá, y al hacer mención del cómputo que tenían del tiempo y su división de meses y años, dice que los diez primeros días del mes:

> comen una ierva, que en la costa de la mar llaman Hayo, que los sustenta mucho y hace purgar sus indisposiciones; i pasado los días del Hayo, tratan los otros diez días en sus labranzas i hacienda" *(Década* VI, Lib. V, Cap. VI: 24, tomo VIII).

Vázquez de Espinosa (1942 [1622]: párrafo 1044) habla de grandes huertas y chacras de coca de Timaná, Colombia y dice que para los nativos era considerada una planta encantada por sus numerosas virtudes. Describe la coca y la compara por su similitud con el arrayán.

En la "Relación y descripción de los pueblos del partido de Otavalos" *(Relaciones geográficas de Indias,* tomo III: 117) hay mención de las grandes chacras de coca y de algodón que tenían y ambos productos servían a los naturales para hacer sus trueques con sus vecinos. Lo mismo sucedía con los indios de Quilca, también del Ecuador (p. 125) que cogían cada tres meses la coca, y con los de Pimampiro que se consideraban ricos, gracias al cultivo de la coca que trocaban por todos los demás productos necesarios. Igualmente, los indígenas de Cuenca poseían sus plantaciones de cocales entre otros sembríos (p. 191), así como los de Alusi de la misma provincia (p. 194).

Matienzo (1967) consagra en su libro *Gobierno del Perú* ocho capítulos a la coca, sus usos, sembríos y, por último, se refiere a las ordenanzas y leyes relacionadas con el beneficio de la planta. Trata del cultivo y del aumento de las chacras de coca en referencia a la selva, sin embargo añade:

> verdad es que los indios de los Llanos también usan de una coca, que es a manera de arrayán, y pequeños los árboles o sepas, y creo que es la mesma semilla y entre ellos es de poco precio" (1967: 167).

Interesa también ver lo que dicen los cronistas sobre la coca en relación con los incas. Según Betanzos (1968: 13) la gente de Mango Capac sólo conoció la planta cuando llegó al Cuzco, a través de los Alcavizas, mientras Garcilaso (1943, tomo I, Lib. 4, Cap. XVI: 210) dice que las primeras plantaciones las tuvieron los incas bajo el gobierno de Inca Roca, cuando conquistaron tierras adecuadas para el cultivo de la coca, situadas en Paucartambo y otros lugares cercanos. Sobre el origen de la coca contaban los indios del Cusco la leyenda siguiente: (antes que)

> estuviese como ahora está en árboles, era mujer muy hermosa y que por ser mala de su cuerpo la mataron y la partieron por medio y la sembraron, y de ella había nacido un árbol, al cual llamaron/*ma*/ macoca (sic) y cocamama y desde allí la comenzaron a comer, y que se decia que la traían en una bolsa, y que esta no se podía abrir para comerla si no era después de haber tenido cópula con mujer, en memoria de aquella, y que muchas pallas ha habido y hay que por esta causa se llamaron coca, y que esto lo oyeron decir a sus pasados los cuales contaban esta fábula y decían que era el origen de la dicha coca (Levillier 1940, tomo 2: 172).

Si suponemos como lo atestiguan los diccionarios que la voz quechua para coca fuese *mamox* o *mamosh* esto podría indicar que el grupo de *mango* era quizás una etnía de *aru* hablantes y que al decir coca mama significaban la hoja de mamosh de una planta especial, que en este caso designaba una variedad de *Erythroxylum*.

Otro mito sobre el origen de la coca es el de Ocros y Lampas, región situada en la sierra central en la vertiente del Pacífico, publicado por Pierre Duviols (1973b). En esa versión lo que sobresale es la escasez de coca y que sólo el Sol poseía la hoja, hecho que despertó la envidia de las huacas.

No es nuestra intención hacer citas exhaustivas de los cronistas, pero sí señalar que según ellos se conocieron en épocas prehispánicas por lo menos dos variedades de coca, la una de la región oriental de los Andes y la segunda cultivada en vertientes del Océano Pacífico. Esta última planta de hojas pequeñas era masticada quizás en Nicaragua, y desde Venezuela hacia el sur, en Colombia, Ecuador y Perú. Este hecho indica dos corrientes distintas de acuerdo con las variedades de coca.

Ante el problema que se plantea, es necesario acudir a estudios botánicos sobre la coca, su cultivo y zonas de desarrollo.

Cooper, en su trabajo sobre estimulantes y narcóticos (1949), encuentra que la planta *Eryhtroxylum coca* es el principal estimulante empleado en Sudamérica.

Sauer (1950: 540) confirma el uso muy difundido de diversos masticatorios en el oeste y noroeste del continente, y por eso resulta, según él, difícil distinguir las plantas y especies empleadas por los indígenas. Sin embargo, reconoce la amplia distribución del *Erythroxylum coca* desde tiempos antiguos en la costa, que él considera como un temprano trueque trasandino.

Existen numerosos trabajos botánicos sobre la planta *Erythroxylum coca* y sus múltiples variedades y modos de cultivo. Su importancia consiste en su contenido de alcaloides y su procesamiento para obtener la cocaína para uso médico. Quizás el trabajo más completo que hemos encontrado sea la tesis del doctor Félix Edgardo Machado (1968, II: 23). Machado señala que el *genus Erythroxylum coca* Lam. tiene un elevado número de especies, que crecen principalmente en los trópicos del Nuevo Mundo, y la mayoría contiene alcaloides en diversas cantidades.

La variedad más conocida y cuyo cultivo comercial está generalizado es la especie *E.* Lam., a esa variedad pertenecen los sembríos de los departamentos de Cusco y Huánuco, y los de Bolivia. Esta planta se caracteriza por hojas anchas, gruesas, de un color verde oscuro por encima y ligeramente amarillas por abajo, se trata de una coca amarga que contiene el más alto porcentaje de cocaína. En contraste, la coca que crece en el departamento de La Libertad, y conocida en el mercado internacional como "Coca de Trujillo", pertenece a una variedad de hojas pequeñas, delicadas, que contiene una menor proporción de cocaína y que, además, es dulce y aromática. Botánicamente es conocida como *Erythroxylum novogranatense*.

Siempre, según Machado, el *genus Erythroxylum* tiene una amplia área de distribución en la región tropical, en cuyo ámbito las plantas crecen, sobre todo, en los principales ríos tributarios del Amazonas, como el Huallaga, Marañón, Paucartambo, Apurímac, Ene, Perené y Ucayali.

El aspecto de las hojas varía según las especies y también la altura que alcance la planta. La variedad más alta es la *Erythroxylum amazonicum* que llega a los treinta metros, mientras la más pequeña es la *E. novogranatense* que es un arbusto de un metro o un poco más.

MacBride (1959) hizo un análisis del *genus Erythroxylum* en el Perú, y reconoció veinte especies. Machado añadió cuatro más a esa lista, dos de las cuales, la *E. chilpei* y la *E. hardinii* fueron descubiertas por él, aunque la *E. chilpei* fuera recolectada en 1915, si bien no se le dio la atención debida. La tercera especie es la *E. novogranatense* que fue excluida por MacBride por no ser nativa del Perú. Esta variedad, según Machado, fue introducida durante el incario y por eso forma parte de su lista, y toma también en cuenta que es cultivada en tiempos modernos con miras comerciales. La cuarta especie es *E. glaucum* que fue recogida por él en 1957, cerca de la frontera del Ecuador y es un nuevo récord para el Perú.

En el Herbario Nacional "A. Weberbauer" de la Universidad Nacional Agraria hay una importante colección de numerosas especies de *Erythroxylum*. En este Herbario figura la planta *Erythroxylum macrophylum Cav.*, es un árbol de 6 a 7 metros de alto, se halló en medio de la selva de Paucartambo, Cusco, a 800 m de altura, las hojas miden hasta 15 cm de largo.

Interesa conocer detalles del cultivo moderno de la variedad *E. Novogranatense*, sembrada actualmente en el departamento de La Libertad, y comparar luego con lo que sabemos de los cultivos antiguos. Según el ingeniero Alberto Martín Lynch (1952), el clima propicio para la coca es aquel donde las oscilaciones térmicas son pequeñas, con una temperatura anual desde 18 °C a los 25 °C, y una altura de los 200 a los 1,200 msnm. Añade que en las cuencas de los ríos que desaguan en el Océano Pacífico se encuentran estas condiciones especiales. Cuanto mayor es la temperatura ambiental, mayor será el número de cosechas anuales, pero cualitativamente de menor riqueza en cocaína, siendo la curva de la riqueza en cocaína de las hojas, en un año, inversa a la curva de la temperatura media. Si el clima está sujeto a variaciones térmicas bruscas hay que proporcionar abrigo a las plantas. La experiencia señala al pacae *(Inga recticulata)* como el más favorable, pero puede emplearse también otras leguminosas de follaje poco denso. En cuanto al suelo, la preferencia son los aluviones de los valles y las laderas arcillo-arenosas.

Otra tesis, la de Aníbal Orihuela Noli (1953) sobre el cultivo de la coca en La Libertad, indica las zonas donde existen las plantaciones de *E. novogranatense*. Son lugares en las partes altas de los valles de Chicama, y Chuquillanqui; en los valles de Uzquil se cultivan cocales en Campin, Callancas, Callanchal, Huaybamba, Chunquisongo, Sañimaz y Sacamaca. En el valle del río Moche en Simbal, Poroto, etc. resulta interesante su clasificación de las hojas, según el tipo de secado a que fueron sometidas. La de primera calidad, llamada "del día" corresponde a la secada en un solo día, ella conserva un color muy verde. La coca de segunda o "huanta" es la que no fue posible secar debidamente y recibió una sola volteada, es verde oscuro. La de tercera o "cañupa" tiene un tono chocolate y la cuarta o "challpi" es casi negra, porque no se le pudo secar a tiempo y principió a fermentar, se le emplea sólo como abono.

El hecho de que en la región de Trujillo se cultive hoy en día, con fines comerciales, la variedad *Erythroxylum novogranatense,* obliga a considerar las condiciones climáticas requeridas y las necesidades de la planta.

Weberbauer (1945) hace un cuadro de las plantas cultivadas en el Perú, según las vertientes occidentales y orientales de la misma latitud. Para la coca señala sólo el norte en la vertiente occidental y no menciona para nada la zona del centro y sur, pues esos cultivos habían desaparecido en las primeras décadas posteriores a la conquista española.

Troll, al estudiar la estructura del paisaje andino, encuentra una articulación vertical característica en cada una de las fajas climáticas. En un interesante symposium realizado en México, en 1966, que trató de la geoecología de las regiones montañosas de las Américas tropicales, informe editado por Carl Troll (1968), se muestra la importancia de los escalones vegetales, tanto en las vertientes orientales como en las occidentales de las cordilleras americanas. La región favorable a las plantaciones de *Erythroxylum novogranatense* sería la zona V del cuadro sinóptico, denominada como "seca del Sur" que se extiende desde los 6° hasta los 29°, región que corresponde exactamente a los lugares donde, según los documentos, existían las plantaciones de cocales prehispánicos. Desde luego no fue la zona de origen de esta variedad de coca, sino que allí fue cuidadosamente cultivada por los indígenas y muy estimada por ellos.

Según la clasificación de Tosi (1960), la *E. novogranatense* se daría en lo que este autor denomina "maleza desértica subtropical", que son terrenos poco propicios si no disponen del agua suficiente. A pesar de que las temperaturas son favorables para el cultivo de muchas plantas subtropicales, la falta de terrenos reduce su aprovechamiento.

Esta franja ecológica longitudinal a la costa, que se encuentra entre los 200 a 1,200 msnm, es una zona libre de las brumas frías de las partes bajas, cercanas al océano. Los indígenas conocían esta región y la llamaban *chaupi yunga*. En algunos documentos hemos encontrado el uso de este término como indicación de una determinada región, ello demuestra un profundo conocimiento empírico de la ecología por los naturales y un máximo aprovechamiento de las condiciones reinantes.

Si a través de testimonios y documentos judiciales y administrativos conocemos la existencia de las plantaciones de cocales en una faja geográfica especial, se plantea naturalmente el por qué de la desaparición de su cultivo. Los motivos fueron múltiples y las causas de extinción se sumaron unas a otras, hasta la supresión de los cultivos. El valor de la coca en la vertiente del Pacífico hizo que la mayoría de las chacras pertenecieran a los dioses y a los señores encumbrados. Cuando la dominación cusqueña, un buen número de aquellos cocales pasó a poder del inca, del Sol y de las mamaconas, quedando los señores locales en tercer o cuarto lugar. La conquista hispana cambió el cuadro de la tenencia de la tierra, las plantaciones del inca y del Sol dejaron de ser trabajadas, es un fenómeno general que se aprecia en el siglo XVI en todas las tierras estatales y del culto. Los indígenas no cultivaron más estas tierras y al quedar yermas fueron las primeras que cayeron en poder de los españoles. Los cocales de algunas huacas lugareñas siguieron trabajados por los indios, pero los extirpadores de idolatría vieron en ellas un motivo más de un culto satánico y se apresuraron en quemarlas (Arriaga 1968).

Otro motivo fue la gran baja demográfica que sufrió la costa, más expuesta que la sierra a las condiciones imperantes. Repetidas epidemias asolaron el país, a lo que se sumó los numerosos abusos y el exceso de trabajo, más grandes en los llanos que en las serranías. En la costa también existió una mayor demanda de mano de obra indígena, motivada por las construcciones de las nuevas ciudades, sin contar que las guerras civiles fueron un duro golpe para los indígenas, que estaban obligados por todos los bandos a llevar pesadas cargas tras las tropas, muchos morían por los caminos y otros huían y no regresaban a sus pueblos.

En algunas Visitas, respecto a las regiones propicias para los sembríos de cocales, se hace mención del estado de abandono de las tierras y que un gran número quedaban eriazas. Por último, las reducciones de indios terminaron con las antiguas aldeas nativas, y los nuevos pueblos situados, generalmente, lejos de los campos apropiados para la coca, fomentaron un cambio de cultivos. Antes de abordar el estudio mismo de los documentos, es necesario ver a través de la arqueología la antigüedad de la difusión de la coca y su cultivo en la costa.

Es posible que la coca en el antiguo Perú haya tenido varios centros de origen y de expansión. El uno selvático, que subiera desde las vertientes orientales de los Andes, y el otro venido a través de una corriente de influencias norteñas hacia el sur, y que antes de volverse un cultivo fuese un mero trueque.

Ya Lanning (1967: 77) señaló para el sur de la costa central, en Asia, una fecha de radio carbono de 1314 ± 100 a.C., lugar donde se encontró pequeños azafates y tubos para absorber, calabazas con cal y hojas de coca. Según él, la región de la costa comprendida desde Las Haldas hasta Asia fue un núcleo de innovaciones y de un desarrollo cultural durante el Período VI. muchos de los elementos típicos de las posteriores culturas aparecen en ese tiempo, entre los exponentes de entonces cita el uso de masticar coca. Sin embargo, encuentra que para este Período VI no hay evidencias de influencias selváticas en la costa central. En ese caso, queda la posibilidad que la coca de aquella época fuese traída desde el norte.

Quizá los grupos que aportaron al arte Chavín las conchas de origen marino, del género *Strombus* o *Spondylus*, de mares cálidos, introdujeron también el hábito de masticar coca. Eso no quita que la coca fuese también una introducción selvática. Es posible, como sugiere Lumbreras (1973), que Chavín sea una "síntesis" de integraciones interregionales, que fundiera elementos de la costa con otros de la selva y de la sierra.

Yacovleff (Yacovleff y Herrera 1934) indica que los hallazgos arqueológicos demuestran el uso muy antiguo de la coca en el litoral, las momias conservan, entre sus ajuares funerarios, unas pequeñas bolsas que contienen coca. El mismo autor encuentra que en la cerámica Nasca y en la Mochica existen diversas representaciones de la práctica de masticar coca.

En las excavaciones hechas por Max Uhle en Pachacamac (1903), en el cementerio de la primera terraza del Templo del Sol, se encontró varias momias de tiempos incaicos que tenían sus bolsas de coca y sus liptas de cal.

No faltan vasijas prehispánicas en las que figuran individuos masticando lo que se supone fuese coca. Otto Klein (1967) describe una escena que reproduce un ceramio Mochica de la época B IV, se trata de personajes de alta jerarquía celebrando una ceremonia bajo un cielo nocturno, mientras un sacerdote guerrero invoca la divinidad, los demás siguen el acto ritual masticando coca.

Sugerimos que durante los períodos Mochica se empleó la coca y lo deducimos de las escenas ilustradas en la cerámica. En algunas piezas de alfarería Nasca hay personajes que tiene una bola en la boca, que se traduce a modo de protuberancia en la cara, y que, por lo tanto, indica el uso de algún masticatorio (Yacovleff y Herrera 1934).

En el Museo Regional de Ica existe una colección de "chuspas" o bolsas encontradas en diversas excavaciones, pertenecen a varias épocas. Las hay Nasca y posteriores de cultura Ica y también del Horizonte Inca, son de variadas hechuras, unas de plumas, otras de piel y tejidas de lana y de algodón. La mayoría contiene pequeñas hojas menudas, algunas de estas chuspas encierran una planta aromática que por el olor parece un tipo de tabaco, mientras otras tienen una mezcla de ambas plantas.

El señor Alejandro Pezzia A. tuvo la amabilidad de entregarnos una pequeña cantidad del contenido de varias de estas bolsas para su estudio botánico. Sólo un análisis científico indicará qué planta emplearon en la región y es posible que tuviera alguna propiedad alucinante o estimulante. Habría que añadir que, según Towle (1961: 60), Harms menciona dos chuspas con coca encontradas la una en Pachacamac y la otra en Ica, más dos bolsitas semejantes en Chuquitanta que se identificaron como *E. novogranatense*. Estos hallazgos sugieren que en otros lugares también la coca encontrada fuese de la misma variedad.

En el Ecuador, Jijón y Caamaño (1912) describe un ídolo de barro que tiene en un lado de la cara una protuberancia, en otra lámina ilustra a una mujer sentada en el suelo con las piernas cruzadas:

la boca está figurada por una incisión longitudinal en cuyo vértice izquierdo hay una protuberancia, quizás un bocado de coca, ya que el uso de esa planta en el Ecuador precolombino no puede ponerse en duda.

Los ceramios con representaciones de personajes que lucen protuberancias en algún lado de la cara son bastante frecuentes en el Ecuador y se remontan a tiempos anteriores a los incas. Marshall Saville (1908) ilustra su trabajo sobre las provincias de Esmeraldas y Manabí con varios de estos ejemplares.

Durante el incario el empleo de la coca siguió en Ecuador y se cultivó no sólo en Imbambura sino en Cuenca y otros lugares. Es curioso que el uso de masticar coca durante el siglo XVI se generalizara al extremo que los frailes agustinos y dominicos la emplearon libremente, hasta que el inquisidor Juan de Mañosca condenara el hábito por considerarlo como un pecado y obra de sortilegios. Esta campaña fue una de las causas de la extinción de los cocales en el Ecuador durante los siglos siguientes.

En cuanto a la coca en Colombia, Luis Duque (1945) indica que era una costumbre arraigada en la región de Cauca y Huila, lugares en los que llamaban "mambeo" al acto de masticar coca. Este mismo autor cita a Fray Pedro Simón quien decía que los chibchas mascaban "hayo", nombre que daban a la coca. Jorge Bejarano (1952) cuenta el modo de preparar la cal que se obtenía de la cocción de una piedra caliza. Estas piedras quemadas en piras, como si fuesen ladrillos, eran colocadas después en una canoa que contenía agua de panela que las disolvía. A este líquido le agregaban ceniza, que le daba consistencia, y también ají machacado *(Capsicum)*. Una vez hecha la pasta se cortaba en pequeños bloques que se envolvían en hojas de plátano verde y se enterraban por varios días "para que el calor de la tierra haga bueno el mambe". Este modo de preparar la cal, necesaria para saborear la coca, muestra un método muy distinto del empleado en el área andina.

Según Juan Domínguez (1930) la planta que dicen "hayo" es el nombre vulgar con el cual hasta hoy se conoce en Colombia y en Venezuela la variedad cuyo nombre botánico es *E. novogranatense*. En la sierra de Santa Marta se tostaban ligeramente las hojas y se mezclaban con polvo de conchas calcinadas que guardaban en una calabaza, costumbre llamada "popoca". En esta región se rechazaba la coca amarga rica en alcaloides, para dar preferencia a la coca dulce y aromática.

Aparte de la coca hace falta investigar otras plantas empleadas por los naturales, ya sea como estimulantes, analgésicos, o en sus bebidas, y definir los derroteros que siguieron hasta llegar a la costa central. Tal es el caso de la guayusa *(Ilex guayusa)*, mencionada por Weberbauer como un estimulante, que también era usada en el Ecuador entre los *quijo* en forma de infusión o en la chicha de yuca (Cooper 1949, Oberem 1963), y entre los jíbaros por su agradable sabor y acción estomacal (Haro Alvear 1971: 17-18).

Arriaga habla de una chicha de maíz mascado mezclado con polvos de semillas de espingo de Chachapoyas, que hacían en la costa desde Chancay al sur, bebida que ofrecían a las huacas con el nombre de *yale*, brebaje que volvía locos a los hechiceros.

Parece que llamaron yspincu o yshpingu a una variedad de plantas. González Holguín en su *Vocabulario* indica una hierba como trébol y

> otro un árbol que echa frutilla como de molle (1952: 371).

Cobo también menciona dos plantas llamadas "espingo" de una de ellas dice que:

> hacen los indios una pasta de que forman unas cuentas muy olorosas, que ensartadas, las suelen traer al cuello.
> Los polvos desta yerba mezclados con polvos de incienso y dados en vino, hacen no sentir los tormentos, por rigurosos que sean (1956, tomo I: 195).

Por la descripción de los efectos del ishpingo, no cabe duda que era un analgésico.

El doctor López Guillén, Director del Instituto de Botánica de la Universidad de San Marcos, en la primera parte de su libro, aún inédito, titulado *Las plantas útiles del Perú*, menciona con este mismo nombre vernacular a varias plantas que son las siguientes:

Ajouea tambillensis Mez - Lauracea
Jacaranda copaia (Aublet) D. Don - Bignoniaceae
Ocotea jelskii Mez - Lauracea

Sería interesante investigar sobre el tema del ishpingo, sus propiedades y seguir su difusión desde Chachapoyas hasta Chancay en la costa y más al sur. Por último, Arriaga nombra otra frutilla seca, igualmente de Chachapoyas, llamada *aut,* que también servía como bebida.

En cuanto a la coca, las investigaciones de Timothy Plowman, botánico del Departamento de Botánica de Field Museum de Historia Natural de Chicago, han aclarado el estudio sobre las variedades de coca, tanto de la región amazónica como de la costa peruana (Plowman 1979a; 1979b; Rury y Plowman 1983)

Según él, la coca *Erythroxylum* P. Br. es una de las plantas domesticada por el hombre de mayor antigüedad. Hasta que se hicieron modernas investigaciones se suponía que todas las variedades derivaban de una sola especie, sin embargo, ahora se distinguen dos especies distintas: *Erythroxylum coca* Lam. y *Erythroxylum novogranatense (Morris) Hieron.*

Más aún, cada una de estas especies tiene dos variedades y es así que la coca cultivada comprende: *E. coca* Lam. var. *coca* y *E. coca* var. *ipadu* (Plowman) y *E. novogranatense* (Morris) Hieron var. *novogranatense* y *E. novogranatense* var. *truxillense* (Rusby) Plowman.

Todas estas plantas de coca fueron domesticadas en tiempos prehispánicos y son aún empleadas en Sudamérica. Las diferencias han surgido debido a una intensiva selección y cultivo durante un largo período de tiempo, para lograr las deseadas características y adaptaciones que han permitido su cultivo en una variedad de hábitat.

La clasificación de *E. novogranatense* var. *truxillense* se basa en su morfología, ecología, sus alcaloides y su química. La coca de Trujillo está bien adaptada a las zonas áridas y muestra una gran resistencia a la sequía. Actualmente se cultiva en la costa norte del Perú y en los valles áridos del alto Marañón. No se encuentra en estado silvestre en ningún lugar y se debe considerar como un auténtico *cultigen.*

LOS DOCUMENTOS

1er. expediente
Juicio por tierras de coca en Quivi entre los Canta y los Chaclla, dos etnías instaladas en el valle del Chillón
(AGI, Justicia 413, se inició en 1550; ver Rostworowski 1988b)

Conocemos cuatro documentos sobre la existencia de cocales en las vertientes del Pacífico en tiempos prehispánicos, y, de norte a sur, corresponden el primero a la región de Trujillo en Sinsicap, el segundo al valle alto de Chancay, el tercero a la región de Quivi en el valle del Chillón, y el último a Ica, sin contar los datos dispersos para Barranca y, por el sur, hasta Arica.

El testimonio que trae un mayor número de noticias es, sin lugar a dudas, el manuscrito de Quivi y por esa razón lo estudiaremos primero. Además, es el único en indicar que la coca era cultivada en época preincaica. Los otros documentos son administrativos y se limitan a señalar los lugares donde antiguamente existían las chacras de coca, o bien tratan de litigios apasionados por conseguir las tierras y silencian la noticia del tiempo cuando se iniciaron los cocales, para ocuparse solamente del pleito entre los indígenas por la posesión de las plantaciones.

El juicio de Quivi, al que nos referimos, fue el punto de partida para la investigación sobre la existencia del señorío de Collique antes de la dominación cusqueña en los Llanos, documento que también ha sido trabajado por Murra (1972) en relación a su teoría sobre el control vertical en la economía andina. Un segundo manuscrito importante sobre los cocales de la misma zona es la Visita de Guancayo, Maca y Guarauni, realizada en 1571 por Juan Martínez de Rengifo, y publicada por Waldemar Espinoza (1963).[1]

Las referencias por las cuales se puede asegurar que la coca era cultivada en Quivi antes de la conquista inca son varias, una de ellas en la declaración que el curaca de Quivi, sometido al señor de Collique, le tributaba, entre otras cosas, coca. Además, era un producto que durante los períodos de paz entre los colliques y los de Canta era materia de trueque entre serranos y costeños.

En todo el documento se habla de las plantaciones, pero nunca como si se tratara de un sembrío nuevo, importado por los incas, por el contrario, todo indica un cultivo tradicional en la región, y un producto apetecido y codiciado por los soberanos cusqueños que quisieron tener y hacer suyas parte de las plantaciones. Con este objeto introdujeron en las tierras de Quivi una etnía extraña al lugar, compuesta por *mitmaq* de gente de Chaclla, muy adictos a los incas, cuya misión era cultivar directamente la coca para el Estado.

Los soberanos con chacras de coca en Quivi fueron Tupac Yupanqui y Huayna Capac, y también el Sol y las mamaconas.

Es comprensible que para los señores locales, como más tarde para los soberanos incas, fuese importante la existencia de estos cultivos. Les significaba dominar unas plantaciones necesarias para el culto y para la masticación, que de no ser posible sembrarlas en esa franja ecológica costeña implicaba su importación de lugares selváticos distantes. Se plan-

---

1. En nuestro trabajo sobre "Las etnías del valle del Chillón" (1972c) hemos probado que esta Averiguación no se refiere al Huancayo cerca de Jauja, como lo supone Espinoza, sino que se trata de grupos yungas instalados en el valle del Chillón.

teaba entonces el problema de chacras en el Anti, en tierras pertenecientes a otras etnías, y de establecer un régimen de cargadores cuya obligación era el transporte a través de señoríos y reinos hostiles, que también codiciaban la hoja mágica y, por lo tanto, requerían de protección armada o de un convenio de trueque.

La excelencia de Quivi para ese tipo de producto es bien claramente expresada y afirmada por todos los testigos, fuesen ellos serranos o costeños. Por ejemplo, Juan Yaure del pueblo de Acuchay del repartimiento de Chaclla dijo que las tierras de Quivi:

> heran tan buenas, y se coxia en ellas tan buena coca (Probanza Canta 1559, fol. 158v).

Se podrían multiplicar declaraciones como ésta, pero no tiene objeto, es más interesante buscar lo que el documento proporciona como noticia sobre las mismas plantaciones y el cultivo de los cocales. Después de haber visto lo referente a los modernos sembríos en el departamento de La Libertad comprendemos mejor los del valle del Chillón. En la Probanza de los canteños de 1550 el testigo Diego de Ávila declaró que en Quivi:

> esta todo plantado de chacras de coca é árboles assi frutales como de otros árboles (fol. 38)

y otra descripción de 1550 que:

> de las dichas tierras hazia abaxo es llano en donde ay árboles de frutas e coca e ají e tierra llana, e del medio arriba es andenes e pedregales (Testigo Diego Chubicaxa. Probanza Canta, fol. 54).

Unos años después, en 1559, en las preguntas destinadas a interrogar a los testigos de la Probanza canteña se indica que los de Chaclla:

> se entraron en lo mejor de las dichas tierras de Quivi, donde agora está sembrado de coca e pacays.

En la Probanza Chaclla de 1558, el testigo Xptoual Malcachagua, natural de Guarochirí, señaló que las tierras de coca que poseían los chacllas en Quivi estaban en:

> el dicho llano después de los andenes [...] (AGN, Justicia 413, fol. 17).

En las Informaciones de Oficio, el testigo don Antonio Calpa, señor de Quypa fuele preguntado qué frutas se daban en Quivi y dijo:

> que no se coxe en ellas syno coca e axi e que tiene árboles de guabas y guayabas e que no siembran ni cojen maiz porque es tierra hecha de propia para coca (1559, fol. 119).

De lo citado se deduce que los cocales estaban no en andenes como creíamos en otro trabajo (1970), sino en la parte llana del valle, bajo la sombra protectora de los pacaes *(Inga feuillei)* y de las guayabas *(Psi-*

dium guajava) y ello indica que entonces como ahora los cocales daban mejor bajo el follaje de árboles mayores que impedían el exceso de sol y de calor.

La importancia de esta ecología limitada de la coca daba por resultado un alto valor de esa franja geográfica y, naturalmente, existió una pugna por quién o quiénes poseían tierras en ella. En otros trabajos hemos indicado que los poderosos de todo tiempo eran los que conseguían las chacras, ya fuesen ellos sacerdotes encumbrados, señores de numerosos vasallos o más tarde el inca o el Sol, y quizás este hecho indica no tanto una verticalidad sabiamente administrada como más bien una ocupación de la tierra por el más fuerte.

A través del documento de Quivi se aprecia quiénes poseían plantaciones de cocales en tiempos anteriores a la llegada de los incas. Según el expediente la zona desde el mar hasta Quivi correspondía al señorío de Collique, que estaba formado por otros pequeños curacazgos subalternos, todos ellos yungas. El jefe de Quivi tributaba al de Collique coca, maíz y otras cosas, no sabemos si el curaca colli poseía tierras en Quivi trabajadas por los naturales de aquella región o si le entregaban la coca ya elaborada, pero lo que sí se puede afirmar es que el señor de Collique tenía a título personal tierras a lo largo del valle. Por el testamento de don Francisco Yauyi de 1564 (1569, BN, A-185) se decía poseedor de una gran extensión que comprendía desde lo que es hoy día la hacienda de Collique hasta la de Guacoy, sin contar con las chacras en la otra banda del río, pero fuera de ello eran suyas diversas tierras salpicadas en el valle. En un expediente tardío, en 1829, los descendientes del antiguo curaca don Fernando Nacara aún tenían derecho a un censo de tierras pertenecientes a este cacique en Sapan, que habían sido otorgadas por los españoles a los indios *guancayo*, se trataba de tierras situadas en la antigua zona coquera. La faja ecológica que llamaremos *chaupi yunga,* según la denominación indígena, estaba en tiempos anteriores a la dominación inca en manos de varios pequeños señores como lo eran el de Sapan y el de Guancayo, en la margen izquierda del río Chillón; y Maca y Guarauni en la derecha, y todos ellos pertenecían a lo que los españoles denominaron el Repartimiento de Guancayo. Más arriba, en la banda izquierda del valle estaba el curacazgo de Quivi, cuyo límite por el valle de Arahuay era el lugar de Quiso, que era la frontera con las tierras de los cantas (Probanza Canta 1559, fol. 197), mientras las tierras al otro lado del río Chillón, frente a Quivi, pertenecían a la etnía de Soco.

Después de la conquista inca, la tenencia de la tierra en el valle del Chillón se transformó. Se ha supuesto que los soberanos cusqueños emprendían trabajos de irrigación y construían andenes en los lugares recién conquistados para ampliar el número de tierras, pero esa situación no sucedía siempre, sobre todo si ya existían trabajos hidráulicos y no había la posibilidad de aumentar o de adquirir nuevas tierras. Según la Relación hecha por Castro y Ortega Morejón, los señores locales de cada valle se vieron forzados a entregar parte de sus propias tierras al inca (1934: 146). De ahí que después de la conquista cusqueña la tenencia de la tierra se transformó, y en el Chillón sucedió igual que en otros valles costeños. De los documentos se aprecia que el inca tenía en este lugar un determinado número de chacras y también el Sol y las mamaconas recibían las suyas. A mediados y fines del siglo XVI, aún se conservaba el recuerdo de cada chacra que había pertenecido ya sea al soberano o al Sol, hecho confirmado en las tempranas Visitas y Composiciones de Tierras efectuadas por la administración española. La ocupación cusqueña no tuvo nada de idílica, pues tomó para sí las mejores tierras de los subyugados yungas y quizás este hecho fuese un motivo más para su adhesión masiva a los hispanos, cuando éstos hicieron su aparición en las costas del Tahuantinsuyu.

Ya que el tema de la coca interesa, trataremos de ver la manera cómo se distribuía su producción en la franja ecológica del valle del Chillón en tiempos incaicos. Una fuente importante para ello es la Averiguación hecha por el visitador Martínez de Rengifo en 1571 a los caciques de Guancayo, Maca y Guarauni (Espinoza 1963) y en aquella oportunidad los jefes étnicos hicieron una relación de lo que cada una de las nueve *pachaca* guancayos daban de tributo al inca y al Sol. Según los trabajos de Murra (1967), no existía el tributo, y los ingresos de las autoridades andinas consistían en tener acceso a la energía humana que trabajaba en tierras estatales, del culto o de los señores locales. Esto implica que cada etnía entregaba un número de gente para cada trabajo o faena y que podía ser mayor o menor, según la voluntad e imposición de los conquistadores. Para las materias primas que estaban destinadas a los depósitos estatales, si se trataba de comestibles ellos debían ser sembrados y cosechados en tierras reales, y lo mismo sucedía en el caso del Sol, o de las huacas y señores locales. De ahí que la tenencia de la tierra estuviese bien conocida puesto que el producto trabajado en ellas por el sistema de la mita pertenecía al dueño de las chacras.

En el caso concreto de los pequeños curacazgos de los guancayos, el inca percibía de sus tierras cinco cestos grandes de coca por cada *pachaca* o sea cuarentaicinco para la totalidad del señorío, sin contar con la cosecha de una huertecilla especial de la cual se cosechaba coca verde para ofrecerla al Sol y de cinco petaquillas de "zuara" (sic) de coca.[2] En esta

---

2. Al referirse a las cantidades de cestos producidos, viene naturalmente la interrogante de las dimensiones que tenían. En otro trabajo nos hemos ocupado de la medición en tiempos prehispánicos y una de las:

lista no se toma en cuenta la producción de los *mitmaq* instalados en el mismo valle. Según el documento de Justicia 413, en la Probanza Chaclla de 1559 (fol. 145), el testigo Juan Chauca, *quipucamayoc* que fue de Huascar Inca, estimó que las chacras estatales beneficiadas por los *mitmaq* producían al año entre 150 a 160 costales de coca, sin contar con lo percibido por otros conceptos.

Bajando en la escala social, el curaca principal recibía el trabajo de una:

> chacra grande de coca, de la cual cogía veinte cestos por cada mita (Espinoza 1963: 64),

o sea un total de cuarenta cestos, mientras el jefe de Guarauni, cuyo estatus era inferior, por estar supeditado al señor de Guancayo, se contentaba con veinte cestos en ambas mitas o sea la mitad del anterior.

En el mismo documento que comentamos hay una relación de las tierras de los guancayos que pertenecían al común de los indios, pero no indican el monto de cestos cosechados, tan sólo nombran, para los macas, una chacra grande llamada Guaynacapa plantada de cocales, que rendía antiguamente cincuenta cestos, el nombre del lugar hace pensar que no pertenecía al común de los tributarios, sino más bien al inca.

Los *runa* de Guarauni cosechaban cada uno dos cestos en las dos mitas, esta noticia es interesante porque indica que el hombre corriente también tenía derecho a obtener coca, siempre y cuando viviera en la zona donde se producía dicha planta. La misma fuente de información asegura que en los demás pueblos algunos también poseían coca y otros no. Sobre esta noticia volveremos más adelante, al discutir el llamado monopolio incaico sobre la coca. Otro dato importante que ofrece la Averiguación trata de quiénes trabajaban en los cocales y, por lo tanto, la mano de obra empleada. En las tierras del curaca de Guarauni, deshierbaban y cogían la coca los viejos del lugar, a quienes el jefe étnico retribuía dándoles de comer, beber y también los vestía, mientras en las cha-

---

> Medidas de capacidad era el *runcu* usada sobre todo para medir la coca y el ají, y que debía ser empleada como unidad en los inventarios de los depósitos o tampus. Se trata de grandes cestos, ya que Holguín señala palabras para designar la media canasta o *checta runcu; cutmu* la cuarta parte; y *sillcu* la octava. En las *Relaciones geográficas de Indias* (tomo I: 98) existe la mención de cestos como medida usada para las hojas de coca, tenían el peso de más o menos veinte libras (Rostworowski 1960b).

Esto no implica que el tamaño de los cestos pudiera variar de una región a otra.

En el texto de Waldemar Espinoza se emplea la palabra "zuara", no encontramos su traducción o explicación.

cras del inca y las del común cumplían el trabajo las mujeres solteras del lugar. Es interesante observar la reciprocidad existente entre el curaca y los viejos del señorío, y el hecho de que la mano de obra variaba según se tratara de tierras del cacique, del inca o del común. Se podría señalar que las cosechas del señor local escapaban del control administrativo del Estado y era una forma de ocupar y utilizar gente de mayor edad, quizá se trataba de antiguos fueros y costumbres; en ambos casos no cumplían los tributarios o *hatun runa* las faenas de la coca. Si bien ésta era la situación en el valle del Chillón, no se debe generalizar la práctica para otros lugares productores de coca, en ciertas zonas selváticas era muy distinto el trabajo de los cocales.

De la Visita de Martínez de Rengifo se pueden sacar algunas conclusiones. En tiempos preincaicos la producción pertenecía, en primer lugar, a las huacas y seguramente a sus sacerdotes. No sólo se trataba de ofrendas, sino también de un medio adivinatorio y de diversas prácticas de los curanderos y hechiceros. La Relación de Ávila (1966) es una excelente ilustración de lo generalizado que era el uso de la coca para las innumerables ceremonias del culto o como dádiva a los dioses.

El señor local venía en segundo lugar, habiendo una escala entre los principales y el jefe más encumbrado, éste, a su vez, tenía obligaciones de reciprocidad con los pueblos sometidos a él y, en último lugar, quedaban los miembros del común.

En la época incaica es indudable que el Estado acaparó buena parte de las cosechas, el soberano necesitaba mantener una cantidad de coca para recompensar los servicios prestados a su persona, ganarse a los jefes enemigos o a los señores sometidos, distribuirla entre sus allegados y contentar a la nobleza. La demanda de coca debió ser grande y de ahí surgieron los *mitmaq* encargados de su cultivo y cuya producción iba directamente a los depósitos del soberano. Todo ello sin contar con las necesidades del Sol y de las huacas, que debían mantener satisfechas para que no obrasen contra el inca por medio de sus sortilegios. En una escala inferior estaban los señores locales, sobre todo si no eran de lugares donde se producía coca.

Si se toma en cuenta las enormes necesidades estatales de coca se comprende la noticia general de los cronistas sobre el monopolio incaico de la coca. Era un producto valioso, de ecología limitada, que se debía administrar; en esas condiciones es posible que el *runa* del común no tuviese acceso sino raras veces a la coca, y que tan sólo los que habitaban una zona cuyos cultivos principales fuesen cocales podían disponer de ella, tal el caso de los guaraunis, citado más arriba.

La situación varió completamente con la dominación española, las necesidades estatales desaparecieron y también las del culto oficial, quedaron tan sólo las ceremonias clandestinas, las de los curanderos y de los hechiceros, y es entonces que los europeos se dieron cuenta de los grandes beneficios que aportaba el hecho de inundar al indígena con una producción que antiguamente era considerada como un privilegio o una recompensa. Si bien los cultivos costeños desaparecieron prácticamente por la baja demográfica y por la necesidad de cultivar plantas comestibles para abastecer los mercados criollos, los cocales de la selva se mantuvieron y hasta aumentaron en ciertos lugares.

En los documentos referentes al Chillón, hemos visto la mano de obra empleada en la explotación de los cocales, y resulta necesario comparar la situación costeña con algunos datos selváticos. No hemos podido consultar el documento inédito sobre la producción de la coca del manuscrito titulado "Don García de Alvarado con los caciques de Songo, Challana y Chacapa de su encomienda, sobre la Visita que se hizo al dicho repartimiento" (Murra 1991); nos limitamos a comentarlo a través del estudio de Golte (1968).

Murra (1972) sugiere la explotación de los cocales por medio de los archipiélagos verticales, y Golte (1968: 474) ofrece otra solución, la de migraciones temporales desde el altiplano a los valles calientes de la selva:

> alli trabajaban en las chacras pertenecientes a los pobladores de los valles y recibían en cambio la mitad de la cosecha.

Añade el mismo autor que él llamaría esta forma de producción "colonial" si no fuese por la amplia difusión de este modo de trabajo. De allí el reducido número de lupacas o collas instalados permanentemente en aquellos valles, que traduce también el miedo de la gente andina al clima de las tierras cálidas. Otra indicación importante es que los indígenas del lugar no trabajaban en los cocales, sino que eran los serranos quienes se ocupaban de las faenas.

Lo interesante es que una situación parecida existía en tiempos temprano entre los quijos del Ecuador, situados al oriente de la cordillera. Según las *Relaciones geográficas de Indias* (1897, tomo III: 129-130), en 1541, en Pimampiro los indígenas poseían sus chacras de coca y no las trabajaban:

> porque estan enseñados que los indios *extranjeros* que les vienen a comprar la coca las labran las dichas chacaras de coca para tenerlos gratos, porque no venden la dicha coca a otros indios, y estos son como feligreses (parroquianos que dicen).

Lo curioso es el hecho que no admitían en sus tierras a cualquiera que deseara obtener los productos del lugar, sino que tenían a sus "feligreses" o sea que sólo personas aceptadas por ellos venían a trabajar, motivo por el cual los naturales de Pimampiro eran considerados muy malos labradores.

Este hábito temporáneo podía ser, como lo sugiere Golte, otra modalidad en el trabajo de los cocales, o una variedad dentro de la verticalidad preconizada por Murra. Para pronunciarse hace falta más información sobre la explotación de la coca en la vertiente del Pacífico, noticias que irán apareciendo a medida que avance la investigación en la costa.

2° Expediente
Cocales del repartimiento de Piscas del año de 1558 (AGN, Derecho Indígena, cuaderno 2)

Este testimonio, a diferencia del pleito entre etnías de Quivi, es un litigio entre los indígenas principales por unas chacras de coca.

En ambos documentos se trasluce una pasión y un odio extraordinariamente violentos y que no vacilaba en llegar al asesinato. El manuscrito en cuestión pertenece al Archivo General de la Nación y es la "Causa criminal" seguida por don Francisco Tomavilca, principal del repartimiento de Piscas, encomienda de Hernán González y Bernaldo Ruiz, contra don Alfonso Pariasca, cacique principal del dicho lugar, por matar a su hermano Caruayana, haberle tomado tres chacras de coca y dos *yana* suyos, todo ello bienes heredados de su padre Yachapa.

La primera dificultad con que se tropieza al leer el testimonio es localizar el repartimiento de Piscas. Como el manuscrito es temprano, anterior a las reducciones indígenas, los pueblos mencionados corresponden a sus antiguos nombres, es decir que son anteriores a las aldeas coloniales.

Hernán González y Bernaldo Ruiz fueron los encomenderos del repartimiento de Pachacamac, pero ellos también disfrutaban de otra encomienda, la de Piscas, hecho mencionado en la reunión de caciques del Arzobispado de Lima, realizada en Mama en 1561, por el arzobispo Jerónimo de Loayza (AGI, Audiencia de Lima, Leg. 121). La ubicación de Piscas la hicimos gracias al Juicio de Residencia promovido por Juan Vargas, corregidor de Canta, contra Alonso de Armenta, sobre la liquidación de cuentas del tiempo que desempeñó el mismo cargo en el año de 1593. En el documento hay mención que la provincia de Canta estaba formada, fuera del mismo Canta, por los atavillos, los *hanan y hurin* piscas y huamantangas, noticia que señala a los piscas como un grupo étnico serrano, que ocupaba las quebradas altas del río Chancay. También nos enteramos que el pueblo de Pacaraos formaba parte de los *hanan* piscas.

El motivo del juicio fue que el cacique principal Alonso Pariasca despojó a Francisco Tomavilca de tres chacras, llamadas Quilla, Sullca rarca y Collpa que producían diez y ocho cestos de coca. Estas tierras habían pertenecido a Yachapa, padre de don Francisco, que quedó huérfano muy pequeño, y por este motivo sus chacras fueron trabajadas por su tío don Hernando Pariasca, cacique del lugar. Al morir a su vez don Hernando, su hijo Alonso le sucedió y entonces las cosechas se distribuyeron un año para don Francisco y otro para don Alonso, hasta que al ser nombrado cacique este último se quedó definitivamente con ellas. No contento con este despojo, Alonso Pariasca le quitó a Francisco Tomavilca los dos criados heredados de su padre, llamados Hacha y Soca, sin contar con otros agravios, como llevarse sus caballos o quemarle su manta.

El encono siguió aumentando hasta que don Alonso mató al hermano de don Francisco llamado Caruayana, de apenas doce años de edad. Un testigo de la probanza, que juró por el Sol y la Luna por ser infiel, contó que una tarde en el pueblo de Cuyan, llamó don Alonso a Caruayana y le hizo prender por dos indios y llevar a un patio donde ardía una fogata, y ahí mientras el muchacho era sostenido fuertemente por dos hombres, le azotó don Alonso con unas guaracas con tanta fuerza que las rompió, y cogiéndole con sus manos le metió la cara en las brasas y encaramado sobre su cuerpo le pisoteó hasta que murió (fol. 4).

Cuando la noticia del fallecimiento de Caruayana llegó a oídos de don Francisco, éste fue a Los Reyes a quejarse ante el virrey de los hechos de don Alonso, que huyó de su señorío y andaba escondido entre los pueblos de los checras.

En su defensa alegó don Alonso en unos Autos y Probanzas, que no mató a Caruayana sino que el muchacho cayó del caballo y recibió coces y golpes mortales (fol. 28 y ss.).

Vale señalar que la temprana fecha del documento es motivo para que muchos de los personajes mencionados en el expediente no fuesen cristianos y llevasen sus nombres indígenas sin mezcla con los posteriores apelativos castellanos. Ejemplo, los padres de don Francisco, Yachapa y Tunqui, los viejos servidores Hacha y Soca y varios testigos. Otro dato a tomar en cuenta es el miedo de la gente de las serranías por el clima de los yungas, y se manifiesta en la petición de don Francisco de acelerar los trámites, por su temor a caer enfermo en Lima, y revela una idea general de aquella época (fol. 10).

Los pueblos donde se desarrollaron los acontecimientos mencionados más arriba son: el de Rauri donde se inició el juicio, Cuyan o Cayan lugar del asesinato de Caruayana y las probanzas se efectuaron la una en Guanchocalla y la otra en Guanchuy.

Lo más interesante de este manuscrito son los informes que suministra sobre las plantaciones de coca. Las chacras en litigio, situadas en la ecología de la coca, pertenecían a individuos del grupo serrano de los piscas, no sabemos si se trataba de archipiélagos o si el dominio de los piscas comprendía la zona *chaupi yunga*. Se desprende del documento que las tierras estaban en poder de personas y no de grupos y que el más poderoso había despojado de sus bienes al que no lo era. Para que este caso corresponda al de un enclave vertical hace falta uno de los requisitos principales, el de ser multiétnico.

3er. Expediente
Cocales en las inmediaciones del pueblo de Simbal del partido de Trujillo, en la hacienda y obraje de Sinsicap y Collambal en el año de 1582
(AGN, Juzgado de Aguas, 3.3.18.68).

No hacemos un estudio de este documento por ser trabajo de Patricia Deustua, estudiosa dedicada a la región norteña, y sólo señalaremos ciertos hechos. El testimonio indica la existencia de una regular cantidad de tierras de coca y de ají, pertenecientes en tiempos pasados a varios incas y también a la madre de uno de ellos. Aquí, como para el Cusco, aparecen bienes personales de los soberanos y de las coyas, y demuestra que no sólo poseían tierras en los contornos de la capital, sino en provincias lejanas y lugares apartados, cuyo interés era tener acceso directo a una producción muy estimada. Las chacras aún conservaban sus cercos, que según la declaración de un testigo se hacían por temor a que los zorros entrasen en los cultivos y orinaran los cocales destinados al inca.

La mayoría de los terrenos en 1561 permanecían eriazos, hecho general en todo el país y que sólo se puede explicar por el temor que inspiraban a los habitantes los bienes de sus antiguos señores, y quizá también por la baja demográfica.

El número elevado de cocales es un indicio de una explotación en mayor escala y parece haber sido una auténtica verticalidad multiétnica de origen incaico y controlada por los cusqueños. El expediente menciona naturales de Túcume, de Guamachuco, de unos *mitmaq* yungas y otros serranos.

4° Expediente
Tierras en el valle de Ica, visitadas por Maldonado de Torres en 1594
(AGN, Títulos de Propiedad, cuaderno 36).

Este manuscrito es una visita que se inició en las cabeceras del río que baja hacia Ica y cuyo primer pueblo era Ocro cerca de Castrovirreina. Hay en el documento una interesante lista de pueblos y huacas a lo largo de la quebrada y:

> ai tierras de cocales e parece tubo allí el ynga cuatro fanegadas y éstas y las demás estan baldías e por de su magestad deste pueblo se baja a el de Tiraxi que está una legua mas bajo, que también fue de los yndios deste balle, ubo en él ocho fanegadas de tierras en que siembran trigo y maiz e aunque desta tierras pertenecen la mitad a su magestad por aber sido del

Ynga, y todos las demas, por estar vacas y los yndios de allí reducidos a esta villa [...] (fols. 2r y 2v).
Del dicho pueblo de Tiraxi se ba a otro Pueblo questa una legua mas abajo que se llama Guamaní, y de Guamaní se biene como media legua mas abajo a otro pueblo que se llama Caraco que dicen haber sido descansadero del Ynga y de aquí se baja a Chacama y desde este pago que llaman Tacama volviendo el río arriba las tierras hecho como sien fanegadas de tierras entre vuenas y malas, las cuales fueron mucha parte dellas del Ynga y otras de los naturales [...]

El documento indica las numerosas tierras que poseía el Inca en el valle y la existencia de cocales. Esto confirma nuestra suposición de que buena parte de las chacras pasaban al Estado después de la conquista cusqueña, en perjuicio de los señores locales y demás naturales.

DATOS DISPERSOS EN DOCUMENTOS Y CRÓNICAS

El quinto acápite no es ya un solo expediente sino noticias de diversos documentos. También incluiremos en esta parte la cita de Arriaga sobre unas catorce chacarillas de coca, situadas a orillas del río Huamanmayu (hoy Barranca), cerca del pueblo de Caxamarquilla, que pertenecían a las huacas de los pueblos de la sierra, y eran cultivos de comunidad. Los visitadores de idolatría ordenaron quemarlas y es un ejemplo de la destrucción de la coca en la vertiente del Pacífico (Arriaga 1968: 210).

Las plantaciones de cocales existieron al sur de Ica, hasta los *chaupi yunga* en Tacna y Arica. El padre Víctor Barriga (1940, tomo II: 84-85) ha publicado la Provisión del marqués Pizarro, concediendo a Lucas Martínez la encomienda de Tarapacá y otros pueblos, del 22 de enero de 1540. Entre los numerosos indios depositados en este personaje menciona el documento que los indios de Asapa:

destos dichos valles que tienen estancias de coca, e ají, grana e otras cosas [...]

En un juicio de 1572 seguido por los caciques e indios de Ilo, Arica y Tarapacá, encomendados en el difunto Lucas Martínez Vegaso (AGN, Derecho Indígena, Cuad. 15, fol. 425v), existen las cuentas de los tributos cobrados a los indígenas según las declaraciones contenidas en los quipus, y entre los productos entregados para la tasa, figuran diez y ocho cestos de coca de Carumas y veinte de la región de Arica.

En 1540 Francisco Pizarro concedió la encomienda de Tacna, Curane y sus parcialidades al conquistador Pedro Pizarro y parte a Hernando de Torres (Barriga 1939: 40 y ss.). Unos meses después Pizarro celebraba un acuerdo con Diego López de Gamboa para el cuidado de sus indios, y de beneficio le otorgaba a López la sexta parte de las ganancias. El contrato hace hincapié que:

> me aveis de dar la sesta parte del maiz y coca y ají y puercos y aves que multiplicaron en todo el dicho y ropa y pescado [...] (ídem: 110).

Y por último en 1549 el licenciado La Gasca daba a Hernán Rodríguez Guelba, la encomienda de Ilabaya, con sus curacas e indios del común, y entre los objetos que entregaban al encomendero menciona veinte cestos de coca

> del tamaño de los soles dar (Barriga 1940: 204)

Estas cuantas citas son elocuentes sobre el tributo de coca que los naturales de Ilabaya, Tacna y Arica estaban obligados a proporcionar a sus amos. No se trata de un producto importado de la selva, sino que se cultivaba en la región junto con el ají y el algodón.

En un documento sobre la extirpación de la idolatría en Cajatambo, hay una información sobre los habitantes del pueblo serrano de Acas que decidieron cultivar unas tierras cálidas aptas para cocales, que habían pertenecido a gente yunga de Cochillas. En aquella época las tierras se hallaban eriazas y sin provecho, por la extinción de sus antiguos moradores.

Es entonces cuando los vecinos de Acas se propusieron ocupar las huertas de Eruar o Arguar y, todos juntos bajaron las quebradas y, llevando consigo una llama y numerosos cuyes, para ofrecerlos en sacrificio a los *mallqui* yungas, aquellos que en tiempos remotos habían traído las primeras plantas de coca. Asimismo, sacrificaron al dios Guari, representado bajo forma de una *guanca* o piedra por haber sido él, el que construyó los canales de riego (AAL, Idolatrías, Leg. IV, Exp. 19).

Un informante de un interrogatorio sobre la idolatría en Otusco afirmó que su padre vivía en las huertas de Eruar y que se hallaban a cinco o seis leguas de Acas, pegadas al río de la Barranca. El camino era tan fragoso que el cura nunca bajó a confesar a los naturales que habitaban dicho lugar.

Los *mallqui* —antepasados momificados— fueron los antiguos pobladores de la región, decían que el primero llamado Maiguai Caxa trajo la coca desde Quintay.

Al tiempo del repunte de los ríos, al iniciarse la temporada de lluvias, hacían sendos sacrificios a las huacas y *mallqui* ofreciéndoles cuyes, coca, sebo, chicha, *mullu* y llamas en un: "corralito que está en medio de las chacras que llaman Husnu".

También en Eruar existía un pozo llamado Casacocha y en él guardaban la *conopa* de la coca o Mama Coca, cuya misión era proteger los cultivos.

A sus huacas ofrecían manojos de coca verde, quizá como ramilletes, noticia similar a la mencionada más arriba para el pequeño curacazgo de Guarauni. En dicha visita afirmaban sus naturales enviar en tiempos prehispánicos coca verde al Cusco para el Sol. Por último al acto de masticar coca que llamaban en Cajatambo *socosca* (Ibíd., fol. 65r).

CONCLUSIONES

A través de este ensayo sobre los cocales en la vertiente del Pacífico se desprende que la voz coca perteneció al idioma aymara, y no sólo indicaba al *Erythroxylum coca,* sino que era una palabra sinónima de árbol en término genérico, palabra que pasó al *runa simi.*

En quechua el nombre para la coca fue *mamosh* o *mumush*, si se trataba de la variedad oriental y selvática de los Andes, y *ttupa* a la que se cultivaba en la costa alta y que corresponde al *Erythroxylum novogranatense.* Según los cronistas y los datos botánicos, este tipo de coca fue conocido en tiempos prehispánicos desde Venezuela hasta el Perú por la costa; hecho que abre una ruta para la investigación arqueológica.

Los varios documentos inéditos señalan la existencia de las plantaciones de coca en la franja ecológica de los llanos, desde la región de Trujillo hasta el sur en Arica y Asapa. La ruta del *E. novogranatense* sería en este caso longitudinal, de norte a sur y no transversal. Los legendarios personajes de Naymlap y de Taycanamo, llegados con sus séquitos, el uno a Lambayeque y el otro a Chimor fueron quizá los responsables del uso de este tipo de coca costeña.

Durante la dominación incaica existió un control vertical multiétnico en la explotación de los cocales, pero queda como interrogante la situación en tiempos anteriores a la conquista cusqueña. Es de suponer que todos los pequeños señoríos costeños poseían cocales en la región *chaupi yunga,* no sabemos qué métodos emplearon para procurarse tan estimado producto. Quizá recurrieron a archipiélagos ecológicos o quizá, al igual que otras etnías, de la vertiente oriental selvática, emplearon una mano de obra temporera para el cultivo y la recolección.

Entre los guancayos, habitantes de la zona coquera, el trabajo en las tierras del señor étnico estaba encomendado a los hombres viejos, mientras en las tierras estatales y en las del común eran las mujeres solteras las encargadas de las faenas agrícolas, hechos indicadores de que las situaciones variaban según los lugares y también dependían de quienes eran los dueños de las chacras.

El sistema de archipiélagos costeños en la sierra aún no está probado, y queda en pie la importante pregunta hecha por Murra (1972) cuando trata del tercer caso, el de las etnías pequeñas con núcleos en la costa central. Dentro del conjunto de interrogantes está el problema de si las sociedades yungas tenían acceso a pastos en la sierra. Sobre este tema, los españoles averiguaron de los guancayos del Chillón (Espinoza 1963) si ellos poseían ganados y éstos declararon no tenerlos. Sin embargo, más adelante dijeron que daban al soberano cusqueño gente suya para guardar, en tierras del inca, trescientas cabezas de camélidos, o sea que recaía sobre ellos el cuidado de los animales estatales, y llevar su carne a la capital para alimento de las mamaconas. Esto indica un típico trabajo en tierras del inca en una ecología diferente, pero también se desprende del documento que era una institución serrana impuesta a la costa durante el Tahuantinsuyu, y no indica un hábito costeño de tiempo atrás.

No conocemos suficientemente las costumbres de los yungas para opinar categóricamente sobre el tema, es posible que los poderosos de cualquier época hiciesen suyas las tierras de coca y aprovecharan de sus productos. Falta mayor información documental y arqueológica que esclarezca la tenencia de la tierra por las diversas etnías, tanto costeñas como serranas, y los varios modos del cultivo de la coca.

Capítulo 7

Prólogo a
*Conflicts over coca fields in XVIth century Peru**

> [...] las dichas tierras de Quibi como heran tan buenas y se coxía en ellas mucha coca [...]
>
> [declaración de Alonso Paucar, sujeto a don Xpoual, cacique principal de Chacalla (fol. 145v)]

El voluminoso documento del Archivo General de Indias de Sevilla —que en esta ocasión publica la Universidad de Michigan gracias al apoyo de la doctora Joyce Marcus— es valioso para el estudio del Perú prehispánico por muchas razones. Primeramente, su temprana fecha (1558-1570) nos permite tener acceso a noticias anteriores a las reformas impuestas por el virrey Toledo, cuando los poblados indígenas aún permanecían en sus lugares de origen y no se habían dictado las Ordenanzas que impulsarían la desestructuración andina.

En segundo lugar, el juicio se efectuaba entre jefes étnicos siguiendo los odios y motivos indígenas, muy distintos en sus propósitos a los intereses de los grupos españoles. Los hispanos no comprendían la razón de la tenaz lucha entablada entre los naturales por unas tierras relativamente pobres, pedregosas y de reducida extensión. El empecina-

---

* Publicado en *Conflicts over Coca Fields in XVIth-Century Peru*. Joyce Marcus-General Editor, vol. 4. Memoirs of the Museum of Anthropology. Studies in Latin American Ethnohistory and Archaelogy. Ann Arbor: Universidad de Michigan, 1988.

miento por su posesión llevó a los indígenas a apelar al Consejo de Indias, sin mirar en el gasto exorbitante que significaba para ellos mantener durante tantos años un litigio que terminaría por dejar a ambas partes pobres y arruinadas. Aunque, es posible también que fueran persuadidos por sus representantes españoles a continuar el juicio, pues ellos se verían favorecidos con prolongar la situación de beligerancia, primero en la Real Audiencia de Los Reyes y luego en España. La información que se puede lograr de testimonios como el que comentamos aquí, difiere y enriquece las noticias contenidas en las crónicas y relaciones. El motivo principal para que se escribieran estas crónicas fue la necesidad de probar los derechos de la corona española en tierras americanas y, a la vez, señalar en ellas la usurpación y la carencia de derecho de los incas en la conquista de sus estados.

En cambio las noticias que se pueden obtener de los documentos son datos sobre problemas locales, restringidos a una zona. En los testimonios aparece información que permite no solamente reconstruir los sucesos del lugar, sino que posibilita un enfoque distinto del pasado, a través de las noticias de las "provincias" que formaban el Tahuantinsuyu. Con este tipo de datos se percibe lo regional bajo un punto de vista opuesto al del estado.

El primer peruanista que tuvo la iniciativa de estudiar documentos y llevar al campo la investigación fue Murra, con sus trabajos en Huánuco sobre la visita de Iñigo Ortiz de Zúñiga a los chupaychos de 1562. Sus aportes fueron importantes y sentaron las bases para futuras investigaciones (1964, 1967, 1975).

Por nuestra parte, nos dedicamos por largos años a investigar la etnohistoria de la costa prehispánica a través de la documentación de archivos peruanos y españoles; más tarde confrontamos las noticias obtenidas en los testimonios en un posterior trabajo de campo, como manera de comprender mejor los expedientes y valorar su contenido. Es muy enriquecedor recorrer la región investigada con los documentos y mapas a la mano, hablar con la gente del lugar, que con frecuencia recuerda los nombres antiguos que figuran en los expedientes y pueden aclarar más de un problema.

Uno de los expedientes que sirvió para el inicio de nuestras investigaciones fue el de Justicia 413[1]. Cuando un testimonio es rico en su contenido, se convierte en una cantera a la cual pueden acudir estudiosos con distintas preocupaciones. Lo mismo sucede con las crónicas a las que se vuelve frecuentemente y en las que siempre se hallan datos nuevos.

---

1. Publicado en *Conflicts over Coca Fields in XVIth-Century Peru*

El investigador encontrará posiblemente difíciles y engorrosos los términos usados en el siglo XVI, unidos a la tendencia repetitiva del texto. Sin embargo juzgamos con Joyce Marcus que, era preferible mantener el manuscrito sin introducir cambios ortográficos, ni puntuación pues se corría el peligro de deformar el sentido. Por otra parte los lingüistas interesados en el idioma castellano del XVI, hallarán en este documento una fuente para sus estudios.

UBICACIÓN DE QUIVI

El lugar indígena de Quivi se hallaba en el valle del Chillón, río arriba, cerca del actual pueblo de Santa Rosa de Quives en el km 64 de la carretera que une Lima con Canta.

Según información local, los restos del antiguo asentamiento fueron destruidos al nivelarse el terreno para la explanada, cercana a la moderna iglesia y en la edificación del hotel. El nombre de Santa Rosa le fue dado en honor a la santa limeña, pero anteriormente, en la época de las reducciones toledanas, la aldea recibió el nombre de San Juan de Quives.

El valle del río Chillón junto con los de Lima y Lurín forman lo que se considera como la costa central.

LA HISTORIA DEL VALLE

Para comprender el por qué del largo juicio y el grado de rencores y odios acumulados entre los grupos en litigio, necesitamos reconstruir la situación sociopolítica de los valles de la costa central en tiempos prehispánicos. En el esfuerzo por conocer el pasado, empleamos un gran número de manuscritos de archivos peruanos y españoles y, juntando las noticias tal como un rompecabezas, pudimos hacernos una idea de lo que sucedió en el siglo XV, cuando la conquista inca a la región y más adelante con el arribo de los españoles (Rostworowski 1972c, 1977a).

Durante el Intermedio Tardío, es decir antes de la formación del Estado inca, los territorios andinos —y con este término nos referimos tanto a la costa como a la sierra— se dividían en macroetnías más o menos poderosas y con frecuencia en conflicto entre ellas.

La costa central comprendía dos macroetnías. La primera se situaba en el valle del río Chillón y formaba un señorío sobre el que volveremos más adelante, la segunda, llamada Ychma o Ychmay se extendía en los dos valles bajos de Lima y de Lurín formando un señorío llamado posteriormente por los incas como Pachacamac. Numerosos pequeños curacazgos dividían ambos valles, pero permanecían supeditados a la hegemonía del centro religioso de Ychsma o Ychmay (ver Rostworowski 1981-1982: 63, Probanza de don Gonzalo, curaca de Lima, Testigo de Remando Llaxaguailas, curaca de Pachacamac).

En la sierra de ambos valles vivía el grupo de los yauyos, gente agresiva y guerrera que, sin embargo, logró la amistad de los incas, hecho que favoreció su adquisición de mayores tierras, pues en algunas sublevaciones locales contra los cusqueños ayudaron a la sumisión y al aniquilamiento de los rebeldes (ver Ávila 1966).

LOS YAUYOS

Los llamados yauyos comprendían una serie de bandas emparentadas entre sí y se expandieron desde las cabeceras serranas de los ríos de Cañete y Mala hasta colindar con los cantas al norte (Rostworowski 1978-1980).

En 1586, Dávila Briceño, corregidor de la región, asumió la tarea de reducir las doscientas y tantas aldeas indígenas a treintainueve pueblos españoles, dividiendo los antiguos límites políticos y creando nuevas demarcaciones territoriales. Según éste, la "provincia" de los yauyos (ver mapa) tomó el nombre genérico de un grupo sureño de ellos mismos, encomendados en aquel entonces a la corona. De acuerdo con el sistema andino la zona se dividía en *anan yauyos* formados por los grupos de Manco y Larao, habitantes de las serranías del río Cañete y los *lurín yauyos*, cuyos territorios se extendían por la sierra marítima de los ríos de Mala, Lurín y Rímac (Dávila Briceño 1881, *Relaciones geográficas de Indias*, tomo I; Justicia 413, fol. 262 menciona a los *anan yauyo* y *hurin yauyos*).

Sin embargo en el mapa de 1586 que acompaña la edición de 1881 de las *Relaciones*, parece que los *anan* y los *lurín* yauyos conformaban una macroetnía. En el mencionado mapa la reducción de "Santa María de Jesús de Guadochiri" está rodeada de un círculo que indicaba el pueblo principal y la residencia del poder local. Además la "provincia" de los yauyos figura dividida en cuatro partes, dos de *anan* y dos de *lurin*, demarcación que reproduce la cuatripartición del espacio y que fue la base del modelo organizativo andino (Rostworowski 1985-1986).

La tradición oral de uno de los grupos yauyos, posiblemente de los *checa*, fue recopilada por el extirpador de idolatrías que fue Francisco de Ávila, doctrinero del pueblo de San Damián, a finales del siglo XVI. Este conjunto de relatos y de mitos escritos en quechua es uno de los documentos más importantes sobre el antiguo Perú. El tono épico del relato es la tradición de un pueblo que por oleadas conquistó y ocupó nuevas tierras, echando de ellas a sus primeros habitantes.

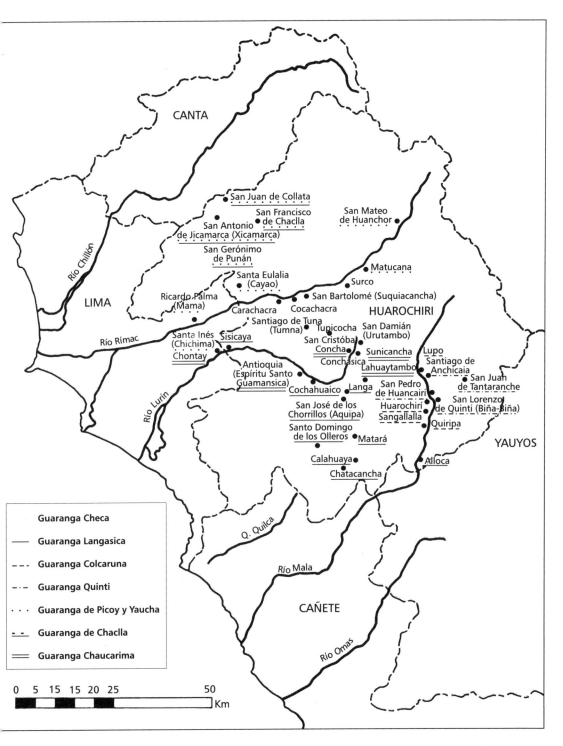

Comunidades coloniales con sus nombres indígenas que formaron parte de la macroetnía Huarochirí. También ha sido posible proporcionar algunos de los nombres de los ayllus que formaron las distintas *guaranga* (véase Rostworowski 1978: 109-121).

Es posible que la expansión de los yauyos se iniciara a raíz del decaimiento de la hegemonía Huari al final del Horizonte Medio. Todo parece indicar que esa época se caracterizó por movimientos migratorios de pueblos que se vieron libres de las restricciones impuestas anteriormente por los huaris. Un tiempo que ninguna macroetnía imponía su voluntad entre los habitantes de las serranías; un ejemplo de dicho vagar está mencionado en la trashumancia de los hermanos Ayar del mito inca, migraciones de pueblos agrícolas deseosos de conseguir buenas tierras de cultivo.

La búsqueda de nuevos territorios fue posteriormente prohibida por los incas, que no podían permitir se les estropease sus cuadros administrativos. Sólo el Estado se atribuyó el derecho del traslado masivo de los pueblos bajo el nombre de *mitmaq,* para cumplir los intereses del gobierno cusqueño.

Ya en otros trabajos hemos analizado la narrativa de los informantes de Ávila y a ellos nos remitimos para mayores detalles; aquí sólo repasaremos —a grandes rasgos— los acontecimientos, narrados en forma de mitos, que muestran los métodos empleados por los yauyos para posesionarse de nuevos asentamientos (Rostworowski 1977a, 1978).

El motivo de la expansión de los grupos yauyos fue posiblemente un aumento demográfico que los obligó a buscar nuevas tierras de cultivo. Sus avances fueron detenidos por otros habitantes, pertenecientes a la macroetnía de los atavillos, de las serranías del actual departamento de Lima. Ellos comprendían varios grupos, entre los que se hallaban los canta, que intervienen en el documento que comentamos.

En la información de Ávila se menciona una época anterior a la gran expansión de los yauyos, durante la cual los diferentes grupos costeños ocupaban la sierra de sus respectivos valles. Situación que se mantuvo durante la hegemonía huari y marcó la época del mayor apogeo del santuario costeño de Ychma o Ychmay (Pachacamac). Las tierras esmeradamente cultivadas por los costeños (hay mención que hasta los precipicios eran cultivados) por medio de andenerías y de canales hidráulicos fueron motivo de la codicia de los yauyos, pueblo aguerrido y combativo que, junto con su dios Pariacaca emprendió la conquista de las haciendas yungas.

Ávila nombra primero la lucha de Pariacaca contra Guallallo, y luego con la huaca femenina de Manañamca reemplazada, después de su huida hacia el mar, por la divinidad serrana de Chaupiñamca, hermana de Pariacaca.

Los informantes de Ávila (cap. 25) contaban que los costeños llamados collis huyeron arrasados por el viento y murieron y sólo algunos lograron establecerse en el valle del Chillón. Sus principales pueblos en las serranías fueron Yarutini, Huayquijusa y Colli, conquistados por los

checas. Esta noticia permite relacionar a los míticos collis con los posteriores habitantes de Collec en el Chillón: la derrota significó para los collis el abandono de sus posesiones serranas y el repliegue a su hábitat costeño. El texto de Ávila insiste que "la vida de todos los yungas era una sola" (Cap. 9); también los yungas de Lima tuvieron sus pueblos en la sierra, y Dávila Briceño nombra a uno de ellos llamado Limac.

La comprobación y el cotejo de los nombres de los ayllus, y lugares mencionados por Ávila, con los documentos de archivos es impresionante; datos que se verifican más aún en el trabajo de campo. La persistencia de la tradición oral en la zona es increíble.

Los "hijos" de Pariacaca que capitanearon y conquistaron las tierras de los yungas fueron Chucpaico, Chancharuna, Huariruna, Utcochuco, Tutayquiri, Huarquinri, Aren y Male; después de un tiempo salió un último "hijo" llamado Pachacayro (Ávila 1966: 63).

El héroe que dominó el valle de Lima fue Tutayquiri y, los informantes contaron que se trató de un jefe poderoso que venció a todos sus oponentes y avanzó por las quebradas de Lima hasta alcanzar un cerro negro en Pariachi y, tal como lo hiciera Manco Capac, llevaba una vara de oro que clavó en la montaña como señal de su toma de posesión.

Tutayquiri y su ejército ocuparon la margen izquierda del valle, mientras la banda derecha fue conquistada por otra rama de los yauyos compuesta por los chacllas y los carampomas, capitaneados quizá por algún otro de los míticos "hijos" de Pariacaca.

Estos chacllas se establecieron en las serranías y las partes contiguas a la sierra, entre los valles de Lima y el del Chillón, siendo la quebrada de Jicamarca la ruta natural hacia el río Rímac.

Los yauyos una vez conquistada la tierra empezaron a repartirse los campos, las chacras y las casas que fueron de los vencidos yungas, ocupando de ahí en adelante las haciendas y posesiones de los costeños (Ávila 1966: 141).

No sabemos cuánto tiempo pasó entre el establecimiento de las bandas de los yauyos a lo largo de las serranías marítimas de la costa central y el arribo de los ejércitos incas. Al parecer la gente de Huarochirí no ocupó las tierras bajas de los valles; sin embargo, es posible que el desinterés fuese tan sólo aparente: para conquistar la costa no se necesitaba de la presencia de un ejército, bastaba con tener acceso al control de las bocatomas y de los canales de riego. Tanto el valle de Lima como el de Lurín no muestran haber dispuesto durante el Intermedio Tardío, de fortificaciones y defensas contra posibles ataques provenientes de las serranías, como sí se pueden encontrar en otros valles costeños (Rostworowski 1990).

Los yungas eran presa fácil si se les cortaba el suministro del agua de sus ríos y acequias. En otro trabajo señalamos cómo los habitantes de

Guarco (Cañete) poseían todo un sistema de protección de sus tierras por medio de fortificaciones y de una muralla envolvente que aseguraba la defensa de sus campos. Lo mismo podemos afirmar para el curacazgo de Collec, en el valle del Chillón.

Por otro lado, en los documentos se menciona con frecuencia el temor que sentían los serranos de instalarse a vivir en la costa por miedo a enfermar y morir. Debido a ello preferían quedarse en lo que llamaban el *chaupi yunga* o costa media, donde disfrutaban de un clima seco y soleado. En los manuscritos sobre dicha región del valle de Lima se hallan numerosas referencias a serranos cohabitando la zona junto con los yungas. Es tema aparte de investigación el grado de influencia ejercida por los serranos sobre la costa central durante el período Intermedio Tardío y que corresponde al terreno de la arqueología.

El documento de Justicia 413 nombra a Tupac Yupanqui como el primer inca que dominó la región. (Más adelante retornaremos a examinar las noticias referentes a la época inca, para primero señalar a los diferentes grupos de yauyos que ocuparon la zona y sus divisiones políticas. Para el caso tenemos que valernos de los documentos administrativos españoles).

En tiempos coloniales, el curaca principal de Huarochirí de los *lurín yauyos* gobernaba un número de *guaranga* (cifra hipotética de mil hogares). Dávila Briceño, encargado de reducir a los naturales a aldeas creadas por la administración española, señaló a este señor cinco *guaranga* o sea la de Quinti, Langasica, Chaucarima, Colcaruna y Checa. Sin embargo estas cinco *guaranga* respondían a los patrones organizativos impuestos por los hispanos y *no representaban* la auténtica jurisdicción anterior.

En un manuscrito sobre la Retasa para el mismo lugar fechada de 1577 (Archivo Museo Nacional de Historia s/n) se mencionan seis *guaranga* en lugar de cinco: Quinte, Colcaruna, Xica, Checa, Chaucarima y Sisicaya. En esta lista quedó omitida la *guaranga* de Langasica y, en su lugar, se nombró a dos, la Xica y la de Sisicaya. En el mismo documento se decía que la última *guaranga* estaba compuesta por habitantes yungas del valle medio de Lurín, grupo desprendido seguramente del señorío de Pachacamac, para ser anexado a la *guaranga* yauyos de Chaucarima.

En el documento del Museo Nacional de Historia, los xicas estaban comprendidos dentro de la macroetnía de Huarochirí y diversas noticias del documento de Justicia 413 apoyan esta versión. Con la conquista europea y la creación del sistema de encomiendas, se procedió frecuentemente a la división de las macroetnías en varios repartimientos para complacer las exigencias de otorgar un mayor número de encomiendas; por eso se hace a veces difícil reconstruir las divisiones políticas prehispánicas. Los linderos de los xicas o jicamarcas comprendían por el sur la margen derecha del río de Santa Eulalia o Cayao hasta Mama y continuaba siempre por la banda derecha hasta Huampaní. Por el valle del río Chillón, sus fronteras eran la quebrada de Arahuay en la banda izquierda del río. El inca Tupac Yupanqui les donó nuevas tierras en calidad de *mitmaq,* cuya ubicación veremos más adelante.

Ahora bien, la *guaranga* de Xica no era otra que la de Jicamarca que comprendía además de los xicas a los chacallas o chacllas, a los cullatas o collatas y a los punan. Todos ellos conformaban lo que en diversos documentos nombraban a veces como Chaclla o Jicamarca (ver cuadro).

Dos *guaranga* distintas de los mismos yauyos fueron las de carampoma y de casta y sus terrenos se extendían por el valle alto del Chillón en la margen izquierda del río. Debido a la baja demográfica posterior, estas *guaranga* fueron reestructuradas. Por último un grupo más de los yauyos compuesto por las *guaranga* de Picoy y de Yaucha se establecieron en Matucana y en San Mateo de Huanchor (Espinoza 1983-1984).

Sobre la *guaranga* de Jicamarca hay numerosa documentación en el Archivo General de la Nación, y en tiempos actuales ellos integran una Comunidad Campesina reconocida en 1929 (Expediente N° 97-70, Ministerio de Trabajo; para sus linderos ver AGN, Escritura N° 1175, año 1883. Tuve oportunidad de consultar algunos documentos cuando fueron remitidos al archivo para su transcripción para el juicio que la comunidad sostenía entonces con el gobierno). La comunidad de Chaclla fue reconocida separadamente de la de Jicamarca en 1933 (Expediente N° 1550, Ministerio de Trabajo Archivo de Comunidades que desapareció, llevado por SINAMOS y hasta hoy se desconoce su paradero).

En un juicio entablado en 1973 por los miembros de la comunidad de Jicamarca, reclamaban en nombre propio todos sus antiguos dominios, y de los chacllas, a base de títulos supletorios. La extensión de tierras pretendidas abarcaba aproximadamente cien mil hectáreas (muchas eriazas) e incluían los distritos actuales de Ate, Carabayllo, Chosica, el cerro San Cristóbal, la zona del polígono de Tiro y el cuartel del ejército, Huarhuar, la quebrada del Río Seco; todas estas tierras situadas en los valles de Lima y el Chillón.

LOS CANTAS

Las noticias que tenemos sobre los cantas en Justicia 413 se enriquecen con el Cuaderno de la Visita a dicho lugar, ordenada por el licenciado Pedro de La Gasca en 1549, seguida de una Revisita en 1553 (ver Rostworowski 1978, Apén. II).

A través de esos testimonios sabemos que el curacazgo de los atavillos se situaba en la banda izquierda del río Chancay hasta la margen derecha del río Chillón y se dividía en alto y bajo. En tiempos prehispánicos se trataba de una macroetnía compuesta por el señorío de los atavillos propiamente dicho, además de los cantas, piscas, huamantangas y secos o xecos. Por sus riquezas este señorío despertó la ambición de Francisco Pizarro que quería tomarlo para sí, además de las encomiendas que ya poseía en Yucay, en el Cusco, Huaylas, Chimú Conchuco y de las dos pequeñas posesiones de Lima y Chuquitanta.

Al fallecer Pizarro, los atavillos fueron divididos en varias encomiendas. Los partidarios de Almagro entregaron Canta a un tal Saavedra quien la gozó sólo unos meses, y más adelante pasó al hijo del Marqués, don Gonzalo.

A partir de 1549, Canta fue encomienda de Nicolás de Ribera, el mozo.

Con el advenimiento de la colonia, los atavillos perdieron su antigua importancia cediéndola a Canta. Una de las razones del cambio se debió a su proximidad con la ciudad de Los Reyes y el estar situada en la ruta que unía Lima con Cerro de Pasco y Huánuco. Las dos rutas de penetración de la costa central con el interior del país fueron la de Canta por un lado, y el camino de Lima por Sisicaya, Huarochirí y Jauja que se dirigía al Cusco. La ruta central por la cuenca del río Rímac es un camino moderno.

La primera Visita a Canta se realizó en el asiento de Quivi, el 29 de julio de 1549, con reunión de los curacas, pero los visitadores no recorrieron el señorío pues prefirieron permanecer sólo en Quivi; el acto estuvo a cargo de Diego Flores, representante de Nicolás de Ribera. En esta primera Visita, se contaron ocho ayllus canteños, número que sigue el patrón y modelo andino. La segunda Visita se inició en el pueblo de Mallo o Mayo, el 18 de junio de 1553 y duró veinte días. Los encargados de llevarla a cabo fueron fray Antonio de Figueroa, de la orden de los dominicos y el clérigo Gómez Hernández. Más prolijos que los primeros, los religiosos recorrieron todos los pueblos; y es interesante cotejar ambos documentos. Ambas Visitas incluyen los nombres de los curacas y de los pueblos que gobernaban. Los ayllus o parcialidades que comprendían el señorío de Canta fueron: Canta, Racas, Rocha, Lachaqui, Copa, Esquibamba, Carua y Visca.

Los linderos prehispánicos del curacazgo de Canta no coinciden con los límites de la actual provincia. Sus tierras se situaban en la margen izquierda del río Chillón en forma alargada, abarcando varios pisos ecológicos, desde el cálido *chaupi yunga* a la frígida puna. En la gran altura se ampliaban sus territorios y se extendían tras la cordillera de La Viuda hasta Camacayan, por la cuenca del nacimiento del río Chillón y colindaba con la hacienda colonial de Corpacancha, situada en la provincia de Lima (AGN, Títulos de Propiedad, Cuad. 500, año 1774).

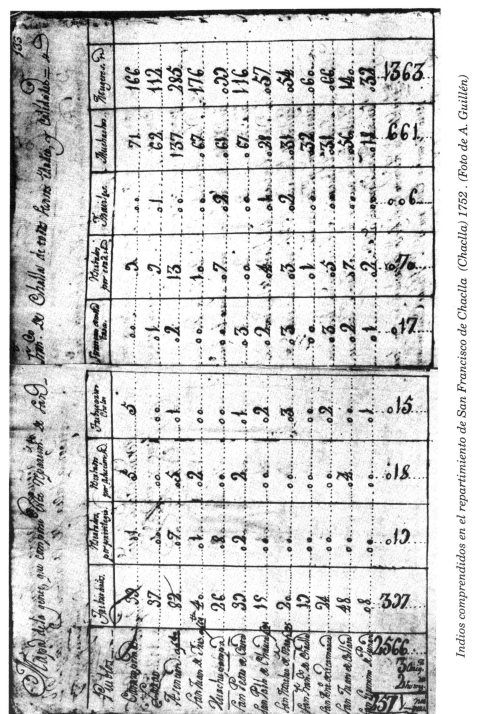

Indios comprendidos en el repartimiento de San Francisco de Chaclla (Chaclla) 1752. (Foto de A. Guillén)

En época inca los cantas eran vecinos del pequeño curacazgo yunga de Quivi, y es entonces cuando recibieron una porción de tierras, tras la derrota sufrida por el *Colli Capac* de Collec, al cual estaban sometidos los quivis. Por el sur colindaban con el río Arahuay que los dividía de los chacllas.

La nota llamativa de la organización de los cantas radica en la existencia de dieciséis pueblos habitados sólo temporalmente para realizar en ellos ciertas faenas específicas y comunales. Cuando terminaban el trabajo, las aldeas quedaban desiertas, rotando sus ocupaciones según un plan previsto de antemano. Ambas Visitas mencionan este procedimiento y la más temprana es la que proporciona mayores noticias: posteriormente las imposiciones coloniales deterioraron el sistema. El visitador de 1549, nombra los 16 villorrios, además de los pueblos declarados para cada ayllu y que pertenecían a sus respectivas parcialidades. Ellos eran:

Paran Marca-Cambis
Quiby chacara
Caruacaya-obejeros
Chacalla-paxareros
Cancha Cancha-alpargateros
Choccha Calla-despoblado
Apio chacara
Aragaco-alpargateros
Guaro chacara
Yaca chacara
Achim-olleros
Cato-despoblado de mitimaes
Chochacara
Copi chacara
Mallo chacara
Cazmo chacara

De la lista mencionada se observa una división en las funciones de las aldeas temporales; ocho son nombradas como chacras contando con Chochacara, lo que indica que en ellas se ocupaban de un determinado cultivo, posiblemente con un sentido religioso. Lo único que sabemos sobre esos campos es que se hallaban en distintos medioambientes y que eran trabajados en común por todos los ayllus, sin precisar si los productos pertenecían a las parcialidades o si sólo se beneficiaban de ellas los curacas o las huacas.

En los documentos sobre la extirpación de la idolatría en Cajatambo del siglo XVII, es frecuente encontrar la noticia de que cada huaca, según su importancia disfrutaba de tierras propias, cultivadas por el común de la gente de la población. Sus frutos se destinaban para la celebración de su fiesta, sacrificios a la huaca y preparación de bebidas para los fieles.

Los otros villorrios servían para ejecutar trabajos artesanales, lo que demuestra que no existían grupos de artífices especializados. La primera aldea llamada Paron Marca según noticias contenidas en el manuscrito, servía para la manufactura de textiles y se reunían para preparar ropa fina de *cumbi*. Los visitadores informaron que, además de tejer ropa en Pariamarca, también hacían lo propio en cada ayllu para sus necesidades personales.

Con el trabajo de campo llegamos a ubicar algunos de los villorrios indicados en los documentos; y otros quedaron por investigar, pues no subimos a la puna y, nos remitimos a nuestra publicación (1978). Sólo mencionaremos aquí los lugares indicados en el testimonio de Justicia 413.

Una aldea especializada cuya particularidad es bastante sorprendente es la de Chacalla, dedicada a los "paxareros". Es posible que estos chacallas fueran *mitmaq*, cuya ocupación era preparar charqui, carne deshidratada, como producto de la caza. En la visita realizada al curacazgo de Guancayo, lugar situado río abajo en el valle del Chillón y colindante con el de Quivi ellos manifestaron que en tiempo del inca sus habitantes entregaban como tributo unas diez "petaquillas" de pájaros secos hechos charqui pequeño (Espinoza 1963; Rostworowski 1972c).

También Guamán Poma (1936, fols. 205, 207) en la sexta y séptima Visitas de los varones menciona la cacería de aves, palomas y perdices para la preparación de carnes deshidratadas. Las perdices abundaban en la región de Canta; y en la Visita de 1549, los naturales dijeron que a Nicolás de Ribera le entregaban 400 perdices de tributo.[2]

En cuanto al lugar denominado como Chacalla, un informante en Arahuay indicó que se encontraba en una quebrada a la derecha del pueblo de Licahuasi.

Entre las ocho chacras especiales, se hallaba la de *Quiby chacara*, nombrada por los visitadores como un pueblo de yungas, en el cual todas las parcialidades de Canta estaban representadas. Se trata de un típico caso de enclave o de "archipiélago" serrano establecido en tierras costeñas, después de una derrota bélica. La particularidad de la zona de Quivi era, como veremos más adelante, y con más detalle, la de ser una región

---

2. En el Perú de hoy el término "perdiz" se refiere a una de las numerosas especies indígenas de *tinamous (Nothoprocta* spp.), pues la verdadera perdiz proviene del Viejo Mundo. [Nota de la Editora].

especial para el cultivo de plantaciones de cocales, además de producir ají *(Capsicum)* cultivos imposibles o difíciles en las tierras altas.

Sin embargo, los cantas disfrutaban de otras tierras adecuadas para la coca que posiblemente eran suyas antes de la conquista inca; se trataba del pueblo de Cararuayllo situado en la parcialidad de Esquibamba, en la quebrada baja de Arahuay, habitada también por gente yunga que les beneficiaba la coca (Rostworowski 1978: 255).

Tal era la situación de los cantas en 1549, antes del inicio del juicio con los chacllas. Para comprender mejor las circunstancias en torno al litigio, es forzoso señalar lo que sucedía con los pueblos costeños en el mismo valle.

LOS YUNGAS DE COLLEC

La existencia del antiguo señorío yunga de Collec o Collic llamado Collique por los españoles había permanecido ignorada hasta nuestras investigaciones, pues las crónicas no dan cuenta de su presencia.

Una serie de manuscritos dieron cuenta de la situación sociopolítica del valle del río Chillón en tiempos inmediatos a la conquista inca a la región (Rostworowski 1972c, 1977a). La historia de Collec la fuimos descubriendo afanosamente, primero, en los documentos de archivos y, luego, en arduo trabajo de campo, buscando los pueblos, bocatomas, fuentes, acequias, fortificaciones, linderos e hitos nombrados en los muy diversos testimonios. En las salidas al valle contamos con la entusiasta colaboración de Josefina Ramos de Cox, Directora del Seminario de Arqueología de la Universidad Católica, tempranamente fallecida.

Antes de la conquista inca a la costa, el curacazgo de Collec se extendía desde el mar a lo largo del valle en dirección a la sierra, incluyendo el curacazgo de Quivi. Numerosos pequeños señoríos estaban comprendidos dentro de sus fronteras, cuyo jefe era el *Colli Capac*. La macroetnía yunga comprendía en el valle bajo, a Collec, Chuquitanta, Seuillay, Comas, Sutca y Carabayllo, mientras río arriba se situaban en la margen izquierda Sapan, Guancayo y Quivi y, en la banda derecha se contaban Macas, Guarauni y Missai (Rostworowski 1977a, Trimborn 1970). La última fase del Intermedio Tardío fue el tiempo de auge del señorío de Collec y, sus posesiones comprendían también una parte del valle de Lima. En efecto, un testigo de la probanza de don Gonzalo, curaca de Lima en 1555, manifestó que un indio *auca* (vale decir soldado o enemigo) llamado Colli se adueñó por la fuerza de cierta parte de las tierras de los Lima. Dichos sucesos tuvieron lugar en tiempo del padre del viejo Taulichusco, curaca del señorío cuando la fundación de la ciudad de Los

Reyes en 1535. El testigo añadió que: "de los yndios de Colli ya no hay memoria" (Rostworowski 1981-1982, apéndice: 120).

De tiempo atrás los collecs sostenían también encuentros con los cantas que ambicionaban sus tierras de coca. Un testigo narró uno de aquellos ataques, cuando los cantas fuertemente armados bajaron por el cauce del río, pasaron el asiento de Quivi sin hacer daño a su curaca Chaumecaxa y avanzaron cuatro leguas en dirección de Collec. Manifestó el testigo que en dicha oportunidad consiguieron anexarse el pueblo de Quivi, cedido gentilmente por el *Colli Capac* (fol. 211r); hecho poco probable puesto que el jefe costeño se sentía lo suficientemente fuerte como para oponerse a los incas.

Sin embargo y a pesar de la enemistad entre costeños y serranos, en tiempos de sequía olvidaban rencores y odios y todos juntos se dirigían a la "sierra de la nieve" para ejecutar trabajos que permitían conducir el agua hasta el río Quivi (fols. 206r, 286v).

Poco es lo que conocemos sobre las macroetnías en el Tahuantinsuyu y el rol que ejercían en el Estado, aunque un hecho fundamental es la presencia de curacas de menor jerarquía dominados por señores más poderosos. Faltan aún mayores investigaciones sobre los lazos y obligaciones que unían entre sí a todos los jefes menores con sus superiores. El documento de Justicia 413 suministra ciertas noticias que analizaremos al tratar los datos que nos ofrece el expediente.

En pocas palabras hemos mencionado la situación de la costa central cuando se hicieron presentes los ejércitos de Tupac Yupanqui. El inca ofreció al *Colli Capac* el establecimiento de la reciprocidad que ataba a los señores de las macroetnías con el *Sapa Inca* del Cusco, pero el señor de Collec, habituado a resistir los ataques de sus vecinos, resguardado como lo estaba en su fortaleza-palacio, circundado por una alta muralla, se negó a todo trato. Dentro del periplo de sus defensas disponía de amplias tierras y de dos fuentes de agua que le permitían cultivar sus campos. Un largo asedio no le inquietaba, así que decidió oponerse a los nuevos conquistadores.

No conocemos los detalles de la lucha, de su derrota, ni de su posterior muerte. En su lugar el inca nombró a un curaca de la categoría social *yanacon yanayacu* (Rostworowski 1977a). Los jefes de dicho estatus no formaban parte del sistema de la reciprocidad y era una manera, para el soberano, de librarse de los contíinuos "ruegos" y "dádivas" que el modelo llevaba consigo; y obligaba permanentemente al inca a renovar estos pedidos. Más aún, según Cabello de Valboa (1951: 371) Huayna Capac dio preferencia a los curacas *yanayacu* después que los nobles cusqueños lo dejaron caer de sus andas, durante la guerra contra los carangues en el norte.

La derrota de los collecs fue el preludio de su aniquilamiento y del fin de su señorío; el castigo del inca debió diezmar su población, que no pudo sobreponerse posteriormente a la baja demográfica que siguió a la conquista española. Numerosas fueron las causas, en tiempos coloniales, de la disminución poblacional en la costa, y entre éstas se puede nombrar las epidemias, las guerras civiles entre españoles y la edificación de las ciudades virreinales. A consecuencia de todo aquello, los habitantes de Collec desaparecieron, y los diversos censos y visitas muestran a una muy disminuida población.

El 13 de mayo de 1571, Juan Martínez Rengifo realizó una Visita a los naturales de Collec por orden del virrey Toledo; en dicha ocasión el visitador fue informado de la antigua existencia de diez *pachaca*, de las cuales sólo quedaban en total quince tributarios. El 18 del mismo mes, Martínez Rengifo continuaba río arriba su Visita a los pequeños señoríos de Guancayo, Macas y Guarauni (Espinoza 1963). En 1586, quince años después, en una Averiguación emprendida por orden del virrey Fernando de Torres Portugal, conde del Villar, de los antiguos habitantes de Collec no quedaba más que el curaca don Hernando Nacar y dos mozos. Dada las circunstancias, es comprensible que no se supiera nada de la antigua existencia de este señorío.

LOS YUNGAS DE QUIVI

Las noticias que poseemos sobre Quivi provienen del documento de Justicia 413. Según el decir de todos los involucrados en el juicio, los quivis era gente yunga y, anteriormente a la conquista inca, formaban parte del curacazgo de Collec, cuyo jefe llevaba el nombre genérico de *Colli Capac* y tenía un estatus importante; los testigos afirmaron que lucía "las orejas largas". Como lo señalamos más arriba, la macroetnía de Collec comprendía a varios pequeños curacazgos y, según el decir de los testigos, todos sus habitantes desde Quivi hasta el mar eran gente yunga (Rostworowski 1972c, 1977a).

El curaca de Quivi tributaba "coca, maíz, ají y otras cosas" al *Colli Capac* y no sabemos si esos productos eran la entrega del fruto de las cosechas de las tierras poseídas por el *Colli Capac* en Quivi o un gesto de subordinación y de reconocimiento de un inferior hacia su superior.

Cuando aparecieron los ejércitos incas, el *Colli Capac* decidió defenderse; y en esa oportunidad el curaca de Quivi acudió con gente armada al socorro de su señor (fol. 198v). Estas noticias permiten suponer que ambas situaciones representaban los términos de subordinación entre jefes de distintas jerarquías y confieren una interesante luz sobre los lazos de reciprocidad habituales en el ámbito andino. Sin embargo la relación entre el curaca de Collec y el de Quivi se veía empañada por las esporádicas incursiones de los serranos a tierras yungas. El documento que comentamos trae noticias de varios de estos ataques y, por supuesto no en vano la sede del *Colli Capac* estaba fortificada.

La victoria de Tupac Yupanqui trajo como consecuencia para Quivi, la instalación en sus tierras de cien *mitmaq* chacllas dedicados a cultivar coca para el soberano, además de servir de chasquis o mensajeros (fol. 284r). Su número se aumentará varias veces, tanto por el mismo Tupac como Huayna Capac y Huascar que tomaron para sí una mayor extensión de tierras y designaron a nuevos *mitmaq*.

Para los efectos de los nuevos linderos, llegó del Cusco un orejón llamado Apar Yupanqui (fol. 149r) y las señales anteriores fueron removidas de su lugar y trasladadas de Chuquicoto a Judcunga, distante media legua de Quivi (fol. 211r). Es posible que las tierras entre el hito anterior y el nuevo fueran otorgadas a los cantas que se aproximaron así al lugar de Quivi (Rostworowski 1978).

El motivo de la introducción de los chacllas al valle se debió a que todos los yauyos eran amigos, criados y privados del inca; noticia confirmada por los testimonios de los informantes de Ávila (1966, 1980). Esta medida motivó el cese de las tradicionales hostilidades entre los quivis y los cantas y, entre ambos, hicieron frente común contra los intrusos.

En el documento se hallan referencias de que los chacllas pertenecían a la región de Mama y no debían intervenir en el valle que no les correspondía (Mama se situaba en lo que actualmente se conoce como Ricardo Palma, cerca de Chosica, fol. 189v).

Los cuatro ayllus que formaban el curacazgo de los chacllas a estaban representados en Quivi en calidad de *mitmaq*. Se trataba o de enclaves puestos por el inca de acuerdo con la organización serrana de archipiélagos (fol. 121v).

Después de la derrota yunga ante el inca, el curaca de Quivi llamado Chumbiquivi retornó a sus tierras y poco después fue acusado de conspirar a través de los hechizos de una huaca en contra la salud de Tupac Yupanqui (fols. 198r, 198v). Enterado el soberano de las maquinaciones del curaca, envió por él y fue conducido junto con sus hombres al Cusco, donde les dieron muerte. Sólo unas pocas mujeres y niños se salvaron, motivo por el cual era escasa la población yunga de Quivi (véase la declaración del curaca de Quivi, Felipe Taulichumbi, fol. 207v).

Más adelante, durante el juicio, los cantas achacaron estos episodios a los chacllas, hecho poco probable por ser ellos amigos y criados del soberano y favorecidos con las nuevas tierras (fol. 219v). Quizá sea que los cantas quisieron dar una imagen adversa de los chacllas.

Tal era la situación reinante en el valle alto del río Chillón —y aquí haremos la aclaración de que un río en tiempos prehispánicos no llevaba un solo nombre desde su nacimiento hasta su desembocadura, sino que cambiaba de apelativo, según las tierras que atravesaba. Por eso se decía río de Quivi o río de Canta, de acuerdo con los lugares por donde discurría; Chillón es una designación moderna.

LOS EPISODIOS ANTERIORES AL INICIO DEL JUICIO

Al desaparecer el gobierno cusqueño después de la conquista hispana, mientras se sucedían las guerras civiles entre los españoles y hasta que se asentó el orden virreinal, los cantas y los chacllas se mataban entre ellos, movidos por intensas pasiones en las que cada cual alegaba sus derechos a las plantaciones de coca.

En esas diferencias y querellas estaban cuando estalló la rebelión de Manco II y el inca ordenó poner cerco a Los Reyes. Los canteños se plegaron a los cusqueños no así los chacllas por oposición y enemistad con sus rivales. Cuando aparecieron los generales Ylla Topa y Quiso Yupanqui, los cantas acusaron a los chacllas de tener "dos corazones", uno a favor de Manco II y otro al servicio de los hispanos.

En represalias, por no querer los chacllas unirse a los cantas contra los españoles, Guaman Yauri mandó traer con engaños a Vilca Poma, curaca de Chaclla, y lo mató a golpes de porra en la espalda (fols. 24v y 25r); aunque otros testigos afirmaron que sólo fue herido. Luego el curaca de Canta ordenó a los incautos chacllas traer bastimentos para el inca y, cuando llegaron a Canta los metieron en un corral y mataron a los 150 cargadores. Más adelante los canteños se excusaron ante Ylla Topa por la masacre so pretexto que los chacllas habían enviado mensajeros a los españoles para dar aviso de la presencia de los jefes incas (fols 150r, 150v). Un testigo llamado Juan Merlo Chauca natural de Huarochirí, afirmó que los españoles mataron a Quiso Yupanqui durante el asedio de la ciudad.

En 1549, cuando la estadía en el Perú del licenciado Pedro de La Gasca, los encomenderos Nicolás de Ribera el mozo —de los cantas— y Francisco de Ampuero —de los chacllas— quisieron imponer la paz entre los curacas y decidieron que los chaclla vendieran sus tierras a los *canta* por el precio de doscientas "ovejas de la tierra", vale decir llamas.

Los chacllas se resistieron al trato pues no entendían lo qué significaba *vender* y no quisieron recibir las "ovejas" que les proponía Ampuero. A pesar de la oposición del curaca Francisco Vilca Poma de Chaclla, el acuerdo se cumplió. Ante la negativa del cacique de hacerse de las llamas, Ampuero ordenó se las llevasen a su casa en Los Reyes, donde vendió unas y envió otras a la carnicería. Más tarde, presionado por confesar su acción, admitió habérselas llevados junto con el padre Godoy.

Enterado de los sucesos, el curaca de la macroetnía de Huarochirí, llamado Ninavilca envió por Vilca Poma para que explicara la situación y reprenderle por acciones que le dejaban a él ya su gente sin sus tierras. Además el curaca de Huarochirí tenía chacras propias en Quivi y amenazó que iría con un ejército compuesto por todos los Yauyos contra los cantas (fol. 16v). Pero los tiempos habían cambiado y los jefes étnicos no podían hacer cumplir la justicia por sus propios medios, es así que los desesperados chacllas buscaron la manera de abolir el convenio e iniciaron el juicio.

EL JUICIO

Los chacllas iniciaron el litigio ante la Real Audiencia de Los Reyes en 1558, juicio que se prolongó hasta 1567 con el fallo a favor de los chacllas. Los oidores basaban su veredicto sobre un hecho que debía ser contemplado por la Corona, en el sentido que las tierras en posesión de *mitmaq*, al momento de la conquista española, permanecían inamovibles. No se podía sentar el precedente de mudanzas en el derecho colonial, de lo contrario hubiera dado pie a un sin número de juicios y litigios que llevarían al país al caos.

Los cantas informados a través de sus consultores españoles de las ordenanzas virreinales, trataron de negar el hecho de que los chacllas eran *mitmaq* puestos por los incas en Quivi, e insistieron en su intromisión en el valle a consecuencia de las ceremonias de la *capacocha*. El documento trae en efecto invalorables noticias sobre estos ritos, que analizaremos por separado.

Tardíamente intervinieron los quivis, o sea los yungas, alegando que las tierras eran suyas y que fueron despojados de ellas por los chacllas. Hasta entonces habían permanecido como testigos de los cantas, sin reclamar sus antiguas posesiones preincaicas. Es posible también que fuese una estratagema aconsejada por el procurador español, para indicar que anteriormente las tierras fueron primero de los quivis.

Son interesantes los testimonios de los curacas y principales yungas, como don Felipe Taulichumbi de Quivi (fol. 207v), el curaca don Antonio Chumbiquivi de Sapan —pequeño curacazgo colindante con el de Guancayo (fol. 54r), don Pedro curaca de Guancayo (fol. 183r) o don Francisco Yauri, curaca de Collique (fol. 54r).

A pesar de las largas probanzas y del empeñinamiento de los cantas, ellos no llegaron a probar sus derechos a las tierras en litigio (fol. 383r). El presidente y oidores de la Real Audiencia pronunciaron su sentencia ante los procuradores de los naturales; y consistió en que los cantas debían devolver las tierras a los chacllas y estos últimos retomar las doscientas "ovejas." No contentos con el veredicto, los cantas continuaron presentando escritos y pidieron más probanzas. En tales circunstancias, fray Gaspar de Carbajal aconsejó a la Real Audiencia imponer el perpetuo silencio a las partes, pues los indígenas, con sus pasiones, hacían caso omiso de las provisiones reales (fol. 415v).

Más adelante el virrey Toledo ordenó terminasen los pleitos y causas entre indígenas en la Audiencia, porque al fin de cuentas, quedaban los naturales muy pobres y gastados en los juicios (véase Rostworowski 1985-1986).

En el mes de julio de 1567, estando en audiencia pública, se notificó a Juan de Arrendolaza y a Diego de Ocampo a que ambas partes exhibieran moldes, vale decir maquetas de sus tierras (fol. 365v).

Don Felipe Taulichumbi, curaca de Quivi dijo haber mostrado en otra oportunidad una maqueta "en forma gruesa y demostrativa de sus tierras de las que fueron despojados" (fols. 365r, 367r).

Por su parte los chacllas enseñaron pinturas; pero se les pidió un molde del valle, a lo que alegaron haber traído anteriormente a la Audiencia un modelo confeccionado de acuerdo con el decir de los ancianos, pero que ya se había hecho pedazos (fols. 365r, 365v).

Estas informaciones sobre la costumbre indígena de confeccionar moldes de barro es sumamente interesante porque confirma las noticias dadas por Sarmiento de Gamboa (1943, Cap. 39) sobre la costumbre de preparar maquetas de un valle conquistado para que el soberano se enterara de la situación e hiciese en él los cambios que le parecían necesarios. En referencia a las pinturas, Betanzos cuenta un episodio en que los nobles cusqueños se presentaron ante Yupanqui para ofrecerle la *mascapaicha*, y le encontraron ocupado pintando las alteraciones que deseaba introducir en el Cusco (1968, Caps. 10 y 16). De acuerdo con la ejecutoria real emitida por la Real Audiencia, se procedió en el pueblo de Quivi —28 de junio de 1567— a la entrega por el curaca de Chaclla, don Juan Bautista Caxa Guaraca, de las "ovejas" para poder recuperar sus tierras. Para frustrar el procedimiento, el curaca de Canta no apareció y sus numerosos principales presentes al acto dijeron encontrarse en Los Reyes.

Al querer el alguacil efectuar la entrega, se negaron los canteños, alegando la ausencia del curaca y no poder intervenir en la transmisión. Ante el obstáculo surgido, el alguacil hizo constar la negativa de los principales y ordenó dejar las llamas en Quivi. Luego se procedió a la toma de posesión de las tierras por el curaca de Chaclla, y según la costumbre española y en demostración de propiedad, don Juan Caxa Guaraca se paseó por los campos, cortó ramas de los árboles, lanzó piedras, arrancó terrones. El alguacil presente, ordenó se levantaran diversos mojones de piedra y barro para marcar los hitos. El curaca don Juan Caxa Guaraca declaró ante el escribano que tomaba también posesión de las aguas que regaban las tierras de Quivi, para no ser inquietado más adelante en su derecho (fol. 337v).

Apenas había transcurrido una hora de la ceremonia, cuando los canteños irrumpieron en la escena dando de gritos y profiriendo amenazas y, en rápida acción, desbarataron los mojones. Al oír la algarabía, salieron del tambo donde se encontraban, el alguacil, el escribano y el intérprete y constataron la actitud de Pedro Guari, Cristóbal Caruavilca y Gerónimo Caruavilca seguidos de otros indígenas. Por desacato a la autoridad, los principales fueron apresados y conducidos a Los Reyes, a la cárcel de la Real Corte (fol. 338v).

En la Audiencia se sucedieron nuevos escritos y confesiones de los canteños presos en Lima; y de las declaraciones se entiende que no solamente habían derribado los hitos; además habían quebrado los canales hidráulicos, con la consecuencia de aniegos y perjuicios para los pobladores de Quivi (fol. 348r).

El 20 de agosto de 1567, retornó el escribano a Quivi acompañado por fray Gaspar de Carbajal, para que se cumpliese la entrega de las "ovejas" a los cantas (fol. 386v). Al día siguiente, reunidos los litigantes, los *canta* declararon que no habían recibido las "ovejas" ni sabían de su paradero; y añadieron que el rebaño no se componía de llamas sino de pacos y que estaban enfermos con caracha o sarna *(Sarcoptes scabiei, Psoroptes communis)*.[3] Además exigieron a los chacllas que fuesen en busca de los animales y los trajesen de vuelta (fol. 387r). Siguieron largas discusiones y pretensiones de ambas partes y, el 27 de agosto, los litigantes terminaron por reunir un hato de "ovejas" y pacos que fueron atentamente examinados por el escribano en presencia de fray Gaspar de Carbajal. Contado el rebaño constataron la existencia de 113 "ovejas" hembras y machos (fol. 388v) de las cuales 18 tenían caracha y no se podían admitir. Los chacllas ofrecieron reemplazarlas, pero los cantas discutían exigiendo recibir las doscientas llamas juntas, tal como las habían remitido a Ampuero en 1549.

En varios escritos los indígenas pedían al preceptor que se recomendase en los autos que los canales de riego de Quivi no fuesen dañados porque en el acaloramiento de las discusiones quebraban las acequias o desviaban el curso de las aguas (fol. 419r). Ambos bandos se hostigaban mutuamente cortando los cursos del agua, arrancando los cocales y destruyendo las cosechas.

El 30 de agosto, el padre Gaspar de Carbajal, ante la presencia del escribano, ordenó se repusiesen los cincuenta mojones que deslindaban las tierras ganadas por los chacllas (fol. 396v) y se procedió a una nueva

---

3. Véase Bonavia 1996.

entrega de las tierras en litigio, siendo esta vez contradicho por don Felipe Taulichumbi y por Alonso Caguar, principales yungas de Quivi.

La tardía intervención de los yungas era una nueva treta para prolongar el juicio y estorbar el otorgamiento de las tierras a los chacllas. Los costeños acusaban a fray Gaspar de parcialidad por el enojo que tuvo en una oportunidad con un principal de Canta (fol. 412r).

Se repitieron en esa oportunidad los destrozos ocasionados por los *canta*, quienes rompieron los canales y derrumbaron los hitos. Como sucediera anteriormente se hicieron otras informaciones sobre los daños causados (fol. 429v).

El 21 de octubre, el escribano Pedro de Herrazti fue comisionado para constatar los daños ocurridos en Quivi, y los chacllas se quejaron que los cocales fueron arrancados junto con numerosos árboles de pacay (fol. 434r).

A pesar de todos los reclamos de los cantas, la Real Audiencia ratificó su veredicto de entregar las tierras de Quivi a los chacllas. No contentos los cantas con el fallo, y movidos por sus ancestrales pasiones, decidieron apelar al Consejo de Indias en España. Esto, probablemente por consejo de sus representantes españoles, que azuzaban a los cantas; en lugar de hacerles comprender el sentido del fallo. Es así que el 19 de diciembre de 1569, el juicio se presentó en Madrid y el 6 de marzo de 1570, Gaspar de Zárate entregó una petición en segunda suplicación de la Sentencia de Revisita, al Real Consejo (fol. 7r).

LAS PLANTACIONES DE COCA DE QUIVI

Es preciso explicar el por qué las tierras de Quivi, pedregosas y poco extendidas despertaban, entre los naturales, tan grandes y apasionados deseos de posesión, expresados no sin odio y persistencia. El padre Gaspar de Carbajal, junto con fray Pedraza, realizaron en febrero de 1559 una información en nombre del rey y por mandato de la Real Audiencia. Ellos midieron las chacras en litigio: 2,000 pasos de largo por 300 pasos de ancho; y sus linderos eran, a lo ancho del río y el camino real de Lima, mientras por el oeste con una quebrada que bajaba al sesgo de la banda opuesta a Quivi en tierra de los secos.

En dinero, Carbajal estimó su valor en 600 a 700 pesos, pero aclaró que los naturales las estimaban de otra manera por tratarse de tierras especiales para el cultivo de cocales (fol. 131r). La coca es un elemento básico en la cultura andina no sólo como masticatorio sino para las ofrendas rituales, las ceremonias a las huacas, en las curaciones y como adivinatorio. De no disponer de sus hojas en la zona costeña apropiada, había que conseguirla de las regiones selváticas, lejanas y de difícil acceso. De ahí la gran estima de la región del *chaupi yunga* o costa media, franja de tierras de los valles costeños de una elevación que iba de los 300 msnm a unos 1,200 m, que se extendía desde Trujillo en el actual departamento de la Libertad, hasta Arica.

La importancia de tener acceso a tierras aptas para el cultivo de cocales se traduce en el testimonio de Juan Merlo Chauca, natural de Huarochirí quien declaró (fol. 30r) haber sido enviado por su curaca Ninavilca a visitar las chacras de coca que dicho cacique poseía en Quivi. Esta noticia no sólo indica el valor de tales plantaciones, sino que el *Hatun Curaca* de una macroetnía disponía de tierras en los señoríos subordinados a él.

En nuestra investigación hallamos una serie de documentos referentes a la existencia, en tiempos prehispánicos y el inicio del virreinato, de plantaciones de cocales en la costa media de los valles yungas (Rostworowski 1973a y 1977a, para mayor información nos remitimos a esos trabajos). Sin embargo nos faltaba la confirmación botánica del tipo de coca que se cultivaba en tiempos prehispánicos en dicha zona.

En la investigación encontramos que la voz *coca* proviene del idioma aymara *(aru* o *jaqí)*. En quechua existían dos términos para la planta: *tupa* para la variedad costeña de hojas menudas, aromáticas y de menor contenido de alcaloides, y *mamox* para la coca cultivada en la región selvática.

En una visita al Museo Regional de Ica, el señor Alejandro Pezzia tuvo la amabilidad de permitirme abrir un cierto número de *chuspa* o bolsitas para coca halladas en excavaciones arqueológicas en Ica, que pertenecían unas al Horizonte Medio y otras al período Inca. Incluso, nos llegó a entregar parte de su contenido.

Tiempo después conocí a Timothy Plowman, botánico de la Universidad de Harvard, dedicado entonces al estudio de las variedades de coca. En sus investigaciones, Plowman (1979a, 1979b) reconoció la coca de la costa peruana como perteneciente a la variedad de *Erythroxylum novogranatense var. truxillense* a diferencia de la especie selvática *Erythroxylum coca var. coca*.

Como noticia interesante añadiremos que en una comunicación recibida (carta), Tom Dillehay me manifestó haber hallado en sus excavaciones en el valle medio, en Guancayo Alto, hojas de coca cuyos datos de Carbono 14 indicaron pertenecer al período Chavín. También en Quivi Viejo, excavó restos de cal y de hojas de coca fechados de 750 a. C. Estas noticias indican una muy antigua tradición y presencia de esta variedad de coca en la costa.

Una última explicación se refiere al por qué los indígenas, en sus arranques de odio quemaban o cortaban los árboles de pacay y de guavas. En la tesis de Aníbal Orihuela Noli (1953) sobre el cultivo moderno de la coca en la zona del departamento de La Libertad, Trujillo, nos enteramos que las plantaciones de coca crecen bajo la sombra protectora de los pacay *(Inca feuilli)*. La desaparición de la mayor parte de las plantaciones de cocales en la costa se debió al celo evangelizador de los eclesiásticos que veían en la coca un culto diabólico (Arriaga 1968).

LA *CAPACOCHA*

El documento de Justicia 413, es una fuente de información regional sobre lo que fue la *capacocha*, ceremonia que está lejos de ser esclarecida y que necesita mayor investigación.

Según Albornoz (1967: 37) llamaban *capacocha* no sólo a los ritos y fiestas de ese nombre, sino a los vestidos de las huacas. Cieza de León (*Señorío*, 1943, Cap. XXIX) le dedicó un capítulo y se refiere a un conjunto de ceremonias cuyo fin era el de reunir una vez al año todas las huacas importantes del Tahuantinsuyu en la capital, acompañadas de un numeroso séquito y de servidores.

En la gran plaza de Aucaypata en el Cusco, se congregaban los ídolos y, en solemnes y especiales ritos, las huacas emitían, cada una por su turno, sus oráculos. Profetizaban en torno a los resultados de las empresas guerreras del inca, sobre su salud, la fertilidad de la tierra, el futuro de las cosechas, o si el año sería de abundancia o miseria.

Para la ocasión hacían grandes sacrificios y solemnes ceremonias, en las que inmolaban miles de "ovejas de la tierra". Pasado el tiempo de las festividades, las *huacas* emprendían el regreso a sus pueblos, cargadas con las ofrendas que llamaban *capacocha*. Las huacas que acertaban en sus augurios eran posteriormente premiadas y tenidas en mayor estima, no así las que se habían equivocado.

Cieza de León añade un dato curioso, es posible que referente al documento que comentamos, pues decía que poco después de establecida la Audiencia en Los Reyes y de haber retornado La Gasca a España, se iniciaron en Lima unos juicios que mencionaban los ritos de la *capacocha*. No cabe duda que por las fechas indicadas se trató del litigio entre los cantas y los chacllas y seguramente tuvo resonancia en Lima. La pasión que en la disputa mostraron ambas partes por unas tierras poco estimadas por los españoles debió asombrar a este cronista.

Según otros, la *capacocha* comprendía sacrificios no sólo de llamas, sino de humanos. Sarmiento de Gamboa (1943, Cap. 13) cuenta que Manco Capac instituyó esos sacrificios para honrar la huaca de Huanacauri, después del nacimiento de Sinchi Roca. La ofrenda consistía en dos niños, macho y hembra. El carácter de sacrificio humano de la *capacocha* es sostenido también por Guaman Poma (1936, fols. 228, 247, 251 y 259); Cabello de Valboa (1951), Betanzos (1968, Caps. 11 y 17); Estete y Acosta

(1942, Lib. 5, Caps. 4 y 7). En el documento que comentamos se menciona sólo sangre de camélidos mezclada con conchas molidas chaquira.

Duviols (1976) ha tratado bastante exhaustivamente el tema de la *capacocha* y a él nos remitimos para mayor información. Acertadamente dice que fueron unas de las ceremonias más solemnes de la vida del incario, ya que en ellas intervenía un gran número de individuos de todo el "imperio". Supone que existieron por lo menos dos tipos de *capacocha:* unas cíclicas y otras excepcionales. Según el testimonio que publicamos, las dos últimas que se dieron en el Tahuantinsuyu y que pasaron por Quivi fueron la una para Huascar y la otra para su mujer, la coya (fols. 195r, 230v). Esta referencia muestra la importancia que tenía una soberana, en el aspecto sociorreligioso, quizá como representante del género femenino.

Plantea Duviols diversos mecanismos de proyección radial o concéntrico, urbanos o territoriales de las *capacocha*. La partida del Cusco se hacía, según él, por los cuatro *suyu* (división espacial del Cusco), en una ceremonia parecida a la de la *citua* (Molina 1943) cuyo fin era una purificación y echar los males y enfermedades fuera de la capital.

Las noticias referentes a la *capacocha* de Justicia 413, son puramente locales y tienen la ventaja de dar una información a nivel de la provincia. Fueron los canteños quienes narraron los episodios surgidos durante las *capacocha,* con el fin de explicar la introducción de los chacllas en Quivi. Enterados por sus procuradores que la corona no admitía cambios poblacionales entre los *mitmaq* y asumían el respeto a las posesiones de tierras tal como se hallaban al tiempo de la conquista, idearon dar otra explicación a la presencia de los chacllas en las tierras en juicio (fol. 63r).

En el documento se mencionan varias *capacocha* celebradas durante el gobierno de Huayna Capac, además de las dos efectuadas en tiempo de Huascar. El rito consistía en sangre de camélidos, y debieron ser frecuentes los sacrificios de los animales para que la ofrenda permaneciese líquida, ya que existía el peligro de que su contenido se derramara. Se le transportaba en pequeños mates u ollas y, cuando llegaban a lugares agrestes cercanos a una huaca, ponían el mate o la vasija en una honda y como quien lanza una piedra, la arrojaban al adoratorio. En caso de que el encargado no acertara en su puntería, lo mataban en el mismo lugar. Igual suerte corría el mensajero si una parte de la ofrenda se volcaba al suelo, aunque fuese una gota.

Los canteños relataron cómo en distintos episodios, los chacllas aprovecharon el hecho de portar los sacrificios, y pasaron los linderos señalados, adentrándose en tierras de los cantas en Quivi (fol. 245v). Mientras llevaban los mates iban diciendo: "aparte, aparte, capacocha capacocha [...] hasta aquí llega mi capacocha, hasta aquí es mi tierra" (fol. 250r).

Los cantas se enfurecían por tamaña desfachatez y, en una oportunidad, uno de ellos llamado Choqui Guaranga se abalanzó sobre el portador de los mates para impedirle el paso, y, en la embestida, se derramó la sangre. El castigo no se hizo esperar y el culpable fue ahorcado y enterrado en el lugar de los hechos (fols. 252r, 263r y otros).

Por esas noticias se sabe de la existencia de diversos tipos de *capacocha,* cubriendo distintas rutas y, quizá, objetivos. Un "ovejero" del inca contó haber presenciado una *capacocha* estando en la puna de Pumpu y que era conducida desde el Cusco a Quito; la llevaban de término a término los diferentes grupos étnicos situados en la ruta. En el caso en cuestión, la traía gente guanca.

Los datos confirman el transporte de la ofrenda por los habitantes de una región y que llegados a sus límites territoriales, el sacrificio era entregado a los vecinos con quienes colindaban. En una ocasión los yauyos de Chaclla la recibieron de los jaujas y llevaron la ofrenda hasta el mojón límite con los cantas.

Es difícil comprender por qué una *capacocha* pasaba por Quivi, lugar fuera del camino a Quito; a menos que se tratara de *capacocha* diferentes. Existe mención a una de esas ofrendas conducida hasta el curacazgo de Guancayo, cuyos habitantes la llevaron al mar. Otra noticia indica que era conducida a un río para lavar la sangre. Indudablemente se trataba de *capacocha* distintas unas de otras, con fines varios.

Es posible que algunas *capacocha* no eran destinadas al norte sino que se dirigían al mar, siguiendo la ruta del Cusco a Jauja y de ahí por Huarochirí a Quivi y Collec hasta el océano. Quizá los distintos caminos correspondían a diferentes huacas que había que honrar; en ese caso Mamacocha (el mar) era una importante deidad en el ámbito andino y no sorprende que se le enviaran ofrendas desde el Cusco.

En fin, en estas líneas hemos señalado algunas noticias contenidas en el documento publicado. No hemos agotado los temas contenidos en el testimonio y es de esperar que el acceso a tan valiosa fuente sea un aporte para futuros estudios.

SECUENCIA CRONOLÓGICA DE LOS SUCESOS EN JUSTICIA 413

El largo juicio comprende numerosas probanzas y averiguaciones a los testigos presentados por ambas partes. Las contradicciones y las distintas versiones exhibidas, así como las repeticiones, hacen difícil la lectura del documento. Para facilitarla, ofrecemos una secuencia cronológica de los sucesos esenciales.

1) En una primera época, anterior a la conquista de los incas, el pequeño curacazgo de Quivi, formaba parte de la macroetnía yunga de Collec.

2) Los naturales de Canta ambicionaban la posesión de las tierras de Quivi y, reunieron un ejército, pasaron por Quivi y avanzaron cuatro leguas valle abajo en dirección del pueblo de Collec (fol. 211r). Los cantas afirmaron que en dicha ocasión el señor de Collec les cedió el curacazgo de Quivi.

3) Ante la amenaza del arribo de los incas a la costa central, el señor de Quivi concurre con su gente de guerra al socorro del *Colli Capac*. Los costeños son vencidos por los cusqueños; esta afirmación anula la versión canteña de una sumisión previa de los quivis a Canta.

4) Con la presencia inca, la situación del valle cambia; un grupo de chacllas, de la macroetnía de los yauyos es instalada en Quivi en calidad de *mitmaq* para cultivar las plantaciones de cocales en tierras designadas para el inca.

5) A raíz de la conquista española, la situación del valle sufre una segunda transformación. Atemorizados los chacllas, quizás amenazados por los cantas, se retiran a sus serranías y abandonan sus tierras de Quivi.

6) Manco II se rebela, los cantas toman partido por el inca, los capitanes cusqueños Illa Topa y Quisu Yupanqui pasan por Canta. Los chacllas no quieren colaborar con ellos. Los cantas aprovechan para tender una emboscada al curaca Vilca Poma quien es asesinado junto con ciento cincuenta cargadores chacllas.

7) En tiempos del licenciado Pedro de La Gasca en 1549, los encomenderos Francisco de Ampuero, de los chacllas, y Nicolás de Ribera-el mozo, de los cantas, encuentran una solución para terminar el conflicto. Intervienen y creen apaciguar la situación ordenando a los chacllas la venta de sus tierras a los cantas por el precio de doscientas "ovejas de la tierra", vale decir llamas.

8) Los chacllas se resisten y no entienden lo que significa "vender," no quieren recibir las "ovejas" que les impone Ampuero. El encomendero se beneficia con ellas y se lleva las llamas para sí.

9) El curaca de la macroetnía de Huarochirí, convoca al curaca de Chaclla para que explique lo sucedido. Los indígenas se desesperan.

10) Los chacllas inician el juicio en 1558, las probanzas se suceden, los testimonios se llenan de contradicciones. La Real Audiencia se pronuncia en 1567 a favor de los chaclla bajo el concepto basado en que la posesión de la tierra de los *mitmaq* se mantenía tal como estaba al momento de la conquista española. Este fallo es explicable; ya que de haber sido de otro modo, daría pie a un sin fin de juicios entre indígenas, que la corona no podría controlar.

11) En diciembre de 1569 el juicio se halla en Madrid, para ser presentado al Real Consejo por Gaspar de Zárate en calidad de petición en segunda suplicación de la sentencia de revisita.

Capítulo 8

Pescadores, artesanos y mercaderes costeños en el Perú prehispánico*

Extensas playas y dilatados desiertos, dominados por cerros desnudos, tal es el paisaje de la costa peruana y sería desolador sino fuese por los ríos que, como torrentes, bajan de las serranías y cortan, de tanto en tanto, la aridez reinante. Alrededor de estos ríos, ya través de los siglos, el hombre con su esfuerzo ha creado complejos sistemas hidráulicos que transformaron los cauces en amenos valles, propicios para el desarrollo de las altas culturas yungas.

En contraste con la hostilidad de la tierra que necesita del trabajo humano para volverse fértil, está el mar que baña estas amplias costas; un mar que, por el hecho de arrastrar una corriente de aguas frías, es un emporio de riquezas marinas, una fuente de subsistencia inagotable para el habitante de sus orillas. Pero no sólo fue el océano un medio de vida por su extraordinaria fecundidad, sino también un camino para las migraciones que vinieron, en el transcurso de los tiempos, a afincarse en sus costas; y, por último, fue una ruta para los navegantes que se arriesgaban en sus balsas hacia distantes puertos con el fin de trocar sus productos. Los mercaderes[1] y los pescadores yungas eran expertos mane-

---

*   Originalmente publicado en la *Revista del Museo Nacional*, tomo XLI, 1975.

1. Cuando en un trabajo sobre el Perú prehispánico se habla de *mercaderes indígenas* se debe tener en mente que no se refiere a la terminología moderna apropiada a una época industrial. Los documentos coloniales y los diccionarios

jando sus balsas y sus "caballitos de totora"; conocían las corrientes y los vientos, las caletas seguras y las islas del litoral. Para los antiguos costeños el mar lo fue todo, y debió ocupar un lugar importante en sus vidas, sus costumbres, sus mitos y leyendas.

Sin embargo, los españoles en sus crónicas y relatos dieron poca cabida al mar y a los habitantes de los llanos. Ellos quedaron impresionados ante la enormidad de las cordilleras, perplejos por los tesoros reunidos en Cajamarca y asombrados ante el Cusco. Así recogieron la visión serrana del mundo andino, de sus gobernantes hijos del Sol, de sus extrañas costumbres, de sus estructuras sociales y económicas, y sólo nos legaron escuetos relatos de aquel mundo costeño que la arqueología descubre ampliamente.

El Tahuantisuyu fue eminentemente agrícola; cada habitante tenía derecho a poseer un número de tierras, y, en lo posible, los ayllus se abastecían a sí mismos gracias a la llamada "verticalidad". El antropólogo John V. Murra, al investigar la ecología andina formuló la tesis de la existencia de "archipiélagos verticales", que representaban el medio por el cual un núcleo étnico permanentemente controlaba varios pisos ecológicos a través de colonias multiétnicas.

Ahora bien, era preciso encontrar los límites de aquella estructura social. En la costa se encuentran estas colonias serranas instaladas en ella, pero siempre como resultado de alguna conquista. Abundantes son los ejemplos de los *mitmaq* impuestos por los incas, o de grupos de lupacas de Chucuito instalados en el litoral de Sama, Moquegua y Tacna.

Hay que tener en cuenta que al momento de la invasión española el mundo andino atravesaba una de sus épocas de predominio serrano sobre los yungas, pero no siempre fue así. Existieron otros tiempos cuando los señores de la costa no sufrían la amenaza o la fuerza de los habitantes de la cordillera.

A diferencia de la sierra, la costa era autosuficiente en cuanto a conseguir productos alimenticios; y, sobre todo, estaba el mar, al cual no se le ha dado su merecido valor como fuente de subsistencia, ni se ha tomado en cuenta la influencia que ejercía sobre los costeños.

Al ahondar la investigación en documentos del siglo XVI con el fin de tratar de levantar en algo las incógnitas etnohistóricas que envuelven

---

de lenguas aborígenes indican bien claramente que se trata de mercaderes y de *mercadeo a modo de indios*. Es decir que el trueque era el modo empleado en sus intercambios, en un mundo donde la moneda no existía. Además hay que tomar en cuenta la mentalidad del español y del indígena del siglo XVI, y entender los vocablos en su respectivo contexto, sin tratar de darles interpretaciones y significados del siglo XX.

a los costeños prehispánicos, se consigue un enfoque distinto de estas culturas que puede ser una ayuda a la arqueología. Esto se logra mediante trabajo en archivos, en la documentación colonial, tanto administrativa como judicial, en infinidad de Probanzas, Títulos de encomiendas, Tasas, Visitas, etc.

LOS PESCADORES

Los pescadores formaban grupos numerosos de la población yunga y estaban diseminados a lo largo del litoral, en comunidades más o menos grandes, según la importancia de los señoríos a los cuales pertenecían.

La primera noticia que recogimos sobre ellos está contenida en un documento de la Biblioteca del Palacio Real de Madrid, referente al valle de Chincha (Rostworowski 1970b). Según "Aviso" (así llamaremos en adelante esta Relación) la población del curacazgo chinchano contaba con más o menos unos treinta mil tributarios, y se dividía en seis mil mercaderes, diez mil pescadores y doce mil labradores.

Esto indicaría una división laboral de la población, distinta de los conocimientos que se tiene del incario en general. Poco es lo que se sabe sobre la existencia de grupos especializados en la realización de determinadas faenas, e inclusive se dudaba de si jamás hubo artesanos y gremios en el antiguo Perú.

Según "Aviso", los pescadores vivían a lo largo del mar, en una sola y larga calle, y "cada día o los más de la semana entraban en la mar, cada uno con su balsa y redes y salían y entraban en sus puertos señalados y conocidos, sin tener competencia unos con los otros". Cuando no pescaban, todo era para ellos beber y bailar, o sea que según la relación que comentamos no parecían hacer otra cosa que su oficio.

Quizás el elevado monto de pescadores haga dudar sobre la veracidad de la cifra indicada, pero ellos no solamente pescaban para el consumo del señorío, sino que salaban y secaban el pescado que se convertía entonces en un artículo para el trueque con la sierra. Ya Cieza de León afirmaba la importancia de este intercambio de pescado salado con las regiones de las serranías.[2]

---

2. Cieza de León, *La Crónica del Perú,* Cap. LVIII (1941), Antonio Alcedo (1967) en su *Diccionario*, dice hablando del valle de Pisco que era: "abundante de pescado que salan los indios y llevan a las Provincias interiores [...]". En el mismo *Diccionario* ver sobre la pesca en Paita: "allí hay mucho pescado especialmente tollo que cogen con abundancia, y seco lo envían a vender a las demás provincias".

Según fray Reginaldo de Lizárraga (1946), los pescadores chinchanos:

> no habían de labrar un palmo de tierra; con el pescado compraban todo lo necesario; los labradores no habían de embiar a pescar; con los mantenimientos compraban el pescado (Cap. XLVII: 90).

La siguiente noticia que tenemos sobre los pescadores pertenece a la costa central y hay numerosas referencias de que se pescaba en todo el litoral. La *Descripción anónima del virreinato del Perú* indica que los naturales:

> [...] tienen muchas partes por donde bajan a la mar, caminos anchos y acomodados. Todos los indios que viven por los lugares referidos de Pachacamac al Callao son pescadores [...] (1958: 66).

No solamente pescaban en toda la costa sino que también lo hacían en las lagunillas que existían entonces en los lugares cercanos a las playas, en las zonas pantanosas del litoral. Hipólito Ruiz (1952, tomo 1: 52) tuvo la oportunidad de observarlo directamente cuando pasó unas semanas en una hacienda del valle de Lurín. Cobo (1956: 186) confirma lo dicho por Ruiz cuando señala que al norte de la desembocadura del río Lurín había una:

> pequeña laguna, que parece haberse antiguamente comunicado con el mar.

En los mapas de la costa levantados por los miembros de la expedición de Malaspina, a finales del siglo XVIII, se observa en todo el litoral de los valles numerosas lagunas que posteriormente fueron secándose, ya sea por el aumento de las tierras de cultivo o por el descenso de la capa freática.[3]

En las lagunas costeñas los pescadores cultivaban la totora *(Scirpus)*, y en los pantanos de Quilcay, cerca de Pachacamac, existían en el siglo XVIII varias fanegadas de dichos sembríos (AGN, Derecho Indígena, Cuad. 140, fols. 20v y 171v). Esta noticia confirma la información recogida por Edwards (1965) para Huanchaco en Trujillo, en 1930.

Era costumbre antigua pescar con red en estas lagunas cercanas al mar, hábito demostrado en un grabado de Huarmey que se encuentra en el diario del pirata Joris von Spielbergen de 1615. Donald E. Thompson (1967) estudió el mencionado dibujo, buscó *in situ* y logró ubicar la fortaleza prehispánica que sirvió de refugio al corsario. Este arqueólogo primero examinó las fotografías aéreas del lugar y en ellas reconoció la es-

---

3. Expedición Malaspina, año 1792. Museo Naval, Madrid, ver numerosa cartografía. Sobre lagunas en la costa norte ver: RAH, 9-23-1-A-12, año 1715.

tructura en cuestión, así como las lagunas. Es interesante recalcar que en el grabado se ven dos hombres pescando con una red que arrastran, el uno caminaba por la orilla, mientras el segundo estaba metido en el agua, y cada uno de ellos cogía y sostenía un extremo de la red.

Existían unas lagunas y remansos cerca del Callao, a dos tiros de arcabuz de la desembocadura del río, y ahí los pescadores pescaban lisas con redes *(Mugil cephalus)*. En 1560, el virrey Hurtado de Mendoza prohibió este tipo de pesca para favorecer a la gente menesterosa, a fin de que pudiesen pescar con caña y proveerse de algún sustento (RAH-Madrid, Matalinares, tomo XXI, fols. 243-244, 16 de junio de 1560).

Balthazar Ramírez en una descripción del Perú, hecha en 1597, aseguraba que en aquel entonces había en los valles, a la desembocadura de los ríos, muy grandes y espesas arboledas, cañaverales, ciénagas y pantanos y que:

> a la entrada en la mar ay muncho pescado que sube de la mar a la agua dulce.[4]

En el valle de Lurín habitaban dos grupos de pescadores: uno situado en el cerro cerca de Mamacona y otro era el de Quilcay, llamado y señalado en los mapas del siglo XVIII como "Pueblo Viejo". Hasta hoy existe en ese lugar una estructura muy destruida.[5]

Al producirse las reducciones de los naturales ordenada por el virrey Toledo, la aldea fue trasladada al sur y recibió el nombre de San Pedro de Quilcay. Con la baja demográfica que tanto afectó a toda la costa, en 1669 la mayoría de los miembros varones de Quilcay eran pescadores forasteros, algunos venidos de sitios distantes, como lo eran Santiago de Cao o Chilca (fol. 103r), pero estaban casados con mujeres del lugar. Debe recalcarse el hecho de que las mujeres no se casaban con hombres del cercano pueblo de Lurín, sino que lo hacían con pescadores de otros pueblos sin mezclarse con los agricultores del mismo valle.

En un memorial presentado por los habitantes de Quilcay, informaban que, aparte de ser pescadores, cumplían también el oficio de chasquis (fol. 170v) y tomaban el relevo de las noticias que venían desde Arequipa, y lo hacían corriendo por la playa. En ciertas oportunidades

---

4. Balthazar Ramírez, año 1597. BNM, fols. 4 y 4v. N° 19668.
   Según información verbal del doctor Enrique del Solar (Museo Nacional de Historia Natural, Lima) la lisa, *Mugil cephalus,* tiene la particularidad de desovar en el mar y de criarse en las lagunas al pie del mar, y puede vivir en agua salada y dulce.
5. AGN, Derecho Indígena, Cuad. 140. MN, Madrid. Mapa de Andrés Baleato, año 1793.

fueron hasta Guayaquil por el norte y hasta Valdivia en Chile, a la fábrica de dichos pueblos. Esto indica una tendencia hacia la longitudinalidad entre la gente que vivía del recurso del mar. En estos pescadores encontramos, a diferencia de los naturales que trabajaban la tierra, una libertad de movimiento y el hábito de navegar con gran facilidad a lo largo de la costa.

La designación de rutas distintas, la una para los chasquis y la otra para los pescadores, responde a una interesante división laboral, sobre todo si se toma en cuenta que un mismo grupo de habitantes cumplía ambas faenas.[6]

Estas noticias indican una importancia dada a los caminos en general y a quienes transitaban por ellos. No faltan cronistas que indican cómo cada uno de los últimos soberanos cusqueños hizo construir su propia ruta, distinta de las de sus predecesores, idea que revela una demarcación del rango y del trabajo.

Una característica de los pescadores era la pericia con la que manejaban sus frágiles embarcaciones de totora, y si ocurría su vuelco con gran facilidad las recuperaban, por ser muy buenos nadadores.[7] Por esa destreza en el navegar, los pescadores de Quilcay recibieron la tarea de vigilar las costas de posibles ataques de los corsarios y tenían un puesto de vigilancia en el islote frente al templo de Pachacamac y en caso de alerta navegaban hasta el Callao a dar aviso (AGN, Derecho Indígena, Cuad. 140).

En 1746 se produjo el terremoto que destruyó el Callao y gran parte de Lima. El mar arrasó entonces el pueblo de San Pedro de Quilcay y los pescadores fueron enviados a vivir al pueblo de Lurín (Ruiz 1952, tomo 1: 52).

La importancia que tenían el mar y la pesca en la antigua ciudad de Pachacamac está demostrada por las pinturas murales que adornaban el lado noroccidental del templo llamado de las graderías.

---

6. Esta designación de caminos nos recuerda una noticia del extirpador de idolatrías Felipe Medina, recogida durante su Visita a Huacho en 1650 (1920). Según él, la huaca Choque Ispana tenía una entrada para los serranos y otra para los yungas, y sus mujeres también entraban por otros accesos. Hecho que el arqueólogo debe tener en cuenta por ser costumbre arraigada en los yungas.

7. BNM, manuscrito N.° 120. Malaspina-Papeles pertenecientes a la expedición de las corbetas "Descubiertas" y "Atrevidas", año 1790.

    Lizárraga (1946, cap. XVIII: 42) en Huanchaco: "los indios son grandes nadadores y pescadores, no temen las olas por mar que sean [...]"

    Cieza de León (*La Crónica del Perú*, Cap. LIII: 175) sobre La Puná y Tumbes: "eran diestros en el nadar como lo son los mismos peces, porque lo más del tiempo que viven gastan dentro del mar en sus pesquerías [...]". Los yungas a pesar de poseer tan frágiles embarcaciones, eran osados en el mar, y se-

A fines del año 1938, con ocasión de la Octava Conferencia Panamericana, el Gobierno ordenó limpiar los escombros que recubrían el templo y el doctor Alberto Giesecke fue encargado de ejecutar el trabajo. Aparecieron entonces una serie de pinturas cuyo motivo principal eran peces a manera de frisos (Muelle y Wells 1939) y hombres relacionados quizá con la pesca y con algún culto al mar.

En el valle de Lima, los principales centros de pescadores eran el de Chorrillos, en un extremo de la bahía, y el de las playas del cacicazgo de Maranga. Chorrillos no ofrecía un buen resguardo para los navíos y por ese motivo era tan sólo usado por los naturales que:

> tienen el exercicio de la mar; unos navegan y otros son pescadores (MN-Madrid, ms. N° 468).

Rosendo Melo (1906: 175) afirmaba que los indígenas de Maranga tenían varios portezuelos donde guardaban sus balsas y salían a pescar.

Cuando en 1549 se realizó en el tambo de Mayacatama, situado en Maranga, la Visita General ordenada por el licenciado La Gasca, el cacique principal don Antonio Marca Tanta trajo consigo a sus tres principales y declaró no tener más, porque todos se habían muerto. Uno de ellos, llamado Yana Chuqui, era el principal de los pescadores.

La importancia que en un tiempo tuvieron los pescadores del valle de Maranga se manifiesta en el hecho narrado por Calancha (1638, Cap. XVI: 620) de que la huaca llamada de Mateo Salado fue antiguamente templo de los pescadores; según el mismo cronista esa estructura fue posteriormente un palacio del inca (Lib. 1, Cap. XXXVII: 235).

Siguiendo la costa hacia el norte, otro poblado de pescadores era el de "Piti Piti Viejo", considerado en el siglo XVIII como un arrabal del Callao, donde habitaban tan sólo pescadores y cuya aldea se hallaba entre La Punta y el puerto (AGI, Mapas de Perú y Chile, N° 22, año 1740; ver también *Diccionario* de Alcedo).

En la costa norte, los datos sobre los pescadores, artesanos y tratantes son precisos, gracias a los documentos relativos a la Visita de la región de Trujillo, realizada por el doctor Gregorio González de Cuenca, y a su posterior Juicio de Residencia, que estuvo a cargo del licenciado Pedro Sánchez de Paredes, en los años 1570 a 1577 (AGI, Justicia 456 al 458).

Durante su estadía en la costa norte, el doctor Cuenca atendió numerosos pedidos de licencia de los naturales, entre ellos de mercaderes y

---

gún un documento del siglo XVIII los pescadores del portezuelo de Ancón, cerca de Lima pescaban: "sobre toda la costa é islas inmediatas y son los únicos que se avanzan hasta las Hormigas". Museo Naval-Madrid. Derrotero desde el Puerto del Callao hasta el río de Guayaquil. Manuscrito N° 175, fol. 113v.

artesanos que solicitaban ejercer libremente sus oficios.[8] De estos documentos se desprende que existían ayllus cuyos miembros realizaban un solo tipo de trabajo, excluyendo de sus faenas cualquier otra ocupación. Sus principales también se dedicaban al mismo oficio que los miembros del común y formaban parcialidades enteras con una especialización completa. Por ahora nos ocuparemos tan sólo de las noticias sobre los pescadores. Las referencias sobre ellos son múltiples, citaremos sólo algunas.

> Don Diego Uxo principal de pescadores del repartimiento de *Chuspo* digo que yo y mis yndios tenemos por trato y grangería de vender el pescado por los repartimientos comarcanos para pagar nuestro tributo (AGI, Justicia 456, fol. 1922v).

Y más adelante otra declaración de dos pescadores, llamados Atnoc y Ferchełtan, ellos dijeron que no:

> tenemos tierras en que senbrar, ni nos podemos sustentar sino es con el rescate por algodón y mayz e fregoles y otras cossas de que tenemos necesidad (ídem, fol. 1924v).

La misma razón daban otros naturales, ellos eran:

> don Alonso Eten, principal e alcalde del pueblo de Eten, puesta en la mar del repartimiento de Collique, digo que yo y los yndios de la dicha parcialidad tenemos pocas tierras para sembrar e sustentamos e ansy nuestro trato es pescar y vender el pescado [...] (ídem, fol. 1928).

Iguales declaraciones hicieron un principal de Jayanca y otro de Lambayeque,[9] y otro más:

> don Diego Mocchuny principal del repartimiento de Túcume digo que yo y mis yndios somos pescadores y nuestras grangerías y donde procede el tributo es el pescado que vendemos, asy para nuestra comida, y nunca tenemos costumbres de hazer sementeras de máiz, ny tenemos tierras para ellos (ídem, fol. 1936v).

Este principal se defendía del cacique quien quería que sembrara maíz para cubrir el tributo. La baja demográfica hacía que faltara mano de obra para cumplir las faenas agrícolas y más de un señor pretendía lo mismo.

---

8. No solamente daba el doctor Cuenca licencia a los indígenas para que ejercieran sus oficios, sino a los curacas para que pudiesen montar a caballo con freno y cabestro mediante el pago de unos pesos por la licencia. Según el Juicio de Residencia entablado a Cuenca, éste otorgó un total de 238 de estos permisos. AGI, Justicia, Legs. 456, 457, 458 y 461, años 1570 a 1577.

9. AGI, Justicia 458, fol. 1931.

Idéntica queja elevó en Chiclayo un grupo de pescadores que no usaban nombres cristianos, lo cual indica que aún eran infieles; ellos se decían Manic, Ycuicui, Churri, Nacachop, Chuipui, Opon, Quexon y Moc. Todos declararon ante el visitador que el cacique principal los quería obligar a trabajar la tierra y que ellos no sabían sembrar. Tan justificada fue su solicitud que el doctor Cuenca ordenó los dejasen ejercer libremente su oficio (AGI, Justicia 458, fol. 1898v).

Según una Relación y Descripción de la provincia de Saña y Lambayeque, los habitantes de los pueblos de Santa Lucía y Chérrepe eran pescadores y al no tener tierras pagaban menos tributo. Estos últimos, en 1715, tenían derecho a ciertas lagunas llamadas Chinto, situadas en la jurisdicción de Saña.[10]

Por último, más al norte, los indios de Paita y Colán sostenían en 1734 un largo juicio contra sus encomenderos por los abusos y exigencias en el pago de los tributos. En este documento afirmaban los caciques que ellos no tenían tierras de comunidad, ni particulares, y los naturales de ambos sitios alegaban ser pescadores y dijeron que:

> no tenían tierras algunas, ni de comunidad, ni particulares porque al tal defecto de agua que no se pueden sembrar los arenales (AGI, Audiencia de Lima, Leg. 441, fol. 156).

De las declaraciones de los señores del lugar se desprende que, de tiempo atrás, la mayor parte del tributo lo pagaban en tollo salado (tollo, *Mustelus dorsalis y Mustelus maculatus*). En sus probanzas, que remontaban a la tasa toledana, dijeron que en aquellos tiempos eran 310 tributarios y daban de tributo al año 8,100 tollos salados y secos de los que cogían, además de 245 pesos y dos gramos ensayados de a 12 reales y de 172 aves (fols. 32 y 32v). El pescado salado tuvo durante la colonia un valor unitario y más de una transacción se realizaba con él.[11]

---

10. BPR, Miscelánea de Ayala, tomo II, N° 2817. Relación y Descripción de la Provincia de Saña y Lambayeque, fol. 2v.

11. Este mercado del tollo salado y seco llegó a despertar la curiosidad del rey de España, y a través de su virrey pidió le enviasen una muestra. El 20 de noviembre de 1779, en una carta de Manuel de Guirior al rey el decía:

    > con motivo de las noticias que ha percivido S.M. de abastecerse estos Reynos con el Pescado salado llamado Tollo, me manifiesta V.E. sus reales deseos, y me previene V.E. en Real Orden del 13 de abril último, que en primera ocación remita muestras con el resguardo y precaución correspondiente a evitar su corrupción para poder formar concepto de si conbendrá en lo succesiuo hacer otras remessas; y en cumplimiento de este soberano mandato, que no puede verificarse por aora por falta de embarcaciones que viajen a esos reinos (AGI, Lima 996, año 1779).

Podemos resumir la situación de los pescadores de toda la costa diciendo que formaban parcialidades con sus principales y sus señores y que mantenían entre ellos toda una jerarquía. Estos pescadores sólo se dedicaban a su oficio, salando y secando el pescado, que trocaban por todo lo que necesitaban para vivir. No tenían tierras, no se ocupaban de trabajos agrícolas, ni acudían a mita alguna, y lo importante era que cada parcialidad gozaba de sus lugares señalados y de sus propias playas.

El hecho de poseer cada grupo sus playas y caletas particulares era una costumbre general en los llanos, de sur a norte. Los españoles, al declarar que el mar y sus orillas eran comunes a todos, transtornaron los antiguos hábitos arraigados a través de siglos.

Una declaración de un señor norteño es categórica sobre este punto y merece ser citada:

> don Antonyo Chumbe cacique principal de Cinto, de la encomienda de don Pedro Lezcano por my y en nombre de los yndios pescadores my subjetos disque que don Diego Punan principal my subjeto e otros pescadores suelen tener de costumbre partes conocidas y privadas donde pescan ellos y nosotros, y aora se dize que la dicha mar a de ser común a todos.
> A vuestra merced pido y suplico mande dar su mandamyento para que se nos guarde nuestra costumbre e que [...] vista dixo que hasta que otra causa se provea guarden la costumbre que an tenydo los dichos yndios en el pescar [...] (AGI, Justicia 458, fol. 2025v, año 1566).

Al no tener que cumplir los pescadores con la *mita*, contribuían, en tiempos incaicos, tan sólo con el fruto de su trabajo. Sabemos que llevaban al Cusco grandes cantidades de pescado y de camarones salados, y que también almacenaban estos productos en los depósitos de la sierra, según les fuera indicado. Al inca le daban tan sólo las "cosas de su oficio y no otra".[12]

Queda por mencionar la noticia que trae Calancha (1638), según la cual los pescadores hablaban una lengua que los españoles llamaban la "pescadora", pero hasta ahora se ha puesto en tela de juicio su existencia. Según Lizárraga (1946, Ap. XV: 40) en el pueblo de Guadalupe en la costa norte:

> los indios de este valle tienen dos lenguas que hablan; los pescadores una, y dificultísima y la otra no tanto [...]

Posteriormente se logró despachar una petaca de tollo salado y seco, pero lo enviaron mal acondicionado y no soportó el viaje.

12. BNM, manuscrito N° 2010. Relación de Antonio Baptista de Salazar, fol. 400, año 1596.

En el Archivo General de Indias se encuentra una carta del obispo de Trujillo del 12 de abril de 1651, y en ella hace referencia a la disposición de que se examinasen a los sacerdotes que tenían doctrinas, sobre sus conocimientos de las lenguas locales, y dice:

> si en este obispado de Truxillo fuera necesario cathedrático, avia de auer sinco por la diversidad de lenguas, una para la general del Inga para la sierra, y otra para el pueblo de Olmos que tiene lengua particular, y otro para Sechura, que tiene otra lengua; y otro para Catacaos y Paita que hablan diferente lengua; y otro para los demás pueblos que llaman de los valles, donde se habla una lengua que llaman la Mochica y para los examenes se llaman examinadores que sepan la lengua necesaria[...] (AGI, Lima 55, fol. 6, año 1651).

En esta cita no es mencionada la lengua referida por Calancha y Lizárraga, y más bien señala dos lugares ribereños al mar, el uno Sechura y el otro Paita, como de hablas diferentes. Estos datos sobre las lenguas norteñas son anteriores en un siglo a las referidas por el obispo Baltasar Martínez Compañón.[13] De haber existido la "Pescadora", es posible que no se le pueda clasificar como una lengua, sino que quizá fue una especie de *lingua franca,* usada en ciertos sectores de la costa, y que permitía a los pescadores de diversos lugares entenderse entre ellos.

La diosa de los pescadores

El mar debió tener un lugar preferencial en la mitología yunga y en la costa central existía, junto con el culto al dios Pachacamac, el de una diosa tenida por su mujer y considerada como la creadora de los peces. La leyenda de esta diosa se conservó en las serranías de Huarochirí y fue transmitida hasta nosotros por los informantes de Francisco de Ávila, extirpador de idolatrías. Se trata del mito de Cauillaca y del dios Cuniraya y de cómo este último bajó desde la sierra en dirección a la costa persiguiendo a la princesa serrana, que se hundió en el mar, frente al templo de Pachacamac. Cuniraya buscó inútilmente a la mujer de Pachacamac y enfurecido de no encontrarla echó todas sus pertenencias al mar y entre ellas a unos peces que ella criaba en un pozo. Al caer al mar se reprodujeron y por ese motivo los pescadores la consideraban como madre de los peces.

Vale la pena analizar esta parte de la leyenda porque indica que en tiempos muy remotos no se pescaba en el mar, sino en las lagunas. Aquí

---

13. Para una lista de idiomas hablados en el norte, véase la del obispo Martínez Compañón (1978).

nos remontaríamos a la época lítica, cuando los pescadores yungas no poseían embarcaciones y eran recolectores de moluscos. Ya en aquella época aprovechaban los recursos marinos de las numerosas lagunas entonces existentes a orillas del mar, a lo largo de los valles. Sabemos por documentos y por trabajo de campo que en los pantanos de la costa central se criaban lisas *(Mugil cephalus)*, hecho importante al considerar la dieta alimenticia en aquella época.

Con la intervención de Cuniraya se inició la pesca en el mar y aquí el mito señalaría que el cambio se produjo debido a una influencia foránea que vino a introducir una renovación en las costumbres, causada quizá por un nuevo aporte cultural.

A la diosa madre de los peces le decían Urpay Huachac, que significa "La que pare palomas", nombre que le pusieron cuando sus dos hijas se transformaron en aves al querer Cuniraya dormir con ellas. Es de suponer que el culto de esta diosa fue sumamente antiguo en la costa central y que tuvo su origen en tiempos remotos. Es natural también que los pescadores le rindieran culto especial y es de suponer que el nombre primitivo de la diosa se perdió después de la innovación traída por Cuniraya. En Chincha y en Pisco llamaban Urpay Huachac a una isla considerada como la huaca de los pescadores (Albornoz 1967: 34) y por el norte hemos rastreado su adoración hasta las serranías de Cajatambo. En el pueblo de Mangas esta diosa era venerada por los ayllus de Chama y de Nanis. Aquí la leyenda ya no mencionaba a las dos hijas, sino que le atribuía un hijo llamado Auca Atama y contaban los naturales que ambos ídolos vinieron desde el mar, donde tenían su *pacarina* o lugar de origen.

Según Cobo, cerca del palacio de las mamaconas en Pachacamac, existía, en recuerdo de Urpay Huachac,[14] un estanque al cual llegaba el agua del mar y en él conservaban peces en su honor (Cobo 1956: 186).

En el pueblo de indios de la Magdalena de Pisco los pescadores adoraban al mar y solían poner en sus redes las alas de unos pajarillos que llamaban *cusi*, para tener ventura en su pesca.[15]

En otro trabajo hemos tratado tentativamente de reconocer a aquella divinidad marina a través de la cerámica Chancay (Rostworowski 1973b). Su imagen a menudo está acompañada de un pez y de un ave. Esta diosa, con un nombre tan poco marino como el de "La que pare

---

14. Véase Rostworowski 1973b y también "Breve ensayo sobre el Señorío de Ychma o Ychima, año 1792".

15. AGI, Audiencia de Lima, Leg. 1634-B, año 1620. Información de servicios de don Francisco Marmolejo Portocarrero, presbítero. Él menciona la Visita contra la idolatría que realizó el doctor Alonso Osorio, juez eclesiástico de ese obispado.

palomas" muestra una superposición de leyendas. Cabe preguntar si el pajarillo nombrado *cusi,* en el documento referente a la idolatría en Pisco, no sería el que estaba unido al culto primitivo de la diosa, en vez de la paloma que se añadió posteriormente. Es factible que una divinidad marina fuese, al mismo tiempo, diosa de los peces y de las aves del litoral. Después de la intervención de Cuniraya nuevos mitos se agregaron a los antiguos, y la diosa recibió un apelativo distinto de acuerdo con los cambios sucedidos.

Convendría realizar una averiguación etnológica entre los pescadores pisqueños, quizás arrojaría luz sobre esta leyenda.

Al norte del valle de Lima, en Carquín cerca de Huacho, los extirpadores de idolatrías descubrieron que los pescadores adoraban a un ídolo y a un cerro cerca del mar. En una de las pesquisas de los frailes, encargados de averiguar sobre la fe de los naturales consiguieron que, por temor, confesaran el pecado de esconder un ídolo pequeño, hecho en una piedra de color verde subido, como eran según parece todos los otros de Carquín (Medina 1920).

Otro mito referente al origen del mar tiene similitud con el de Ávila y, según él, los habitantes de la costa adoraban a Pachacamac, creador del cielo, de la tierra y de todas las cosas, pero al mar lo puso en una vasija que dio en custodia a una pareja humana. Ésta no cuidó del cántaro, se les quebró y al derramarse el líquido tuvo principio el mar. Pachacamac castigó a los culpables convirtiendo al hombre en mono y a la mujer en zorra, animal que fue muy venerado en aquel santuario, donde tenía un templo con su imagen reproducida en oro y a la que ofrecían sacrificios de estos animales.[16]

LOS ARTESANOS

El doctor Gregorio González de Cuenca fue encargado en 1566 por el licenciado García de Castro de realizar la Visita General a los valles de Trujillo, Huánuco, Chachapoyas y Piura. En una carta al rey, fechada el 12 de noviembre de 1567, le manifestaba que se hallaron en el distrito de la ciudad de Trujillo veintisiete mil setecientos tributarios y:

> estando prosiguiendo la visita, embié a V. M. una tasa y unas ordenanzas de un repartimiento de los llanos, y porque lo de la sierra es muy differente y ha conuenido tasar differentemente y añadir algunas ordenanças... (AGI, Audiencia de Lima, Leg. 92, fol. 92).

---

16. Juan Cristóbal Calvete de la Estrella (1964: 301); Calancha (1638, Lib. III, Cap. XIX: 409); Albornoz (1967).

Por sufrir Cuenca una indisposición no prosiguió la Visita a la provincia de Piura y regresó a la Real Audiencia de Los Reyes.

Las mencionadas ordenanzas estaban dirigidas al cacique principal de Jayanca, y uno de los acápites trata sobre los oficios de los naturales y dice como sigue:

> Yten los yndios oficiales como son cumbicos, alpargateros y cabestreros, y plateros y carpinteros y *otros oficios,* husen y hagan obra de ellos para lo poder vender en el tianguez y en otras partes, y no dexen sus oficios y los alcaldes de los yndios les compelan a husarlos, por el bien e utilidad que se sigue a la comunidad del repartimiento que los husen y el yndio oficial que rehusare su oficio le trasquilen y le den cinquenta açotes en el tianguez publicamente (AGI, Patronato 189, ramo 11).

En otro párrafo de las mismas ordenanzas a los caciques, quedaba prohibido que los artesanos fuesen obligados al trabajo de la mita, tampoco quedaban sujetos a servir en las casas de los encomenderos, ni de guías de las cargas (fol. 16v).

Los españoles tuvieron interés en conservar ciertos oficios prehispánicos, que muy pronto se incorporaron a los de los artífices europeos, es el caso de los plateros. Otros como los carpinteros encontraron un nuevo campo en el ejercicio de sus oficios.

Es asombrosa la variedad de tipos de artesanos que existían en la costa norte, y ello prueba que el trabajo estaba sumamente especializado, al punto que todo parecía ser motivo de oficio único de parte de cada parcialidad. En el Juicio de Residencia seguido posteriormente al doctor Cuenca, después de su Visita a la provincia de Trujillo, figuran una serie de indígenas que le habían solicitado diversas licencias para ejercer libremente sus oficios sin ser molestados o impedidos a ello (AGI, Justicia 456 al 458).

En la costa, el trabajo se realizaba en forma diferente a la serrana, pues todos eran agricultores sin excepción, y hasta el inca, en una ceremonia especial, iniciaba las faenas agrícolas, cogiendo él mismo la *taclla* o arado. En cambio los llanos se caracterizaban por el hecho de que todas las actividades de la vida estaban a cargo de especialistas, incluso los labradores tenían la suya, con la advertencia de que nadie podía cambiar su oficio por otro.[17]

---

17. Rostworowski 1970b. *Aviso,* p. 170: "los doce mil labradores que no entendían sino en sembrar maíz, y otras semillas y raices de que se sustentaban y mantenían".

Alfareros

Mencionaremos primero a los olleros, quienes al igual que los pescadores y los demás artesanos no poseían tierras de labranza. Lo afirmaba:

> don Alonso Chut, ollero por my y en nombre de los demas yndios olleros de Lambayeque digo que V. merced tiene probeydo y mandado, que nyngun yndio oficial le apremyen a que vaya a hacer myta a nynguna parte, sino que lo dexen trabajar a su oficio, y por no embargante lo suso dicho, nos apremyan a que vamos a hazer la mita y guardar ganado [...] (AGI, Justicia 458, fol. 2088).

A pesar de la importancia dada a los alarifes, la falta de mano de obra hacía que los caciques trataran de forzarlos a cumplir el trabajo de la *mita*. La misma queja venía de:

> Toy natural de Collique, dijo que soy ollero y no tengo otro oficio ny grangería y somos seys deste oficio [...] (AGI, Justicia 461, fol. 1461v).

Otros artesanos olleros pedían ir a los pueblos comarcanos a vender sus piezas de cerámica (ídem, fol. 1467). En el mismo sentido hacían una petición:

> Juan Llonef y Pedro Ref por nos y en nombre de los demás oficiales holleros dezimos que hasta agora, emos tenydo costumbre de hazer tinajones grandes e medianos y los vendemos en el repartimiento de Xequetepeque do somos naturales [...] (AGI, Justicia 458, fol. 2053v).

Y seguían los pedidos de licencias y las quejas en el mismo sentido, como los de Juan Chonefc y otros oficiales olleros, encomendados en Pedro de Ayala, quienes solicitaban ir a otros repartimientos a vender sus objetos manufacturados.

De las citas expuestas más arriba se desprende la existencia de los artesanos ceramistas en la costa norte. Esto no significaba que no los hubiera en la sierra, sino que ahí, aparte de su trabajo especializado, también poseían tierras como cualquier otro ayllu.

Ahora bien, al formarse el imperio inca y necesitarse un aumento en la producción alfarera para suplir la demanda del Estado, se recurrió al trasplante de parcialidades enteras, especializadas en un oficio. Los más solicitados fueron los olleros y los plateros,[18] y no sólo el Cusco, la capital del Tahuantisuyu gozaba de estos *mitmaq,* sino que estuvieron dispuestos a lo largo de la sierra, en los lugares donde era necesario un mayor número de objetos manufacturados. Por diversos documentos

---

18. Antonio Baptista de Salazar. BNM, ms. N° 2010, fol. 400, año 1596.

sabemos que en Cajamarca vivía una parcialidad de alafareros yungas, venidos de Collique, mientras otra residía en Huamachuco.[19]

Caso parecido era el del cacique don Sancho Tanta Riquira de los *guambos*, quien temía que un grupo de ceramistas yungas le fuese reclamado por sus señores costeños y, por lo tanto, solicitaba al doctor Cuenca no mudase a sus antiguos pueblos por necesitarlos y dijo que:

> unos yndios olleros, naturales del balle de Jayanca están aquy y otros mitimaes de Chanda, jurisdicción de la provincia de Caxamarca, los quales dichos yndios mytimaes se temen que sus caciques an de estorbar que ellos estén es esta provincia, pués a tanto tiempo que los dichos residen en esta dicha provincia (AGI, Justicia 461, fol. 1452).

Sobre los alfareros se puede añadir que, al igual que los pescadores del valle de Lima, tenían su propio templo, también en la misma comarca existía una huaca de olleros, situada en la antigua hacienda de Chacra Alta. El lugar gozaba de una fuente que proporcionaba el agua necesaria y en 1810 el manantial se llamaba "de las adventuras" (AGN, Juzgado de Aguas 3.3.18.3; fol. 30).

Plateros

En el otorgamiento de la encomienda de Chincha a Hernando Pizarro hay mención no sólo de tratantes sino de plateros que estaban fuera del valle. Tenemos conocimiento de varios de estos grupos de artesanos yungas establecidos en el Cusco, uno de ellos un ayllu que vivía en la parroquia de Santiago. Tenían como apellido Eruay o Yruay Yzma, lo que indica que eran oriundos de Pachacamac.[20] Según la usanza serrana estos *yana* poseían tierras, y en los siglos XVII y XVIII habitaban no solamente en la parroquia de Santiago, sino también en la de San Sebastián y litiga-

---

19. AGI, Justicia 458, fol. 2135. AGI, Escribanía de Cámara 501-A. Waldemar Espinoza (1970).

20. AGN, Derecho Indígena, Cuad. 199, año 1712. BN, B-843. Los yungas del ayllo Eruay, plateros de la Parroquia de Santiago del Cuzco, en el año 1645 eran: Don Pasqual Sacaico, Juan Cuzco Yalan, Juan Yalan, Pasqual Copa, Diego Copa, Josef Grauiel y Diego Yapac. Otros plateros estaban en casas de españoles ellos eran: Lucas Anaxi, Miguel Antón, Lacaro Yapa, Pablo Yapac, Juan Allaucan y Gonzalo Sacaico que habitaba el pueblo de Maras y Pedro Callapiña el pueblo de San Salvador de Calca.

Los del ayllu Yzma yungas plateros eran: Diego Lloay, Jerónimo Tunqui, Pasqual Cori, Grauiel Guamán. Este padrón de artesanos plateros lo hizo el licenciado Francisco de Paredes, cura propietario de la doctrina y parroquia de Santiago.

ban por sus haciendas. Había otros plateros yungas que residían en Santa Ana (AGN, Derecho Indígena, Cuad. 199).

En la Relación "Aviso" se afirma que los artesanos metalúrgicos de Chincha sólo hacían su oficio y su tributo al inca consistía en objetos manufacturados, pero podían también fabricar otros para sus propias granjerías.

En la costa norte, entre las solicitudes de licencias para ejercer libremente sus oficios, está la de un señor llamado don Pedro Patcunllall, principal de los artífices plateros de Lambayeque, y otro de Collique (AGI, Justicia 458, fols. 1800v y 1919v). El hecho de que existieran en la sierra parcialidades costeñas especializadas en un oficio, no indica que no hubiera grupos serranos dedicados a algún oficio. En la Visita a la provincia de Chucuito de 1567 (Murra 1964: 14 y 17) hay mención de pueblos de plateros y de olleros, pero todos ellos, a diferencia de los yungas, hacían sus chacras y se ocupaban de sus sementeras (p. 38).

Es interesante comprobar cómo estos calificados artesanos indígenas continuaron ejerciendo sus oficios en tiempos virreinales y fueron una mano de obra importante en la manufactura de la platería colonial, sobre todo que en el Perú no rigieran las prohibiciones que impedían a los plateros indios ejercer su oficio, como fue el caso en México. En el Juicio de Residencia seguido al doctor Cuenca por el tiempo que fue corregidor en el Cusco, se encuentra la queja de un grupo de plateros yungas, que no fueron pagados por labrarle una numerosa vajilla. Un testigo declaró que cuando estuvo:

> el dicho doctor Cuenca en la Çibdad del Cuzco por corregidor della, hizo labrar mucha cantidad de plata y desta plata parte della fue para el conde de Nieva, e parte para el licenciado Muñatones y asi mismo hizo labrar para su servicio[...] (AGI, Escribanía de Cámara; 528-A, fol. 130, año 1571).

El testigo añadió que el monto de lo que Cuenca hizo hacer valdría entonces unos dos mil pesos, más o menos. En la misma Residencia mencionan más adelante a los plateros costeños como habitando la parroquia de Santa Ana, y se llamaban Juan Yacho, Martín Llamaqui, Pedro Cahayoc, Miguel Cora Vilca, Mateo Copoata, Pedro Colqui, Baltasar Coaco, García Mutumac y Sebastián Chuqui. En descargo de las acusaciones hechas a su persona, Cuenca presentó por testigo a un platero español llamado Alonso López, quien afirmó que había sido abonada la deuda a los artesanos indígenas y que él mismo no trabajaba ya en el Cusco con ellos, sino en Los Charcas (ídem, fol. 12).

En la colonia, durante el siglo XVI, los particulares hacían libremente trabajar para sí a los plateros indígenas en la confección de sus vajillas de oro y plata, ya fuera en sus propias casas o en las rancherías de los indios. El virrey Toledo trató de ordenar este trabajo que resultaba perjudicial a la Real Hacienda, que no percibía los quintos del rey, y en 1571 dictó unas provisiones sobre el trabajo de los plateros indios del Cusco. Mandó se edificase un galpón grande en la plaza del Hospital, donde se reuniría a todos estos plateros indios que estarían supeditados a un español nombrado por él, llamado Luis de Carrizales. De él decía la provisión que era:

> estante en esta ciudad y de vuestra abilidad y uso que teneis en el dicho oficio de platería fidelidad y buena conciencia que soys tal persona que bien y cumplidamente hareis todo lo que por si os fuese mandado [...]

Mientras se construía el edificio, Carrizales debía reunir en su casa a los naturales, comprar el carbón necesario y llevar un libro de las cuentas y pedidos. También tenía la obligación de vigilar se pagara el quinto real de todo el oro y plata:

> su excelencia mandaua y mandó que de aqui adelante ninguna persona vezino, estante, ny abitante, ny de otra qualquier calidad que sea, no ocupen ny tenga los dichos yndios plateros, ny les estoruen que vayan a labrar a la dicha casa del dicho carrizales [...] (AGI, Audiencia de Lima 1623).

El rey aprobó en 1575 las provisiones de Toledo sobre reducir a los indios plateros del Cusco y de que hubiera un veedor que hiciese cumplir lo mandado. Sin embargo, estas ordenanzas no se acataron y continuó el trabajo clandestino de los artesanos indígenas. Los españoles no estaban interesados en que se observaran las provisiones del virrey y les convenía seguir con la labor ilegal de los plateros. Los mismos corregidores y los sacerdotes eran los primeros en fomentar el trabajo de su propia vajilla, sin pagar el quinto a la corona. Muchas eran las personas interesadas en hacerse de objetos de plata y lo tenían:

> por trato y granguería y ocupan en ello de hordinario muchos yndios oficiales [...] (AGI, Audiencia de Lima 132).

Según la misma fuente de información, en Jauja había 80 indios plateros, en Andahuaylas 60, en el Cusco más de cien y también los había en otras partes como en Chucuito, Chuquiabo y Potosí. Los corregidores tomaron por costumbre reservarlos de otros servicios y cargos, para que les labrasen diversas piezas y aprovechaban para renumerarlos muy poco por su trabajo.

Ésta era la situación de la platería en el siglo XVI y se comprende que mucha de ella no llevara los punzones debidos, ni la marca de sus artífices, hecho que dificulta su estudio. Es posible que la misma situación se prolongara durante el siglo XVII. En una relación sobre los plateros yungas del ayllu Eruay Yzma, ya mencionados, de 14 artesanos instalados en el Cusco, cinco de ellos habitaban casas de españoles, y ejercían sus oficios para ellos (BN, B-843).

Como dato curioso se puede añadir la noticia de que don Antonio Hurtado de Mendoza trajo consigo de Nueva España a un platero indígena. Después de la muerte del virrey, el arzobispo de Lima lo llevó a su casa y lo tuvo a su cargo. Parece que era muy hábil labrando oro (que no sabía antes haz ella), pero paraba borracho por su afición a la bebida. Solo, sin ayuda de ningún oficial español, labró por orden del prelado una copa con sobrecopa y una porta paz de oro para el rey. La decoración representaba figuras de santos y otros temas de la tierra (AGI, Lima 100, año 1566). La influencia de los artesanos indios se aprecia en detalles o rasgos espontáneos. José Antonio Lavalle (1974) en su libro sobre platería virreinal estima que:

> son los maestros indígenas los que introducen en la platería elementos de procedencia local que tipifican el arte mestizo, muchos de ellos de carácter mitológico prehispánicos o de simbología autóctona, como los zorrillos y monos encaramados en los bordes de las vasijas y cubiletes para beber, tan similares a los que aparecen en los keros del Incario.

Tanto la zorra como el mono fueron los animales que desempeñaron un rol importante en las leyendas costeñas y estaban unidos a los mitos de creación referentes a los antiguos dioses Con y Pachacamac. Es posible que los plateros yungas reprodujeran en sus obras alegorías familiares para ellos.[21]

Pintores

Algunas especializaciones de la costa norte son curiosas, como es la referencia a pintores de mantos; estos naturales tenían por oficio el pintar ropa e iban por los valles usando de su arte. En la Visita de Cuenca son mencionados varios de ellos, por ejemplo Enepmullas, natural de Collique, Diego Llumo de Chuspo, Hernando Payco, un principal y otros tantos de Lambayeque. Todos declararon ser pintores y ejercían su oficio yendo a diversos repartimientos y para ello pedían licencia ante el temor de ser molestados. Es muy interesante el hecho que hubiera naturales de oficio pintores y que en tiempos toledanos aún conservaran sus viejas costumbres.

Según los cronistas y algunos documentos, sabemos que en el incario existían pinturas y tablas en ciertos templos, en las cuales estaba re-

---

21. Como dato interesado damos a continuación los nombres de dos plateros españoles. En la Visita a la Casa de la Moneda, realizada en 1575, son mencionados dos artesanos hispanos llamados el uno Enrique y el otro Juan Ballesteros. AGI, Justicia 463. Residencia al licenciado Sánchez de Paredes, fol. 86v.

presentada su historia.[22] Es un hecho conocido que Toledo envió al rey cuatro paños que ilustraban la vida de los incas, y en una carta que le dirige desde el Cusco, con fecha 1° de marzo de 1571, le decía que dichos tapices fueron confeccionados por los:

> oficiales de la tierra y añadía que aunque los yndios pintores no tenían la curiosidad de los de allá,

no por eso dejaban los mantos de ser dignos de ser colgados en uno de los palacios reales (AGI, Audiencia de Lima 28b).

Sobre las vicisitudes de aquellos lienzos enviados a España hay un documento que los menciona como existentes, en 1586, en el Palacio Real de Madrid. Se trata de un testimonio hecho por un nieto del conquistador Hernando de Soto y de la ñusta doña Leonor, hija de Huayna Capac, llamado Pedro Carrillo de Soto. Este personaje tuvo necesidad de hacer una probanza y la hizo teniendo como base aquellas pinturas. A través del documento nos informamos que uno de los paños representaba la conquista española, o sea que no sólo ilustraban la historia incaica sino también los hechos de los españoles.[23]

¿Quiénes fueron los artistas que efectuaron esas obras? ¿Fueron costeños o también los hubo serranos? Es muy posible que fuese aquella una costumbre panandina, que desde tiempos remotos se contaba con artistas y artesanos con una tradición pictórica. Sólo así se comprende que, habiendo artífices locales, surgiera con tanta espontaneidad la llamada escuela de pintura cusqueña, y que con la llegada de un nuevo aporte cultural florecieran artistas indígenas como Diego Quispe Tito, Chihuan Tito y otros tantos anónimos que conservaban el encanto de la pintura popular. Es posible que en los pintores de mantos indígenas estuviera el origen de la profusa producción artística colonial.

Oficiales hacedores de chicha

Entre los oficios especializados de la costa había uno muy particular de los yungas, que muestra una clara diferencia de estructura social entre la sierra y la costa. Se trata de los hombres dedicados a confeccionar la chi-

---

22. RAH, A-92; fol.17v para la averiguación del pasado y de la tasa en tiempo del inca: "haréis traer ante bos, y otros qualquiera las pinturas y tablas y otras quentas que aya". Ver Acosta (1940, Lib. 6, Cap. 8), Santillán (1927: 91).

23. AGI, Escribanía de Cámara 509-A; fols. 231-239v. Este documento está siendo investigado por el doctor Enrique Marco Dorta, catedrático de Historia del Arte Hispanoamericano en la Universidad Complutense de Madrid, en los catálogos del Palacio Real para ver si se puede rastrear su paradero.

cha, bebida andina preparada sobre todo a base de maíz, pero también de yuca, maní, etc.

En la sierra las mujeres preparaban en sus hogares la bebida para la familia. Cuando se necesitaban grandes cantidades para el culto, el inca o para cualquier gran ceremonia, eran las mamaconas quienes se ocupaban de prepararla.

En cambio en la costa era materia de un oficio masculino y de dedicación de un grupo especializado. Veamos la declaración de un señor:

> don Pedro Payampoyfel, principal y mandón de los yndios chicheros de este repartimiento, dezimos que nosotros no tenemos otro oficio sino hazer la chicha ques menester para la comida [...]
>
> ny tenemos tierras, ny tenemos chacaras donde sembrar sino sólo nos substentamos con hacer la dicha chicha y vendella y trocalla en el tianguez, a trueque de maíz y lana y chaquira e otras cosas, y los yndios labradores no la pueden hazer e no tiene aparejo para ello (AGI, Justicia 458, fol. 2090v).

Arriaga (1968: 106) confirma lo anterior al decir que en:

> los llanos son hombres y en la sierra son mujeres los que fabrican la chicha

La importancia de la elaboración de esta bebida está mencionada en las Ordenanzas para la costa norte que dictó el doctor Cuenca, en el año de 1566, durante la Visita a la provincia de Trujillo, y años más tarde, en 1574, las dispuso nuevamente Juan de Hoces, en otra Visita al mismo lugar.

Para comprender la necesidad de esta legislación, que no era necesaria en la región serrana, hay que tomar en cuenta las costumbres yungas, donde los caciques y los principales solían:

> tener asientos y tauernas donde publicamente dan de beuer chicha a todos los que allí se allegan, y es causa de las borracheras de los yndios y en ello ocupan muchos yndios e yndias en hazer la chicha [...] (AGI, Patronato 189, ramo 11).

De diversos documentos se desprende que parte del prestigio de un señor costeño residía en dar de beber a sus súbditos y en tener un gran número de hamaqueros; cuanto más se preciaba un principal, mayor magnificencia mostraba en sus tabernas. También era usual que al salir un cacique de su palacio llevara consigo un séquito de cargadores con cántaros de chicha, y donde paraba su litera acudían todos a resfrecarse a sus expensas.

Cuenca, al suprimir drásticamente esta situación, produjo un trastorno en las costumbres. Los caciques no tardaron en reclamar ante una medida tan radical. Algunos, como el curaca de Chicama o el de San Pedro de Lloc, dijeron que ya no tenían sus tabernas de chicha, donde solían dar de beber a sus indios, y pedían licencia para conservar, por lo menos, la costumbre de proporcionar bebida durante las faenas comunales, los sembríos de los campos y la limpieza de las acequias (AGI, Justicia 458, fols. 1937 y 1940v).

Otro principal, don Cristóbal Payco de Jequetepeque, dijo que la supresión era:

> un gran incoveniente por que la principal causa por que los yndios obedecían a sus caciques aqui, es mediante a que la costumbre que tenían de dalles de beber [...] y que sino obiese de dar de beber a los yndios" ellos tampoco harían sus sementeras (AGI, Justicia 461, fol. 1470).

La bebida ofrecida por los señores entraba en el complicado engranaje de reciprocidades que no se podían suprimir sin acarrear graves problemas.

Años más tarde, el visitador Juan de Hoces encontró la necesidad de reglamentar en detalle todo el proceso de la elaboración y trueque de la chicha; y para ello aceptó la existencia de ciertas tabernas y que:

> en ellas estén todos los yndios que son oficiales de hazer chicha y allí la hagan (AGI, Audiencia de Lima 28-A).

En las tabernas establecidas trocaban la chicha preparada tanto para los principales como para los del común y la medida empleada era:

> una açumbre de chicha por otra medida de maíz del mismo tamaño del dicho açumbre.[24]

Se preveía el caso de que una persona no tuviese maíz para trocar por chicha, en ese caso:

> por rescate de la dicha chicha, se la den por rescate de chaquira y de madejas de hilo de lana teñydo y otros rescates, según lo an de uso y costumbre, y la chaquira y lana que an de dar por el dicho rescate de la dicha un açumbre de chicha, a de ser por una medida que queda señalada en una bara de medir.

En retribución por sus trabajos, los veedores, alguaciles y medidores, recibían cada uno, por once medidas de chicha que trocaban, una para ellos y, al cabo de la semana, el montón de maíz obtenido lo repartía el sacerdote: algo a los pobres y a los demás oficiales por partes iguales. Al cacique y a la segunda persona del señorío les tocaba una arroba de chicha diaria, a los principales media y a la gente del común un azumbre.

---

24. Azumbre. Medida de capacidad para líquidos compuesta de 4 cuartillos, equivalentes a dos litros y 16 mililitros. *Diccionario de la Real Academia de la Lengua.*

Las Ordenanzas del visitador Juan de Hoces prohibían el uso de cualquier bebida hecha, fuera de yuca, de algarrobo y la llamada de jora, so pena, para el que contravenía sus disposiciones, de ser azotado en la plaza pública y de ser trasquilado. Nadie podía preparar chicha en sus casas, ni siquiera el señor del cacicazgo.

Los oficiales chicheros quedaban liberados de cualquier otro trabajo y no podían ser obligados a la mita del encomendero, cacique o principales. Lo interesante es constatar que a lo único que se les podía obligar era acudir a la reparación de una acequia principal del repartimiento. Eso demuestra la importancia que tenía en los llanos toda obra de emergencia en el sistema hidráulico del valle.

Por último, cuando el cacique o cualquier principal salía de su repartimiento a otro, se obligaba al señor del lugar donde se dirigía a proporcionarle la arroba diaria a la que tenía derecho, para que diese de beber a la gente de su servicio, sin llevar consigo cargadores especiales. El visitador ordenó pregonar por los pueblos las nuevas ordenanzas en lengua yunga, con el fin de que fuesen acatadas.

Salineros

Otra diferencia entre la costa y la sierra se nota también en la producción de la sal. En los yungas parcialidades especiales se dedicaban a su elaboración, como se desprende del testimonio de don Pedro Uarmoc, principal de Túcume, quien declaró que:

> my trato y grangería es hazer sal y vendella de que me sustento y no tengo tierras en que senbrar y el maiz que yo e veinte e un yndios que son de my ayllo nos esta repartido, lo queremos pagar con sal, por quanto no tenemos como dicho es donde sembrar, ny coger el dicho maiz (AGI, Justicia 461, fol. 1468).

Parcialidades especiales se dedicaban también a la elaboración de la sal, como don Pedro Llup, principal de Túcume quien declaró que el pueblo de Mullup era de unos indios salineros, y la sal, como todos los demás productos de los llanos, era objeto de trueque de la parcialidad que la elaboraba. Costumbre opuesta a la serrana, donde la sal era obtenida por medio de "archipiélagos verticales", y los que acudían a esas minas eran colonos distantes y de varios ayllus que trabajaban para sus comunidades (Murra 1967).

Aparte de los artesanos ya mencionados, existían en la costa norte los mismos oficios que nombra "Aviso" para Chincha, es decir carpinteros, zapateros alpargateros, antiguos hacedores de sandalias u oxotas, quienes al igual que los demás artesanos ejercían sus oficios libremente.

La existencia de grupos dedicados a una especialización laboral, en la costa del antiguo Perú, plantea dos interrogantes que conviene aclarar en lo posible. La primera está relacionada con el significado que tenían las voces *parcialidad* o *ayllu* usadas en los documentos coloniales, y la segunda es el tributo que los artesanos daban al inca.

Cuando los testimonios virreinales mencionan ayllus o parcialidades de pescadores, hablan de ellos como si se tratara de grupos campesinos atados a la posesión de la tierra de cultivo. Por otro lado, sabemos que los pescadores no poseían tierras, ni agua, pero sí sus playas y caletas determinadas de donde salían a ejercer su oficio. En este caso se podría definir un ayllu o parcialidad de pescadores como un grupo unido entre sí por lazos de parentesco, y por la posesión en común de ciertas playas necesarias para realizar sus ocupaciones.

Nos faltan noticias sobre el estatus de las parcialidades de plateros, ceramistas o cualquier otro grupo de artesanos. A éstos también debió unirlos un vínculo de parentesco y quizás algún tipo de unión gremial o, por lo menos, el conocimiento de los secretos profesionales, transmitidos de generación en generación. Otro hecho a tener en mente es que artesanos y pescadores estaban libres de la mita, y tenían la obligación de cumplir con su oficio, siéndoles prohibido cambiar de profesión.

Una vez más se puede comprobar la poca precisión de los términos ayllu o parcialidad, y convendría ahondar la investigación sobre este tema, tomando en cuenta los diversos contextos y circunstancias.

Interesa por último ver la forma cómo era aplicado el tributo entre los artesanos especializados durante el Tahuantisuyu. John V. Murra insiste en que en tiempos incaicos el llamado tributo era una prestación de energía humana al Estado, al culto y a los señores, y que se cumplía a través de un complicado sistema de reciprocidades.

Los artífices indígenas entregaban objetos manufacturados, fruto de su trabajo pero, a diferencia de los campesinos y hombres del común, no estaban obligados a acudir a la mita agrícola:

> y demás desto que le tributasen todos los oficiales cada uno en su lugar, asi texedores de rropa de lana y algodón, como plateros, mineros de minas de oro y plata y ganaderos de ganado, pescadores con pescado, carpinteros, olleros y plumajes y tierra de colores, y labradores, y con los demás oficiales y cosas que abia sin que de ninguna quedase por tributar" (Apuntamiento de su magestad para el Perú. RAH, A-92, fol 17).[25]

Desconocemos el monto de piezas que remitían los artesanos, y es posible que variara de una región a otra, según la forma cómo se ejercía el

---

25. "Apuntamientos de su magestad para el Perú". RAH, A-92, fol. 17.

poderío cusqueño en cada lugar. Naturalmente los artesanos traspuestos y considerados como *mitmaq* o como *yana* tenían, por su misma situación, una posición diferente a la de los artífices que se quedaban en su lugar de origen y en sus propios señoríos de donde eran naturales.

Moseley (1975b) en un artículo sobre la ciudad de Chan Chan, cerca de Trujillo, menciona que existe un grupo de viviendas pequeñas, irregulares, de cuartos aglutinados, concentrados en las zonas sur y oeste del conjunto citadino. Un grupo de estas estructuras no tuvo actividad doméstica y, más bien, se ha comprobado una asociación de artefactos relacionados con una producción artesanal, en especial con la metalurgia, aunque también con la manufactura textil de calidad superior y con evidencias de trabajos en piedra y madera. En general, se puede suponer que estas habitaciones son muy distintas a los módulos de asentamiento rurales del Chimor. Es muy valiosa esta información arqueológica porque indicaría que la zona descrita por Moseley podía ser un barrio de artesanos y estaríamos frente a un sector formado por personas especializadas en una labor manual determinada.[26]

Las excavaciones en el mencionado lugar dieron por resultado el hallazgo de sólo algunas herramientas de cultivo, indicio de que los habitantes no estaban directamente ocupados en la agricultura, y también una cantidad ínfima de anzuelos u otros objetos relacionados con la pesca.

En el Chimor debieron ser numerosas las aldeas o caletas de pescadores, pues no forzosamente habitaban la urbe. Huanchaco es la más conocida, pero existió seguramente algún pueblo cerca del cacicazgo de Guamán. Sabemos de un principal muy importante que en tiempos de Vaca de Castro poseía un pequeño señorío, al otro lado del río, compuesto de dos aldeas, llamadas la una Changuco, río arriba y la otra Xacón, al borde del mar y habitadas por pescadores.

Antes de terminar con los artesanos, conviene considerar la lista de oficiales prehispánicos proporcionada por el licenciado Francisco Falcón. Aunque su relación ha sido publicada repetidas veces siempre ha sido una mala trascripción, razón por la cual hemos recurrido al documento original, que es como sigue:

---

26. Este autor usa las siglas SIAR, *small, irregular, agglutinated room,* para el tipo de estructura mencionada.

(BN-Madrid, M.S. N° 3042, año 1571, antigua asignatura: J-89)
fol. 225v.
oficios y cosas
en que seruian
al Ynga

> Assi mesmo puso y hizo poner numero de indios que le sirviesen de cada prouinçia conforme al número que en ella auia en las cosas que en la mesma prouinçia auia de que el pudiese ser seruido y aprovechado que eran las siguientes. En los llanos Yungas.
>
> *Capac hocha camayoc* que eran yndios que estan señalados para lleuar los sacrificios a donde se lo mandauan.
>
> *Cori camayoc*, yndios para labrar minas.

fol. 226r.

> *Llacxa camayoc* yndios que labraban piedras que sacauan de la mar, y turquesas y otras piedras.
>
> *Ychma camayoc*, yndios que labran tierra de colores
>
> *Guaca camayoc, Llano paucar camayoc, Haua paucar camayoc* de menos suerte.
>
> *Llano pachac compic* que hazian ropa rica para el Ynga.
>
> *Haua compic camayo*, que hazian ropa basta.
>
> *Tanti camayoc* yndios que hazian colores de yeruas.
>
> *Llano hojota camayoc* finas para el Ynga, *Haua hojota camayoc*, bastas. *Toclla yllica camayoc, yndio guarmen camayoc*, yndios guardas de las mugeres questauan diputadas para el sol y su seruiçio.
>
> *Mamacona camayoc, Aclla camayoc,*
>
> *Panpa camayoc, Lama camayoc, Colca camayoc*
>
> *Coca camayoc, Llipta camayoc, Uchu camayoc, Cachi camayoc*
>
> *Challua camayoc*, pescadores, estos no tenian chacaras mantenianse del pescado que tomauan despues de auer cunplido con lo que auian de dar al Ynga.
>
> *Sañoc camayoc*, Olleros, *Quero camayoc* carpinteros.
>
> *Malqui camayoc, Chaca camayoc, Pirca camayoc*, aluañiles.
>
> *Mollo chasqui camayoc, Paucara camayoc, Uanto camayo*
>
> *Mitimac*, yndios que dauan para sacar fuera de la prouinçia y ponerlos en otras partes.
>
> Los demas que quedauan hazian las chacaras de todas legumbres y las benefiçiauan y lleuauan y ponian en los depositos o donde se les mandaua y entendian en las otras obras de comunidad publicas.
>
> Los yndios serranos le seruian en las cosas siguientes:
>
> *Capac hocha camayoc, Intic camayoc, chuncanti capac*, yndios para seruir los cuerpos antepasados difuntos del Ynga.

Cori camayoc, Colque camayoc, Antay quilla camayoc

Ichma camayoc, Guaca camayoc, Llanu paucar, Haua paucar.

Gualcanca camayoc, Llanu compic, Haua compic, Tanti camayoc, Llanu ujuta, Haua ujuta, Toclla illi camayoc, Mama cona

fol. 226v.

camayoc, Aclla camayoc, Pampa camayoc, Coca camayoc Pilco llama camayoc, Llama camayoc.

Llipta camayoc, Uchu camayoc, Cachi camayoc, Chichi camayoc, Çara camayoc, Michaca camayoc

Sañu camayoc, Quero camayoc, Malqui camayoc, Moya camayoc.

Chaca camayoc, Pirca camayoc, Chazqui camayoc, Paco camayoc, que eran para poner en las orejas del Ynga.

Riui camayoc, que son unos cordeles con plomo con que jugauan el Ynga. dauan yndios para mitimaes en otras partes.

Convendría naturalmente que un lingüista analizara el texto arriba transcrito, pero algunas observaciones podemos hacer nosotros. La relación de Falcón divide a los diversos *camayoc* en costeños y serranos, y aunque muchos oficios fueran idénticos para ambos lugares, otros eran particulares a cada una de las señaladas regiones.

Por ejemplo, en los dos lugares existían los encargados de realizar la ceremonia de la *Capa Hocha,* importante rito descrito en un documento del Archivo General de Indias (Justicia 413, Rostworowski 1970b, 1988b). Otra dedicación curiosa era la de los *ichma camayoc* que labraban las tierras de colores y los *tanti camayoc,* encargados de preparar los colorantes a base de hierbas.

Pero quizá lo más interesante para nosotros esté en comprobar algunas diferencias entre los yungas y los serranos. Extraña el oficio costeño del *llacxa camayoc* que consistía en labrar las piedras y turquesas que sacaban del mar. En cambio, encontramos en los *challua camayoc,* o pescadores, la confirmación de que no poseían tierras de cultivo. Si recurrimos al diccionario quechua de fray Domingo de Santo Tomás, verificamos que ese término indicaba al pescador que vendía (entiéndase trocaba) el pescado; mientras los de *challua hapic o guaxme* designaban al pescador que pescaba (de *hapic* – el que toma algo).

Es interesante la diferenciación de los dos vocablos porque distingue las tareas y demuestra una gran especialización y organización en el desempeño laboral. Unos eran los que conseguían el pescado y otros los que lo intercambiaban para conseguir lo preciso para sus necesidades, ya que no tenían chacras.

Sabemos por los documentos arriba analizados que una importante ocupación era salar y secar el pescado y que con el producto se establecía el trueque con la sierra contigua. Este hecho explicaría la mención, en la costa norte, de los pescadores que eran al mismo tiempo mercaderes, ellos cumplían una labor de intercambio de productos.

Otro oficio yunga no menos interesante era el de los *mollo chasqui camayoc*, y si seguimos consultando el *Lexicón* de Domingo de Santo Tomás vemos que, según él, *mollo* era el coral o perlas. Se trata de las conchas *(Spondylus sp.)* llamadas por González Holguín *mullu;* es posible que esta diferencia de pronunciación se deba a variaciones regionales en el habla, sobre todo si se toma en cuenta que la lengua quechua es trivocálica. La expresión *mollo chasqui camayoc* correspondería a la manera indígena propia para designar a las pesonas costeñas encargadas de llevar y de distribuir las estimadas conchas a los diversos santuarios y dioses. La importancia del cargo obligaba que fuese gente especial la que desempeñaba el oficio.

¿Acaso se llamaba de igual manera a los mercaderes chinchanos que traían las preciadas conchas desde los lejanos mares cálidos del norte, o quizá les decían *mollo hapic camayoc,* al igual que diferenciaban las tareas de los pescadores?

Según la relación del licenciado Falcón, la lista de los oficiales serranos parece corresponder a la región cusqueña, por los varios *camayoc* dedicados a faenas relacionadas con la persona del inca o de sus allegados. Se desprende de los cargos del *Intic camayoc* y de *chucanti capac*, personajes ocupados en cuidar de los cuerpos de los antepasados del inca, o los *paco camayoc,* quienes ponían las orejeras al inca.

De esta larga nomenclatura de oficios se entiende que el término *camayoc* designaba al oficial o artesano, pero también a la persona dedicada a cumplir trabajo especial. Es un tema que interesa ahondar porque en su investigación y análisis se podrá vislumbrar mejor el trabajo, las costumbres y la idiosincracia del indígena, desponjándonos de las ideas europeas preconcebidas, inadecuadas para valorar la realidad andina.

LOS MERCADERES

Los tratantes chinchanos

Al ocuparnos de los mercaderes prehispánicos no mencionaremos las pruebas sobre mercados, ni volveremos a hablar del amplio léxico que sobre el tema poseían los idiomas aymara y quechua (Rostworowski 1970b). Nos limitaremos a presentar algunos nuevos aspectos sobre los mercaderes de Chincha y a compararlos con los testimonios de la costa norte.

Una confirmación de la existencia de los mercaderes chinchanos la encontramos en un documento escrito en el Tambo de Pachacamac, el 5 de enero de 1534, o sea un año antes de la fundación de la ciudad de Lima, y cuando parte del engranaje indígena funcionaba aún. Se trata del depósito de indios hecho por Francisco Pizarro a su hermano Hernando, y dice textualmente:

> os encomiendo el valle de Chincha con todos sus yndios e caciques e prencepales que le pertenecen y sus sujetos, con todos sus mytimaes y tratantes e plateros que tienen fuera de su tierra, sus sujetos y naturales del dicho valle. [...] (AGI, Justicia 1075).

Las primeras líneas citadas son los términos clásicos de los otorgamientos de encomiendas. Lo que difiere es lo que sigue, o sea los tratantes y plateros. Tratante es sinónimo de mercader y en el *Diccionario de la Lengua Castellana* del año 1791 se señala que la palabra proviene del verbo tratar y también es empleada como sustantivo, significa: "el que compra por mayor géneros y comestibles, para venderlos por menor". Esto señala que el encomendero tenía derecho no sólo sobre los señores del valle, los indios del común y los *mitmaq*, sino que incluía también a los mercaderes ausentes de Chincha, atareados en sus trueques más o menos lejanos, y a los plateros que estaban traspuestos a algún lugar fuera del valle.

Según Raúl Porras Barrenechea, en el segundo viaje de Francisco Pizarro los conquistadores recogieron en Tumbes relatos sobre el señorío de Chincha y quedaron alucinados por las noticias de sus riquezas. Diego Ribero en su mapa confeccionado en 1529, según el derrotero del piloto Bartolomé Ruiz, menciona:

> El puerto y provincia de la ciudad de Chinchay.[27]

Es posible que la balsa apresada por Ruiz en aquel entonces fuese chinchana y que sus tripulantes proporcionaran a los españoles las tempranas nuevas sobre las riquezas del señorío sureño.[28]

Quizá la prosperidad de Chincha se debía al principio de transacciones comerciales que cumplían sus mercaderes en zonas distantes. Según la Relación "Aviso", tenían un centro de trueque en Puerto Viejo en

---

27. Es posible que la forma indígena del nombre del señorío de Chincha fuese Chinchay; en 1645 existía en el Cusco un ayllu llamado Chinchay Yunga que habitaba la parroquia de Santiago (BN, B-843). También, según Albornoz, al oráculo le decían Chinchaycamac.

28. Raúl Porras Barrenechea. "Coli y Chepi". Diario *El Comercio,* Lima, 14 de febrero de 1954.

el Ecuador, al cual llegaban en balsas, y un segundo que tenía por meta el altiplano y el Cusco. La misma fuente confirma sus grandes rescates de oro, plata y cobre que tenían con los habitantes de la sierra.

Otra fuente de información apoya la anterior en el sentido del trueque de metales entre la costa y la sierra, y de su gran importancia en tiempos preincaicos. Se trata de una Instrucción ordenada por el rey en 1561, y según ese documento:

> en tiempo de los Yngas no hauia estimación en ninguna cosa a dineros, porque no se comprava comida con oro ni plata, dado el caso que algunas comunidades de los llanos rescataban oro i plata con los bastimentos que llevaban a la sierra pero en esto concluyen casi todos los viejos, que *esto fue antes que el Inga los conquitase,* porque despues hauia pocas contrataciones desta menera, i las que hauia eran permutaciones como ropa de algodon por de lana, o pescado por otras comidas; lo primero se hacia con los principales porque la gente comun solo rescataua comida por comida [...] (RAH-Madrid. Colección Muñoz, tomo 27).

Lo interesante es la declaración de que el pescado seco era un rescate de la gente del común, que podía ser local o entre la sierra y la costa; trueque alimenticio que habría que distinguir del intercambio realizado por los señores o personas especializadas y que sería un trueque suntuario.

Durante el apogeo del imperio incaico disminuyó el intercambio comercial como medio de obtener productos ajenos al medio, y fue entonces el auge de los "archipiélagos verticales", pero se puede suponer que durante el florecimiento de las culturas costeñas el trueque gozó de una gran importancia, que perdió posteriormente.

Los objetos de intercambio chinchano eran múltiples y variaban según las regiones a las que se dirigian los mercaderes. En Puerto Viejo abundaban las conchas, llamadas por los indígenas *mullu (Spondylus sp.)* que fueron objeto especial de trueque por su carácter sagrado, su gran demanda, y por sólo encontrarse en aguas tibias y no en el litoral peruano, bañado por una corriente fría.

La segunda mercadería importante fue el cobre. "Aviso" asegura que los tratantes emplearon un género de moneda y que "compraban y vendían con cobre".[29] También toda la costa, de sur a norte, mercaba pescado seco con la sierra, y hay que añadir objetos de menor importancia como el ají *(Capsicum),* el algodón, las chaquiras, y las calabazas pintadas, a las que se refiere Cobo (1956, tomo 1, Cap. XXVIII). De la sierra, además de los metales, una materia de intercambio era el charqui, o

---

29. Para el cobre en el Ecuador ver Olaf Holm, "Money axes from Ecuador". *Folk,* vols. 8-9, Copenhagen 1966-1967. Véase también Roswith Hartmann 1971.

carne seca, y ropa de lana. De la costa central tenemos pocas noticias sobre tratantes, debido posiblemente a la violenta baja demográfica que sufrieron estos valles, por ser Lima el lugar escogido para cabeza del virreinato.

Pedro Pizarro en su Relación nos ha transmitido un interesante diálogo entre Atabalipa y Francisco Pizarro. Un día el inca se quejó del oráculo de Pachacamac, diciendo que era mentiroso pues había ofrecido la victoria tanto a él como a su hermano, por esa observación:

> el marqués le dijo que sabía mucho; Atabalipa respondió que los mercaderes sabían mucho [...] [30]

Del texto se entiende que el inca se refería que los sacerdotes de Pachacamac eran tratantes. En otro artículo (Rostworowski 1972a) avanzamos la hipótesis de que los sacerdotes de Ychma hacían un proselitismo religioso en distantes lugares con el objeto de extender el culto de Pachacamac y también de conseguir ofrendas en artículos alimenticios y bienes manufacturados. Son numerosas las citas de los cronistas sobre el tributo que los habitantes de los llanos remitían a Pachacamac, hecho que se confirma con la existencia de amplios depósitos en los templos (Jiménez Borja y Bueno 1970).

Todo indica que los métodos empleados por los sacerdotes para aumentar sus riquezas no fueron ni las conquistas, ni las armas, sino que ejercieron la influencia religiosa en forma de temor y miedo. Un atributo importante de Pachacamac, que sembraba el espanto entre sus fieles, era el de ser considerado como el dios de los temblores y que podía motivarlos a voluntad (Ávila 1966: 129). Otro medio no menos valioso para conseguir dádivas era el famoso oráculo que gozaba de un amplio renombre y que era consultado desde lugares lejanos.

Así la influencia y poderío de Pachacamac fue de carácter religioso y por medio del culto atraía hacia sus templos gran contigente de ofrendas. Es posible que los bienes enviados al santuario por los fieles yungas fuesen materia de un trueque posterior con los vecinos serranos y que hubiera un intercambio alimenticio y suntuario organizado por los mismos sacerdotes.

En el mundo andino, donde no existía el dinero, la acumulación de bienes en depósitos era una forma de riqueza, que otorgaba poderío al grupo étnico que la lograba. Una preocupación incaica fue tener estos productos almacenados; como la tuvo a su vez la clase dirigente de Chimor, hecho demostrado por los numerosos almacenes existentes en Chan

---

30. Pizarro, Pedro (1965: 184).

Chan (Moseley 1975b). Los sacerdotes de Pachacamac no fueron una excepción en este modo andino de acumular bienes.

Los tratantes norteños

Numerosas son las noticias sobre mercaderes que ejercían sus oficios en la costa norte y a través de ellas se observa que posiblemente había jerarquías entre ellos según lo que trocaban.

En otro trabajo señalamos los numerosos vocablos de los idiomas quechua y aymara referentes a todo lo relacionado con el trueque. De la lengua yunga o mochica no se ha conservado ninguno de los vocabularios que se confeccionaron, y de la gramática de Fernando de la Carrera (1644) sólo conocemos la voz

> *Caefoer, Caefaereio* – el trueque o paga de alguna cosa, o lugarteniente de otra.

No se puede suponer que los mercaderes indígenas de la costa norte en tiempo del virrey Toledo fuesen resultado de una temprana aculturación, pues en varias declaraciones afirman que lo hacían a "modo de indios", lo cual significa que el trueque era la base de sus intercambios. Además, muchos de los que solicitaban licencia ante el doctor Cuenca para poder ejercer su oficio llevaban sólo nombres yungas, sin añadir un apelativo cristiano, hecho indicador de que se mantenían en sus antiguas creencias.

Las citas a continuación pertenecen a los pedidos elevados al visitador y son como sigue:

> Yaypen yndio natural del repartimiento de Yllimo digo que yo soy mercader y con my mercaderías, trato y grangerías me sustento y pago my tributo andando conprando y vendiendo *como es uso y costumbre entre yndios* y podría ser que de aqui adelante algún cacique o otra persona me pudiese poner en ello enbargo o ynpedimento alguno; al que recibiría agrauio por tanto a V. merced pido y suplico me de su mandamiento en forma para que libremente pueda entrar en cualquier repartimiento, usando de mi oficio e trato de mercader sin que ponga enbargo (AGI, Justicia 461, fol. 1454v).

y otro:

> Pochopoc natural del pueblo de Pololo, digo que yo tengo por oficio de ser mercader y rescatar por los pueblos comarcanos las cosas que tienen necesidad y se usan entre los yndios, con lo que me sutento e pago m y tributo por *no tener tierras ny aguas con que sembrar* [...] (Idem, fol. 1456v).

Siguiendo con los tratantes norteños mencionaremos a:

> don Hernando Alar, principal digo que yo soy mercader y tratante y no tengo tierras ny hago chacara sino que compro y vendo y contrato entre

los yndios desde repartimiento y otras comarcas, vendiendo y trocandoles lana, algodón, chaquira, frisoles y pescado otras cosas (AGI, Justicia 461, fol. 1466).

Y lo mismo dijeron Cupurr, natural de Cinto, quien aseguró ser mercader y trocar pescado seco; y Nypo de Collique, Leche de Túcume y don Francisco Mincha, cacique principal de Túcume, quien dijo ser mercader y vender y comprar "ropa de lana y chaquira y otras cosas" (AGI, Justicia 458, fol. 1930).

No sólo en el Juicio de Residencia hecho al doctor Cuenca se encuentran noticias sobre mercaderes. En un pleito entre españoles por los indios que comprendían sus encomiendas, en una probanza uno de los litigantes presentó a dos indios que dijeron ser mercaderes; ninguno de ellos tenía nombre cristiano, el uno se decía Chuquen, natural de Motupe, y el otro se apellidaba Yancop de Pácora (AGI, Justicia 418, fol. 317v).

De estas citas se aprecia que había mercaderes en toda la costa norte, que trocaban diferentes productos y seguramente variaban sus categorías sociales, pues hemos constatado que los había desde simples mercaderes a señores principales que trocaban ropa de lana y chaquira. Había también funcionarios menores que sólo producían y trocaban sal. Debió existir toda una gama, desde sacerdotes tratantes de los templos hasta otros pequeños de señoríos locales que, seguramente, constituían una estatrificada jerarquía.

CONCLUSIONES

La característica del trabajo en la costa era su total división laboral por parcialidades, con la prohibición de ejercer otro oficio fuera del indicado. Esta especialización costeña probablemente existió desde tiempos muy antiguos, debido en parte a la mayor variedad de recursos naturales de los llanos en relación con los recursos serranos. La vida de los yungas era más fácil y estaba menos expuesta a los fenómenos naturales, como las heladas, sequías, exceso de lluvias. La costa disponía de recursos que no poseía la sierra, como eran la abundante fauna marina, el guano y las llanuras ubérrimas de los valles. Son razones ecológicas las que permitieron la diferencia entre los sistemas económicos serranos y los costeños, aunque ambas formas de vida se complementaban.

Gracias a las facilidades de la vida, el hombre costeño disponía de más tiempo para dedicarse a producir objetos suntuosos, hecho que aprovechaban los señores y los sacerdotes para rodearse de mayor esplendor. Si existió refinamiento en la costa es porque hubo artesanos especializados que transmitieron sus conocimientos técnicos de una generación a otra. De hecho, la arqueología nos habla de la riqueza y de la opulencia de dioses y señores yungas.

Otro aspecto de la especialización laboral era el modo cómo se hacía frente a las necesidades de las parcialidades dedicadas a un solo trabajo u oficio. Para ello se recurrió al trueque de productos alimenticios y utilitarios e, incluso, suntuosos. Entre las parcialidades no sólo se trocaba objetos para la vida diaria, sino que surgieron mercaderes "a modo de indios" y tuvieron diversos niveles. Los había que recorrían las localidades cercanas, o las comarcas un tanto alejadas de valle a valle, y también los que iban a la sierra en busca de productos de otra ecología. Según la información expuesta líneas arriba, estos tratantes eran simples mercaderes, mientras otros eran señores y hasta sacerdotes.

A diferencia del trueque norteño que según parece fue más circunscrito, los mercaderes chinchanos se lanzaban a expediciones lejanas, como era Puerto Viejo en el Ecuador, viaje azaroso que se hacía en balsas y cubría una larga distancia. Quizás esto demuestre la existencia de dos tipos distintos de tratantes y es posible que la meta de los chinchanos indique que llegaban a un puerto que Polanyi y sus colaboradores llaman *port of trade* (Polanyi, Arenberg y Pearson 1957). Lugar cuya función específica era la de servir de encuentro al intercambio extranjero de larga distancia.

Bien pudo existir en el Ecuador un tal puerto que fuera la meta, tanto de los chinchanos, como también el puerto más austral para un esporádico y problemático tráfico mesoamericano.

Según Anne Chapmann (1957) el trueque distante no usó de mercados sino de estos puertos de "trato", lugares donde se realizaban los intercambios. Existió una separación y una diferencia entre los mercados y estos puertos que desaparecieron inmediatamente después ante el impacto europeo y la indiferencia del español del siglo XVI por un trueque basado en objetos que a sus ojos no revestían valor alguno.

En vista de la realidad de estos dos modos tan distintos de vida, el costeño y el serrano, se impone una revisión de los modelos de organización social y se puede sugerir que en el área andina precolombina existieron dos sistemas socioeconómicos, debido, en parte, a diferentes ecologías. En la costa la especialización laboral por oficios y por parcialidades daba lugar a un principio de intercambios comerciales, mientras en la sierra una economía agrícola de tipo redistributivo estaba basada en la explotación de enclaves verticales multiétnicos.

Sin embargo, tanto en la costa como en la sierra tenía vigencia el principio de reciprocidad que regulaba: las relaciones entre diversas jerarquías de señores; los deberes de los hombres del común hacia sus jefes y viceversa; la convivencia entre los miembros de un mismo ayllu, y todo indica que su extensión fue panandina.[31] Naturalmente, durante el dominio incaico existía, al momento de la conquista española, una presión serrana sobre la costa, pero los incas no llegaron a ejercer un dominio total, y sus leyes sólo se yuxtapusieron a las locales, como el dios solar a los dioses del lugar.

---

31. Al investigar John V. Murra (196) la situación entre el curaca *lupaca* y los miembros de sus ayllus, encontró que la reciprocidad no era automática. Si el jefe étnico deseaba que alguna parcela de tierra que le correspondía fuese cultivada, se veía en la obligación de "rogar" se cumpliesen las tareas que esperaba de la comunidad. La misma circunstancia se daba en Jayanca, cuando el juez de la Visita le preguntó al principal llamado Fallapa a quién servía éste contestó: "que al cacique de Jayanca pasado le servía, e que agora no le sirve [...] preguntado que por qué no le sirve, dixo que por no a enviado por el [...]"

En ambos casos la ayuda no se cumplía sin el requisito previo de una solicitud del interesado. En Ica hemos encontrado un tipo de reciprocidad que se refiere a la relación entre un señor encumbrado y los miembros de su misma *guaranga*. También hemos visto más arriba cómo el dar y ofrecer chicha formaba parte de las reciprocidades de un jefe.

Apéndice documental

A continuación publicamos como apéndice un corto documento referente a la idolatría entre los naturales de Pisco durante el siglo XVII. La noticia está insertada en la probanza de servicio del licenciado Francisco de Marmolejo Portocarrero, cura que fue del sureño pueblo de la Magdalena.

Un mayor número de testimonios, como el que ofrecemos ahora, permitirá un día conocer mejor la riqueza de la mitología andina y son datos que conviene poner al alcance de los investigadores. Quizá se podrá en el futuro editar un libro de recopilación de mitos y creencias de los siglos XVI y XVII, tarea que facilitaría la interpretación del pensamiento indígena.

El expediente de Pisco viene a ampliar la introducción de Cristóbal de Albornoz, publicado por Pierre Duviols (1967: 34), sobre el modo de descubrir las huacas y sus camayos.

El único adoratorio que es mencionado en ambos documentos es la isla llamada Urpay Guachaca, que según Albornoz era la huaca de los pescadores. El nombre de las tres islas fue el de: Urpay Guachaca; Quillairaca, cuya traducción es "coño de Luna", lástima que hasta nosotros no ha llegado la información sobre la Luna; la tercera isla se decía Churruyoc o marisquería de choros. La información que nos brinda Marmolejo, aunque lacónica, contiene datos nuevos; por ejemplo al rayo y al trueno decían Cayas ocon término distinto al de Libiac usado en la sierra central, o a la voz cusqueña de Illapa.

Nos enteramos de los nombres indígenas de las tres islas frente a Pisco; de dos cerros venerados en el lugar y de varias fuentes consideradas sagradas. Resalta en el documento el culto a la Luna nueva, que consistía en un ayuno de tres días seguido de otros tres de regocijo. Es interesante la mención de que, durante un eclipse, la Luna quedaba en poder de *cangrejos, ranas y culebras. El hecho que tanto el Sol como la Luna se ponen en el mar frente a las amplias costas peruanas tiene repercusión en los mitos yungas. Según la creencia indígena, ambos astros sostenían durante la noche, en las profundidades del mar, luchas diarias con demonios o monstruos marinos, antes de resurgir de nuevo tras las montañas al este. Dicha preocupación se observa en la mitología mochica, reproducida profusamete en la cerámica de aquella cultura. En ella es frecuente la imagen de la pelea entre un dios felino y solar, con un demonio cangrejo y gracias a estas representaciones se comprende la creencia pisqueña de que los cangrejos se posesionaban de la Luna durante un eclipse. Surgía entonces entre la población, el temor y la duda de quién saldría vencedor en la contienda y la necesidad de ayudar a espantar a los demonios por medio de fogatas y del aullar de los perros.*

***

Audiencia de Lima 1634-B año 1620 Testimonio y extirpación de idolatrías

El doctor Alonso Osorio visitador general de la idolatría y juez ecleciastico en este arçobispado por el ylluestrisimo señor don Bartolome Lobo Guerrero arçobispo desta ciudad de los Reyes del Consejo de su magestad que auiendo acabado la vissita de las ydolatrias deste pueblo de la Magdalena de Pisco y constando por los autos que fulmino que los yndios de este pueblo auian adorado las guacas de sus pasados y que dende que entro en este beneficio el licenciado don Francisco Marmolejo Portocarrero se auian apartado de la adoracion de las dichas guacas auiendo oido la predicación que el dicho licenciado don Francisco Marmolejo su cura les auia hecho y les hazia por que hasta que el dicho cura entro en este beneficio auian carecido de predicación y que con su doctrina y enseñanza se auian apartado de la adoración de las guacas y auian usado siertos abusos y serimonias de sus passados y que las guacas que auian adorado heran las siguientes y para que conste de la dicha vissita el dicho vissitador mando que se escriuiese en este libro todo lo quen la dicha visita se hallo=.

Urpay guachaca una ysla en la mar = Piscoycamac unos paredones que estan en la chacara de don Marcos de Lucio = Guamani un serro = Caucato un serro = Quillairaca otra ysla e(borron)n Churruyoc otra ysla = Pachenca un puquio = Trutis otro puquio al sol luna i estrellas a las siete cabrillas que llaman Oncoi al rayo i trueno que llaman Cayas ocon ya ceremonias y abusos a los dies dias despues de la muerte del difunto ba todo el aillo y el pariente mas sercano o la viuda al rrio donde la sabullen y laban y meriendan sacando el primer bocado de la voca le arrojan para el difunto y volviendo a su casa la barren sacando lo que barren en un mate cantando al uso antiguo lo hechan fuera de la cassa y toda la noche beben aguardando al difunto y quando les parece que viene le ofrendan mucha *assua* hasta mañana=.

Trasquilan a los muchachos y para esto se junta todo el aillo y familia y el mas viejo al muchacho questa puesto en medio dellos en una manta que tienen tendida le ba dando una tigeretada y le ban ofrendando toda la parentela hazian fiesta a la luna nueua ayunando tres dias y bebiendo otros tres = quando se elipsaba la luna davan bozes y hacian candeladas, y açotaban los perros por que dicen que a la luna la tienen los cangrejos rranas y culebras y para que no la maten hazen aquel ruido =. Adorauan la mar y los pescadores suelen poner en las redes unas alas de un pajarillo que llaman Cussis para tener ventura en pescar=.
Todo lo qual se sacó del proceso original de la vissita y el dicho vissitador para que conste mando escriuirlo en este libro en este pueblo de Pisco en veinte y uno de julio de mill y seiscientos y veinte el dotor Alonso Osorio por su mandado Juan de Atocha=.

Manuscritos citados

1. En el ensayo: *Las etnías del valle del Chillón*

    ARCHIVO ARZOBISPAL DE LIMA (AAL)
    - Papeles Importantes   Leg. 1, Leg. 2
    - Curatos   Leg. 4, año 1600
    - Leg. 7, año 1664

    ARCHIVO GENERAL DE INDIAS - SEVILLA (AGI)
    - Justicia 413
    - Escribanía de Cámara 501-A, año 1598
    - Audiencia de Lima   121, año 1562
    - Justicia   448
    - Justicia   482, año 1571
    - Patronato   1, ramo 43

    ARCHIVO GENERAL DE LA NACIÓN (AGN)
    - Títulos de Propiedad   Cuad. n° 745, año 1585
    - Cuad. n° 346, año 1546
    - Cuad. n° 664, año 1620
    - Juzgado de Aguas   3.3.8.29
    - 3.3.6.10
    - 3.3.4.15
    - Tierras y Haciendas   Legajo 6, Cuad. 49, año 1807
    - Derecho Indígena   Cuad. 619, año 1589
    - Cuad. 307, año 1762
    - Cuad. 57, año 1606
    - Cuad. 679, año 1809-1814
    - Cuad. 682, año 1829
    - Cuad. 791, año 1592
    - Cuad. 307, año 1725
    - Cuad. 232, año 1726
    - Cuad. 258, año 1752
    - Cuad. 637

    BIBLIOTECA NACIONAL - LIMA (BN)
    - A-185, año 1569

A- 433 año 1569
B-1029
B-1289, año 1605
C-2148 año 1752
C-3422

BIBLIOTECA UNIVERSITARIA DE SEVILLA
Manuscrito original:
Relación de los yndios tributarios que ay al presente en estos reynos y provincias del Perú, fecha por mandado del señor marqués de Cañete, virrey governador y capitan general de él, la qual se hizo por Luis Morales de Figueroa por el libro de las tassas de la Vissita General, por las revisitas que después se an hecho de algunos repartimientos que las an pedido; y relación de los tributarios que pagan en cada año a sus encomenderos y los que nuebamente an de pagar de servicio a su magestad por el quinto, conforme a su real cédula fecha en el Pardo a primero de noviembre de 1591 -la cual dicha relación se sacó por provincias.

2. En el ensayo: *Guarco y Lunahuaná: dos señoríos prehispánicos de la costa sur central*

ARCHIVO ARZOBISPAL DE LIMA (AAL)
Curatos   Leg. 15 - año 1635
Idolatría   Leg. 7, cuaderno 1 año 1671

ARCHIVO GENERAL DE INDIAS. SEVILLA (AGI)
Audiencia de Lima   Leg. 1630, año 1562
                       Leg. 1632, año 1557
                       Leg. 204, año 1558
                       Leg. 200, año 1620
                       Leg. 55, año 1650
                       Leg. 28, año 1556
Justicia   413, años 1558 - 1567
                       398, año 1552
                       432, año 1574
Escribanía de Cámara   501 - A año 1599
                       498- B año 1575
Patronato   119, ramo 1, año 1593 contiene documentos de 1534
                       107, ramo 7, año 1562
                       93, ramo, año 1536

ARCHIVO GENERAL DE LA NACIÓN (AGN)
Testamento de indios   Legajo único
Juicios de Residencia Leg. 27, Cuads. 75 y 76, años 1628-1629

3. En el ensayo: *El señorío de Changuco*

ARCHIVO GENERAL DE INDIAS. SEVILLA (AGI)
Audiencia de Lima   118, año 1554
                     1634-B
Justicia   398
                     482

4. En el ensayo: *Testamento de don Luis de Colán, curaca en 1622*

   ARCHIVO ARZOBISPAL DE LIMA (AAL)
   Documentos Extirpación de la Idolatría
                   Leg. V, Exp. 6 año 1662
                   Leg. VI, Exp. 20 año 1660

   ARCHIVO DEPARTAMENTAL DE PIURA (ADP)
       Protocolos Notariales   Escalante Osorio, Antonio Legajo 29.

   ARCHIVO GENERAL DE INDIAS. SEVILLA (AGI)
       Audiencia de Lima   Leg.. 55
                                Leg. 44
                                Leg. 128, 1591

   BIBLIOTECA NACIONAL - LIMA (BN)
   A-41, año 1598, testamento fechado en 1561.

5. En el ensayo: *Mercaderes del valle de Chincha en la época prehispánica*

   ARCHIVO GENERAL DE INDIAS. SEVILLA (AGI)
       Contaduría   1680, años 1548-1557

   BIBLIOTECA DEL PALACIO REAL (BPR)
       Miscelánea de Ayala - Tomo XXII

   REAL ACADEMIA DE LA HISTORIA MADRID (RAH)
   "Relación de Indios Tributarios, al primero de noviembre de 1591", manuscrito.

6. En el ensayo: *Plantaciones prehispánicas de coca*

   ARCHIVO ARZOBISPAL DE LIMA (AAL)
       Idolatrías   Leg. IV, Exp. 19

   ARCHIVO GENERAL DE INDIAS. SEVILLA (AGI)
       Justicia   413
       Audiencia de Lima   121

   ARCHIVO GENERAL DE LA NACIÓN (AGN)
       Derecho Indígena   Cuad. 2
                                      Cuad. 15
       Juzgado de Aguas   3.3.18.68
       Títulos de Propiedad Cuad. 36
                                      Cuad. 451, Leg. 17, 1585-1770

7. Prólogo a *Conflicts over coca fields in XVIth Century Peru*

   ARCHIVO GENERAL DE INDIAS. SEVILLA (AGI)
       Justicia   413

   ARCHIVO GENERAL DE LA NACIÓN (AGN)
       Títulos de Propiedad   Cuad. 500, año 1774
       Documentos sobre Jicamarca Escritura N° 1175
       Escritura N° 1550 Comunidad Campesina de Chaclla.

ARCHIVO DEL MINISTERIO DE TRABAJO
   Exp. N° 97-70

ARCHIVO DEL MUSEO NACIONAL DE HISTORIA
   s/n: Retasa de Huarochirí

8. En el ensayo: *Pescadores, artesanos y mercaderes costeños en el Perú prehispánico*

ARCHIVO ARZOBISPAL DE LIMA (AAL)
   Legajos de Idolatría, año 1663

ARCHIVO GENERAL DE INDIAS. SEVILLA (AGI)
   Justicia   1075. Encomienda de Hernando Pizarro en el valle de Chincha.
                Legajos: 456, 457, 458 y 461 referentes al Juicio de Residencia al Dr. Gregorio González de Cuenca, años 1570 a 1577
                418. Año 1573. Autos entre Alonso Carrasco y Alonso Pizarro de la Rua, ambos vecinos de Trujillo del Perú, sobre que se dividen por mitad la encomienda de indios del valle de Jayanca.
                413
                418
                1075
   Patronato   189, ramo 11
   Audiencia de Lima   1634-B, año 1620

Sobre alfareros:
   Escribanía de Cámara   501-A

Sobre plateros:
   Escribanía de Cámara   528-B, año 1572
   Audiencia de Lima   1623, año 1571, provisiones para los plateros del Cuzco
                132, año 1593 sobre visita a indios plateros y tributo.
                92, carta del Dr. Cuenca al rey
                996 sobre el fallo
                100, año 1566

Sobre pintores:
   Audiencia de Lima   28b
   Justicia   463, Residencia al licenciado Sánchez de Paredes

Sobre oficiales hacedores de chicha:
   Escribanía de Cámara   509-A
   Audiencia de Lima   28-A

ARCHIVO GENERAL DE LA NACIÓN (AGN)
   Derecho Indígena   Cuad. 140, año 1669-1684
                Cuad. 199, año 1712

Juzgado de Aguas 3.3.10.78, año 1764
3.3.18.3
Real Hacienda del Cuzco año 1677-1678, fol. 47
Títulos de Propiedad Cuad. 431, año 1585

BIBLIOTECA NACIONAL DE LIMA (BN)
B-843 año (sobre plateros yungas en el Cuzco).

BIBLIOTECA NACIONAL MADRID (BNM)
Ms. N° 2010- Relación de Antonio Baptista de Salazar año 1596
Balthazar Ramírez. Descripción del Reyno del Perú. Año 1597.
N° 19668.

BIBLIOTECA DEL PALACIO REAL (BPR)
Miscelánea de Ayala, tomo II, N° 2817.

MUSEO NAVAL MADRID (MN)
Manuscrito N° 120 Malaspina.

REAL ACADEMIA DE LA HISTORIA MADRID (RAH)
Colección Muñoz, tomo 27.

Bibliografía

Acosta, Fray José de
1940 [1590] *Historia natural y moral de las Indias*. México: Fondo de Cultura Económica.

Albornoz, Cristóbal
1967 "La Instrucción para descubrir las guacas del Pirú y sus Camayos y Haziendas (fines del siglo XVI)", véase Duviols.

Alcedo, Antonio
1967 [1788] *Diccionario Geográfico de las Indias Occidentales o América*. Edición y estudio preliminar por don Ciriaco Pérez-Bustamante. Biblioteca de Autores Españoles, tomo CCV-CCVIII. 4 tomos. Madrid: Atlas.

Angulo, Padre Domingo
1921 "Don Andrés Hurtado de Mendoza y la Fundación de Cañete", *Revista Histórica* VII: 21-89. Lima.

Anónimo
1881 "Breve relación de la Ciudad de los Reyes o Lima". En *Relaciones geográficas de Indias*, tomo I, Madrid (s.f.).

Anónimo
1936 [1604] "Fragmento de una historia de Trujillo", *Revista Histórica* 10(2): 229-239. Lima.

Anónimo
1958 *Descripción del virreinato del Perú*. Crónica inédita de comienzos del siglo XVII. Edición de Boleslao Lewin. Rosario: Universidad Nacional del Litoral.

ARRIAGA, Fray Pablo José
1968 [1621] "Extirpación de la idolatría del Perú". En Francisco Esteve Barba (ed.), *Crónicas peruanas de interés indígena*. Biblioteca de Autores Españoles, tomo CCIX. Madrid: Ediciones Atlas.

ÁVALOS DE MATOS, Rosalía y Rogger RAVINES (eds.)
1972 *El proceso de urbanización en América desde sus orígenes hasta nuestros días*. Actas del XXXIX Congreso Internacional de Americanistas 2. Lima: Instituto de Estudios Peruanos.

ÁVILA, Francisco de
1966 [1598] Ver Taylor 1987.

BANDERA, Damián de la
1881 "Relación general de la disposición y calidad de la provincia de Guamanga-llamada San Juan de la Frontera [1557]". En *Relaciones Geográficas de Indias*, tomo I, Madrid.

BARRIGA, Padre Víctor M.
1939 *Documentos para la historia de Arequipa*. Tomo I.
1940 *Documentos para la historia de Arequipa*. Tomo II, Arequipa.

BATAILLON, Marcel
1961 "Un chroniqueur péruvien retrouvé - Rodrigo Lozano", *Cahiers de l'Institut des Hautes Études de l'Amérique Latine*. París: Institut des Hautes Études de l'Amérique Latine.
1963 "Zárate ou Lozano, pages retrouvées sur la religion peruviénne". *Caravelle. Cahiers du Monde Hispanique et Luso-Brésilien* 1: 13-23. Toulouse.

BAUDIN, Louis
1953 *El imperio socialista de los Incas*. Traducción de José Antonio Arze. Santiago de Chile: Editorial Zig-Zag.
1964 *Les Incas*. París: Lib. Sirey.

BEJARANO, Jorge
1952 *Nuevos capítulos sobre el cocaísmo en Colombia: una visión histórico-social del problema*. Bogotá: Universidad Nacional.

BERTHELOT, J.
1978 "L'exploitation des métaux précieux au temps des Incas", *Annales* 33(5-6): 948-966. París: Armand Colin.

BERTONIO, Ludovico
1956 [1612] *Vocabulario de la lengua aymara*. Edición facsimilar. La Paz: Ministerio de Educación.

BETANZOS, Juan de
1968 [1551] *Suma y narración de los Incas*. Biblioteca de Autores Españoles. Madrid: Ediciones Atlas.

BONAVIA, Duccio
    1966   "Sitios arqueológicos del Perú". *Arqueológicas* 9, Lima.
    1972   "Factores ecológicos que han intervenido en la transformación urbana a través de los últimos siglos de la época precolombina". En Rosalía Ávalos de Matos y Rogger Ravines (eds.), *El proceso de urbanización en América desde sus orígenes hasta nuestros días*. Actas del XXXIX Congreso Internacional de Americanistas 2: 79-97. Lima: Instituto de Estudios Peruanos.
    1996   *Los camélidos sudamericanos: una introducción a su estudio*. Lima: Instituto Francés de Estudios Andinos, Universidad Peruana Cayetano Heredia, Conservation International.

BUENO, Cosme
    1951   *Geografía del Perú virreinal, siglo XVIII*. Publicado por Carlos Daniel Valcárcel. Lima.

BUSTO, José Antonio del
    1969   *Dos personajes de la conquista del Perú*. Lima: Editorial Universitaria.
    1973   *Diccionario Histórico Biográfico de los conquistadores del Perú*. Tomo I. Lima: Editorial Arica S.A.

CABELLO DE VALBOA, Miguel
    1951 [1586] *Miscelánea antártica: una historia del Perú antiguo*. Lima: Universidad Nacional Mayor de San Marcos.

CAILLAVET, CHANTAL
    1983   "Ethno-histoire équatorienne: un testament indien inédit du XVIe siècle", *Caravelle. Cahiers du Monde Hispanique et Luso-Brésilien* 41: 5-23. Toulouse.

CALANCHA, Fray Antonio de la
    1638   *Crónica moralizada del Orden de San Agustín en el Perú, con svcesos egenplares de esta monarquía*. Barcelona: Impr. de Pedro Lacavallería.
    1976 [1638] *Crónica moralizada*. 6 tomos. Edición de Ignacio Prado Pastor. Lima.

CALVETE DE LA ESTRELLA, Juan Cristóbal
    1964   *Rebelión de Pizarro en Perú y vida de don Pedro Gasca*. Biblioteca de Autores Españoles, tomo CLXVII. Madrid: Ediciones Atlas.

CARRERA, Fernando de la
    1644   *Arte de la lengua yunga de los valles del Obispado de Truxillo del Perú, con un confessionario y todas las Oraciones Christianas traducidas en la lengua y otras cosas*. Impreso por J. Contreras, Lima.

CASAS, Fray Bartolomé de las
    1909   *Apologética Historia de las Indias*. Edición de Manuel Serrano Sánz. Madrid: Colección de Historiadores de Indias.
    1929 [1559] *Las antiguas gentes del Perú*. Colección de libros y documentos. referentes a la Historia del Perú, Lima.

CASTRO, Fray Cristóbal y Diego ORTEGA MOREJÓN
    1934   *Relación del sitio del Cusco y principio de las guerras civiles del Perú hasta la muerte de Diego de Almagro, 1535-1539. Relación sobre el gobierno de los incas*. Anotadas y concordada con las crónicas de Indias, por Horacio H. Urteaga. Lima: Librería e imprenta Gil.
    1974 [1558] "Relación y declaración del modo que este valle de Chincha y sus comarcanos se gobernavan antes que oviese Yngas y después q(ue) los hobo hasta q(ue) los cristianos entraron en la tierra". Edición de Juan Carlos Crespo. *Historia y Cultura* 8: 93-104. Lima: Museo Nacional de Historia.

CHAPMAN, Anne
    1957   "Port of Trade in Aztec and Maya Civilizations". En Karl Polanyi, C. A. Arenberg y H. Pearson, *Trade and Market in the Early Empires*. Glencoe, Illinois: The Free Press.

CIEZA DE LEÓN, Pedro
    1932 [1550] *La Crónica del Perú*. Madrid: Espasa Calpe.
    1941 [1553] *La Crónica del Perú*. Madrid: Espasa Calpe.
    1943 [1550] *Del Señorío de los Incas*. Prólogo y notas de Alberto Mario Salas. Buenos Aires: Ediciones Argentinas Solar.

COBO, Fray Bernabé
    1956 [1653] *Historia del Nuevo Mundo. Obras del Padre Cobo*, 2 tomos. Edición del Padre Francisco Mateos S.J. Biblioteca de Autores Españoles, tomos XCI-XCII. Madrid: Ediciones Atlas.

COOPER, John M.
    1949   "Stimulants and Narcotics". *Handbook of South American Indians* 5: 525-558. Washington: Bureau of American Ethnology.

CORDERO, Luis
    1955   *Diccionario Quichua-Español; Español-Quichua*. Quito: Casa de la Cultura Ecuatoriana.

DÁVILA BRICEÑO, Diego
    1881   "Descripción y Relación de la Provincia de los Yauyos toda, Anan Yauyos y Lorin Yauyos [1586]". En Marcos Jiménez de la Espada, *Relaciones geográficas de Indias*, tomo I. Madrid: Tipografía de Manuel G. Hernández.

DIEZ DE SAN MIGUEL, Garcí
1964   *Visita hecha a la provincia de Chuchito por Garci Diez de San Miguel en el año 1567*. Versión paleográfica de Waldemar Espinoza Soriano, interpretación etnológica de John V. Murra. Documentos Regionales para la Etnología y Etnohistoria Andina, 1. Lima: Casa de la Cultura del Perú.

DOMÍNGUEZ, Juan 1930
1930   *La coca – Erythroxylon coca*. Trabajos del Instituto de Botánica y Farmacología. Buenos Aires.

DUQUE GÓMEZ, Luis
1945   "Notas sobre el cocaísmo en Colombia", *Boletín Arqueológico* 1(5): 445-451. Bogotá.

DUVIOLS, Pierre
1967   "Un inédit de Cristóbal de Albornoz: la instrucción para descubrir todas las guacas del Pirú y sus camayos y haziendas". *Journal de la Société des Américanistes* LVI(1): 7-39. París.

1973a "Huari y Llacuaz. Agricultores y pastores. Un dualismo prehispánico de oposición y complementariedad". *Revista del Museo Nacional* XXXIX: 153-191. Lima.

1973b "Un mythe de l'origine de la coca (Cajatambo)". *Bulletin de l'Institut Français d'Études Andines* II(1): 7-39.

1976   "La capacocha: mecanismo y función del sacrificio humano, su proyección geométrica, su papel en la política integracionista y en la economía redistributiva del Tawantinsuyo". *Allpanchis* 9: 11-57.

EDWARDS, Clinton R.
1965   *Aboriginal Watercraft on the Pacific Coast of South America*. Berkeley: University of California.

EGUIGUREN, Víctor
1894   "Las lluvias en Piura". *Boletín de la Sociedad Geográfica de Lima* 4(7,8,9): 241-258. Diciembre. Lima.

ESPINOZA SORIANO, Waldemar
1963   "La Guaranga y la reducción de Huancayo: tres documentos inéditos de 1571 para la etnohistoria del Perú". *Revista del Museo Nacional* XXXII: 8-60. Lima.

1967   "Los señoríos étnicos de Chachapoyas y la alianza hispano-chacha". *Revista Histórica* XXX: 224-332. Lima.

1983-1984   "Los señoríos de Yaucha y Picoy en el abra del medio y alto Rímac (Siglos XV y XVI)". *Revista Histórica* XXXIV. Lima.

ESTETE, MIGUEL DE
   Ver Fernández de Oviedo.

ESTRADA, Emilio y Betty J. MEGGERS
1961 "A Complex of Traits of Probable Transpacific Origin on the Coast of Ecuador". *American Anthropologist* 63:5:1: 913-959.

FALCÓN, Licenciado Francisco
1567 "Representación de los daños que se hacen a los indios", manuscrito No. 3042 (J. 89 antigua numeración). Biblioteca Nacional, Madrid.

1867 Colección de documentos inéditos relativos al descubrimiento, conquista y organización de las antiguas posesiones españolas de América y Oceanía sacadas de los Archivos del Reino y muy especialmente del de Indias, por Luis Torres de Mendoza. Tomo 1, VII, pp. 451-495, Madrid.

FARRINGTON, Ian S.
1972 Prehispanic irrigation and settlement on the North Peruvian Coast. Paper read at the Institute of British Geographers Historical Geography Research Group's Spring Symposium: Rural-Urban Interrelationship. Oxford. May.

FERNÁNDEZ DE OVIEDO, Gonzalo
1944-1945 *Historia General y Natural de las Indias*. Prólogo de J. Natalicio González, notas de José Amador de los Ríos. Asunción: Ed. Guaranía.
[1549]

FUNG PINEDA, Rosa
1972 "El temprano surgimiento en el Perú de los sistemas sociopolíticos complejos: planteamiento de una hipótesis de desarrollo original". *Apuntes Arqueológicos*. Lima.

GALDÓS RODRÍGUEZ, Guillermo
1977 "Visita a Atico y Caraveli" (1549). *Revista del Archivo General de la Nación* 4-5. Lima.

GARCILASO DE LA VEGA, Inca
1943 [1609] *Comentarios Reales de los Incas*. 2 Vols. Edición al cuidado de Ángel Rosenblat, prólogo de Ricardo Rojas. Buenos Aires: Emecé Editorial.

GASPARINI, Graziano y Luise MARGOLIES
1977 *Arquitectura Inka*. Caracas: Centro de Investigaciones Históricas y Estéticas, Facultad de Arquitectura y Urbanismo, Universidad Central de Venezuela.

GOLTE, Jürgen
1968 "Algunas consideraciones acerca de la producción y distribución de la coca en el Estado Inca", *Actas del Congreso Internacional de Americanistas* II: 461-478. Stuttgart.

GONZALES HOLGUÍN, Diego
1952 [1613] *Vocabulario de la lengua general de todo el Peru llamada lengua qquichua o del Inca*. Edición y prólogo de Raúl Porras Barrene-

chea. Lima: Universidad Nacional Mayor San Marcos. [reedición: Lima: Universidad Nacional Mayor de San Marcos-Consejo Nacional de Ciencia y Tecnología, 1989].

GROBMAN, A., W. SALHUANA y R. SEVILLA
1961 *Races of maize in Peru: their origins, evolution and classification*. Publication 915. Washington, D.C.: National Academy of Sciences, National Research Council.

GUAMÁN POMA DE AYALA, Felipe
1936 [1613] *El primer nueva coronica y buen gobierno*. Edición facsimilar de Paul Rivet. París: Institut d'Ethnologie.

HARKNESS COLLECTION
1923 Calendar of Spanish ms. concerning Peru 1531-1651. Washington: Library of Congress.

HARO ALVEAR, Mon. Silvio Luis
1971 "Shamanismo y Farmacopea en el Reino de Quito". Contribución No. 75. Instituto Ecuatoriano de Ciencias Sociales, noviembre, Quito.

HARTMANN, Roswith
1971 "Mercados y ferias prehispánicas en el área andina". *Boletín de la Academia Nacional de Historia* LIV(118). Quito.

HARTH-TERRÉ, Emilio
1933 "Incahuasi - Ruinas inkaicas del valle de Lunahuaná". *Revista del Museo Nacional* II(2): 101-125. Lima.

HERRERA, Antonio de
1946 *Historia general de los hechos de los castellanos en las Islas y*
[1601-1615] *Tierra Firme de el Mar Océano*. Buenos Aires: Ed. Guaranía.

HEYERDAHL, Thor
1952 *American Indians in the Pacific*. Londres: Allen & Unwin.

HOCQUENGHEM, Anne-Marie
1993 "Rutas de entrada del mullu en el extremo norte del Perú". *Boletín del Instituto Francés de Estudios Andinos* 22(3): 701-719.

1999 "En torno al mullu, manjar predilecto de los inmortales". En Alana Cordy-Collins, María Rostworowski y Anne-Marie Hocquenghem, *Spondylus ofrenda sagrada y símbolo de paz*. Lima: Fundación Telefónica del Perú-Museo Arqueológico Rafael Larco Herrera.

HOLM, Olaf
1953 "El tatuaje entre los aborígenes prepizarrinos de la costa ecuatoriana". *Cuadernos de Historia y Arqueología* III (7-8): 56-92. Guayaquil.

1966-1967 "Money Axes from Ecuador". *Folk* 67 (8-9): 135-143. Copenhague.

HORKHEIMER, Hans
1965   "Identificación y bibliografía de importantes sitios prehispánicos del Perú". *Arqueológicas* 8. Lima: Museo Nacional de Antropología y Arqueología.

HOSLER, Dorothy
1994   *The Sounds and Colors of Power: The Sacred Metallurgical Technology of Ancient West Mexico*. Cambridge, Massachusets: MIT Press.

HOSLER, Dorothy, Heather LECHTMAN y Olaf HOLM
1990   *Axe-monies and their relatives*. Washington, D.C.: Dumbarton Oaks Research Library and Collection.

INFORMACIONES DE TOLEDO
            Ver Roberto Levillier. Tomo II.

IRIARTE B., Francisco
1960   "Algunas apreciaciones sobre los Huanchos". *Antiguo Perú. Espacio y Tiempo*, pp. 259-272. Lima.

JIJÓN Y CAAMAÑO, Jacinto
1912   *Los aborígenes de la provincia de Imbabura en la República del Ecuador*. Madrid: Blass y Cía.

1941   *El Ecuador interandino y occidental antes de la conquista castellana*. 4 tomos. Quito: Ecuatoriana.

JIMÉNEZ BORJA, Arturo y Alberto BUENO
1970   "Breves notas acerca de Pachacamac". *Arqueología y Sociedad* 4: 13-35. Lima: Museo de la Universidad Nacional Mayor de San Marcos.

JIMÉNEZ BORJA, Arturo y Hermógenes COLÁN SECAS
1943   "Mates peruanos: áreas Huaral-Chancay, departamento de Lima". *Revista del Museo Nacional* XII(1): 29-35. Lima.

JIMÉNEZ DE LA ESPADA, Marcos
1881-1897   *Relaciones geográficas de Indias*, 4 tomos. Madrid: Ministerio de Fomento.

KLEIN, Otto
1967   *La cerámica mochica, caracteres estilísticos y conceptos*. Valparaíso: Universidad Federico Santa María.

KOSOK, Paul
1965   *Life, Land and Water in Ancient Peru, an account of the discovery, exploration, and mapping of ancient pyramids, canals, roads, towns, walls, and fortresses of coastal Peru with observations of various aspects of Peruvian life, both ancient and modern*. Nueva York: Long Island University.

KROEBER, A. L.
1926 "The Uhle pottery collections from Chancay, with appendix by Max Uhle". *University of California Publications in American Archaeology and Ethnology* 21(7): 265-304.

1937 "Archaeological Explorations in Peru. Part IV, Cañete Valley. First Marshall Field Archaeologyical Expedition to Peru. *Anthropology Memoirs* II(4): 219-273. Chicago: Field Museum of Natural History.

KROEBER, A. L. y William D. STRONG
1924 "The Uhle Collections from Chincha". *University of California Publications in American Archaeology and Ethnology* 21(2): 1-54. Berkeley: University of California Press.

LANNING, Edward P.
1966 "American aboriginal high cultures: Peru". *Actas y Memorias* 1: 187-191. XXXVI Congreso Internacional de Americanistas. Sevilla-España 1964.

1967 *Peru before the Incas*. Englewood Cliffs, Nueva Jersey: Prentice-Hall Inc.

LARRABURE Y UNÁNUE, C.
1941 *Manuscritos y publicaciones*. Tomo II, Valle de Cañete, Historia y Arqueología. Lima (1893).

LAVALLE, José Antonio y Werner LANG
1974 *Platería virreinal*. Lima: Banco de Crédito del Perú.

LECHTMAN, Heather
1979 "Issues in Andean Metallurgy". En *Pre-Columbian Metallurgy of South America*. Elizabeth Benson, Editor Conference at Dumbarton Oaks, octubre 18-19, 1975, Dumbarton Oaks, Washington.

1981 "Copper-Arsenic Bronzes from the North Coast of Peru". *Annals of the New York Academy of Sciences* 376: 77-121, diciembre.

LEGUÍA Y MARTÍNEZ, Germán
1914 *Diccionario geográfico, histórico, estadístico del departamento de Piura*. Lima: Tipografía "El Lucero".

LEQUANDA, D. Joseph Ignacio
1793 "Descripción Geográfica de la ciudad y Partido de Truxillo y Descripción Geográfica del Partido de Piura". *Mercurio Peruano*, tomo 8.

LEVILLIER, Roberto
1940 "Informaciones de Toledo". En *Don Francisco de Toledo, supremo organizador del Perú: su vida y su obra*, tomo 2. Buenos Aires: Espasa Calpe.

LISSÓN Y CHÁVEZ, Emilio
1943-1944   *La iglesia de España en el Perú*. Colección de documentos para la Historia de la Iglesia en el Perú, Vol. I - No. 2 y No. 3, Vol. II - No. 7. Sevilla.

LIZÁRRAGA, Fray Reginaldo de
1946 [1605]   *Descripción de las Indias*. Estudio biobibliográfico sobre el autor por Carlos A. Romero. Introd. y notas breves por Francisco A. Loayza. Los pequeños grandes libros de América. Lima.

LOCKHART, James
1968   *Spanish Peru: 1552-1560: A Colonial Society*. Madison: The University of Wisconsin Press.

LOHMANN, Guillermo
1966   "Unas notas acerca de curiosos paralelismos y correspondencias entre cuatro documentos históricos de la época incaica". *Fénix*, revista de la Biblioteca Nacional. Lima.

LÓPEZ DE GÓMARA, Francisco
1941 [1552]   *Historia general de las Indias*. 2 vols. Madrid: Espasa-Calpe.

LUDEÑA, Hugo
1970   "San Humberto un sitio formativo en el valle de Chillón". *Arqueología y Sociedad* 2. Museo de Arqueología y Etnología, Universidad Nacional de San Marcos, Lima.

1973   Investigaciones arqueológicas en el sitio de Huacoy: valle de Chillón. Tesis para optar el grado de bachiller. Lima: Universidad Nacional Mayor de San Marcos.

LUMBRERAS, Luis G.
1973   "Los estudios sobre Chavín". *Revista del Museo Nacional* 38. Lima.

LYNCH, Alberto Martín
1952   "Breves notas sobre el cultivo de la coca". Revista *Agronomía*. Año XVII, octubre-diciembre, Escuela Nacional de Agricultura, Lima.

MACBRIDE, J. F.
1959   *Flora of Peru*. Chicago: Field Museum of Natural History.

MACHADO, Félix Edgardo
1968   Thegenus Erythroxylon in Peru, thesis, Deparment of Botany, Raleigh. Thesis submitted to the Graduate Faculty of North Carolina State University at Raleigh, in partial fulfillment of the requirements for the Degree of Master of Science.

MARCUS, Joyce
1987   *Late Intermediate Occupation at Cerro Azul, Perú*. Technical Report 20. Ann Arbor: University of Michigan, Museum of Anthropology.

MARTÍNEZ COMPAÑÓN, Obispo Baltazar Jaime
1978   *Trujillo del Perú en el siglo XVIII*, tomo II. Madrid: Ediciones Cultura Hispánica del Centro Iberoamericano de Cooperación.

MATIENZO, Juan de
1967 [1567]   *Gobierno del Perú*. Edición y estudio preliminar de Guillermo Lohmann. *Travaux de l'Institut Français d'Études Andines XI*. París, Lima: IFEA.

MEDINA, Felipe
1920   Relación del Licenciado Felipe Medina, visitador general de las idolatrías del Arzobispado de Lima, enviada al Ilustrísimo y Reverendísimo Sr. Arzobispo della en que el da cuenta de las que se han descubierto en el Pueblo de Huacho - 1650. AGI 303 Lima - Audiencia.

MELÉNDEZ, Fray Juan de
1681-1682   *Tesoros verdaderos de Indias*, 4 tomos, Roma.

MELO, Rosendo
1906   *Derrotero de la costa del Perú*. 3ra. ed. Lima.

MENDIBURU, Manuel de
1931-1934   *Diccionario histórico-biográfico del Perú*, formado y redactado por Manuel de Mendiburu. Segunda edición con adiciones y notas bibliográficas publicada por Evaristo San Cristóval; estudio biográfico del general Mendiburu por el dr. d. José de la Riva-Agüero y Osma. Lima: Imprenta Enrique Palacios.

MENZEL, Dorothy
1967 (1959)   "The Inca occupation of the South Coast of Peru". En John H. Rowe y Dorothy Menzel, *Peruvian Archaeology: Selected Readings*. Palo Alto: Peek Publications

1968   *La cultura Huari*. Las grandes civilizaciones del Antiguo Perú 6. Lima: Peruano-Suiza.

1971   "Estudios arqueológicos en los valles de Ica, Pisco, Chincha y Cañete". *Arqueología y Sociedad* 6: 1-158, junio. Lima: Museo de Arqueología y Etnología, Universidad Nacional Mayor de San Marcos.

MENZEL, Dorothy y John H. ROWE
1966   "The Role of Chincha in Late pre-Spanish Peru". *Ñawpa Pacha* 4: 63-76. Berkeley: Institute of Andean Studies.

MÉTRAUX, Alfred 1962
1962   *Les Incas*. París: Éditions du Seuil.

MIDDENDORF, E. K
1973 [1894]   *Perú, observaciones y estudios del país y sus habitantes durante una permanencia de 25 años*, 2 tomos. Lima: Universidad Nacional Mayor de San Marcos, Dirección Universitaria de Biblioteca y Publicaciones.

MOGROVEJO, Toribio Alfonso de
1920-1921 "Diario de la segunda visita pastoral que hizo de su arquidiócesis [el] arzobispo de Los Reyes". *Revista del Archivo Nacional del Perú* I-II: 49-81, 227-229, 401-419, 37-38.

MOLINA, Cristóbal, El Almagrista
1943 [1553] "Destrucción del Perú". En Francisco A. Loayza (ed.), *Las crónicas de los Molinas*. Los pequeños grandes libros de historia americana, serie I, tomo IV. Lima: Imp. y Librería San Martí y Cía.

MOORE, Sally Falk
1958 *Power and Property in Inca Peru*. Nueva York: Columbia University Press.

MOOREHEAD, Elisabeth L.
1978 "Highland Inca Architecture in Adobe". *Ñawpa Pacha* 16: 65-94. Berkeley: Institute of Andean Studies.

MORRIS, Craig
1978 "L'étude archéologique de l'échangue dans les Andes". *Annales: économies, sociétés, civilisations* 33 Année, Nos.5-6, setiembre-diciembre. París: Armand Colin.

MOSELEY, Michael Edward
1975a *The Maritime Foundation of Andean Civilization*. Menlo Park: Cummings Publishing Company.

1975b "Chan Chan: Andean Alternative of the Preindustrial City". *Science* 187(4173): 219-225.

MOSSI, Honorio
1860 *Diccionario Quichua-Castellano y Castellano-Quichua*. Sucre: Imprenta de López.

MUELLE, Jorge y Robert Wells
1939 "Las pinturas del Templo de Pachacamac". *Revista del Museo Nacional* VIII(2): 265-282. Lima.

MUJICA BARREDA, Elías
1975 Excavaciones arqueológicas en Cerro de Arena: un sitio del formativo superior en el valle del Moche, Perú. 2 vol. Tesis para Bachiller. Lima: PUCP.

MURRA, John V.
1955 "The economic organization of the Inca State". Tesis para PhD. Chicago: Universidad de Chicago.

1964 "Una apreciación etnológica de la Visita". En Garcí Diez de San Miguel, *Visita hecha a la Provincia de Chucuito*. Lima: Casa de la Cultura.

1967 "La visita de los chupachu como fuente etnológica". En Iñigo Ortiz de Zúñiga, *Visita de la Provincia de León de Huánuco en*

	1562, tomo I. Huánuco: Universidad Nacional Hermilio Valdizán.
1972	"El control vertical de un máximo de pisos ecológicos en la economía de la sociedades andinas". En Iñigo Ortiz de Zúñiga, *Visita de la Provincia de León de Huánuco en 1562*, tomo II. Huánuco: Universidad Nacional Hermilio Valdizán.
1975	*Formaciones económicas y políticas del mundo andino*. Instituto de Estudios Peruanos, Lima.
1978	*La organización económica del estado inca*. México: Siglo XXI.
1991	*Visita de los valles de Sonqo en los yunka de coca de La Paz (1568-1570)*. Edición a cargo de John Murra. Madrid: Instituto de Cooperación Iberoamericana.

MURÚA, Fray Martín de
1946
[1605 y
1611]   *Los orígenes de los incas: crónica sobre el antiguo Perú escrita en el siglo XVI por el padre mercedario fray Martín de Murúa*. Los Pequeños Grandes Libros de Historia Americana, Primera Serie, t. XI. Edición de Francisco A. Loayza, estudio biobibliográfico de Raúl Porras Barrenechea. Lima: Ediciones Miranda.

OBEREM, Udo
1963   "Los indios Quijo del Este del Ecuador". *Humanitas*. Boletín Ecuatoriano de Antropología. Quito.

ONERN
1970   *Inventario, evaluación y uso racional de la costa. Cuenca del río Cañete*. Vol. 1. Lima: Oficina Nacional de Evaluación de Recursos Naturales, julio.

ORIHUELA, Aníbal
1953   Cultivo, comercio y utilización de la coca en los departamentos de Cuzco, Huánuco y La Libertad. Tesis de Agronomía. Lima: Escuela Nacional de Agricultura.

ORTÍZ DE ZÚÑIGA, Iñigo
1967-1972   *Visita de la Provincia de León de Huánuco en 1562*, 2 tomos. Edición a cargo de John V. Murra. Huánuco: Universidad Nacional Hermilio Valdizán.

PIZARRO, Pedro
1944 [1571]   *Relación del descubrimiento y conquista de los Reynos del Perú*. Buenos Aires: Edit. Futuro.

1965 [1571]   *Relación del descubrimiento y conquista de los reinos del Perú*. En Juan Pérez de Tudela Bueso (ed.), *Crónicas del Perú*, t. V. Biblioteca de Autores Españoles, vol. CLXVIII. Madrid: Ediciones Atlas.

1978 [1571]   *Relación del descubrimiento y conquista del Perú*. Edición y consideraciones preliminares de Guillermo Lohmann Villena. Nota de Pierre Duviols. Lima: Fondo Editorial de la Pontificia Universidad Católica del Perú.

PLOWMAN, Timothy
 1979 "The identity of Amazonian and Trujillo Coca". *Botanical Museum Leaflets.* Vol. 27, Nos.1-2 enero - febrero.
 1979 "Botanical Perspectives on Coca". *Journal of Psychedelic Drugs.* Vol. II (12), enero, junio.

POLANYI Karl; C.A. ARENBERG y H. PEARSON
 1957 *Trade and Market in the Early Empires.* Glencoe: The Free Press.

PORRAS BARRENECHEA, Raúl
 1937 "Las relaciones primitivas de la conquista del Perú". Cuadernos de historia del Perú 2. Serie: los cronistas de la conquista, 1. París: Impr. Les Presses Modernes.
 1948 "Los quechuistas coloniales". Diario El Comercio Nos. 5761, 5762, 5763, julio 28, 29 y 30, Lima.
 1949-1950 "Crónicas perdidas, presuntas y olvidadas sobre la conquista del Perú", *Documenta* II: 1, Revista de la Sociedad Peruana de Historia, Lima.
 1951 "Prólogo" a *la Gramática o Arte de la lengua general de los indios de los Reynos del Perú,* por fray Domingo de Santo Tomás, Lima.
 1954 "Coli y Chepe, términos de la gobernación de Pizarro", Diario *"El Comercio"* No. 9317-14 de febrero, Lima.

PULGAR VIDAL, Javier
 1967 *Análisis geográfico sobre las ocho regiones naturales del Perú,* III Asamblea Regional de Geografía, Callao.

REVISTA DEL ARCHIVO NACIONAL
 1942 "Algunas provisiones de Francisco Pizarro sobre encomiendas. Años 1531-1540". Tomo XVI, entrega 1, pp. 9-24.

RELACIÓN
 1920 "Relación del origen e gouiemo que los Ingas tuvieron, y del que había antes que ellos señoreasen a los indios deste Reyno, y de qué tiempo, y de otras cosas que el gouierno conuencia declaradas por Señores que sirvieron al Inga Yupanqui, y a Topa Inga Yupanqui y a Guaina Capac y a Guascar Inga", Colección de Libros referentes a la Historia del Perú, 2da. Serie. Lima (fines del siglo XVI).

RELACIONES GEOGRÁFICAS DE INDIAS
 Ver Jiménez de la Espada, Marcos.

RODRÍGUEZ SUY SUY, Víctor Antonio
1973a   "Chanchan: ciudad de adobe. Observaciones sobre su base ecológica", No. 2, *Boletín del Museo de Sitio Chavimochic-Chiquitayap* 1. Trujillo: Cooperativa Agraria de Producción Cartavio Ltd. No. 39.

1973b   "Irrigación prehistórica en el valle de Moche". No. 3, *Boletín del Museo de Sitio Chavimochic, Chiquitayap* 1. Trujillo: Cooperativa Agraria de Producción Cartavio Ltd. No. 39.

ROOT, William C.
1949   "Metallurgy". *Handbook of South American Indians* 5: 205-255. Washington: Bureau of American Anthropology.

ROSTWOROWSKI, María
1953   *Pachacutec Inca Yupanqui*. Lima: Editorial Torres Aguirre. [Publicado como el primer volumen de *Obras Completas de María Rostworowski*].

1960a   "Succesion, Cooption to Kingship, and Royal Incest among the Inca". *Southwestern Journal of Anthropology* 16(4): 417-427. Albuquerque: University of New Mexico. [Recogido con el título "Sucesiones, correinado e incesto real entre los Incas" en *Ensayos de historia andina. Élites, etnías, recursos*, pp. 29-39.]

1960b   *Pesos y medidas en el Perú prehispánico*. Lima: Edit. Mariátegui.

1961   *Curacas y sucesiones. Costa norte*. Lima: Imprenta Minerva.

1962   "Nuevos datos sobre tenencia de tierras reales en el Incario", *Revista del Museo Nacional* XXXI: 130-164. Lima [Recogido en *Ensayos de historia andina. Élites, etnías, recursos*, pp. 29-39.]

1963   "Dos manuscritos inéditos con datos sobre Manco II, tierras personales de los Incas y mitimaes". *Nueva Coronica* 1: 223-239. Lima. [Recogido en *Ensayos de historia andina. Élites, etnías, recursos*, pp. 223-239.]

1967-1968   "Etnohistoria de un valle costeño durante el Tahuantinsuyu". *Revista del Museo Nacional* XXXV: 7-61. Lima.

1969-1970   "Los ayarmaca". *Revista del Museo Nacional* XXXVI: 58-101. Lima. [Recogido en *Ensayos de historia andina. Élites, etnías, recursos*, pp. 241-290.]

1970a   "El repartimiento de doña Beatriz Coya, en el valle de Yucay". *Historia y Cultura* 4: 153-267. Lima.

1970b   "Mercaderes del valle de Chincha en la época prehispánica: un documento y unos comentarios". *Revista Española de Antropología Americana* 5: 135-177. Madrid. [Recogido en *Etnía y sociedad*, pp. 97-140, y *Costa peruana prehispánica*, pp. 213-238.]

1972a   "Breve ensayo sobre el Señorío de Ychma o Ychima". *Boletín del Seminario de Arqueología* 13: 37-51. Lima: Pontificia Universidad Católica. [Recogido en *Etnía y sociedad*, pp. 197-210, y *Costa peruana prehispánica*, pp. 71-78.]

1972b	"El sitio arqueológico de Con Con en el valle del Chillón: derrotero etnohistórico". *Revista del Museo Nacional* XXXVIII: 315-326. Lima. [Recogido en *Etnía y sociedad*, pp. 141-154, y *Costa peruana prehispánica*, pp. 167-174.]
1972c	"Las etnías del valle del Chillón". *Revista del Museo Nacional* XXXVIII: 250-314. Lima. [Recogido en *Etnía y sociedad*, pp. 21-95, y *Costa peruana prehispánica*, pp. 23-69.]
1973a	"Plantaciones prehispánicas de coca en la vertiente del Pacífico". *Revista del Museo Nacional* XXXIX: 193-224. Lima. [Recogido en *Etnía y sociedad*, pp. 155-195, y *Costa peruana prehispánica*, pp. 239-261.]
1973b	"Urpay Huachac y el 'símbolo del mar'". *Boletin del Seminario de Arqueología* 14: 13-22. Lima: Pontificia Universidad Católica.
1976a	"El Señorío de Changuco, costa norte". *Boletín del Instituto Francés de Estudios Andinos* V(1-2): 97-111. Lima. [Recogido en *Costa peruana prehispánica*, pp. 129-164.]
1976b	"El tributo indígena en la primera mitad del siglo XVI en el Perú". *Estudios sobre política indigenista española en América*, t. II: 393-399. Valladolid: Seminario Americanista-Universidad de Valladolid.
1977a	*Etnía y sociedad*. Lima: Instituto de Estudios Peruanos.
1977b	"La estratificación social y el Hatun Curaca en el mundo andino". *Histórica* I(2): 249-286. Lima. [Recogido en *Ensayos de historia andina. Élites, etnías, recursos*, pp. 41-88.]
1978	*Señoríos indígenas de Lima y Canta*. Lima: Instituto de Estudios Peruanos. [Recogido en el segundo volumen de *Obras Completas de María Rostworowski*, pp. 193-376.]
1978-1980	"Guarco y Lunahuaná. Dos señoríos prehispánicos de la costa sur-central del Perú". *Revista del Museo Nacional* XLIV: 153-214. Lima. [Recogido en *Costa peruana prehispánica*, pp. 80-127.]
1981a	*Recursos naturales renovables y pesca. Siglos XVI y XVII*. Lima: Instituto de Estudios Peruanos.
1981b	"La voz parcialidad en su contexto en los siglos XVI y XVII". En Amalia Castelli, Marcia Koth de Paredes y Mariana Mould de Pease (comps), *Etnohistoria y antropología andina. Segunda jornada del Museo Nacional de Historia*. Lima: Museo Nacional de Historia, pp. 35-45. [Recogido en *Ensayos de historia andina. Élites, etnías, recursos*, pp. 231-240]
1981-1982	"Dos probanzas de don Gonzalo, curaca de Lima. (1555-1559)". *Revista Histórica* XXXIII: 105-173. Lima.
1985-1986	"La tasa toledana de Capachica de 1575". *Revista Histórica* XXXV: 43-79. Lima. [Recogido en *Ensayos de historia andina. Élites, etnías, recursos*, pp. 385-418.]

1988a	*Historia del Tahuantinsuyu.* Lima: Instituto de Estudios Peruanos.

1988b	*Conflicts over coca fields in XVIth Century Peru*, Joyce Marcus-General Editor, Vol. 4, Memoirs of the Museum of Anthropology, Studies in Latin American Etnohistory and Archaelogy. Ann Arbor: University of Michigan.

1989	*Costa peruana prehispánica.* Segunda edición de *Etnía y sociedad.* Lima: Instituto de Estudios Peruanos.

1990	"Ethnohistorical considerations about the Chimor". En Michael Moseley y Alana Cordy-Collins, *The Northern Dinasties: Kingship and Statecraft in Chimor*, pp. 447-460. Washington, D.C.: Dumbarton Oaks Research Library and Collection.

1993	"Navegación y cabotaje prehispánico". Actas del primer simposio de historia marítima y naval iberoamericana (Callao, 5 al 7 noviembre de 1991) / Ortiz Sotelo, Jorge (ed.). Lima: Instituto de Estudios Histórico-Marítimos del Perú.

1998a	"Origen religioso de los dibujos y rayas de Nasca". En M. Rostworowski, *Ensayos de historia andina. Pampas de Nasca, género, hechicería.* Lima: Instituto de Estudios Peruanos-Banco Central de Reserva del Perú.

1998b	"Las islas del litoral peruano". En M. Rostworowski, *Ensayos de historia andina II. Pampas de Nasca, género, hechicería.* Lima: Instituto de Estudios Peruanos-Banco Central de Reserva del Perú.

1999	"Intercambio prehispánico del Spondylus". En *Spondylus: ofrenda sagrada y símbolo de paz.* Lima: Museo Arqueológico Rafael Larco Herrera y Fundación Telefónica.

ROWE, John H.
1946	"Inca Culture at the time of the Spanish Conquest". *Handbook of South American Indians,* Bureau of American Ethnology, Boletín 143, Vol. 2. Washington.

1948	"The Kingdom of Chimor". *Acta Americana* VI(1-2): 36-59. México.

RUIZ, Hipólito
1952	*Relación histórica del viage, que hizo a los reynos del Perú y Chile el botánico D. Hipolito Ruiz en el año de 1777 hasta el de 1788, en cuya época regresó a Madrid.* 2da. ed. enmendada y completada. 2 tomos. Madrid: Talleres Gráficos Bermejo.

RURY, Phillip M. y Timothy PLOWMAN
1983	"Morphological Studies of Archaeological and Recent coca leaves (Erythroxilum spp)". *Botanical Museum Leaflets,* 29(4). Harvard University.

SALOMON, Frank
1980   *Los señores étnicos de Quito en la época de los Incas,* Colección pendoneros 10. Otavalo: Instituto Otavaleño de Antropología.

SÁMANO-XEREZ
1937 [1528] *Relación de los primeros descubrimientos.* En Raúl Porras Barrenechea, *Cuadernos de Historia del Perú.* París: Les Presses Modernes.

SÁNCHEZ ROMERO, Jorge y Esteban ZIMIC VIDAL
1972-1975 "El mar: gran personaje". En G. Petersen, R. Mujica, J. Sánchez (eds.), *Historia marítima del Perú.* Lima: Instituto de Estudios Histórico-Marítimos del Perú.

SANTA CRUZ PACHACUTI YAMQUI, Joan
1927 [1613] *Relación de antigüedades deste Reyno del Perú.* Colección de libros y documentos referentes a la historia del Perú, segunda serie, tomo IX. Lima: Imprenta y Librería Sanmartí y Cía.

SANTILLÁN, Hernando de
1927 [1563] *Relación del origen, descendencia política de los Incas.* Colección de libros y documentos referentes a la historia del Perú, segunda serie, tomo IX. Lima: Imprenta y Librería Sanmartí y Cía.

SANTO TOMÁS Fray Domingo
1951a[1563]*Lexicón.* Edición facsimilar. Lima: Instituto de Historia, Universidad Nacional Mayor de San Marcos.

1951b   *Gramática o Arte de la Lengua General de los indios de los Reynos del Perú.* Edición facsimilar. Lima: Instituto de Historia, Universidad Nacional Mayor de San Marcos.

SARMIENTO DE GAMBOA, Pedro
1943 [1572] *Historia de los Incas.* Edición y nota preliminar de Ángel Rosenblat. Buenos Aires: Emecé.

SAUER, Carl
1950   "Cultivated Plants". *Handbook of South American Indians* 6: 487-543. Washington: Smithsonian Institution, Bureau of American Ethnology.

SAVILLE, Marshall
1908   "Archaeological Research in the Coast of Ecuador". *Proceedings of the International Congress of Americanists.*

SAVOY, Gene
1969   *Peruvian Times,* Vol. XXIX, Número 1494, 8 agosto.

SCHAEDEL, Richard,
1966a   "The Huaca: El Dragón". *Journal de la Societé del Américanistes,* tomo LV(2). París.

1966b	"Urban Growth and ekistics on the Peruvian Coast". *Actas y Memorias*, XXXVI Congreso Internacional de Americanistas, España 1964, Vol. I, Sevilla.
1972	"The city and the origin of the state in America". En Rosalía Ávalos de Matos y Rogger Ravines (eds.), *El proceso de urbanización en América desde sus orígenes hasta nuestros días*. Actas del XXIX Congreso Internacional de Americanistas 2: 15-33. Lima: Instituto de Estudios Peruanos.

SHIMADA, Izumi
1987   "Horizontal and Vertical Dimension of Prehistoric States in North Peru". En Jonathan Haas, Shelia Pozorski y Thomas Pozorski (eds.), *The Origins and Development of the Andean State*. Cambridge: Cambridge University Press.

SPAHNI, Jean-Christian
1969   *Mates decorados del Perú*. Lima.

SQUIER, Ephraim George
1877   *Perú. Incidents of Travel and Exploration in the Land of the Incas*. Nueva York: Harper Brothers.

1974   *Un viaje por tierras incaicas: crónica de una expedición arqueológica (1863-1865)*. Introducción por Juan de Dios Guevara, prólogo de Raúl Porras Barrenechea. Buenos Aires: Leonardo Impresora.

1974 [1877]   *Un viaje por tierras incaicas*. Prólogo de Raúl Porras Barrenechea. Edic. auspiciada por la Universidad Nacional Mayor de San Marcos y la Embajada de los Estados Unidos de América.

STIGLICH, Germán
1918   *Diccionario geográfico peruano y almanaque de "La Crónica"*. Lima: Casa Editora N. Moral.

1922   *Diccionario geográfico del Perú*. 2da. parte. Lima: Imprenta Torres Aguirre.

STUMER, Louis M.
1954a   "The Chillon Valley of Peru: excavation and reconnaissance 1952-1953. Part 1". *Archaeology* 7(3): 171-178. Nueva York.

1954b   "Population Centers of the Rimac Valley of Peru". *American Antiquity* XX(2): 130-148. Washington, D.C.

1957   "Cerámica negra de estilo Maranga". *Revista del Museo Nacional* XXVI: 273-289. Lima.

1958   "Contactos foráneos en la arquitectura de la costa central". *Revista del Museo Nacional* XXVII: 11-30. Lima.

1971   "Informe preliminar sobre el recorrido del valle de Cañete". *Arqueología y Sociedad* 5: 23-35. Lima: Museo de la Universidad Nacional Mayor de San Marcos.

TAYLOR, Gerald
1980   *Rites et traditions de Huarochirí: manuscrit quechua du début du 17e siècle*. París: L'Harmattan.
1987   *Ritos y tradiciones de Huarochirí. Manuscrito quechua de comienzos del siglo XVII*. Versión paleográfica, interpretación fonológica y traducción al castellano por Gerald Taylor; estudio biográfico sobre Francisco de Ávila de Antonio Acosta. Lima: Instituo de Estudios Peruanos-Instituto Francés de Estudios Andinos.

TESTAMENTO DEL CAPITÁN DIEGO DE AGUERO Y SANDOVAL
1928 [1544] *Revista del Archivo Nacional del Perú,* julio-diciembre, Tomo VI, Entrega 11, Lima.

THOMPSON, Donald E.
1967   "Joris van Speilbergen's Journal and a site in the Huarmey Valley, Peru". *American Antiquity* 32(1), enero.

TOPIC, John y Theresa Lange TOPIC
1978   "Prehistoric Fortification Systems of Northern Peru". *Current Anthropology* 19(3), setiembre.

TORERO, Alfredo
1970   "Lingüística e historia de la sociedad andina". *Anales Científicos* VIII(3-4): 231-264. Lima: Universidad Nacional Agraria.

TORRES RUBIO, Diego
1754   *Arte y vocabulario de la lengua quichua general de los indios de el Perú*. Lima: Imprenta de la Plazuela de San Christoval.

TOSI, Joseph
1960   "Zonas de vida natural en el Perú", *Boletín Técnico* No. 5. Instituto Interamericano de Ciencias Agrícolas de la OEA, 4 mapas, Lima.

TOWLE, Margaret A.
1961   *The Ethnobotany of Pre-Columbian Peru*. Chicago: Aldine Publishing Company.

TRIMBORN, Hermann
1953   "El motivo explanatorio en los mitos de Huarochirí". *Letras*. Lima: Universidad Nacional Mayor de San Marcos.
1970   "Las ruinas de Macas en el valle del Chillón, Lima". *Revista del Museo Nacional* XXXVI. Lima.

TROLL, Carl
1958   "Las culturas superiores andinas y el medio geográfico". Traducción de Carlos Nicholson. *Revista del Instituto de Geografía*. Lima.

1968   *Geoecología de las regiones montañosas de las Américas tropicales*. Proceedings of the UNESCO México Symposium, August 1966. Edit. Carl Troll. Bonn.

UHLE, Max
1903   *Pachacamac*. University of Pennsylvania.

ULLOA, Antonio de y Jorge JUAN
1748   *Relación histórica del viaje a la América Meridional*. Madrid: A. Marin.

VACA DE CASTRO, Cristóbal
1908   "Ordenanzas de los Tambos dictadas en el Cuzco el 31 de mayo de 1543". *Revista Histórica*. III, Lima.

VARGAS UGARTE, Rubén
1936   "La fecha de la fundación de Trujillo". *Revista Histórica* 10(2): 229-239.

VÁSQUEZ DE ESPINOZA, Antonio
1942[1622] *Compendium and Description of the West Indies*. Washington: Smithsonian Miscellaneous Collection.

1948   *Compendio y descripción de las Indias Occidentales*. Edición de Charles Upson Clark. Washington, D.C.: Smithsonian Institution.

VEGAS GARCÍA, Ricardo
1939   *Libro del Cabildo de la ciudad de San Miguel de Piura, años 1737 a 1748*. Concejo Provincial de Piura.

VILLAR CÓRDOVA, Pedro E.
1935   *Las culturas pre-hispánicas del departamento de Lima*. Lima.

VISITA A ATICO Y CARAVELI (1549)
            Ver Galdós Rodríguez.

VISITA A LA PROVINCIA DE CHUCUITO
            Ver Diez de San Miguel.

VISITA A LOS VALLES DE SONQO
            Ver Murra 1991.

WEBERBAUER, A.
1945   *El mundo vegetal de los Andes peruanos*. Lima: Ministerio de Agricultura.

WEDIN, Ake
1966   *El concepto de lo incaico y las fuentes*. Uppsala: Studia Historica Gothorburgensia VII.

WEST, Robert
1961   "Aboriginal Sea Navigation between Middle an South America", *American Anthropologist* 63(1).

WILLIAMS, Carlos y Manuel MERINO
    1974   *Inventario, catastro y delimitación del patrimonio arqueológico del valle de Cañete.* Tomos I y II. Lima: INC, Centro de Investigación y Restauración de Bienes Monumentales.

YACOVLEFF, E. y F. HERRERA
    1934   "El mundo vegetal de los antiguos peruanos". *Revista del Museo Nacional* III(3): 243-323. Lima.

ZÁRATE, Agustín
    1944[1555] *Historia del descubrimiento y conquista del Perú.* Edición revisada, con anotaciones y concordancias de Jan M. Kermenic, prólogo de Raúl Porras Barrenechea. Lima: Imprenta Domingo Miranda.

Se terminó de imprimir en los talleres gráficos de
Tarea Asociación Gráfica Educativa
Pasaje María Auxiliadora 156 - Breña
Correo e.: tareagrafica@terra.com.pe
Teléf. 424-8104 / 332-3229 Fax: 424-1582
Mayo 2004 Lima - Perú